环保公益性行业科研专项经费项目系列丛书

新疆跨越式发展的生态环境风险防控关键技术研究

饶　胜　王夏晖　王　波　等 编著

中国环境出版社 · 北京

图书在版编目（CIP）数据

新疆跨越式发展的生态环境风险防控关键技术研究/饶胜等编著. —北京：中国环境出版社，2016.12
ISBN 978-7-5111-3005-1

Ⅰ. ①新… Ⅱ. ①饶… Ⅲ. ①区域经济发展—关系—生态环境—风险分析—新疆 Ⅳ. ①F127.45②X321.245

中国版本图书馆 CIP 数据核字（2016）第 306552 号

出 版 人 王新程
责任编辑 赵惠芬
责任校对 尹 芳
封面设计 宋 瑞

出版发行 中国环境出版社
（100062 北京市东城区广渠门内大街 16 号）
网 址：http://www.cesp.com.cn
电子邮箱：bjgl@cesp.com.cn
联系电话：010-67112765（编辑管理部）
发行热线：010-67125803，010-67113405（传真）

印 刷 北京市联华印刷厂
经 销 各地新华书店
版 次 2016 年 12 月第 1 版
印 次 2016 年 12 月第 1 次印刷
开 本 787×1092 1/16
印 张 19.25
字 数 410 千字
定 价 68.00 元

《环保公益性行业科研专项经费项目系列丛书》

本书编者人员

马俊英　万　勤　王夏晖　王　波　王晶晶　王　维　王晓君

王晓愚　吕仁生　许开鹏　孙金冉　牟雪洁　朱振肖　阴俊齐

迟妍妍　陈　丽　李金芬　张　伟　张　静　张　箫　张丽苹

张　哲　杨冉冉　杨德刚　饶　胜　祝　婕　夏富强　柴慧霞

贾尔恒·阿哈提　黄　琦　蒋洪强　葛荣凤

序　言

目前，全球性和区域性环境问题不断加剧，已经成为限制各国经济社会发展的主要因素，解决环境问题的需求十分迫切。环境问题也是我国经济社会发展面临的困难之一，特别是在我国快速工业化、城镇化进程中，这个问题变得更加突出。党中央、国务院高度重视环境保护工作，积极推动我国生态文明建设进程。党的十八大以来，按照"五位一体"总体布局、"四个全面"战略布局以及"五大发展"理念，党中央、国务院把生态文明建设和环境保护摆在更加重要的战略地位，先后出台了《环境保护法》、《关于加快推进生态文明建设的意见》、《生态文明体制改革总体方案》、《大气污染防治行动计划》、《水污染防治行动计划》、《土壤污染防治行动计划》等一批法律法规和政策文件，我国环境治理力度前所未有，环境保护工作和生态文明建设的进程明显加快，环境质量有所改善。

在党中央、国务院的坚强领导下，环境问题全社会共治的局面正在逐步形成，环境管理正在走向系统化、科学化、法治化、精细化和信息化。科技是解决环境问题的利器，科技创新和科技进步是提升环境管理系统化、科学化、法治化、精细化和信息化的基础，必须加快建立持续改善环境质量的科技支撑体系，加快建立科学有效防控人群健康和环境风险的科技基础体系，建立开拓进取、充满活力的环保科技创新体系。

"十一五"以来，中央财政加大对环保科技的投入，先后启动实施水体污染控制与治理科技重大专项、清洁空气研究计划、蓝天科技工程专项等专项，同时设立了环保公益性行业科研专项。根据财政部、科技部的总体部署，环保公益性行业科研专项紧密围绕《国家中长期科学和技术发展规划纲要（2006—2020 年）》、《国家创新驱动发展战略纲要》、《国家科技创新规划》和《国家环境保护科技发展规划》，立足环境管理中的科技需求，积极开展应急性、培育性、基础性科学研究。“十一五”以来，环境保护部组织实施了公益性行业科研专项项目 479 项，涉及大气、水、生态、土壤、固废、化学品、核与辐射等领域，共有包括中央级科研院所、高等院校、地方环保科研单位和企业等几百家单位参与，逐步形成了优势互补、团结协作、良性竞争、共同发展的环保科技“统一战线”。目前，专项取得了重要研究成果，已验收的项目中，共提交各类标准、技术规范 997 项，各类政策建议与咨询报告 535 项，授权专利 519 项，出版专著 300 余部，专项研究成果在各级环保部门中得到较好的应用，为解决我国环境问题和提升环境管理水平提供了重要的科技支撑。

为广泛共享环保公益性行业科研专项项目研究成果，及时总结项目组织管理经验，环境保护部科技标准司组织出版环保公益性行业科研专项经费系列丛书。该丛书汇集了一批专项研究的代表性成果，具有较强的学术性和实用性，是环境领域不可多得的资料文献。丛书的组织出版，在科技管理上也是一次很好的尝试，我们希望通过这一尝试，能够进一步活跃环保科技的学术氛围，促进科技成果的转化与应用，不断提高环境治理能力现代化水平，为持续改善我国环境质量提供强有力的科技支撑。

中华人民共和国环境保护部副部长

黄润秋

目　录

第 1 章　新疆跨越式发展与资源环境协调关系

新疆维吾尔自治区是我国重要的能源基地和运输通道，也是西部大开发和丝绸之路最重要的桥头堡。2010 年 5 月，中共中央、国务院召开了第一次新疆工作座谈会，提出了新形势下新疆工作的目标和任务，座谈会将“推进新疆跨越式发展和长治久安”作为新疆维吾尔自治区发展的战略目标。2013 年 9 月，习近平总书记提出“一带一路”的重大战略，新疆作为丝绸之路经济带上的重要节点、核心地区，因此迎来对外开发和经济发展的新机遇。2014 年 5 月，中央第二次新疆工作会议上，习近平总书记确定“社会稳定和长治久安”是新疆工作的总目标，李克强总理强调新疆要加大环保投入，加大高效节水灌溉工程建设力度，加强重点流域治理和水污染防治，提高可持续发展能力。当前，新疆正处于大建设、大开发、大发展的关键时期，但是新疆生态环境十分脆弱，环境承载力有限，经济发展与资源开发强度不断增加的矛盾十分突出。新疆维吾尔自治区党委、政府坚定不移推进“新型工业化、农牧业现代化、新型城镇化、信息化、基础设施现代化”五化建设，努力推进新疆科学跨越、后发赶超。因此，新疆“五化”建设中，迫切需要研究生态环境风险防控对策及关键技术，并提出风险防控的对策建议和措施。

1.1　新疆跨越式发展

1.1.1　跨越式发展与“五化建设”

所谓“跨越式发展”，是指一定历史条件下，落后国家或地区立足自身优势，通过对自身发展要素和发达国家或地区已有的先进科学技术成果和经验模式的充分利用，在生产力跨越发展的基础上，通过产业结构的优化和城乡经济的协调发展，最终实现落后国家或区域经济发展水平的整体跃升。

跨越式发展是一种快速的发展，要在遵循发展规律的前提下，用尽可能短的时间达到目标；跨越式发展是一种高水平的发展，要在科技进步的推动下，努力实现产业、技术、质量、效益的新跨越；跨越式发展是一种赶超先进的发展，要在提高综合竞争力的前提下，缩小与发达地区的差距，甚至赶上和超过发达地区；跨越式发展不仅是一种超常规的发展，而且也是一种非均衡的发展，即它不是全面、平行地推进，而是可以在不同的领域有先有后、有所侧重；跨越式发展是一种可持续发展，要在经济社会发展和人口、资源、环境相协调的情况下，提高可持续发展能力，使经济社会发展始终充满生机和活力。

新疆跨越式发展，必须坚持新型工业化、农牧业现代化、新型城镇化、信息化和基础设施现代化“五化同步”。作为重要的载体，坚持“五化同步”不仅是新疆实现跨越式发展和长治久安的重要基础和必然要求，也是推动新疆实现科学跨越、后发赶超的必由之路。为了确保与全国同步实现全面建成小康社会的奋斗目标，新疆确定“到 2020 年全疆生产总值比 2010 年翻一番半以上，城乡居民人均收入翻一番半左右”的宏伟奋斗目标，“两个翻一番半”是新疆跨越式发展的必然要求。要实现这一目标，坚持“五化同步”无疑是最强有力的抓手，这就牵住了发展的“牛鼻子”。

新疆目前已经站在了发展的新起点上，其具备加快发展的良好条件，而新型工业化是新疆发展的第一推动力。作为我国的农牧业大区，新疆必须加快构建特色农牧业现代化产业体系，推进新疆由农牧业大区向农牧业强区转变。新疆城镇化建设，必须要树立现代城市发展理念。今后在一段相当长的时期，新疆仍处在打基础、增后劲的阶段，因此必须抓住国家支持新疆加快基础设施建设的有利时机和“一带一路”国家战略发展之机，立足新疆长远发展和可持续发展的需要，按照适度超前的原则，突出重点领域，多上快上一批事关新疆经济社会发展全局的重点基础设施项目，加强新疆基础设施现代化建设。随着信息化在现代社会中的重要作用日益凸显，新疆应努力构筑向西开放的国际通信和信息传输大通道。

实现新疆跨越式发展，必须坚持“五化同步”，因为只有打好基础，实现优势优先，才能更好更快地实现我们的奋斗目标。新疆正处在大建设、大开放、大发展的关键时期，新型工业化、农牧业现代化、新型城镇化、信息化和基础设施现代化是互为体系、共同发展的。只有坚持“五化同步”，实现各个方面协调同步发展，才能不断增强新疆经济社会发展的内生动力和长远竞争力，才能不断提高经济社会发展的质量、水平和效益，形成发展的综合实力，才能为跨越式发展和长治久安提供各项有力的支撑。

1.1.2 跨越式发展基本特征

（1）从速度来看，社会经济在某一特定时期持续高速增长

跨越式发展是一种快速发展方式，要在遵循发展规律的前提下，用尽可能短的时间达到目标。地区生产总值在一定时期内翻番、加倍；投资、消费呈现爆发式增长；农村人口向城镇人口快速转移，城镇建设水平空前提高。

（2）从产业来看，新兴产业的崛起和传统产业的现代化并行

跨越式发展是一种高水平的发展，要在科技进步的推动下，努力实现产业、技术、质量、效益的新跨越。跨越式发展同样表现在产业结构的不断优化，三次产业结构进一步调整，以现代服务业为代表的第三产业所占比重逐步提高为特征；工业行业内部则以装备制造业、环保产业以及高新技术产业为代表的战略性新兴产业的崛起和传统型产业不断调整优化为特征。

(3) 从地域来看，经济发展出现集聚效应

跨越式发展不仅是一种超常规的发展，也是一种非均衡的发展，即它不是全面、平行地推进，而是可以在不同的领域、不同区域有所侧重。根据中心地理论，在区域层面，跨越式发展不可能是整体推进，因为为了获得最大的经济效益并降低成本，经济活动将在某些资源禀赋十分优异的地区形成经济增长极，逐渐形成规模集聚效应；在集聚效应发展到一定阶段，扩散效应将逐渐凸显，以点带面，拉动整个区域经济实现跨越式发展。

(4) 从要素来看，对资源、能源需求量更大

经济的快速发展往往是以资源禀赋的大量消耗为基础。跨越式发展无疑将加大地区资源能源的需求，如水资源、土地资源、矿产资源以及煤炭石油等化石能源等都将呈直线趋势并不断增加。因此，跨越式发展无疑将加大资源能源压力。

(5) 从环境来看，污染物排放急剧增加，生态环境风险骤然加大

跨越式发展在消耗大量资源能源的同时，同样将排放更多的污染物，这其中包括工业经济快速增长排放的工业污染物，也包括快速城镇化所排放的生活污染物。当污染物排放超过环境容量，生态环境无法实现自净时，环境质量将呈现恶化趋势，生态环境风险将骤然加大。

1.2　新疆资源环境问题

“十一五”以来，新疆确立了“环保优先、生态立区”战略理念和“资源开发可持续、生态环境可持续”发展方针，全区环境质量进一步改善，污染防治和节能减排成效显著，生态保护和农村环境保护得到加强。但是，全区经济社会发展方式没有得到根本转变，资源环境约束进一步趋紧，环境形势依然严峻。

1.2.1　能源资源型行业比重较大，产业结构性污染环境风险巨大

资源丰富是新疆的一大优势，是实现跨越式发展、后发赶超的重要物质基础，在当前和今后一个时期，新疆资源型产业的重要地位和重工业化特征短期内还难以改变。“十二五”期间，新疆经济社会将进入大建设、大开放、大发展的重要历史阶段，将建设成为国家大型油气生产加工基地、大型煤炭煤电煤化工基地、大型风电基地和国家能源资源陆上大通道。全区工业增加值年均增速将达到 17%以上，工业将呈现井喷式增长，未来新疆地区工业发展仍将以煤炭、石油开采及冶炼及其下游产业为主，这几大行业未来所占工业比重高达 80%以上，将成为新疆主要支柱产业。一大批能源化工产业基地和矿产资源开发基地将陆续建成，能源资源消费总量不断增长，石油石化、煤电、煤化工、钢铁、有色金属冶炼等资源能源高消耗工业比重进一步增大，结构性污染将会加重，污

染物排放总量将继续增长，环境风险源不断增多，生态扰动范围和程度加大。现有环境问题的影响将进一步加深，新的环境问题将不断出现，控制污染物排放总量、改善环境质量、防范环境风险任务十分艰巨，经济发展和人口增长与资源环境承载力之间的矛盾将日益显现。

1.2.2 国土空间开发格局无序，生态环境承载力面临超载

在实现跨越式发展进程中，全区各地州（市）积极性都很高，纷纷建设不同规模的工业园区或农业现代园区，形成了“县县建园区、县县有园区”的发展局面。但由于缺乏科学规划指导，全区范围内的国土开发和建设布局无序甚至失控，工业发展空间过度扩张，基础设施重复建设，资源能源利用效率低。根据预测情景分析，未来 10 年，新疆经济仍将以高耗能重化工业发展为主，农业现代化和新型城镇化步伐也将不断加快，新疆经济发展仍将以大量资源、能源消耗为基础。水资源对新疆跨越式发展起到至关重要的作用，未来新疆水资源消耗仍然以农业用水为主，同时，工业用水将成为增长速度最快的用水类型，尤其是火电、钢铁冶炼、化学纤维、化学原料制品、石油冶炼等行业用水增长更快。如果区域国土空间开发格局无序，未充分考虑区域水资源承载力，那么在盲目扩张建设过程中，粗放的农业用水方法，快速、大幅攀升的工业用水可能会打破脆弱的绿洲用水平衡。

1.2.3 绿洲用水模式粗放，绿洲生态系统存在失衡风险

新疆农业用水比重很高，但水资源利用效率较低。2009 年，新疆农业用水占用水总量的 92.8%，而同期全国农业用水只占用水总量的 62.4%，新疆排在全国的第一位，远远高于其他省区，大量的水资源都耗用在了农业生产上。新疆地区一方面水资源短缺，另一方面也存在利用不当和利用率偏低的问题。工程设施不完善是造成水资源浪费的首要因素，新疆农业灌溉方式落后，以大水漫灌为主，用水效率仅为 50%左右，水大量渗漏抬高地下水位产生盐碱地，这样不仅造成水资源浪费，还使土壤日渐变得贫瘠。综合来看，新疆水资源开发利用总体已经接近承载能力，水资源已经成为新疆经济发展、社会稳定的“瓶颈”。

新疆水资源短缺状况不容乐观，用水矛盾日益突出。据新疆维吾尔自治区水利部门统计，目前新疆农业缺水 30 亿～40 亿 m^3，工业缺水 2 亿 m^3 左右，城市生活日缺水 20 万～25 万 m^3。尤其是吐哈（吐鲁番—哈密）盆地，该盆地地处塔克拉玛干沙漠（塔里木盆地）东北角。据气象部门统计，哈密多年平均降水量只有 34.6 mm，而蒸发量却高达 3 064 mm。入不敷出，是新疆严重缺水的一个重要原因。哈密人均占有水资源量为 2 600 m^3，只相当于全疆平均水平的一半，是新疆水资源最短缺的地区之一。因为缺水，哈密极为丰富的煤炭资源一直苦于没有水来开发，油气资源非常丰富的油田也因地下压力太低、油层没有水来注水加压而无法充分释放产能。

新疆水资源资源性缺水、结构性缺水、效率性缺水三个方面同时并存，水资源成为制约新疆经济社会发展的首要因素。新疆降雨稀少、气候干燥、蒸发量大、生态需水量大，出境水量远大于入境水量。农业用水量过大，用水比率过高，大量挤占工业用水和生态环境用水，也导致了新疆生态环境日益恶化，水资源区域分布悬殊，区域经济发展不相匹配，局部地区供需矛盾突出；农业用水年内分布不均且与产业用水相错位。产业用水效率偏低，人均用水量、万元 GDP 用水量、农田亩均灌溉用水量等关键用水指标均明显高出全国及其他干旱、半干旱地区，甚至个别指标是全国及其他干旱区 5～6 倍。

1.2.4　绿洲土地资源开发利用强度持续增加，绿洲生态系统面临退化

非农建设占用大量质量好的耕地。随着城镇化进程的加快和新疆新型工业化的推进，建设占用耕地的数量逐年扩大。在这个过程中，交通运输较便利、区位条件较好的城镇周围的耕地占用量大，此部分耕地质量好、基础设施相对较配套，而补充耕地资源的数量一般能达到要求，但质量却很难达到被占用耕地的质量等级。

耕地利用不合理，土地污染严重。人们盲目追求高产量，因此大量施用化肥，很少使用有机肥，致使本来贫瘠的土地出现土壤板结，地力下降；大量剧毒农药的使用，在污染农产品的同时，对土壤产生了很大的污染；地膜的使用虽能保温增产，但是大量废弃地膜遗留在土壤中，对耕地质量造成严重损害。由于资金不足，排灌设施配套不完善，造成土壤次生盐渍化，致使耕地质量损失严重，更有甚者直接导致弃耕撂荒。

绿洲土地资源相对紧缺，开发利用方式仍较粗放。绿洲面积只有 7.07 km^2，占全疆总面积的 4.2%，而集聚人口却占全疆人口的 95%以上，绿洲内平均人口密度比全国高出近一倍，已接近我国东南沿海省份平均人口密度。通过深入分析新疆地区各类已开发利用土地资源的效益状况，表明其土地资源尚处于粗放利用状态。全国每开发利用 0.5 万 hm^2 土地就可以形成 1 亿元的生产总值，而在新疆要利用近 3 万 hm^2 的土地才能形成 1 亿元产值，更何况新疆既是干旱区又是生态脆弱区，如果再不重视土地资源的利用效益，就不能达到建设资源节约型和环境友好型社会的发展目标。综合来看，新疆地区土地面积虽广阔，但是可利用或宜开发的土地资源较为缺乏，而且在盲目开垦荒地的过程中，原有植被被破坏，削弱了对地表的保护，打破了生态平衡，导致水土流失、土地沙漠化现象日益严重。

1.2.5　化石能源开发利用方式粗放，对绿洲生态系统的干扰与破坏加大

化石能源储量丰富，开发利用方式粗放。新疆是我国重要的化石能源生产基地，煤炭、石油、天然气等化石能源资源十分丰富，资源总量分别占全国的 40.6%、30%、34%，是我国化石能源储量最为丰富的地区之一。其中煤炭煤质多具备特低硫—低硫、低磷、高挥发、高热值的特征，主要以准东、土哈、库拜、伊犁 4 个煤田为主，石油和天然气主要以准噶尔、塔里木、吐哈三大盆地为主。随着我国经济发展，能源需求日益加大，

新疆多年来一直是我国石化能源开采重要基地，开发强度不断加大，化石能源开发利用方式粗放，生态环境问题十分突出。

不合理的油气开采产生诸多环境问题。从环境影响分类看，既有生态影响，又有污染影响。如管道、道路、井场建设带来的环境破坏属生态型影响，油气开采排放的废水、废气、含油污泥等属污染型影响。从污染源空间分布看，既有面源，又有点源。整个油气田由几百至几千个单井组成，属面源污染，而污染物排放又集中在联合站，属点源污染。从污染源时间分布看，既有固定源，又有变化源。联合站排放的废气一般固定不变，油田产出水会随着采油时间的变化逐年增加。新疆石油天然气开采除对水体、大气、土壤环境造成污染外，还会对地层和地表景观造成破坏并改变原始自然生态环境。而这种对原始自然生态环境的影响，有些是不可恢复或难以恢复的。

在资源无序化开发利用过程中，忽视环境保护、生态恢复和污染治理的现象比较普遍。部分金属矿山废渣、尾矿以及重金属矿产氰化处理后，废水任意排放，使废水中有毒的重金属离子汞、铅、铝及氰化物等对土地和河流造成污染。矿产资源勘探以及开发过程中尾矿、煤泥等固体废弃物堆放占用大量土地，地表土壤和植被遭到破坏，水土流失较为严重。矿区开发过程中，修建公路、埋设各种管线、挖掘引水渠、建设厂矿等，占据了大面积草原，加上土地荒漠化的侵蚀，使草原面积减少退化，并且草原“三化”的趋势仍在继续。

1.2.6 农牧业快速发展，草地生态系统面临退化风险

片面追求牲畜净增头数，盲目提高草场载畜量、超载放牧等造成草场退化。盲目开垦，破坏植被，滥樵、滥挖药材，造成草场的沙化、碱化。按照现有的水平计算，新疆的荒漠化面积以每年 0.08%速度减少，天然湿地面积以每年 0.000 63%速度减少，森林覆盖率以每年 8%的速度增加，草场面积以每年 0.06%的速度减少，到 2015 年，荒漠化土地面积为 107.07 万 km^2，天然湿地面积减少为 12 673 万 hm^2，森林覆盖率达到 5.9%，草场面积减少为 5 090 万 hm^2。到 2020 年，荒漠化土地面积为 107.03 万 km^2，天然湿地面积减少为 12 672.60 万 hm^2，森林覆盖率达到 8.7%，草场面积减少为 5 075 万 hm^2。

1.2.7 城乡和工业环境基础设施滞后，将影响到新型城镇化和工业化的环境安全

未来一个时期，新疆维吾尔自治区工业固废产生量将呈现先快后慢的增长趋势，“十二五”和“十三五”年均增速分别为 8%和 5%。2015 年、2020 年的净增量分别达 1 818 万 t 和 3 225 万 t，在 2010 年的基础上分别增加了 47%和 84%。随着新疆城市化进程的不断推进以及城镇人口的不断增多，新疆城镇生活垃圾也将不断增多。2015 年城镇生活垃圾产生量为 404 万 t，较 2010 年的 317 万 t 增加了 87 万 t，“十二五”期间年均增长

率为 5%；2020 年城镇生活垃圾产生量将达到 567 万 t，较 2010 年增加了 250 万 t，相当于 2010 年的 79%。目前，工业固体废弃物循环利用效率不高，城镇生活垃圾无害化处理率有待提升，尤其是农牧区生活垃圾无害化处理率亟待提高。大量固体废弃物的产生和堆积，在局部地区将存在环境安全隐患。

1.3　新疆跨越式发展与资源环境协调关系

1.3.1　制定新疆经济社会与环境协调发展战略是推动新疆走“资源开发可持续、生态环境可持续”、实现跨越式科学发展的重要保障

2010 年 5 月，中共中央、国务院召开了新疆工作座谈会，提出了新形势下新疆工作的目标和任务，提出到 2020 年的奋斗目标是：促进新疆区域协调发展、人民富裕、生态良好、民族团结、社会稳定、边疆巩固、文明进步，确保实现全面建成小康社会。生态良好是全面小康社会的基本要求和评判依据。同时，会议提出：“着力推进生态文明建设，加快构建生态安全屏障，积极发展循环经济，改善城市人居环境，推进农村环境综合治理，确保新疆山川秀美、绿洲常在。”中央新疆工作座谈会将“推进新疆跨越式发展和长治久安”作为战略目标。新疆的跨越式发展不能建立在生态环境退化的基础上，生态环境质量应与经济社会的发展水平同步提高。为保障新疆未来一段时期顺利实现跨越式科学发展的总体目标，需要对新疆跨越式发展中面临的资源环境问题和风险进行识别，设计环境保护政策和措施，制定前瞻性总体战略。

1.3.2　研究经济与环境协调发展战略对策及其关键支撑技术，是解决新疆生态环境保护与经济发展的突出矛盾的迫切需要

新疆是西部大开发的重要地区，也是我国对西部开发的桥头堡。其环境与发展面临的主要问题有：一是新疆既是我国最主要的风沙源区之一，也是我国“三北”防护林的重要组成部分，特殊的自然环境使新疆成为我国重要的生态安全屏障，对我国的生态安全具有十分重要的作用。生态安全屏障的建设对新疆的发展提出更高的环境要求。二是新疆生态环境十分脆弱，环境承载力有限，与资源开发强度不断增加的矛盾。新疆荒漠生态系统占主导地位，荒漠化面积占全区土地面积的 47.8%，绿洲生态系统仅占全区土地总面积的 4.2%，生态承载能力低，水资源时空分布不均匀，对经济社会发展的约束大。三是新疆适宜发展区域开发强度已经较高，经济发展方式转变难度大。绿洲是新疆经济社会活动的集中区域，但绿洲面积仅占新疆国土面积的 4.2%且开发强度高，人口密度达到每平方公里 3 000 多人，环境承载力已极其有限，再加上经济增长方式粗放，水资源、能源等资源利用效率低，经济发展方式转变的任务迫切而且艰巨。四是跨越式发展带来的超常规的环境压力。新疆自然资源十分丰富，矿产资源

占全国已发现矿种的 80%，石油、天然气、煤炭预测资源量分别占全国陆上预测资源量的 30%、34%、40%。资源开发将成为经济社会发展的基础，是跨越式发展的保障，同时也给未来生态环境带来巨大压力。五是现有的环境管理能力和支撑体系薄弱，与快速的经济社会发展条件不相适应，城市环境基础设施落后。面对快速发展和脆弱的生态环境间的冲突，迫切需要经济和环境的协调发展战略，使新疆走出“在保护中发展，在发展中保护”的协调发展道路。本项目通过研究制定生态环境保护战略与政策、重要资源绿色开发模式、生态环境风险与减缓对策和环境监控与科技支撑体系，以及研究划分环境功能区划，实施分类指导、分区管理，使新疆的水资源、矿产资源得到合理开发，有限的绿洲得到科学利用，促进跨越式发展中人与自然的和谐。

1.3.3 开展新疆跨越发展生态环境风险防控技术研究与新疆维吾尔自治区“十二五”重点产业发展规划环评专项工作相辅相成、互为支撑

“十二五”时期，新疆作为全国重要的能源生产基地和进口能源资源的重要战略通道地位进一步凸显，新疆经济社会的快速发展对资源的需求也将呈现较大幅度的增长。根据区位资源优势和发展态势，新疆维吾尔自治区石油化工、煤电煤化工、钢铁、水泥等重工业比重将进一步增加，对区域环境的压力不断上升，治污减排力度将进一步加大。新疆高度重视“十二五”期间重点产业发展规划的环境影响评价工作，从新疆维吾尔自治区产业规划中筛选出对环境影响较大的电力、石油化工、煤炭、煤化工、钢铁、有色、电网、装备制造、建材、轻工、纺织、盐业、黄金、公路、铁路、西煤东运基地等规划开展环评，以统筹解决矿产资源、能源开发和重大工程建设过程中规划布局和环境保护的突出问题。本项目以保障新疆经济社会跨越式发展的生态环境安全为目标，分析把握新疆未来一个时期跨越式发展情景及生态环境形势，系统设计环境保护目标和战略，将重点围绕重点区域发展的空间布局优化、重点行业及资源开发生态环境风险防控以及区域生态环境风险监控和生态保护恢复，建立区域发展生态环境风险防控关键技术体系，与自治区“十二五”重点产业发展规划环评工作相辅相成、互为支撑，共同为新疆实现跨越式科学发展提供决策与技术支持。

1.3.4 开展区域环境保护关键支撑技术研究符合国家科技发展需求

资源、能源和环境是制约我国经济社会发展的关键因素，也是《国家中长期科学和技术发展规划纲要（2006—2020 年）》（以下简称《纲要》）明确提出的科技发展战略要点。《纲要》把发展能源、水资源和环境保护技术放在优先位置，下决心解决制约经济社会发展的重大瓶颈问题，并将能源、水和矿产资源、环境作为科技发展的重点领域。本项目通过分析新疆未来经济社会与环境发展过程中的瓶颈问题，为经济社会与环境协调发展过程中的能源消耗、资源开发、生态环境保护、绿色产业发展等方面提供战略及技术支撑，符合《纲要》的要求。

1.3.5　研究制定新疆经济与环境协调发展战略可为完善我国区域环境管理体系提供借鉴

《国家环境保护“十二五”科技发展规划》围绕“面向风险防范的环境保护目标，提升环境综合监管能力”的科技需求，战略性提出了“构建风险管理和风险控制技术体系”，并在“生态保护领域”中提出开展“资源开发区和重大工程区生态保护研究”，重点研究资源开发区和重大工程区生态胁迫机理、风险源识别、生态监测指标、生态影响评价、环境风险评估与分区分级预警技术，这些要求也是我国区域环境管理中亟待完善的能力。本项目通过分析新疆发展现状、区域差异特征，提出维护绿洲、荒漠生态健康的管理对策，维护干旱区生物多样性及水环境安全的战略对策，开创新疆绿色经济、绿色矿产资源发展模式，建立绿洲与干旱区环境监测与预警网络体系，为促进新疆经济社会与环境协调发展提供战略支撑，与《国家环境保护“十二五”科技发展规划》总体日标和重点领域结合紧密，同时项目的研究成果也能为国家制定完善区域环境保护战略体系提供借鉴。

第 2 章　新疆区域特征

2.1　区域概况

2.1.1　地理区位

新疆维吾尔自治区位于我国西北部，地处亚欧大陆中心。土地面积 166.49 万 km^2，约占全国面积的 1/6，是我国面积最大的一个省区。东部和南部与甘肃、青海、西藏等省、自治区邻接，东北部同蒙古交界，西北部及西部分别与哈萨克斯坦、吉尔吉斯斯坦和塔吉克斯坦接壤，西南部与阿富汗、巴基斯坦、印度接界，边境线长达 5 600 多 km，是我国边境线最长、陆地面积最大的一个省区。新疆是我国西北的战略屏障和对外开放的重要门户，是实施西部大开发的重要地区和战略资源的重要基地。新疆有 17 个国家一级口岸，已逐步成为“对外开放的重要门户”。边境贸易及中亚自由贸易区的形成，亚欧大陆桥的开通，上和合作组织的建立等，都促进了新疆向西开放和对外合作，进一步强化了新疆在中国对外开放格局中的战略地位。

2.1.2　行政区划

新疆维吾尔自治区下辖 5 个自治州：伊犁哈萨克自治州、博尔塔拉蒙古自治州、昌吉回族自治州、巴音郭楞蒙古自治州、克孜勒苏柯尔克孜自治州；7 个地区：塔城地区、阿勒泰地区、吐鲁番地区、哈密地区、阿克苏地区、喀什地区、和田地区；2 个地级市：乌鲁木齐市、克拉玛依市；4 个自治区辖市：石河子市、阿拉尔市、图木舒克市和五家渠市；16 个地州辖市、62 个县、6 个自治县、628 个乡（其中含 43 个民族乡）、229 个镇、145 个街道办事处。新疆维吾尔自治区首府为乌鲁木齐市。新疆生产建设兵团是新疆的重要组成部分，下辖 14 个师，179 个农牧团场。

新疆的地形地貌可以概括为“三山夹两盆”：北面是阿尔泰山，南面是昆仑山，天山横贯中部。新疆南部的塔里木盆地面积 53 万 km^2，是中国最大的内陆盆地。位于塔里木盆地中部的塔克拉玛干沙漠，面积约 33 万 km^2，是中国最大、世界第二大流动沙漠。贯穿塔里木盆地的塔里木河长约 2 100 km，是中国最长的内陆河。北疆的准噶尔盆地面积约 38 万 km^2，是中国第二大盆地。准噶尔盆地中部的古尔班通古特沙漠面积约 4.8 万 km^2，是中国第二大沙漠。新疆地区水域面积 5 500 km^2，其中博斯腾湖水域面积 980 km^2，是中国最大的内陆淡水湖。在天山东部和西部，还有被称为“火洲”的吐鲁番盆地和被誉为“塞外江南”的伊犁谷地。位于吐鲁番盆地的艾丁湖，低于海平面 154 m，是中国陆地最低点。片片绿洲分布于盆地边缘和河流流域，总面积约占全疆面积的 4.2%。

2.1.3　区域气候

新疆远离海洋，深居内陆，四周有阿尔泰山、帕米尔山、喀喇昆仑山、昆仑山、阿尔金山等高山阻隔，海洋湿气不易进入，属干旱和半干旱地区，是典型的温带大陆型干旱气候。新疆气候干燥少雨，多年平均年降水量 156.6 mm，仅为全国平均降水量的 23%左右。降雨量的时空分布极不均匀，多集中在春夏季，新疆北部这两季的降水量占总量的 60%～80%，新疆南部占 70%～90%，同时降水由西向东，由北向南逐渐减少，总体情况是新疆北部多于新疆南部，西北部多于东南部。另外，新疆西部、北部、南部及中部高大的山脉，为拦截深入内陆空中水汽创造了有利条件，形成了新疆山区降水远远大于平原和迎风坡多于背风坡的特征。此地区蒸发量与降水量相比相差甚远，其大部分地区水面蒸发量为 800～1 000 mm，地区分布特征为山区小，平原大；西部小，东部大；新疆北部小，新疆南部大。

2.2　经济社会

2.2.1　经济发展

（1）经济总量

30 多年的改革开放极大地促进了新疆经济社会的发展。近些年来，新疆经济保持了平稳较快的发展势头，特别是“十一五”期间，生产总值 GDP 平均增长率为 10.6%，高出“十五”期间 0.6 个百分点。同时人均收入和财政收入也齐头并进，有力地为新疆经济发展提供了资金支持。2011 年新疆实现 GDP 达到 6 574.5 亿元，增长率 12%，高于全国平均增速 2.8 个百分点。新疆维吾尔自治区生产总值和经济增长率具体见图 2-1。

此外，新疆各地市 GDP 差异较大。从分布区域看，经济发展北强南弱的格局仍未改变。其中，GDP 最高的是乌鲁木齐市，达到 1 087 亿元，最低的是克孜勒苏柯尔克孜自治州，仅为 33 亿元，两者相差 33 倍。新疆维吾尔自治区各地市 2010 年地区生产总值具体见图 2-2。

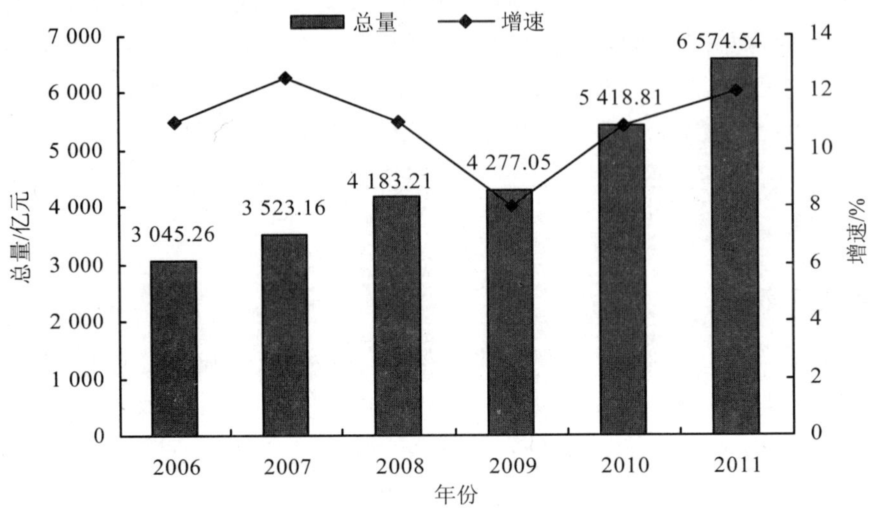

图 2-1 新疆维吾尔自治区生产总值和经济增长率

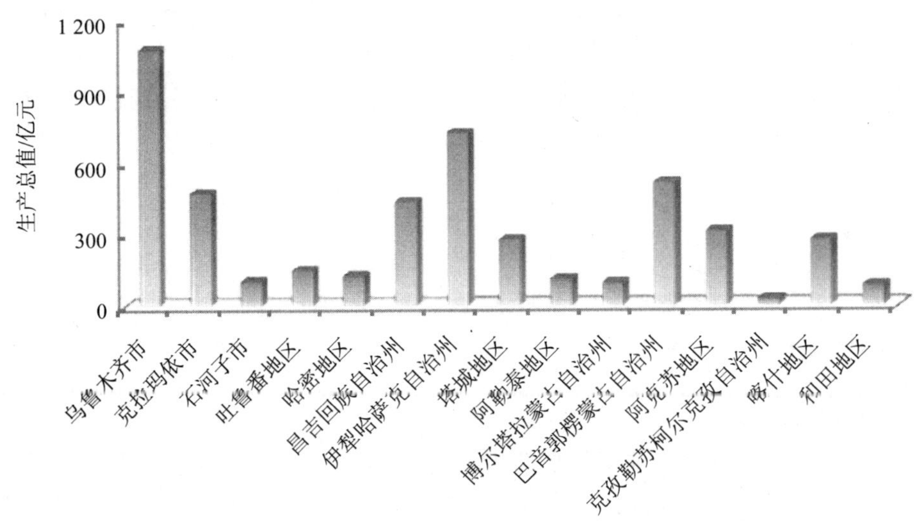

图 2-2 新疆维吾尔自治区各地市 2010 年地区生产总值

（2）三次产业结构情况

新疆的三大产业结构由 1999 年的 23.1∶36.1∶40.8 调整为 2005 年的 19.0∶44.7∶36.3，后调整为 2011 年的 17.3∶50.0∶32.7。新疆第一产业所占比重逐年下降，从 2006 年之后第一产业比重基本保持在 17%左右不再变化，并呈现略微上升的势头；第二产业比重呈先下降后上升的趋势，从 1992 年开始逐年缓慢上升；第三产业比重呈先上升后下降的趋势，2002 年最高达到 43%，随后持续下降到 32%左右。随着新疆经济跨越式发展的顺利推进，新疆农业的比重将逐渐减少，工业比重将呈现上升后下降的趋势，第三产业比重呈逐渐提高的趋势。新疆维吾尔自治区 1999 年、2005 年、2011 年产业结构状况具体见图 2-3。

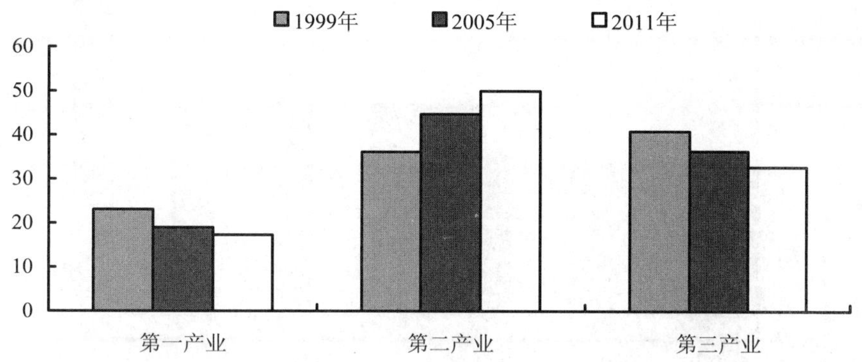

图 2-3　新疆 1999 年、2005 年、2011 年产业结构状况

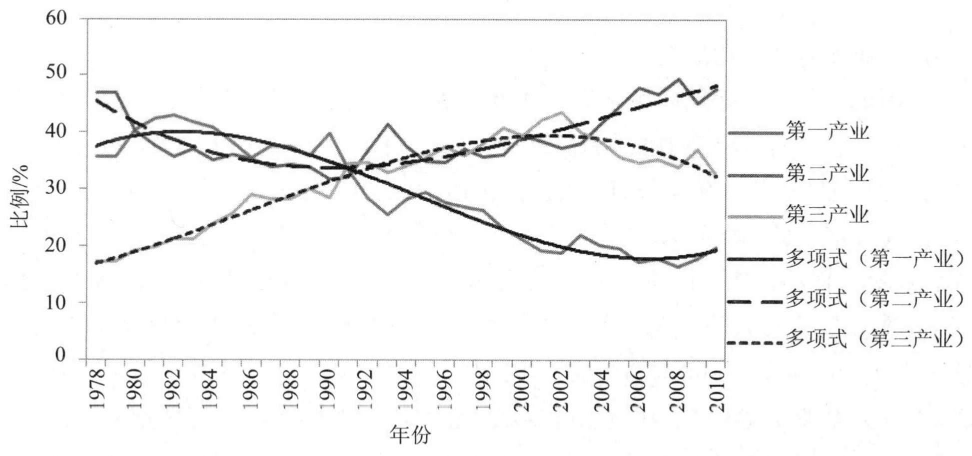

图 2-4　改革开放以来新疆三次产业结构变化趋势

（3）**农业及畜牧业发展**

2009 年，新疆棉花总产已占全国的 40%，粮食总产超过 1 000 万 t，林果面积超过 1 600 万亩，其中 12 个优质特色林果主要品种有效株数达 8 亿株；牛肉、羊肉、牛奶产量分别位居全国第 5 位、第 2 位和第 6 位；设施农业盖棚面积达 100 万亩；水产品产量连续多年居西北地区首位。科学的规划、合理的布局和整体的推进，构成了新疆现代农业产业创新发展的全新体系。2010 年新疆农林牧渔业总产值已经达到 1 846 亿元，具体见图 2-5。

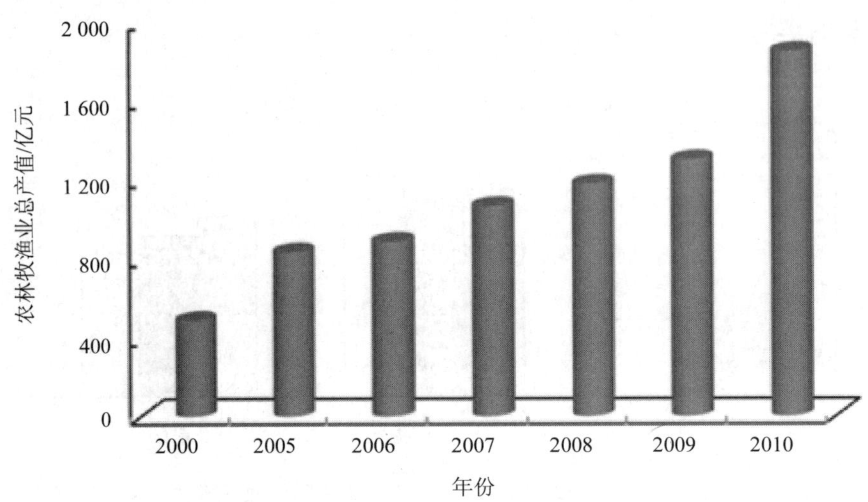

图 2-5 新疆农林牧渔业总产值变化情况

（4）工业发展及产业结构

新中国成立后，新疆工业经济实力不断增强，主要体现在以下 3 个方面：①工业生产快速增长。近几年，新疆工业呈加速发展之势，年均增速达到 14.4%，高于同期 GDP 3.1 个百分点。工业增加值占 GDP 的比重由 1978 年的 37.1%提高到 2008 年的 42.6%，工业在国民经济中的主导作用日益增强。②工业产品产量大幅增长。原油产量占全国的 12.9%，居第三位；天然气产量占全国的 13.9%，居第二位；番茄酱产量近 63.6 万 t，占全国的 85%。③企业规模迅速壮大，经济效益不断提升。2008 年，全疆工业已发展到涉及 38 个大类行业的 7 000 多家企业，比 1978 年增长一倍，平均每年增加 100 多家。规模以上工业企业 1 575 家，利税总额 961.4 亿元，实现利润总额 779.6 亿元，创历史最高水平。工业增加值 1 405.11 亿元，占全区 GDP 的 39.9%，高出第一产业比重 22.1 个百分点。

目前，新疆已基本形成了以石油开采、石油化工为主导，以纺织、轻工、钢铁、建材、电力为支柱，包括煤炭、食品、机械、有色金属、化工等门类较为齐全、产品较为丰富、适应新疆区情的资源型工业结构体系。新疆工业内部结构变化具体见图 2-6，重点行业占新疆规模以上工业比重具体见图 2-7。

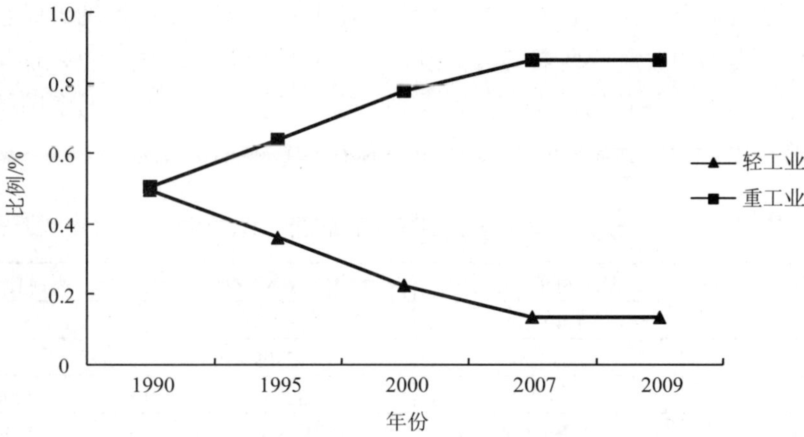

图 2-6　新疆工业内部结构变化图

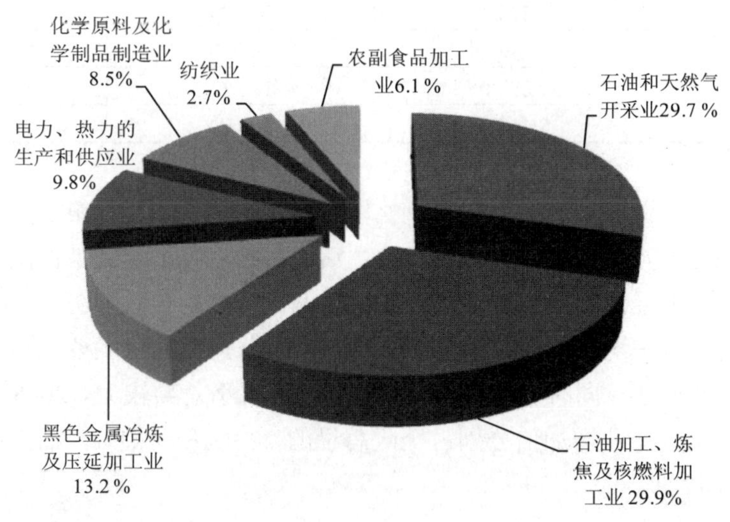

图 2-7　重点行业占新疆规模以上工业比重

（5）**第三产业发展**

20 世纪 90 年代，以中共中央、国务院《关于加快发展第三产业的决定》颁布为标志，新疆第三产业的结构、水平和总量规模都发生了质的变化。第三产业 1991 年首次突破百亿元大关，2006 年首次突破千亿元大关。2009 年与 1978 年相比，第三产业增加值由 6.75 亿元增加到 1 587.72 亿元，平均递增 19.95%，超过了同期国民生产总值年均 16.99%的递增速度；第三产业占国民生产总值的比重由 17.2%上升到 37.1%，提高 19.9 个百分点。在发展传统第三产业的同时，交通通信业领先成为第三产业中最大的行业，金融服务、信息咨询、科技服务、房地产、旅游以及广告等产业服务业迅速崛起。以旅游业为例，新疆具有丰富而独特的旅游资源，拥有国家 4A 级景区 7 个，3A 级景区 62

个，国家工农业旅游示范点 33 个。旅游产品日益丰富，旅游业在推动国民经济增长、促进对外开放、带动相关产业发展等方面发挥了重要作用。新疆旅游收入逐年增加，年均增长率约为 14.4%，并且约占全年生产总值 5%，在新疆第三产业乃至国民经济发展中具有重要的作用。历年新疆生产总值和旅游总收入具体见表 2-1。

表 2-1　历年新疆生产总值和旅游总收入

年份	生产总值/亿元	旅游收入/亿元	所占比例/%
2001	1 491.6	79.96	5.36
2002	1 612.65	92.18	5.72
2003	1 886.35	92.75	4.92
2004	2 209.09	116.49	5.27
2005	2 604.19	138.74	5.33
2006	3 045.26	159.34	5.23
2007	3 523.16	205.24	5.83
2008	4 183.21	207.4	4.96
2009	4 277.05	186.11	4.35
2010	5 418.81	306.04	5.65

然而，从第三产业的结构发展来看，整体水平还是偏低。新疆第三产业主要是传统的商业和其他服务业，而高层次的为生产和生活服务的业务如金融、保险等行业比重过低。服务业和外向型经济发展滞后，服务业比重偏低且多为传统服务业，占地区生产总值的 32.7%，比全国平均水平（43.1%）低 10.4 个百分点，外贸主要以边境贸易为主，加工贸易所占比重较小。同时，地区间、城乡间发展水平差异较大。2008 年，新疆南部地区和北部地区第三产业增加值分别占全区总量的 22.9%和 77.1%，而生产总值分别占全区的 27.4%和 72.6%。

2.2.2　人口与城镇化

（1）人口结构

1995—2010 年，新疆总人口变动的总趋势是平稳上升的。从总人口增长的情况来看，这 15 年间，新疆的总人口从 1 661.35 万人增长到 2 181.33 万人，共增加了 520 万人，年均增长率为 1.76%。而同期全国人口的年均增长率为 0.67%，新疆比全国高出 1.1 个百分点。从人口的城乡分布来看，乡村人口的比重明显大于城镇人口。2010 年，新疆乡村人口比重为 58.4%，明显大于全国乡村人口比重 51%，说明大量的人力资源都滞留在了农村。新疆维吾尔自治区人口变动具体见图 2-8。

从人口的出生率来看，2009 年全国人口出生率为 12.13‰，自然增长率为 5.05‰；新疆人口出生率为 15.99‰，比全国高近 4 个百分点，自然增长率为 10.65‰，比全国高近 5 个百分点，新疆的人口出生率和自然增长率属全国最高省区之一。

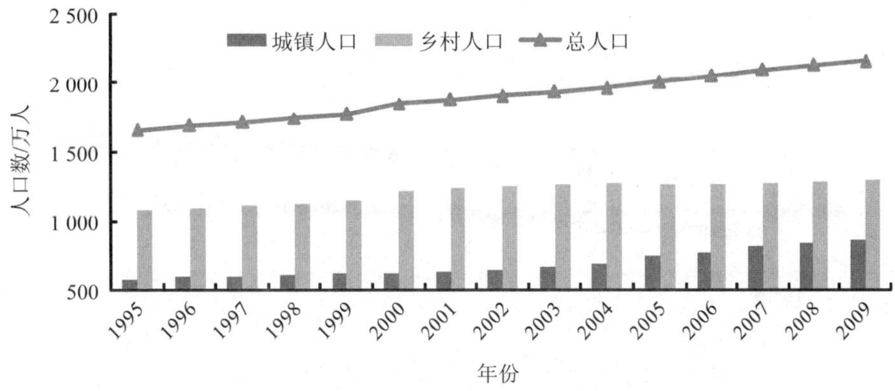

图 2-8　新疆维吾尔自治区人口变动曲线图

（2）民族结构

新疆是一个多民族聚居的地区，至 2009 年年底，境内共有 55 个民族成分，其中世居民族有维吾尔族、汉族、哈萨克族、回族、柯尔克孜族、蒙古族、塔吉克族、锡伯族、满族、乌孜别克族、俄罗斯族、塔塔尔族等 13 个。从民族构成来看，截至 2009 年年底，少数民族已经占到总人口的 61.01%。各民族中，以维吾尔族、汉族、哈萨克族、回族居多，比例分别为 46.42%、38.99%、7.02%、4.54%，这 4 个民族的人口已占到新疆总人口的 96%以上。可以说，新疆的人力资源主要来自这 4 个民族。

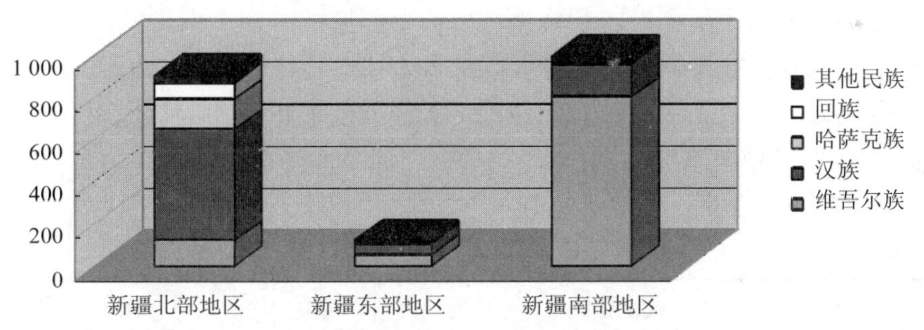

图 2-9　新疆北部地区、新疆东部地区、新疆南部地区人口民族构成

（3）城镇化发展进程

城镇化是 21 世纪影响新疆区域发展最大的社会过程，也是实现新疆跨越式发展和长治久安的动力之源。近些年来，新疆城镇化建设取得了令人瞩目的成就。城镇化水平已有 2000 年的 33.75%增加到 2010 年的 41.6%，保持持续增长的发展势头。但是就整体而言，新疆的城镇化速度还是比较缓慢，2000—2010 年，全国城镇化率上升了 12 个百分点，而新疆仅上升了 8 个百分点，这与全国平均水平存在较大差距，并且呈现差距逐年增大的趋势。新疆城镇化水平也低于青海、重庆、陕西、内蒙古等西部和边远地区。2000—2010 年新疆与全国平均城镇化率比较见图 2-10。

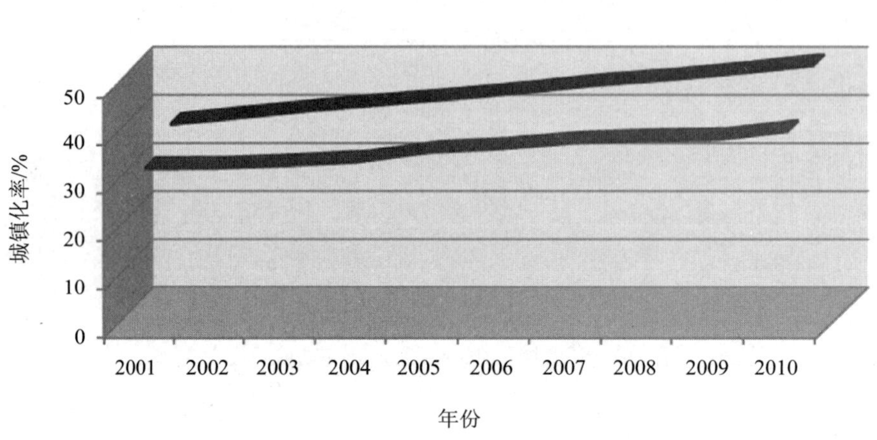

图 2-10 2000—2010 年新疆与全国平均城镇化率比较

新疆 20 个地、州、市的城镇化发展地区差异明显。其中，有 10 个地州市城镇化水平高于全区的 39.64%，乌鲁木齐、克拉玛依和石河子更是达到 90%左右，然而图木舒克市、和田地区和喀什地区等的城镇化还是处于较低水平，城镇化率仅为 16.03%、16.69% 和 22.38%。通过以上分析不难看出，新疆的城镇化发展很不均衡，大致表现为：新疆北部地区城镇化率高于东部地区和南部地区，东部地区又高于南部地区。此外，新疆的城市结构中，大城市数量少、中小城市数量多，城市首位度过大。新疆的这种城镇结构很难产生规模效应，限制了城市对周边地区经济发展的扩散和辐射作用。新疆 2008 年 20 个地、州、市城镇化率见表 2-2。

表 2-2 新疆 2008 年 20 个地、州、市城镇化率 单位：%

地区	城镇化率	地区	城镇化率	地区	城镇化率
伊犁哈萨克自治州	58.69	阿勒泰地区	51.47	乌鲁木齐市	89.49
博尔塔拉蒙古自治州	34.69	吐鲁番地区	38.49	克拉玛依市	99.17
昌吉回族自治州	50.03	哈密地区	58.24	石河子市	89.00
巴音郭楞蒙古自治州	49.39	阿克苏地区	31.08	阿拉尔市	53.71
克孜勒苏柯尔克孜自治州	28.28	喀什地区	22.38	图木舒克市	16.03
塔城地区	37.07	和田地区	16.69	和五家渠市	68.93
全区	39.64				

2.3　资源状况

2.3.1　水资源

（1）地表水系

新疆维吾尔自治区水资源量约占全国的 3%，三大山脉的积雪、冰川孕育汇集为 500 多条河流，分布于天山南北的盆地，其中较大的有塔里木河（我国最大的内陆河）、伊犁河、额尔齐斯河、玛纳斯河、乌伦古河、开都河等 20 多条。新疆拥有许多自然景观和优美的湖泊，总面积达 9 700 km^2，占全疆总面积的 0.6%以上，其中著名的十大湖泊有：博斯腾湖、艾比湖、布伦托海、阿雅格库里湖、赛里木湖、阿其格库勒湖、鲸鱼湖、吉力湖、阿克萨依湖、艾西曼湖。新疆境内形成了独具特色的大冰川，共计 1.86 万余条，总面积 2.4 万多 km^2，占全国冰川面积的 42%，冰储量 2.58 亿 m^3，是新疆的天然“固体水库”。由于新疆地处亚欧大陆腹地，气候干旱，水资源受季节因素影响，时空分布极不均衡，地表水蒸发量大，致使一些地方水资源不足。水资源“春旱、夏洪、秋缺、冬枯”的特点，造成新疆洪旱灾害交替发生，防洪抗旱问题十分突出，水资源问题十分严峻。

（2）水资源量

新疆维吾尔自治区水资源总量为 1 124.0 亿 m^3，其中地表水资源量 1 063.0 亿 m^3，地下水资源量为 624.3 亿 m^3，重复计算量 563.2 亿 m^3。人均水资源量 5 500 m^3，是全国人均数的 2.25 倍。新疆水资源特征是山区降水丰富，平原降水稀少且蒸发强烈，降水除部分地下水外很少或不产生地表径流。新疆水资源量地区间差异较大，西北部分地区水资源量占全疆地表资源总量的 93%，而东南部分地区仅占 7%。

（3）用水量情况

新疆的用水量非常大，用水总量在所有省区中排全国第二位（2009 年数据）。其中，农业生产用水在新疆所有用水项目中占的比重最高，2009 年农业用水占用水总量的 92.8%，而同期全国农业用水只占用水总量的 62.4%，新疆排在全国的第一位，远远高于其他省区，大量的水资源都耗用在了农业生产上。同时，由于较为特殊的自然条件，新疆的用水效率极低，人均用水量大大高于全国水平，2009 年是全国平均水平的 4.71 倍。2009 年和 2005 年相比，新疆用水总量增长了 4.43%，其中农业用水增长了 4.92%。由于新疆地处干旱区域，生态环境非常脆弱，为保护生态环境的生态用水量较大，新疆 2009 年生态用水占用水总量的 3.11%，而同期全国只有 1.73%，新疆生态用水占全国生态用水的 16.0%。由此可以看出，新疆用水的特点非常突出，用水总量大，农业用水占比高，生态用水突出，用水效率极低，用水总量和用水效率有待提高，在节水方面新疆的潜力较大。新疆与全国用水量比较见表 2-3。

表 2-3 新疆与全国用水量比较

项目	2005 年		2009 年	
	新疆	全国	新疆	全国
总用水量/（$\times10^8$ m^3）	508.41	5 633.0	530.91	5 965.2
其中：生产用水量/（$\times10^8$ m^3）	479.68	4 865.2	504.58	5 114.0
农业/（$\times10^8$ m^3）	469.71	3 580.0	492.80	3 723.1
工业/（$\times10^8$ m^3）	9.97	1 285.2	11.78	1 390.9
生活用水量/（$\times10^8$ m^3）	5.37	675.1	8.27	748.2
生态用水量/（$\times10^8$ m^3）	21.73	92.7	16.52	103.0
人均用水量/m^3	2 529	432.1	2 112	448.0

2.3.2 土地资源

新疆土地总面积约占全国土地总面积的 1/6，是全国土地面积最大的省区。在新疆土地总面积中，山地占 38.07%，丘陵占 10.73%，平原占 51.20%。由于其东西和南北跨度大，四周高山环绕，各地土地类型、数量、质量、利用条件和方式都有较大的差异。根据中科院对中国土地利用变化的遥感时空信息的研究成果，新疆土地资源中，未利用地所占比重很大，未利用地面积 10 903.97 万 hm^2，占新疆土地总面积的 66.48%。新疆的未利用地主要类型为沼泽地、裸岩石砾地、沙地、盐碱地以及荒草地，而且这些未利用地大多是分布在生态条件极其严酷的两大盆地的沙漠地带和荒漠山区，就目前的技术水平和经济条件而言，开发利用难度较大。

2.3.3 矿产资源

新疆维吾尔自治区矿产种类全、储量大、开发前景广阔。目前发现的矿产有 138 种，占全国已发现矿种的 80.7%。目前已探明储量的矿产有 99 种，其保有储量在西北区乃至全国都占有重要地位。根据全国对关键矿产资源组合情况分析及对各省区划分的五种类型标准，新疆是矿种组合好、若干矿种丰富、具有能源保证的第一类型省区，而目前的新疆矿产资源综合评价位居全国第 4 位，资源特征明显，具体如下：

①成矿条件好，矿产种类多，资源相对齐全配套。新疆矿产远景大的主要有石油、天然气、煤、金、铜、铅、锌、石棉、盐类、膨润土、石灰岩、蛭石等，这些大多是国内急缺或重要的矿产。和新疆比邻的国家对比，在 32 个成矿区带中有 16 个延入新疆境内，如有世界驰名的阿尔泰有色金属成矿带等，找矿潜力很大。而从矿藏空间分布规律来看，矿产资源在新疆各个地区广泛分布，已发现 4 000 多处矿产地，上百个重要成矿带，广泛地分布在“三山三盆”中，遍布全疆各地，几乎所有的县、市都有矿产资源，有利于新疆各区域经济的全面发展，新疆矿种配套比较齐全，仅次于四川省，居全国第 2 位。

②矿产质量较好，富矿比例较高并拥有一部分特色矿产。从矿石质量角度分析，矿产资源具有三大特征：一是富矿密集，如富铁矿探明储量占铁矿总储量的 25.6%，远远高于全国富矿比例 5.7%的水平。二是优质矿种居多，如铬、富铬矿占 58%，是全国少有的用于生产优质耐火材料的矿产原料；膨润土，则以钠基土为多，造浆率高，是国内唯一能达到国际泥浆标准的优质膨润土等。

在西部大开发的大背景下，新疆开展了大量矿产资源的勘探、采掘、加工等工作。近些年来，新疆的矿产资源开发事业取得了前所未有的发展，尤其是固体矿产资源的开发，取得了令人瞩目的成就。“十一五”期间，新疆累计投入非油气地质勘查资金 130 亿元，比“十五”期间增长近 9 倍。目前开发利用的矿产有 96 种，非油气矿山有 3 320 家，其中大型矿山 47 家、中型矿山 140 家、小型矿山 1 504 家、小矿 1 629 家。2010 年新疆矿石产量 21 643.34 万 t，实现非油气矿业产值 244.23 亿元。以巴州为例，2009 年非油矿业产值近 50 亿元，并在建和静县铁尔曼工业园区、尉犁县铁加工矿业园区、若羌县罗布泊盐化工业园区、若羌县依吞布拉克—祁曼塔格矿业园区和且末县铁加工矿业园区五个大型矿业园区，集中开发当地矿产资源。

2.3.4 能源资源

（1）化石能源资源

新疆煤炭资源十分丰富，总体禀赋条件好、煤层厚，煤种中长焰煤、不黏煤和弱黏煤占资源总量的 90.91%，煤质多具备特低硫—低硫、低磷、高挥发、高热值的特征。同时，煤的反应活性高，适合于煤气化和间接液化，也是优质煤化工用煤。新疆煤炭预测资源总量 2.19 万亿 t，占全国煤炭资源总量的 40.6%，资源量占全国之首。新疆预测量超过 100 亿 t 的煤田有 24 个，约占预测总量的 98%；预测量超过 1 000 亿 t 的煤田有准东煤田、沙尔湖煤田、伊宁煤田、吐鲁番煤田、大南湖—梧桐窝子煤田 5 个，约占预测总量的 60%。煤炭资源主要分布在北部和东部，其资源量约占预测总量的 94.7%。根据新疆煤炭资源的分布和新疆资源开发战略，新疆维吾尔自治区规划准东、土哈、库拜、伊犁 4 个煤田作为新疆煤电、“西煤东运”及煤制气的主要基地。

新疆是我国陆上石油和天然气资源最有远景的地区之一。据勘探，石油资源量为 208.6 亿 t，占全国陆上石油资源量的 30%；天然气资源量为 10.3 万亿 m^3，占全国陆上天然气资源量的 34%。其中，准噶尔、塔里木、吐哈三大盆地是新疆油气储存最为丰富的地区。据统计，准格尔盆地石油资源预测量为 69.4 亿 t，天然气预测资源量为 1.2 万亿 m^3；吐鲁番盆地预测资源量 15.8 亿 t，天然气预测资源量为 0.4 万亿 m^3；塔哈盆地石油预测资源量 107.6 亿 t，天然气预测资源量为 8.4 万亿 m^3。此外，还拥有三塘湖、伊宁、焉耆等 22 个中小型含油气盆地，其中 14 个分布于新疆北部地区，8 个分布于新疆南部地区。整体看，新疆石油和天然气资源总量很大，有巨大的勘探潜力。新疆依托丰富的油气资源，先后建成了准噶尔、塔里木和吐哈盆地三大石油天然气生产基地，形成了克拉玛依—独山子、乌鲁木齐、吐鲁番—哈密、库尔勒—库车等不同规模、各具特色的石油炼制和加工基地，相继建成投产了“西气东输”、中哈原油管道、乌兰成品油管道和西部原油管道等。

近些年来，新疆煤炭、石油、天然气资源的生产量和消费量都是显著增加的。煤炭方面：2009 年，哈密、昌吉、吐鲁番等主要产煤地州的煤炭产量创历史新高，全疆原煤产量高达 7 646 万 t，成为了工业增长的主要拉动力。新疆煤炭资源生产出现“井喷”式增长的同时，以发电、供热、炼焦、冶金、建材等工业为主的生产和居民生活用煤消费量，从 2005 年消费煤炭 3 854 万 t 增加到 2009 年的 74 180 万 t，年平均增长率为 14%。总体来看，这样不仅实现了新疆区内的煤炭供需平衡，还完成了向全国其他省份调出煤炭的任务，新疆煤炭工业在区内乃至全国能源战略中的作用日益凸显。石油和天然气方面：近 5 年来，石油的生产量和消费量以及天然气的消费量变化不是很大，而天然气的生产量增长较快。2009 年天然气生产量达到 245 亿 m^3，比 2005 年增加 139 亿 m^3，年平均增长率达到 18.1%。同时，2009 年外输天然气 170 亿 m^3，连续多年天然气的生产和外输量高居全国第一。可以看出，新疆能源消费总量逐年增加，已由 2005 年的 5 506.5 万 t 标准煤增加至 2009 年的 7 525.6 万 t 标准煤，年均增长率 6.44%。从各类能源消费结构情况看，煤炭消费仍是新疆的主要消费方式，而且占消费总量的比例有逐年上升的趋势。其他清洁能源所占比例一直维持在较低水平，具体见图 2-11。

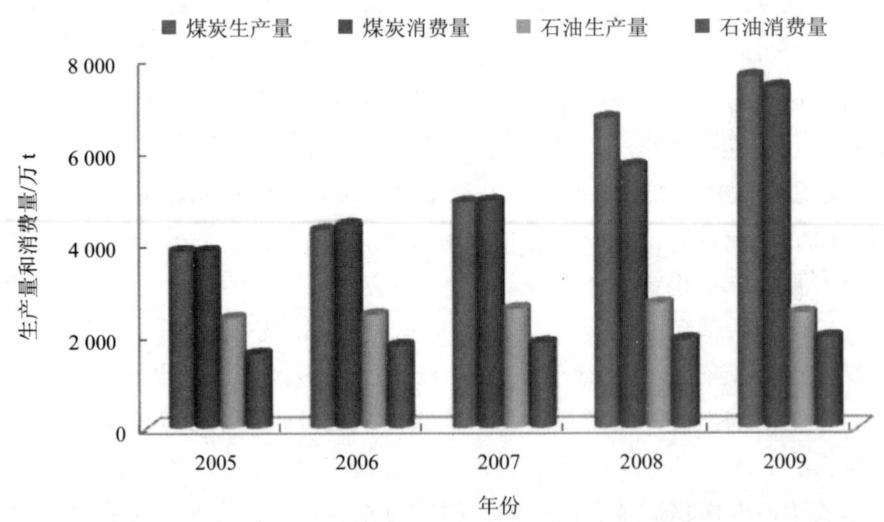

图 2-11 新疆 2005—2009 年煤炭和石油资源的生产量及消费量情况

（2）**太阳能资源**

新疆位于我国西部，地处亚欧大陆中心，具有得天独厚的水土光热资源。新疆日照时间长，日照百分比为 60%～80%，积温多，昼夜温差大，无霜期长，年太阳能辐射量仅次于西藏，具有丰富的太阳能光热资源。新疆全年平均日照时数达 2 600～3 400 h，比长江中下游地区年总日照数多 500～1 000 h，是中国日照时数最多的地区之一，同时新疆的年日照时数均有自东向西减少的趋势。新疆太阳年总辐射量达 5 500～6 600 MJ/m^2，比中国同纬度的华北和东北地区多 620～840 MJ/m^2，比长江中下游多 1 250～2 090 MJ/m^2，居全国前列。新疆东南部在 6 000 MJ/m^2 以上，西北部在 5 800 MJ/m^2 以下。新疆南部地区基本上都在 5 800 MJ/m^2 以上，哈密地区 6 400 MJ/m^2，是新疆全年总辐射值最多的地区。新疆北部地区太阳总辐射量为 5 200～5 600 MJ/m^2，其中伊犁河谷、博尔塔拉谷地、塔城盆地、额尔齐斯河谷的总辐射量约 5 400 MJ/m^2；准噶尔盆地中部受地形影响，云量和风沙较多，太阳总辐射量在 5 200 MJ/m^2 以下，是新疆平原地区太阳总辐射量最少的地区。

(3) 风能资源及其分布

新疆地处祖国西北边陲，特殊的地形地貌加上受冷暖空气活动频繁，风多、风大是新疆独特的气候特征。众多的高山峡谷地带、山前的河谷地带、山前冲级扇地带以及山前平原戈壁地带，形成了新疆著名的九大风区。新疆风能源丰富，风能资源总储量 8.7 亿 kW 占全国陆上风能资源总量的 37%，仅次于内蒙古，居全国第 2 位。新疆风能资源总储量 8.7 亿 kW，技术开发量 1.2 亿 kW，年平均风功率密度≥150 W/m^2 的面积 7.8 万 km^2。

具有开发价值的九大风区为：额尔齐斯河河谷风区、乌鲁木齐达坂城谷地风区、阿拉山口风区、十三间房风区、吐鲁番小草湖风区、塔城老风口风区、三塘湖—淖毛湖风区、哈密东南部风区和罗布泊风区。九大风区风况好，风功率密度大，有效风速 320 m/s，年有效风速均在 6 000 h 左右，年平均有效风能密度在 3 000 kW/（h • m^2），年风能总蕴藏量在 3 万亿 kW/h 以上，按目前风机制造水平测算，新疆九大风区风电可装机容量至少在 10 亿 kW 以上，具备建设大型风电场的风能资源条件。

2.3.5　生物资源

新疆的生物资源种类繁多、品种独特、特性优良，开发潜力较大。新疆野生动植物达 4 000 多种。农作物地方品种及引入品种达 10 000 多个，不少物种品质优良。新疆地方畜禽品种具有适应性强、抗病、耐粗饲等优良特性。新疆还是多种果树的原始起源中心和次生中心，果树资源丰富，其中优良品种约 300 余个，自古以来就有“瓜果之乡”的美誉。

新疆除拥有优良的牛、马、羊、骆驼等家畜外，还有近 700 种脊椎野生动物，其中鱼类 85 种、两栖类 7 种、爬行类 45 种、鸟类 425 种、兽类（哺乳类）137 种，约占全国脊椎野生动物种类的 11%。有国家重点保护动物 116 种，约占全国的 1/3，其中包括蒙古野马、藏野驴、藏羚羊、雪豹等国际濒危野生动物。珍稀动物有高鼻羚羊、黑鹳、白肩雕等。鸟类、兽类和爬行类动物类分别占中国的 35.8%、33%和 14.2%。新疆特有的动物，如四爪陆龟、新疆北鲵、塔里木兔、新疆大头鱼等。新疆还有无脊椎动物约 1.5 万种，以昆虫类为多，已知的有 7 000～8 000 余种。目前，新疆共有国家重点保护动物 116 种，约占全国保护动物的 1/3，其中列为一级保护的有 28 种，列为二级的 88 种。

2.4 生态环境

2.4.1 水环境

（1）水污染物排放情况

新疆维吾尔自治区 2006—2010 年废水排放量、生活污水排放量以及工业废水排放量逐年增加。并且 2010 年，新疆维吾尔自治区废水排放量达到 8.4 亿 t，其中生活污水为 5.8 亿 t，工业废水为 2.6 亿 t，具体见表 2-4。同时，2006—2010 年新疆维吾尔自治区废水中生化需氧量和氨氮等主要污染物排放也呈逐年增长的趋势。其主要特点表现在生活氨氮排放量大于工业氨氮排放量；而对于 COD 而言，工业 COD 排放量则大于 COD 生活排放量。此外，2010 年新疆各行业重点调查企业工业废水及污染物排放量中，化学纤维制造业、化学原料及化学制品制造业、黑色金属冶炼及压延加工业等重工业行业的废水以及污染物排放量较大，约占总量的 63%。

表 2-4　新疆 2006—2010 年废水排放情况　　单位：亿 t

年份	废水排放量	生活污水排放量	工业废水排放量	工业废水排放达标量
2006	6.5	4.5	2.1	1.3
2007	6.9	4.8	2.1	1.4
2008	7.5	5.2	2.3	1.5
2009	7.7	5.3	2.4	1.5
2010	8.4	5.8	2.6	1.4

（2）地表水质状况

2011 年新疆环境状况公报显示，对 79 条河流 170 个断面进行监测，Ⅰ～Ⅲ类优良水质断面占 91.2%，Ⅳ、Ⅴ类轻中度污染水质断面占 5.0%，劣Ⅴ类重度污染水质断面占 3.8%。其中，水磨河、克孜河、吐曼河、乌鲁木齐河等 7 条河流部分断面受到不同程度的污染，主要超标污染指标为化学需氧量、石油类、氨氮等。监测的 9 个湖泊中，博斯腾湖、吉力湖水质为轻度污染；柴窝堡湖、乌伦古湖、艾比湖水质为重度污染。监测的 23 座水库中，部分水库存在不同程度的污染，八一水库、蘑菇湖水库、猛进水库水质为重度污染，主要超标污染指标为总磷、化学需氧量、氨氮等。在监测的 19 个城市 39 个集中式饮用水水源地中，水质达标的占 89.7%，水质为Ⅳ类及以下的占 10.3%。

2.4.2　大气环境

（1）大气污染物排放情况

新疆多数城市能源结构以煤为主，同时伴有大量化石能源的利用，煤烟型污染比较突出，主要表现在大量的化石能源不仅在开采过程中会对生态环境产生影响，同时也会在使用它们的过程中产生程度不同的环境污染。2006—2010 年新疆维吾尔自治区废气及其污染物排放均呈一定程度的增长，具体见表 2-5。以 2010 年为例，新疆工业废气总排放量达到 9 310.0 亿 m^3，二氧化硫排放总量为 58.8 万 t，其中工业二氧化硫排放量达到 51.8 万 t，生活二氧化硫排放量为 7.0 万 t。由于多项措施的综合推进，“十一五”期间，新疆二氧化硫等大气主要污染物削减量明显增加，但由于工业快速发展下二氧化硫产生总量也加速增长，因此，新疆二氧化硫排放量增长趋势虽初步得到遏制，但二氧化硫排放量仍呈增长态势，2010 年二氧化硫排放量仍在 2005 年基础上增加了 13%。

表 2-5　新疆维吾尔自治区 2006—2010 年废气及主要污染物排放情况

	2006 年	2007 年	2008 年	2009 年	2010 年
工业废气排放总量/亿 m^3	5 053.0	5 797.0	6 154.0	6 975.0	9 310.0
二氧化硫排放量/万 t	54.9	58.0	58.5	59.0	58.8
其中：生活	12.0	10.7	7.5	7.5	7.0
工业	42.9	47.3	51.0	51.5	51.8
烟尘排放量/万 t	28.2	29.2	30.7	31.7	34.4
其中：生活	9.3	8.4	9.3	9.7	9.6
工业	18.8	20.8	21.3	22.0	24.8
氮氧化物排放量/万 t	43.9	43.0	49.0	50.9	60.4
其中：生活	20.1	18.3	19.6	19.8	—
工业	23.8	24.7	29.4	31.1	40.1

电力、热力生产和供应业、非金属矿物制品业、石油加工炼焦及核燃料加工业、黑色金属冶炼及压延加工业等行业废气排放量较大，同时二氧化硫、氨氮、工业烟尘等污染物量也较大，尤其以电力、热力生产和供应业更为显著。

（2）大气环境质量

整体来说，“十一五”期间，新疆城市空气质量有所好转，好于二级天数由 73.9% 提高到 80.3%，空气质量达到国家二级标准的城市达到了 12 个。城市环境空气污染在采暖季以煤烟型污染为主，非采暖季受沙尘影响较重。部分城市空气质量有劣化的趋势。在新疆监测的 19 个城市中，阿勒泰市空气质量年均值达到国家一级标准。克拉玛依、伊宁等 11 城市空气质量年均值达到国家二级标准。乌鲁木齐、库尔勒空气质量年均值达到国家三级标准。吐鲁番、阿克苏、阿图什、喀什与和田 5 城市空气质量年均值超过国家三级标准。由于部分城市规模不断扩大，机动车辆增加，污染物浓度也在增加，氮氧化物目前还没有很有效的治理方法。2011 年，乌鲁木齐区域大气污染防治列入国家《"十二五"重点区域大气污染联防联控规划》，乌鲁木齐市开展燃煤电厂减排、重点企业污染治理、工业锅炉治理、小锅炉拆并、老旧管网改造、企业搬迁等 16 个大气污染治理项目，通过采取综合治理措施来改善空气质量。通过一年的努力，2011 年乌鲁木齐市空气质量达到一级、二级日数占 75.6%，一级、二级日数增加了 2.7 个百分点，空气质量年均值达到国家三级标准，较上年有所好转。

2.4.3 固体废物

（1）工业固体废弃物

随着新疆经济的不断发展，工业规模的不断扩大，工业固体废物的排放量也在与日俱增。近年来，新疆大部分企业加大了工业固体废弃物贮存量（将固体废物暂时贮存或堆存在专设的贮存设施或专设的集中堆存场所内的数量）和处置量（焚烧或者最终置于符合环境保护规定要求的场所，并不再回用），使固废排放量（排到固体废物污染防治场所以外的量）减少，排放强度降低；新疆工业固废综合利用量也呈现明显的增加趋势，2006 年工业固废综合利用量为 751 万 t，而到 2010 年，综合利用量已经达到 1 877 万 t，具体见表 2-6。2010 年重点调查企业工业固体废弃物产生量达到 3 846.77 万 t，利用量 1 853.81 万 t，存储量 1 721.16 万 t，处置量 253.77 万 t，排放量 57.70 万 t，具体见表 2-7。

表 2-6 新疆"十一五"工业固废产生、利用、贮存、处置和排放情况 单位：万 t

年份	产生量	综合利用量	贮存量	处置量	排放量
2006	1 581	751	615	90	126
2007	2 137	1 010	807	255	68
2008	2 438	1 169	1 024	208	65
2009	3 206	1 527	1 421	176	105
2010	3 914	1 877	1 771	256	63

表 2-7 新疆 2010 年各行业重点调查企业固体废气物产生量及处理利用量 单位：万 t

行业名称	产生量	综合利用量	贮存量	处置量	排放量
合计	3 846.77	1 853.81	1 721.16	253.77	57.70
黑色金属矿采选业	1 000.98	136.73	852.17	9.39	2.68
有色金属矿采选业	474.75	26.70	378.27	48.87	37.08
农副产品加工业	133.70	124.96	0.79	6.69	1.25
煤炭开采和洗选业	238.65	152.90	3.86	81.85	0.04
食品制造业	36.43	35.03	—	1.29	0.11
化学原料及化学制品制造业	308.73	266.45	41.95	1.22	0.02

行业名称	产生量	综合利用量	贮存量	处置量	排放量
非金属矿物制品业	138.35	133.97	0.01	2.92	1.45
黑色金属冶炼及压延加工业	487.10	316.99	166.10	4.91	0.18
纺织业	11.91	8.39	0.02	3.50	—
电力、热力生产和供应业	538.93	449.27	77.67	30.68	2.43
其他行业	477.24	202.40	200.32	62.44	12.46

（2）**生活垃圾**

随着城市发展变化和居民生活水平不断提高，新疆维吾尔自治区生活垃圾的产生量持续攀升。以乌鲁木齐为例。2011 年，乌鲁木齐市每天产生的生活垃圾总量达 3000 余 t，若按全市人口 300 余万人估算，日产生活垃圾达 1.1 kg/人，比 2009 年多了 0.2 kg/人。与此同时，乌鲁木齐垃圾处置量也在不断攀升。2011 年 1—7 月，大浦沟处理场共计填埋处置生活垃圾 52.36 万 t，相当于 2008 年全年处置量总和。仅 6 月、7 月两个月，大浦沟处理场处置垃圾量超过 8 万 t，日均处置量达 2 784 t，创处理场投入运行以来新高。2008 年日均处置量仅为 1 556 t，而 2011 年日均处置量已达 2 500 t 以上。除大浦沟处理场外，目前位于八道湾和米东区的两处处理场，日处置量分别为 100 多 t 和 400 t 左右。

（3）**危险废物**

“十一五”期间，新疆工业危险废物的产生量呈现快速增长的趋势。根据第一次污染源普查情况，2007 年新疆工业危险废物的年产生量约 124 万 t/a，危险废物产生单位 649 家，危险废物的主要种类有 26 种，产生源遍及新疆 14 个地州市，分布在 23 个行业。新疆危险废物的分布相对较为集中：从区域分布来看，主要集中在经济水平较发达的乌鲁木齐、克拉玛依、巴州、阿克苏、伊犁州等地区；从产生行业来看，主要分布在石油和天然气开采业、化学原料及化学制品制造业、石油加工及炼焦业等 6 个行业；从产生种类来看，主要有废矿物油、废碱、含铬废物、有机溶剂废物、精（蒸）馏残渣等 10 种；从产生企业来看，危险废物产生量主要集中在年产生量大于 50 t 的 67 家企业，这 67 家的危险废物产生量占新疆危险废物产生量的 95%以上。

2.4.4　生态建设

1996 年，新疆启动了天山、阿尔泰山天然林保护和平原绿化、保护荒漠植被三大生态建设工程，塔里木河流域治理工程，改善艾比湖区域生态环境、三北防护林体系四期工程，绿色通道、草地生态建设和保护工程，城区和油田绿化及环境治理等十大生态治理工程，使新疆绿洲面积由中华人民共和国成立前的 1.3×10^4 km^2 增加到 2010 年的 7.07×10^4 km^2，耕地面积逐年增加，11 个地（州）、81 个县（市）、132 个农垦团场实现了农田林网化，其中 45 个县（市）实现了平原绿化，使 93%的农田得到了林网的有效保护，森林覆盖率由 1978 年的 1.03%、1995 年的 1.68%提高到 2010 年的 4.0%。新疆绿洲森林覆盖率 14.95%，活立木总蓄积 3.14 亿 m^3，城镇城区绿化覆盖率 29.97%，人均公共绿地面积 7.13 m^2。新疆退耕还林工程实施以来，累计完成退耕还林任务 81.6 万 hm^2，占新疆同期造林总面积的 30%。还林工程建设已经涉及新疆 90 个县市区，年造林总面积由 2000 年的 6.4 万 hm^2 扩大到 2010 年的 24 万 hm^2，增长 2.7 倍。

同时，新疆还特别重视自然保护区的建设，截至 2010 年，新疆自然保护区面积已达 20.42×10^4 km^2，占新疆国土面积的 12.89%，其中国家级自然保护区总面积达 11.06×10^4 km^2，占新疆总面积的 6.6%。目前，新疆维吾尔自治区林业部门建立和管理的森林、野生动植物、湿地和荒漠生态系统类型自然保护区数量达到 28 个（新疆共 35 个）。其中，国家级自然保护区 6 个（新疆共 8 个），自治区级自然保护区 17 个（新疆共 22 个），地州级 4 个（新疆共 4 个）、县级 1 个（新疆共 1 个）。这 28 个自然保护区中有荒漠类型自然保护区 2 个、森林类型自然保护区 9 个、陆生野生动物类型自然保护区 7 个、湿地类型自然保护区 7 个、野生植物类型自然保护区 3 个。28 个自然保护区总面积达 11 万余 km^2，构成了新疆自然保护区建设的主体。

2.4.5 农村环境

（1）生活污水和生活垃圾产生情况

近年来，由于城市环境污染防治力度的加大和交通条件的改善，许多内地污染严重的企业转移到了新疆小城镇和农村。有害废水废气和废渣往往未经处理直接排放，使污染物对农村环境和农作物的危害加重。

新疆农村人口约 1 013.84 万人，按每人每年产生生活污水 36 m^3 估算，则农村每年产生生活污水约为 3.65 亿 m^3；按每人每天产生生活垃圾 0.5 kg 估算，则农村每年产生生活垃圾量约为 185 万 t。由于绝大部分农村没有垃圾收运和处置系统，生活垃圾基本没有进行处理，任由各家各户随意堆放或倾倒在河湖沟渠岸边，致使蚊蝇滋生、臭气弥漫。农村生活污水没有污染防治措施，任意排放，造成农村水源甚至饮用水水源、地下水污染。据统计资料，新疆各地、州、市农村饮水安全达标人口为 470.85 万人，未达标人口为 577.31 万人，农村大量人口饮水质量得不到保证。

（2）化肥农药等施用情况

新疆维吾尔自治区是我国的农业大省，农村人口多，农业开发力度大，农村过量和不合理的施用农药、化肥的现象非常普遍，由此引发的农业面源污染程度也随之逐年加重。

从现阶段新疆各地区化肥投入密度来看，超过 400 kg/hm^2 的地区有 20 个，包括沙湾、莎车、疏附、疏勒、岳普湖和泽普县等，这些地区的化肥污染十分严重，超出了国际化肥安全使用量近 1 倍；低于 400 kg/hm^2 大于 250 kg/hm^2 的地区有 26 个，为温泉、吉木萨尔、于田和新源县等，这些地区的化肥污染在新疆维吾尔自治区化肥污染程度中属于中度污染区域；其他地区的化肥投入都低于 0.5 kg/hm^2，这类地区化肥污染较轻。从现阶段新疆各地区化肥投入密度来看，新疆维吾尔自治区的化肥污染地区主要集中在塔里木河、玛纳斯河、伊犁河流域及新疆生产建设兵团，而这些地区都是新疆维吾尔自治区的主要农作物产区，具体见图 2-12（a）。新疆维吾尔自治区主要的农药面源污染区域的分布与化肥面源污染分布基本相同，都集中在塔里木河、玛纳斯河、伊犁河流域等的主要农作物产区。新疆生产建设兵团是新疆维吾尔自治区的主要粮食和棉花产区，所以该地区的农药污染也是新疆最为严重的地区，具体见图 2-12（b）。

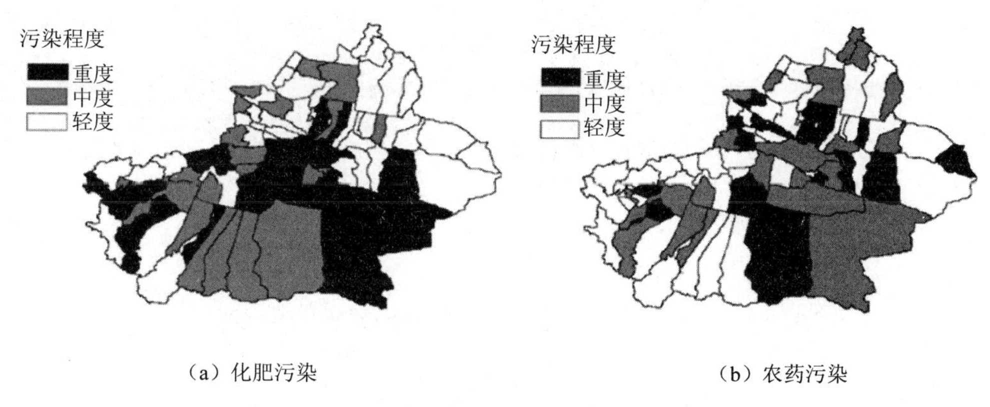

（a）化肥污染　　（b）农药污染

图 2-12　新疆维吾尔自治区化肥污染和农药污染分布情况

此外，新疆目前无论地膜面积还是地膜用量都居全国之首。由于地膜大多降解缓慢或不可降解，对土壤环境和农业生产造成了巨大的破坏。据 2007—2008 年全国第一次农业污染源普查：新疆农田地膜覆盖面积约 3 000 万 hm^2，地膜年使用量约 13 万 t，农田地膜当年残留量占使用量的 19.26%，目前无论地膜覆盖面积还是地膜用量都居全国之首。

（3）**畜禽养殖业污染物排放情况**

畜禽养殖作为农民增收的一种方式，随其在农业中的比重不断增加，同时带来了农村畜禽养殖污染问题，畜禽饲养、农副产品加工等过程中排出的废弃物直接影响人体健康和环境质量。2009 年新疆农村年末牲畜存栏 3 844.75 万头（只），按每头每天平均产生废弃物 3 kg 估算，则畜禽养殖每年产生废弃物约为 4 210 万 t。但目前农村地区基本都没有对畜禽养殖废弃物和废水进行处理而是直接排放，故使大量养分流失，并且造成大气、地表水及地下水的污染，给环境带来严重的压力。

从现阶段新疆各地区畜牧粪尿排泄密度来看，超过 30 kg/hm^2 的地区包括泽普、疏勒、伊宁、新源和伊犁州直属县等 13 个县（市），该地区的畜牧粪尿排泄密度很大，污染十分严重，将这一类地区归为重度污染地区；畜牧粪尿排泄密度为 10～30 kg/hm^2 的地区有尼勒克、特克斯、霍城和巩留县等 21 个，这一地区污染程度小于前一类地区，属中度污染地区；小于 10 kg/hm^2 的地区有若羌、且末和民丰县等 36 个，归为轻度污染地区，具体见图 2-13。从总体情况来看，畜牧污染新疆北部地区大于南部地区。

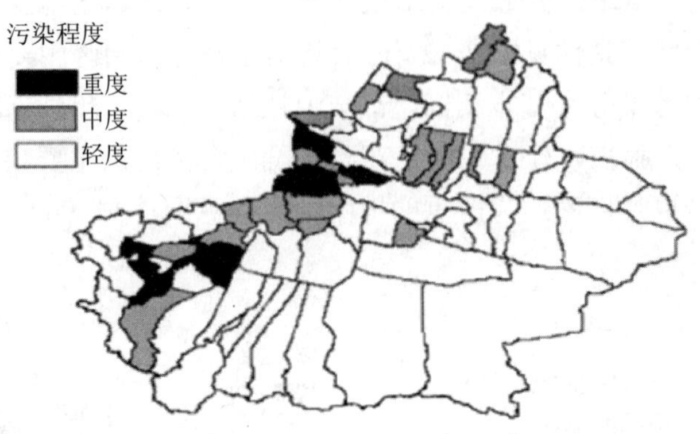

图 2-13　新疆维吾尔自治区畜牧污染程度分布情况

第 3 章　新疆未来经济发展趋势及生态环境压力预测

3.1　情景设计与预测方法

3.1.1　跨越式发展情景分析

（1）新疆跨越式发展的目标

2010 年 5 月 17—19 日，在中央新疆工作座谈会上，胡锦涛提出了新形势下新疆工作的目标是：坚持走具有中国特色、符合新疆实际的发展路子，全面推进经济建设、政治建设、文化建设、社会建设以及生态文明建设和党的建设，到 2015 年新疆人均地区生产总值达到全国平均水平，城乡居民收入和人均基本公共服务能力达到西部地区平均水平，基础设施条件明显改善，自我发展能力明显提高，民族团结明显加强，社会稳定明显巩固；到 2020 年促进新疆区域协调发展、人民富裕、生态良好、民族团结、社会稳定、边疆巩固、文明进步，确保实现全面建设小康社会的奋斗目标。

（2）新疆跨越式发展的形势分析

从新疆维吾尔自治区来看，未来国家对新疆给予的诸多优惠政策和直接扶持方案会促进其快速发展，例如在新疆率先进行资源税费改革，将原油、天然气资源税由从量计征改为从价计征；对新疆困难地区符合条件的企业给予所得税“两免三减半”优惠；在投资方面，中央投资额继续向新疆维吾尔自治区和新疆生产建设兵团倾斜，“十二五”期间新疆全社会固定资产投资规模将比“十一五”期间翻一番，对新疆维吾尔自治区的投资规模将超过 2 万亿元。同时，作为煤炭、石油、天然气等能源生产大省，新疆将大力开发煤炭、天然气、风电资源，建设成为国家大型油气生产和储备基地、国家重要的石油化工基地、大型煤炭煤电煤化工基地、大型风电基地和国家能源资源陆上大通道。为了加强新疆的地缘经济优势，将建立喀什经济特区从而提高新疆与周边亚欧国家的经济贸易。同时对口援疆计划也将为新疆在民生建设以及工农业发展方面提供资金和技术帮助，可见，通过诸多政策扶持和帮助，新疆维吾尔自治区已经具备了超速发展的内在动力和外在条件。

但是，从国内外经济发展形势来看，一方面，未来国际经济环境不容乐观，欧洲、美国、日本等主要经济体发展乏力，国际金融危机的影响还会存在，世界经济将在调整中逐步恢复增长，但发达国家的消费模式、生产结构将会发生一定的变化进而对国际贸易和投资产生重要影响，世界经济不景气严重影响了我国的出口贸易。另一方面，我国处在快速城镇化和工业化的转型期，经济发展方式正在由粗放、数量扩张为主向集约和质量效益为主转型。高房价和高通胀严重透支国内消费能力，仅依靠固定资产投资拉动经济快速增长并不可持续，拉动经济发展的“三驾马车”均呈现后劲不足。另外，现阶段我国国民经济正在向形态更高级、分工更复杂、结构更合理的阶段演化，经济发展进入新常态，正从高速增长转向中高速增长，经济发展方式正从规模速度型粗放增长转向质量效率型集约增长，经济结构正从增量扩能为主转向调整存量、做优增量并存的深度调整，经济发展动力正从传统增长点转向新的增长点。经济新常态下，我国环境保护将迎来难得的历史机遇，同时也仍面临严峻的挑战。新常态下未来中国经济有可能将持续保持中低速增长，但经济增长质量将不断提高。随着“一带一路”的提出，中国资本、技术以及产能将逐渐向中亚及中欧国家输出。新疆作为西部对外开放的桥头堡，将在“一带一路”战略中获得长足发展，为新疆跨越式发展提供充足动力。

（3）新疆跨越式发展情景

通过综合考虑新疆跨越式发展的内在基础和优势以及存在的问题及外部环境，本研究认为新疆“十二五”GDP 增长速度应保持新疆“十一五”期间平均增长速度（10%），高于全国“十二五”GDP 增速目标（8%），同时结合新疆跨越式发展的目标（即 2015 年人均 GDP 达到全国平均水平，2020 年基本实现小康）以及新疆维吾尔自治区国民经济和社会发展“十二五”规划纲要中设定的发展目标（增速 10%以上），设定新疆跨越式发展情景为：“十二五”期间新疆维吾尔自治区生产总值年均增长率为 10%；“十三五”期间地区生产总值年均增长率为 8%。

3.1.2 预测思路与方法

（1）预测思路

事实上，社会经济的发展与资源环境之间存在着互动的关系。一方面，社会经济发展是资源利用和环境污染的首要影响因素，生产过程、消费过程中对生产资料和生活资料的需求是资源利用的根本原因，在现有技术条件下，资源利用是不充分的，导致非生产和生活目的的废物产生和排放，是环境污染的根本原因。另一方面，资源环境对社会经济发展也具有制约作用，资源瓶颈、环境污染反过来也会限制经济的进一步增长和社会福利的进一步提高。

基于社会经济发展与资源环境之间的关系，本书以 2013 年为数据基准年，对 2014—2020 年新疆维吾尔自治区社会经济发展水平、对资源和能源的需求以及环境污染水平进行了预测。

1）社会经济发展预测

通过对未来新疆维吾尔自治区经济跨越式发展的趋势判断，设立跨越式发展下的经济增长情景，建立社会经济发展预测模型，主要包括国内生产总值预测、人口和城市化水平预测、三次产业结构预测、各行业增加值的预测等内容。主要目的是与资源能源消耗、环境污染预测模型对接，研究人口增加城市化进程的推进以及新疆工业化跨越式发展背景下对资源环境产生的压力及影响。

2）资源环境约束预测

建立资源环境问题预测模型，主要包括资源能源需求预测模型和生态环境压力预测模型两大类，其中资源能源包括水资源消耗、能源消耗、城镇土地资源消耗等；生态环境包括废水污染物产排量预测、废气污染物产排量预测、固废污染物产排量预测以及生态变化趋势等方面。通过经济预测模型输入的地区生产总量、行业增加值以及人口增加、城市化率等指标，预测能源环境问题，这包括能源消耗和需求的预测，大气污染物产排量、废水产排量、水污染物产排量、固体废物产生量与资源化利用量等指标的预测。

预测的总体思路见图 3-1。

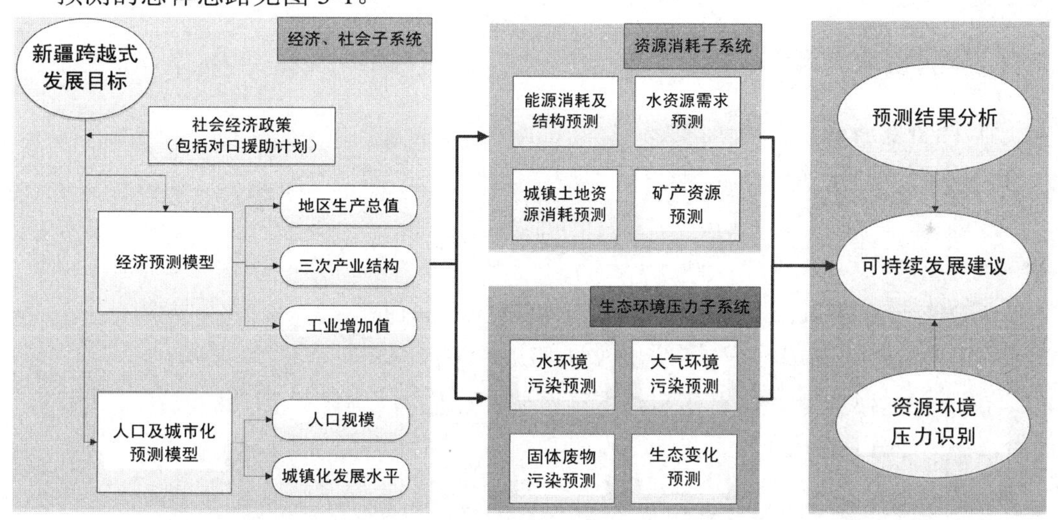

图 3-1　新疆社会经济与资源环境压力预测总体思路

（2）预测模型方法介绍

区域环境系统的预测是针对一定区域或范围内经济的发展可能产生的环境污染。通常情况下，根据各种预测方法的特点及属性，可以将预测方法分为定性预测与定量预测两类，常用的定性预测方法有德尔菲法、情景分析法、推断预测法、交叉影响分析预测法等，定性预测的缺点在于实际应用中会受到一定主观因素的影响。常用的定量预测方法主要有回归分析法、马尔科夫链、灰色预测法、时间序列分析、神经网络预测法、投影寻踪法等，这些都属于统计预测方法，除此之外常用的预测方法还有系统动力学仿真法和投入产出法等。定量预测方法的缺点则是需要进行大量的统计数据，并且基于统计数据的定量方法仅代表了其统计学相关性，而无法解释经济系统和环境系统之间的因果关系。

由于生态环境与经济发展之间具有高耦合性特征，针对新疆跨越式发展的目标情景较历史统计数据的非常规性以及新疆绿色转型发展的特殊性，采用传统统计方法无法科学合理地对新疆社会经济发展以及环境污染进行预测。因此需要将机理模型与统计模型相结合，通过机理模型建立社会经济—资源能源消耗—污染物排放的作用关联模型，通过统计数据获得关键参数，针对新疆跨越式发展设定发展情景和污染防治情景设定（参数设定），从而能够在较为合理的前瞻性情景设定下测算跨越式发展对生态环境的影响。上述模型已经在全国得到深入应用（获环保部科技进步一等奖），取得较为合理的预测结果。该模型主要包括经济社会发展、能源资源消耗、环境污染及生态破坏三大模块。

3.2 经济社会发展预测

3.2.1 预测模块与参数确定

（1）经济发展趋势预测子模型

新疆维吾尔自治区生产总值：

$$\mathrm{GDP}^t = \mathrm{GDP}^{t-1} \times (1 + \beta^t) \tag{3-1}$$

式中，GDP^t —— 新疆维吾尔自治区第 t 年地区生产总值；

GDP^{t-1} —— 新疆维吾尔自治区 t–1 年地区生产总值；

β_t —— 第 t 年新疆维吾尔自治区地区生产总值增长率；

t —— 2013—2020 年。

◆ 参数设定

GDP 年均增长率：在综合考虑到未来我国进入经济发展的新常态特征以及新疆跨越式发展的目标，设定新疆“十二五”期间新疆维吾尔自治区生产总值年均增长率为 10%；“十三五”期间年均增长率为 8%（具体情景设定、分析原因见 3.2 节内容）。

（2）人口增长预测子模型

1）总人口规模

$$P^t = P^{t-1} \times (1 + \mu^t) \tag{3-2}$$

式中，P^t——新疆维吾尔自治区第 t 年常住总人口；

P^{t-1}——第 t–1 年常住总人口；

μ^t——常住人口第 t 年增长率，即人口自然增长率。

2）城镇、农村人口规模

$$
\begin{aligned}
UP^t &= P^t \times r^t \\
RP^t &= P^t - UP^t
\end{aligned}
\tag{3-3}
$$

式中，UP^t —— 新疆维吾尔自治区第 t 年城镇人口；

RP^t —— 新疆维吾尔自治区第 t 年农村人口；

r^t —— 新疆维吾尔自治区第 t 年城镇化率。

◆ 参数设定

城镇化率：根据《新疆“十二五”社会经济发展规划》和《新疆城镇体系规划（2012—2030）》（审议稿）中制定的城镇化率发展目标（2015：48%；2020：58%，以及现有发展水平 2013：44.5%），新疆城镇化水平增长速度要低于预期。考虑到新常态下地方政府财政收入大幅下降，对城镇化建设投入减少以及新疆人口较少，大量牧民进城安家需要一定过程，因此调低 2015 年、2020 年新疆城镇化率分别为 46.0%和56.0%。

人口自然增长率：对 2001—2010 年新疆人口自然增长率分析，新疆近 10 年人口自然增长率介于 10‰～11‰，变化趋势不大，因此，取其平均值（11‰）作为新疆未来10 年人口自然增长率。

（3）**产业结构预测子模型**

1）三次产业增加值

$$
\mathrm{GDP}_k^t = \mathrm{GDP}^t \times r_k^t \tag{3-4}
$$

$$
\mathrm{GDP}_{\mathrm{indus}}^t = \mathrm{GDP}_{\mathrm{sec}}^t \times f^t \tag{3-5}
$$

式中，GDP_k^t —— 新疆维吾尔自治区第 t 年第 k 产业增加值；

GDP^t —— 第 t 年地区生产总值；

r_k^t —— 第 t 年第 k 产业增加值占新疆维吾尔自治区地区生产总值的比重；

$\mathrm{GDP}_{\mathrm{indus}}^t$ —— 工业第 t 年增加值；

$\mathrm{GDP}_{\mathrm{sec}}^t$ —— 第二产业第 t 年增加值；

f^t —— 第 t 年工业增加值占第二产业比重；

k —— 第一、第二、第三产业；

t —— 区间为 2013—2020 年。

◆ 参数设定

三次产业比重：随着新疆经济跨越式发展的顺利推进，新疆农业的比重将逐渐减少，到 2020 年达到 13%左右；第二产业比重下降到 42%，其中工业比重将下降到 35%左右；第三产业比重减呈逐渐提高的趋势，约为 45%，具体见表 3-1。

表 3-1 新疆维吾尔自治区三次产业比重变化趋势预测 单位：%

行业	2013 年	2015 年	2020 年
第一产业	17.6	16.3	13.0
第二产业	45.2	44.3	42.0
工业	36.3	37.1	35.2
建筑业	8.9	7.1	6.8
第三产业	37.3	39.5	45.0

2）工业行业增加值

$$\mathrm{GDP}_i^t=\mathrm{GDP}_{\mathrm{indus}}^t\times r_i^t \tag{3-6}$$

$$r_i^t=\frac{G_i^{t-1}\times(1+s_i^t)}{\sum_{i=1}^{39}\left[G_i^{t-1}\times(1+s_i^t)\right]} \tag{3-7}$$

式中，GDP_i^t —— 新疆维吾尔自治区第 t 年第 i 工业行业增加值；

r_i^t —— 第 t 年第 i 工业行业增加值占工业增加值的比重；

G_i^{t-1} —— 第 i 工业行业第 t–1 年工业增加值；

s_i^t —— 第 i 工业行业第 t 年增加值增长率；

i —— 按国家标准划分的 39 个工业行业；

t —— 2013—2020 年。

◆ 参数设定

各工业行业增加值年均增长率：根据新疆“十二五”国民经济发展规划中对石油天然气工业、煤炭工业和现代煤化工产业、有色金属业、钢铁、建材、化工和轻工业等行业的发展规划以及上述相关行业的独立“十二五”发展规划报告中对该行业的未来发展规划及目标，工业产业发展规划，分别设定各工业行业未来 10 年增加值所占比重（表 3-2）。

表 3-2 新疆维吾尔自治区未来 7 年各工业行业增加值所占比重 单位：%

行业	2013 年（现状）	2015 年	2020 年
煤炭开采和洗选业	4.0	4.5	5.0
石油和天然气开采业	45.0	44.0	43.0
黑色金属矿采选业	1.9	1.8	1.6
有色金属矿采选业	1.6	1.5	1.4
非金属矿采选业	0.3	0.2	0.2
其他采矿业	0.0	0.0	0.0
农副食品加工业	1.9	1.9	1.8
食品制造业	1.0	0.9	0.8
饮料制造业	1.1	1.0	0.9
烟草制品业	0.9	0.8	0.7

行业	2013 年（现状）	2015 年	2020 年
纺织业	1.4	1.4	1.4
纺织服装、鞋、帽制造业	0.0	0.0	0.0
皮革、毛皮、羽毛（绒）及其制品业	0.0	0.0	0.0
木材加工及木、竹、藤、棕、草制品业	0.1	0.1	0.1
家具制造业	0.1	0.1	0.1
造纸及纸制品业	0.3	0.2	0.2
印刷业和记录媒介的复制	0.1	0.1	0.1
石油加工、炼焦及核燃料加工业	15.4	16.5	17.5
化学原料及化学制品制造业	4.5	4.8	5.1
医药制造业	0.2	0.2	0.2
化学纤维制造业	0.9	0.9	0.9
橡胶制品业	0.1	0.1	0.1
塑料制品业	0.6	0.6	0.5
非金属矿物制品业	2.9	2.8	2.6
黑色金属冶炼及压延加工业	3.6	3.5	3.3
有色金属冶炼及压延加工业	0.8	0.7	0.7
金属制品业	0.3	0.3	0.3
通用设备制造业	0.2	0.2	0.2
专用设备制造业	0.2	0.2	0.2
交通运输设备制造业	0.0	0.0	0.0
电气机械及器材制造业	3.2	3.4	3.6
通信设备、计算机其他电子设备制造业	0.3	0.2	0.2
仪器仪表及文化、办公用机械制造业	0.0	0.0	0.0
工艺品及其他制造业	0.0	0.0	0.0
废弃资源和废旧材料回收加工业	0.0	0.0	0.0
电力、热力的生产和供应业	6.5	6.6	6.8
燃气生产和供应业	0.3	0.3	0.3
水的生产和供应业	0.2	0.1	0.1

3.2.2　预测结果分析

（1）地区生产总值

随着 2010 年中央新疆工作会议的召开并制定了一系列的促进发展规划及扶助政策，新疆维吾尔自治区开始进入经济发展的快车道。在跨越式发展的背景下，新疆 2015 年、2020 年 GDP 将分别为 10 116 亿元和 14 864 亿元，进入万亿元俱乐部，分别是 2010 年的 1.9 倍和 2.7 倍，占全国比重也将由 2010 年的 1.4%分别提高到 1.7%和 1.8%；2015 年、2020 年人均 GDP 分别为 4.37 万元和 6.08 万元。按照全国“十二五”期间 GDP 增长速度年均 8%，那么中国 2015 年人均 GDP 将为 4.1 万元，新疆将实现 2015 年人均 GDP 达到全国平均水平的目标；2020 年人均 GDP 达到中等收入国家标准，基本实现小康社会，具体见图 3-2。

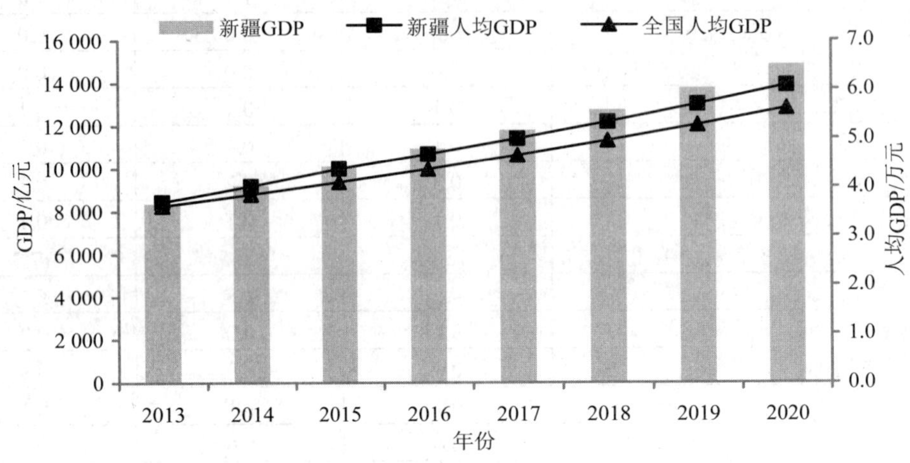

图 3-2　新疆维吾尔自治区生产总值及人均 GDP 预测结果

（2）三次产业结构

根据预测结构可以看出，新疆三次产业均将呈现不同的发展趋势。作为新疆重要产业之一，目前新疆维吾尔自治区已把发展特色农业作为今后振兴新疆农村经济、增加农民收入的新的经济亮点，提出要充分利用区域优势，做大、做优、做强新疆特色农业。预计未来新疆农业将存在较快发展的趋势，2015 年、2020 年增加值将分别达到 1 645 亿元和 1 932 亿元，分别是 2010 年的 1.6 倍和 1.7 倍。但由于“十二五”期间以资源能源为主的重化工业的崛起，新疆农业所占比重将呈略微下降的趋势，2015 年将下降到 16%，2020 年将进一步下降到 13%。

而随着新疆煤炭、石油等资源能源的大力开采和二次加工，新疆工业将呈现井喷式增长，第二产业增加值将从 2010 年的 2 592 亿元分别增长到 2015 年的 4 478 亿元和 2020 年的 6 243 亿元，分别增加了 0.5 倍和 2.5 倍，年均增长率将分别为 13%和 10%。大型煤化工和石油化工企业的进入使得新疆工业经济所占比重进一步提升，到 2020 年仍将高达 40%左右，第二产业比重将随之下降到 42%。

新疆第三产业比重历来较低，如 2010 年第三产业比重仅为 33%，比全国平均水平（43%）要低 10 个百分点，与北京、上海以及东南沿海省份存在巨大差距。随着未来我国加大对新疆维吾尔自治区城镇建设力度，更多民生建设工程将逐步落实，更多关注民生的指导政策也将不断完善，同时特色农业和工业的快速发展将不断促进新疆人民生活水平的提高，从而在一定程度上拉动第三产业的快速增长。预测表明，新疆 2015 年、2020 年第三产业增加值分别达到 3 993 亿元和 6 689 亿元，将是 2010 年的 2 倍和 4 倍，具体见图 3-3。从所占比重来看，“十二五”期间第三产业比重提速较缓，“十三五”之后将逐步提高，到 2020 年将达到 45%。虽有一定的提高，但预计仍将低于全国平均水平。

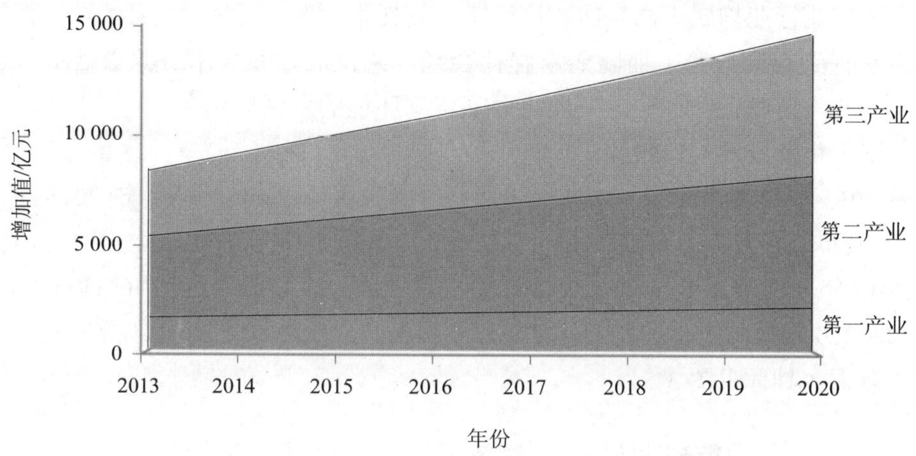

图 3-3　新疆维吾尔自治区三次产业增加值预测结果

（3）**工业内部结构**

长期以来，新疆工业主要以资源能源产业为主，这其中石油开采和石油冶炼行业所占工业比重一度达到了 80%左右，如 2006 年石油及天然气开采业增加值达 847 亿元，占工业增加值比重超过 70%；此后，2010 年虽然石油天然气开采业比重有所下降，但石油冶炼业比重却大幅提升，2010 年达到了 17%，石油开采和冶炼业比重合计仍高达 62%，具体见图 3-4。

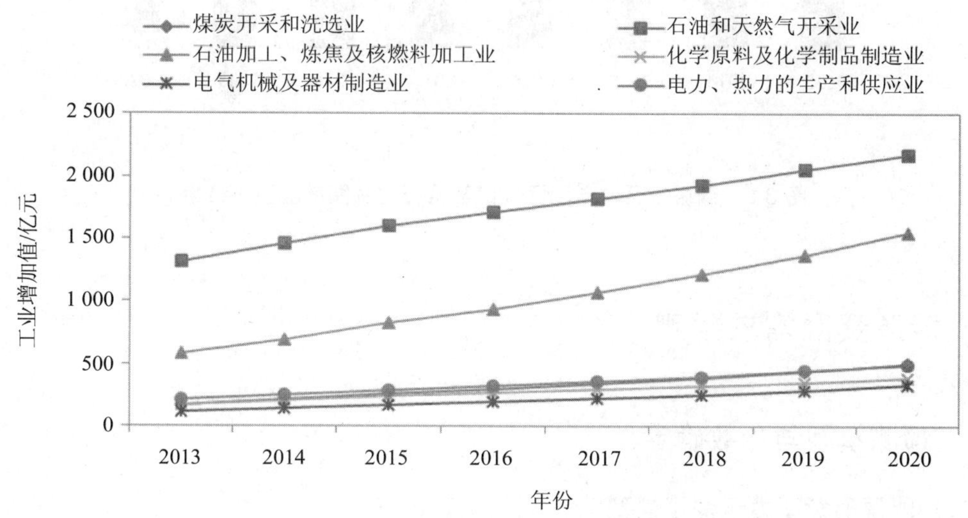

图 3-4　新疆主要工业行业增加值增长趋势预测

总体来说，未来新疆维吾尔自治区工业发展仍将以煤炭、石油开采及冶炼及其下游产业为主。这几大行业未来所占工业比重高达 80%以上，将成为新疆主要支柱产业。但上述工业行业均属于高耗能、高污染、高耗水行业，因此，新疆工业“偏重化”特征将无法得到有效改善，而随着新疆社会经济的发展，新疆水资源匮乏形势也将十分严重。因此，新疆工业行业的发展将面临资源环境的发展瓶颈。

（4）**城市化发展及人口预测**

新疆 2015 年和 2020 年人口规模分别为 2 314 万人和 2 445 万人，较 2013 年分别增长了 50 万人和 180 万人；新疆 2015 年和 2020 年城镇人口分别为 1 065 万人和 1 369 万人，较 2013 年分别增加了 58 万人和 362 万人，城镇化率将分别达到 46%和 56%；新疆 2015 年和 2020 年农村人口分别为 1 250 万人和 1 076 万人，较 2010 年分别减少了 8 万人和 182 万人，具体见图 3-5。

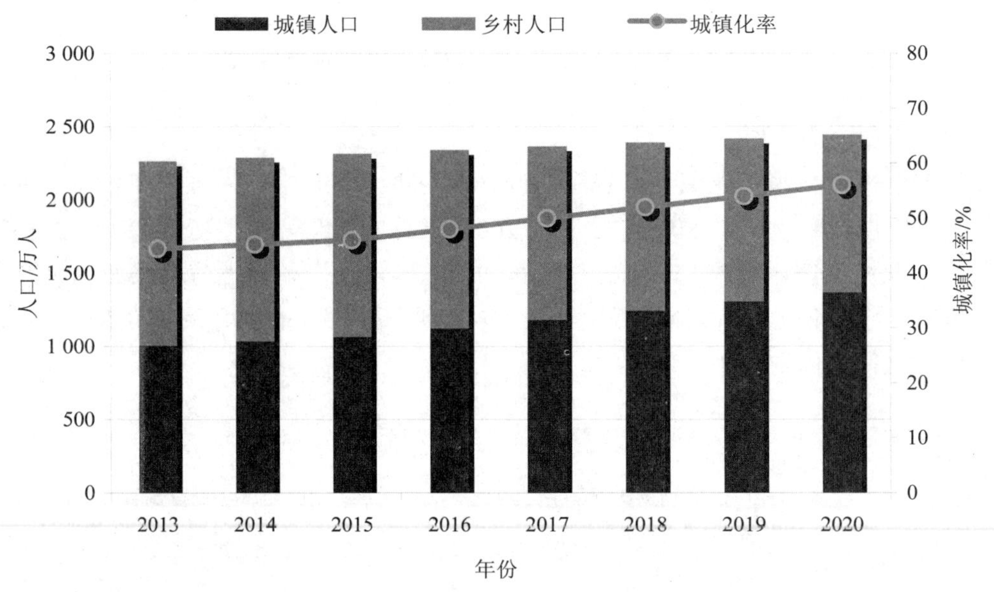

图 3-5 新疆维吾尔自治区人口及城市化发展情况预测结果

3.3 能源资源需求预测

3.3.1 预测模型与参数确定

（1）**能源消费压力预测子模型**

部门能源消耗量的预测，采用行业 GDP 能源消耗系数计算，根据历年数据（2006—2011 年），采取趋势外推的方法，预测新疆 2015 年和 2020 年的能源消耗系数。各种能源的消耗量以能源消耗结构为基础计算。

新疆能源的预测分为3个部门：农业的用能预测、工业的用能预测，生活的用能预测。各项能源预测方法为：①农业和工业各行业能源消耗量，先预测农业和各工业行业的能源消耗系数和各工业行业的能源消耗结构系数（即未来不同能源的消耗比例），并根据各工业行业的增加值预测各种能源消耗量；②生活能源消费量，预测主体包括城镇和农村，可直接利用人口乘以人均能源消费系数求得。

1）农业用能预测

农业行业能源消耗量是由农业行业经济发展水平和农业行业能源消费系数及能源消费结构决定的。新疆农业包括农林牧渔业，其预测方程如下：

$$\mathrm{VEQ}^t = V\alpha^t \times \mathrm{VX}^t \tag{3-8}$$

$$\mathrm{VECQ}_j^t = V\gamma_j^t \times \mathrm{VEQ}^t \div \varepsilon_j \tag{3-9}$$

式中，VEQ^t—— 第 t 年农林牧渔业能源消耗总量，万 tce（吨标煤）；

$V\alpha^t$—— 第 t 年农林牧渔业能源消耗系数，tce/万元；

VX^t—— 第 t 年农林牧渔业行业增加值，亿元；

VECQ_j^t —— 第 t 年农林牧渔业 j 种能源消费量，万 t、亿 m^3、亿 kW·h；

$V\gamma_j^t$ —— 第 t 年农林牧渔业 j 种能源消费结构系数，%；

j—— 能源种类，包括煤炭、石油、天然气和其他清洁能源；

ε_j——j 种能源转换系数；

t—— 水平年。

2）工业用能预测

工业各行业能源消耗量，根据《新疆能源发展规划》中预测的“十二五”期间和 2020 年能源需求年均增长率，以及能源组成煤炭、天然气、成品油、电力需求的年均增长率预测各种能源消耗量。

工业用能的预测包括 39 个行业，工业能源消耗量的预测是分行业进行预测的，行业能源消耗量是由其经济发展水平和行业能源消费系数及能源消费结构决定的。其预测方程如下：

$$\mathrm{EQ}_i^t = \alpha_i^t \times X_i^t \tag{3-10}$$

$$\mathrm{ECQ}_i^t = \gamma_{ij}^t \times \mathrm{EQ}_i^t \div \varepsilon_j \tag{3-11}$$

式中，$\mathrm{EQ}_i{}^t$—— 第 t 年 i 部门能源消耗总量，万 tce（吨标煤）；

$\alpha_i{}^t$—— 第 t 年 i 部门能源消耗系数，tce/万元；

$X_i{}^t$—— 第 t 年 i 部门行业增加值，亿元；

$\mathrm{ECQ}_{ij}{}^t$—— 第 t 年 i 部门 j 种能源消费量，万 t、亿 m^3、亿 kW·h；

$\gamma_{ij}{}^t$—— 第 t 年 i 部门 j 种能源消费结构系数，%；

j—— 能源种类，包括煤炭、石油、天然气以及其他清洁能源（水电、核电、太阳能、风能）；

ε_j——j 种能源转换系数；

t—— 水平年。

◆ 参数设定

分部门能源消耗量涉及两个关键的系数，即能源消耗系数和能源消费结构系数。这两个系数的预测主要采用了历史数据回归的方法，用 2001—2011 年能源统计年鉴中分行业的能源消耗系数进行了回归，并对某些重点耗能行业给予了特别的关注，同时考虑了国家、新疆与能源发展有关的一些中长期规划，如中长期节能规划等，对不同行业的上述两个参数做了预测。历年能源消耗系数和能源消费结构系数按下列公式求得：

$$\alpha_i^{t_0} = \mathrm{EQ}_i^{t_0} \div X_i^{t_0} \tag{3-12}$$

$$\gamma_{ij}^{t_0} = \varepsilon_j \times \mathrm{ECQ}_{ij}^{t_0} \div \mathrm{EQ}_i^{t_0} \tag{3-13}$$

式中，$\mathrm{EQ}_i^{t_0}$ —— 第 t_0 年 i 部门能源消耗总量，万 tce（吨标煤）；

$\alpha_i^{t_0}$ —— 第 t_0 年 i 部门能源消耗系数，tce/万元；

$X_i^{t_0}$ —— 第 t_0 年 i 部门行业增加值，亿元；

$\mathrm{ECQ}_{ij}^{t_0}$ —— 第 t_0 年 i 部门 j 种能源消费量，万 t、亿 m^3、亿 kW·h；

$\gamma_{ij}^{t_0}$ —— 第 t_0 年 i 部门 j 种能源消费结构系数，%；

j—— 能源种类，包括煤炭、石油、天然气以及其他清洁能源（水电、核电、太阳能、风能）；

ε_j——j 种能源转换系数；

t_0—— 历史数据年份。

3）生活用能预测

生活能源消费量在历年现状的基础上，根据未来城市化率、人均生活能源消费量与消费结构进行回归预测。生活能源消费量，预测主体包括城镇和农村，可直接利用人口乘以人均能源消费系数求得。

①城镇生活用能预测模型。

$$\mathrm{EUL}_m^t = \mathrm{eEP}_m^t \times \mathrm{PP}^t \div 1\,000 \tag{3-14}$$

式中，PP^t —— 第 t 年城市人口，万人；

EUL_m^t —— 第 t 年各种能源城市生活消费量，万 t；

eEP_m^t —— 第 t 年城市人均能源消费系数［煤炭、石油、天然气以及其他清洁能源（水电、核电、太阳能、风能）］，kg/人、m^3/人；

t—— 水平年。

②农村生活用能预测模型。

$$\mathrm{VEUL}_m^t = \mathrm{VeEP}_m^t \times \mathrm{VPP}^t \div 1\,000 \tag{3-15}$$

式中，VPP^t —— 第 t 年农村人口，万人；

VEUL_m^t —— 第 t 年各种能源农村生活消费量，万 t；

VeEP_m^t —— 第 t 年农村人均能源消费系数［煤炭、石油、天然气以及其他清洁能源（水电、核电、太阳能、风能）]，kg/人、m^3/人；

t —— 水平年。

◆ 参数设定

各行业能源消耗系数：根据对历史数据进行回归分析，同时参考美国、日本、德国等主要国家能源消耗系数的变化趋势，结合我国以及新疆工业化发展阶段和技术水平，合理推测各行业能源消耗系数未来将呈现稳步下降的趋势，设定 2015 年各行业能源消耗系数将在 2012 年基础上下降 10%（即为 2012 年的 90%）；2020 年各行业能源消耗系数将在 2015 年基础上下降 15%（即为 2015 年的 85%）。

人均生活用能系数：人均用能系数同样参考国外主要国家能源消耗系数的变化趋势，结合我国以及新疆维吾尔自治区生活水平提高（包括私家车保有量不断增长的趋势）以及节能技术发展趋势，合理推测煤炭和天然气等生活人均用能系数将逐步下降，石油等交通用能系数将呈一定程度提高，通过折算到标准煤后，综合假定人均用能系数在未来 10 年内将呈一定的提高趋势，具体见表 3-3。

表 3-3　未来 10 年新疆人均用能系数变化趋势

		2012 年	2015 年	2020 年
人均用能系数	能源总量/[kg 标准煤/（人·a）]	426	475.2	570.2
	煤炭/[kg/（人·a）]	114.0	99.9	82.1
	石油/[kg/（人·a）]	15.1	17.2	24.1
	天然气/[m^3/（人·a）]	25.9	36.3	78.7

(2) 用水需求压力预测子模型

用水预测包括农业用水预测、工业用水预测、生活用水预测、生态用水预测 4 部分。

1）农业用水量预测

结合新疆畜牧业由于以放养为主的实际情况，新疆农业用水主要以种植业用水量为主，根据有效灌溉面积和单位面积灌溉用水量测算。

种植业灌溉用水量与播面灌溉单位用水系数和灌溉播种面积密切相关，其计算公式见式（3-16）。

$$C_{pw} = E_{pw} \times S_{ps} \tag{3-16}$$

式中，C_{pw}—— 农田灌溉用水量，亿 m^3；

E_{pw}—— 播面灌溉单位用水系数，m^3/亩；

S_{ps}—— 有效灌溉播种面积，亿亩。

◆ 参数设定

有效灌溉播种面积：根据新疆历年有效灌溉面积的趋势来看，2005 年有效灌溉面积为 320.4 万 hm^2，2013 年则增加到 477 万 hm^2，年均增加约 18.5 万 hm^2。随着未来水资源消耗增大，有效灌溉面积的增加将受到一定的制约，因此设定“十二五”期间有效灌溉播种面积年均增加 15 万 hm^2，而“十三五”期间则年均增加 10 万 hm^2。

播面灌溉单位用水系数：设定高低不同节水情景方案来分析未来单用用水系数。

高节水情景：在水资源逐渐匮乏的形势下，假设未来新疆种植业大力调整主要种植作物结构，加强抗旱品种选育工作，采取生物节水、农艺节水、工程节水及管理节水等相结合的综合节水措施，降低灌溉定额，提高水利用效率。设定 2013—2020 年新疆单位面积用水系数年均下降 3%。

低节水情景：假设新疆农业发展并没有意识到农业用水的问题所在，或者即使有节水意识，但是在节水措施力度不够，节水效果不明显的情况，新疆单位面积用水系数存在一定下降，但下降幅度不大。设定 2013—2020 年新疆单位面积用水系数年均下降 1.8%。

2）工业用水量预测

工业用水量利用各行业增加值预测值和各行业的单位增加值新鲜用水量测算。

$$C_{iw(i)} = E_{iw(i)} \times P_{i(i)} / 10^6 \tag{3-17}$$

式中，$C_{iw(i)}$—— 各工业行业的总用水量，亿 m^3；

$P_{i(i)}$—— 工业增加值（社会经济预测模型输入），亿元；

$E_{iw(i)}$—— 各工业行业的新鲜用水系数，即万元增加值用水量，m^3/万元。

◆ 参数设定

工业行业的新鲜用水系数：设定高低不同节水情景方案来分析工业用水系数。

高节水情景：未来新疆需要走节水型工业，即不断提高重复用水率，提高工业工艺，从而提高用水效率。在对未来节水技术的发展趋势以及在欧美发达国家及以色列等中东国家应用经验，结合水利部发布《节水型社会建设“十二五”规划》中对我国未来节水效率及工业用水系数的目标设定 2015 年新疆工业用水系数在 2010 年基础上下降 15%，2020 年在 2015 年基础上下降 15%。

低节水情景：根据新疆过去 10 年工业用水效率的数据分析，假设新疆工业节水系数在原有下降趋势下变化，设定 2015 年新疆工业用水系数在 2010 年基础上下降 5%，

2020 年在 2015 年基础上下降 5%。

3）生活用水量预测

生活用水通过人口总量与人均日用水量系数求得。

$$\mathrm{CW} = \eta \times 365 \times P_t \tag{3-18}$$

式中，CW —— 生活用水量，亿 m^3；

η —— 人均生活日用水量系数，L/（人·d）；

P_t —— 人口总规模，万人。

◆ 参数设定

人均生活日用水量系数：根据发达国家传统经验，在不考虑节水意识的前提下，居民生活水平与居民人均生活日用水量呈正向关系。随着新疆维吾尔自治区经济的发展，新疆人均生活日用水量从 2005 年的 95 L/（人·d）增长到 2013 年的 160 L/（人·d），高于全国平均水平。考虑到新疆水资源的严峻形势，按照传统的用水效率和节水意识下的用水效率分别设定不同情景未来人均日用水量系数的变化。

高节水情景：针对新疆水资源匮乏的形势，假设未来新疆将进一步提高生活用水效率，加大中水回用率，更多倡导生活节水意识。设定未来新疆人均生活用水系数将持续降低到 2020 年的 120 L/（人·d），基本与全国平均水平一致。

低节水情景：假设新疆维吾尔自治区对新疆水资源形势重视程度不够，并且随着城市化水平快速提升，农村人口加快进入城市从而导致用水量的增加，人均用水下降压力较大。因此，未来新疆人均用水系数将持续下降，但降幅低于高节水方案，2020 年将达 144 L/（人·d）。

4）生态用水量的预测

历年来新疆生态环境用水量呈逐年下降的趋势，从 2005 年的 22 亿 m^3 增长到 2013 年的 26.5 亿 m^3。随着新疆维吾尔自治区水资源愈加匮乏，预计未来 10 年新疆维吾尔自治区生态用水量将仍然保持较低水平，但为了维护新疆的生态平衡，新疆生态用水将维持一定的最低限额。因此，设定未来新疆生态用水比重将维持 3%不变。

（3）土地资源消耗预测子模型

土地资源消耗主要预测建设用地使用消耗情况，根据人均建设用地面积和城镇人口求得。

$$\mathrm{LU}_{\mathrm{cont}} = P_u \times S_t \tag{3-19}$$

式中，$\mathrm{LU}_{\mathrm{cont}}$ —— 建设用地使用面积，万 hm^2；

P_u —— 城镇人口，万人；

S_t —— 人均建设用地面积，m^2/人。

◆ 参数设定

人均建设用地面积：根据 2001—2009 年新疆人均建设用地面积分析可得，新疆人均建设面积呈逐年递减的趋势，因此设定 2015 年、2020 年人均建设面积分别为 2009 年的 90%和 80%。

3.3.2　预测结果分析

（1）**能源消耗**

1）工业能源消费总量预测

在 2020 年前新疆经济仍将以重化工业发展为主，这些重化工业多是高耗能企业，因此在未来一段时间内，新疆经济发展仍将以大量资源、能源消耗为基础，截止到 2020 年新疆工业行业能源消耗总量不断上升，工业行业能源消费总量将比 2012 年上涨 40%，成为新疆经济发展的重要约束条件，同时也为环境保护工作带来巨大压力。预测结果表明，随着经济的增长，工业行业能源消费总量增长较快，2012 年各工业行业能源消费总量为 8 894.94 万 t 标准煤，2015 年预计达到 10 652.4 万 t 标准煤，是 2009 年的 2 倍还多，2020 年工业能源消耗总量预计达到 12 755.3 万 t 标准煤，在“十三五”期间增长 19.7%，增速明显小于“十二五”期间。

各行业的能源消费总量是指终端能源消费总量，因此电力行业虽然直接消耗大量能源，但其外输的电力将供给农业、生活以及工业的各个行业，因此电力行业在能源消费总量中排在第 5 位。工业各行业中黑色金属冶炼及压延加工业、石油加工炼焦及核燃料加工业、化学原料及化学制品制造业、非金属矿物制品业、电力热力的生产及核燃料加工业、石油和天然气开采业等行业是能源消费的主要行业，在 2012 年这 6 个行业的能源消费量占工业能源消费量的 80%，而前 3 个行业的能源消费量将近达到工业能源消费总量的一半，成为提高能源使用效果，降低能耗的重中之重，具体见图 3-6。

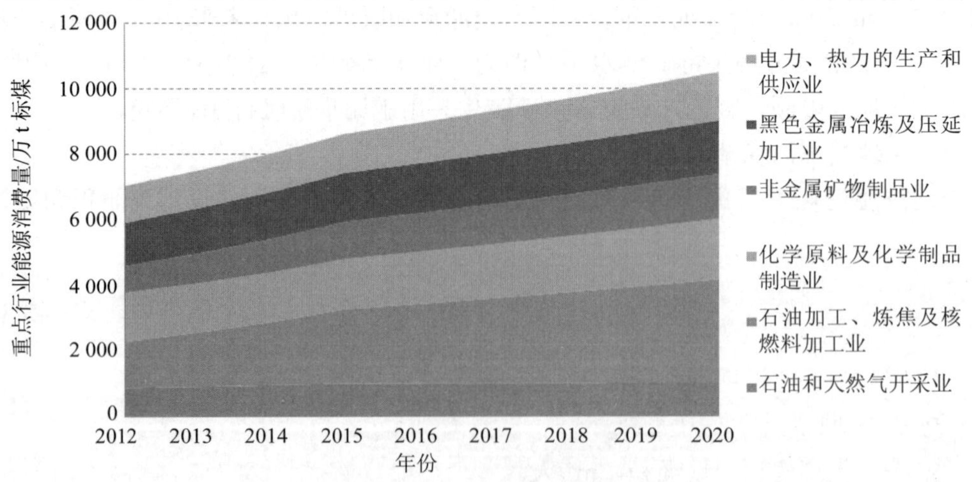

图 3-6　重点行业能源消费总量

2）生活能源消费总量预测

由于新疆城镇化率逐年提高，在预测年将一直保持农村人口向城镇流动的趋势，使城镇人口快速发展，而农村人口呈现缓慢下降的趋势。因此虽然城镇人均总能源消费量和农村人均总能源消费量都逐年增长，但城镇能源消费量快速增长。

新疆生活总能耗呈逐年上升的趋势，2012 为 992.0 万 t，2015 年增加到 1 100.1 万 t，2020 年继续增加到 1 394.2 万 t。其中，生活用煤炭消费量呈现先升后降的趋势，2012 年生活用煤炭消费量为 255 万 t，2015 年减少到 231.4 万 t，比 2012 年下降 9.3%，2020 年比 2015 年下降了 13.2%。新疆生活用石油消费量呈现逐年上升的趋势，2015 年比 2012 年上升了 18%，2020 年比 2015 年上升了 48.2%，2020 年比 2012 年平均每年增长 8%。生活用天然气消费总量呈现逐年上升的趋势，其他能源消费量的趋势与天然气消费量的趋势基本相同，具体见表 3-4。

表 3-4　生活能源消费量预测结果

项目	指标	2009 年	2015 年	2020 年
城镇	煤炭/万 t	60.0	59.9	70.8
	石油/万 t	29.4	35.1	54.1
	天然气/亿 m^3	5.7	8.0	18.6
农村	煤炭/万 t	195.0	171.5	129.9
	石油/万 t	4.3	4.7	4.9
	天然气/亿 m^3	0.07	0.2	0.6
合计	总能耗/万 t 标煤	750.0	854.8	992.0
	煤炭/万 t	232.3	254.7	255.0
	石油/万 t	28.4	30.7	33.7
	天然气/亿 m^3	2.9	3.9	5.8

3）新疆能源消耗总量分析

新疆能源结构仍以煤炭消费为主，但所占比重逐年降低。2012 年新疆煤炭消费量占能源消费总量的 68.4%，石油消费量占能源消费量的 14.4%，天然气消费量占能源消费量的 11.5%，其他能源仅占 5.7%。预测结果表明，新疆的煤炭消费呈现下降趋势，到 2015 年煤炭能源消费量的比例为 62.5%，比 2012 年降低 5.9 个百分点，2020 年该比例为 55.0%，比 2015 年又降低了 7.5 个百分点。石油、天然气和其他能源的消费比例逐年上升，其中石油消费量占能源消费量的比例在“十二五”期间预计增长 1 个百分点，2020 年预计比 2015 年再增加 1.7 个百分点；天然气消费量占能源量的比例在“十二五”期间预计增长 2.9 个百分点，2020 年比 2015 年再增加 2.4 个百分点；其他能源（风能、太阳能等）消费量占能源消费总量的比例在“十二五”期间预计增长 1.1 个百分点，2020 年比 2015 年再增加 3.9 个百分点，具体见表 3-5。

表 3-5 能源消费结构预测结果

能源消费结构/%	2012 年	2015 年	2020 年
煤炭	68.4	62.5	55.0
石油	14.4	16.3	18.0
天然气	11.5	14.4	16.8
其他清洁能源	5.7	6.8	10.2

新疆的能源消费强度随技术进步和能源效率不断提高而逐步降低。2012 年能源总消费强度为 1.60 t 标煤/万元，2015 年下降到 1.51 t 标煤/万元，比 2012 年下降了 16%，2020 年下降到 1.28 t 标煤/万元，2020 年又比 2015 年下降了 16%。2012 年全国单位 GDP 能耗为 0.69 t 标煤/万元（按 2012 年价格计算），新疆的能源消耗强度为全国的平均水平的 2.3 倍，远远高于全国平均水平。《节能减排“十二五”规划》要求到 2015 年，全国万元国内生产总值能耗下降到 0.698 t 标准煤（按 2009 年价格计算），2015 年新疆的能源消耗强度为全国的 2.1 倍，相对的差距变小，比全国平均水平下降的速度更快，具体见图 3-7。

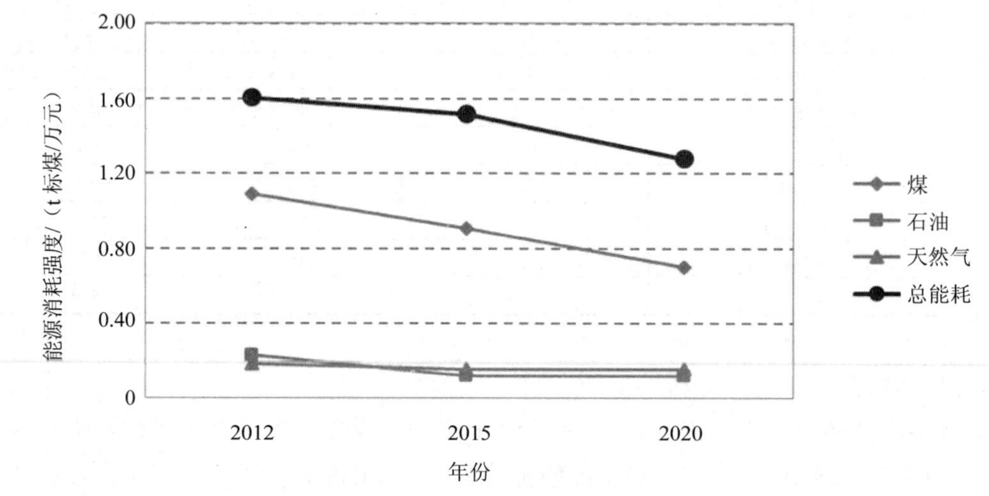

图 3-7 主要能源消费强度

由于煤炭消费比例已经呈现下降趋势，因此煤炭消费强度下降的趋势最为明显，2015 年预计比 2012 年下降 17%，2020 年比 2015 年再下降 23%；石油、天然气以及其他能源虽然消费比例呈现上升趋势，消费强度呈现逐年下降的趋势，其中石油消费强度预计 2015 年比 2012 年下降 40%，2020 年比 2015 年降低 3%；天然气消费强度预计 2015 年比 2012 年下降 15%，2020 年比 2015 年降低 0.1%。

（2）**水资源消耗**

根据水资源消耗预测子模型，预测未来新疆农业、工业以及生活用水的消耗量。

1）农业用水消耗

农业用水是新疆水资源主要的消耗用途之一。历年来农业用水占总用水量的 92%左右，并呈略微上升的趋势。由于新疆畜禽养殖主要以放养为主，因此农业用水以种植业为主。通过对新疆有效灌溉播种面积和灌溉用水效率的合理推测，预测了新疆不同节水情景下农业灌溉用水量，具体见图 3-8。

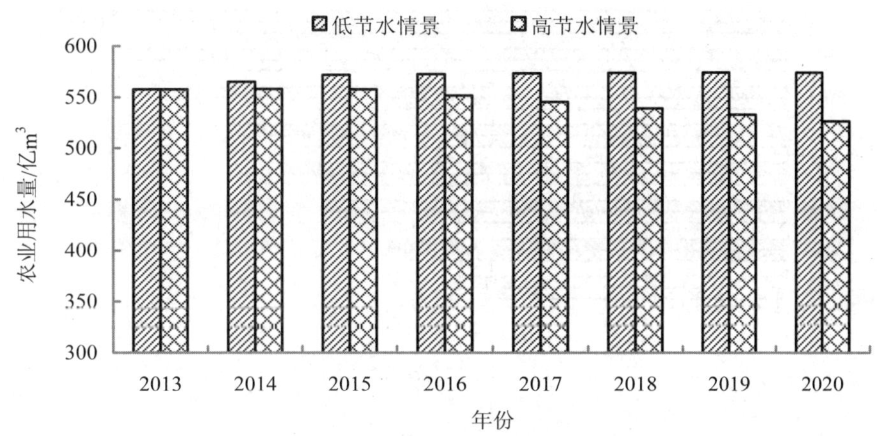

图 3-8　不同节水情景下新疆农业用水消耗预测

对比高低节水方案下新疆农业用水量可以看出，在不断提高节水灌溉技术、节水效率的情景下，新疆未来 10 年将在灌溉面积增加了 30%的前提下农业用水量呈现持续降低的趋势，从 2013 年的 558 亿 m^3 持续下降到 2020 年的 526 亿 m^3，其中 2015 年农业用水量为 558 亿 m^3，“十二五”期末农业用水基本不变。同时，如果在农业节水成效微弱的低节水情景下，新疆农业用水将呈增长趋势，从 2013 年的 558 亿 m^3 增长到 2020 年的 574 亿 m^3。高低节水情景对比，2020 年高节水方案要比低方案节水 48 亿 m^3，由此可见农业节水将是新疆水资源问题解决的关键之所在。

2）工业用水消耗

新疆历年工业用水量维持在 10 亿 m^3 左右，并呈逐年增长的趋势。2010 年新疆工业用水量为 12.8 m^3，仅为新疆总用水量的 2.2%，所占份额较低。但未来新疆经济跨越式发展主要以工业的飞速发展为主，尤其以较为废水的资源能源类重工业为主，重化工业的快速增长将一定程度上反映在工业用水上，其结果将导致工业用水的大量使用。通过对新疆工业增加值以及工业用水强度的合理推测，预测了新疆未来 10 年工业用水消耗量。

对比高低节水方案下新疆工业用水量可以看出，在加大提高工业新鲜用水效率的高节水情景下，新疆工业用水将从 2012 年的 12.8 m^3 持续增长到 2020 年的 21.6 m^3，其中 2015 年工业用水量为 16 m^3。而在低节水情景下，2020 年工业用水量更是增长到了

27.4 m^3，其中 2015 年工业用水量为 17.4 m^3。对比高低节水情景可以看出，在新疆工业经济大踏步跨越增长的前提下，新疆工业用水都将呈较快增长的趋势，但如果能够不断提高工业节水效率，那么到 2015 年新疆工业将减少用水量 1.4 m^3，到 2020 年将减少用水量 5.8 m^3，具体见图 3-9。

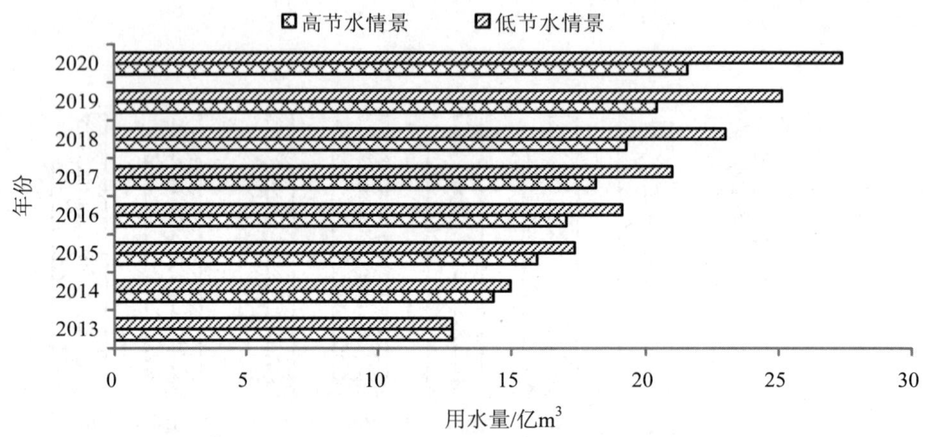

图 3-9 不同节水情景下新疆工业用水消耗预测

针对不同行业的用水情况来看，未来 7 年新疆工业用水主要以火电、钢铁冶炼、化学纤维、化学原料制品、石油冶炼以及农副食品生产为主，2020 年，上述 6 大行业约占工业总用水量 70%，其中化学原料及制品业用水量最大，其次是火电和石油冶炼。因此，针对性提高上述行业用水效率将对减少工业行业用水起到主要作用，具体见图 3-10。

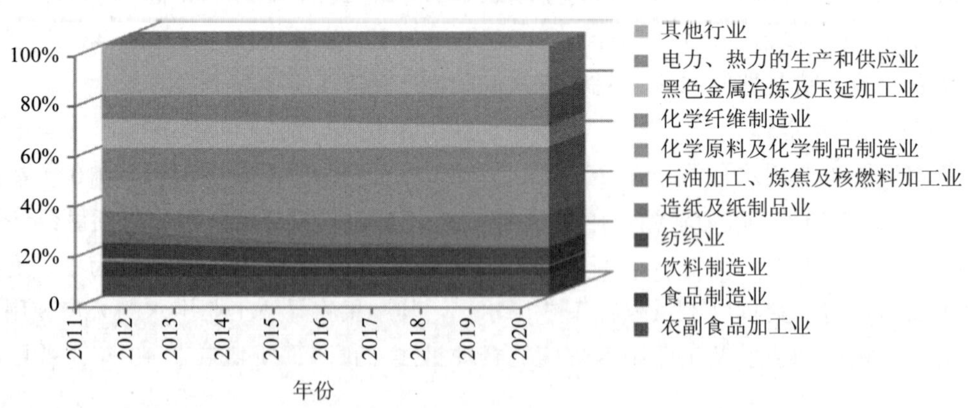

图 3-10 主要工业行业用水所占比重趋势预测

3）生活用水消耗

新疆历年生活用水量呈逐年增长的趋势。2013 年新疆生活用水量为 10.7 亿 m^3，仅为新疆总用水量的 2.1%，与工业用水一样，所占份额较低。但随着新疆城镇化进程的不断推进，新疆城镇人口将不断增加，人均日用水量也将不断提高，这将进一步增加生活用水量。对比不同节水方案生活用水量预测结果，由图 3-11 可以看出，通过加大节水宣传力度，提倡节约用水的生活习惯，通过价格、政策等手段，新疆未来 7 年生活用水增量将十分有限，2013—2020 年基本保持年均的 10.7 亿 m^3 的用水量，呈现零增长的趋势。而低节水方案下，新疆生活用水将呈现一定程度的增长，从 2013 年的 10.7 亿 m^3 增长到 2020 年的 12.8 亿 m^3，净增加 3 亿 m^3。对比高低节水方案可以看出，到 2020 年高节水方案将比低节水方案减少用水 2.1 亿 m^3，约为总用水量的 20%。

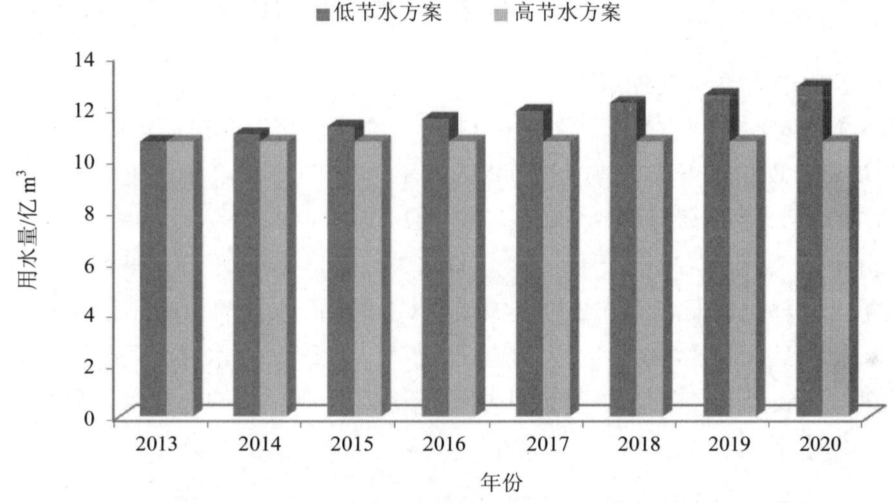

图 3-11　不同节水方案下新疆生活用水量预测

4）水资源总消耗

根据预测结果，对比不同节水方案下新疆未来 10 年水资源消耗量。图 3-12 显示，低节水方案下，新疆 2015 年、2020 年水资源消耗量分别为 628 亿 m^3 和 642 亿 m^3，较 2013 年 608 亿 m^3 分别增加了 20 亿 m^3 和 34 亿 m^3；而在高节水方案下，“十二五”期间，新疆总用水量将呈现缓慢增长的趋势，在 2015 年达到最高值，为 610 亿 m^3，而后持续下降，到 2020 年总用水量仅为 583 亿 m^3。与低节水方案比较，2015 年、2020 年总用水量分别较低节水方案减少 18 亿 m^3 和 41 亿 m^3。综上所述，假设新疆能够在未来 10 年中实现水资源的合理开发、优化配置以及高效利用，不断提高科技降耗和水资源循环利用水平，那么新疆维吾尔自治区每年用水总量将在现有基础上呈现零增长，甚至是负增长的趋势，从而新疆在经济快速发展的同时，实现生态资源的可持续利用，稳步推进绿洲经济的健康发展。

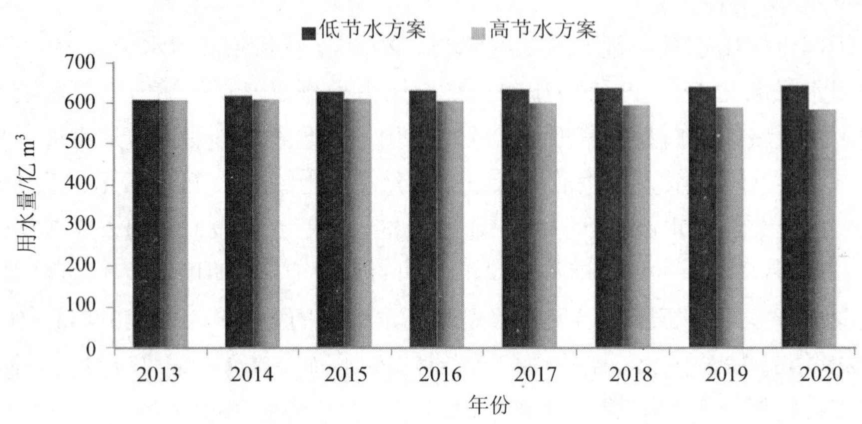

图 3-12 不同节水方案下新疆总用水量预测

5）单位 GDP 综合水耗预测

由图 3-13，对比不同方案下新疆单位 GDP 综合水耗可以看出，未来 10 年新疆单位 GDP 水耗均将呈现持续下降趋势，高节水方案下单位 GDP 综合水耗下降更加明显，从 2013 年的 727 m^3/万元分别下降到 2015 年和 2020 年的 603 m^3/万元、392 m^3/万元。年均下降比率分别在 8.2%左右，高于低节水方案的 7%。但与全国平均水平相比，新疆维吾尔自治区综合水耗仍然偏高，2013 年全国单位 GDP 综合水耗为 109 m^3/万元，仅为新疆的 1/6。未来随着节水灌溉技术应用范围不断加大，新疆综合水耗将呈较快下降趋势，但由于地理、气候以及产业结构等客观因素的限制，新疆单位综合耗水系数在未来仍将高于全国平均水平。

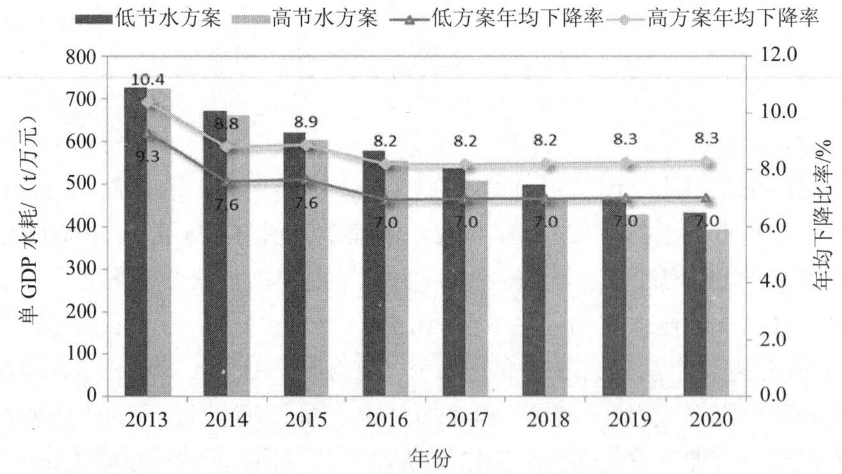

图 3-13 不同节水方案下单位 GDP 综合水耗预测

(3) **城镇土地资源消耗**

新疆维吾尔自治区人均城镇用地较高，且存在城市用地结构和布局不合理、土地利用效率低等问题。合理的城市用地结构和空间布局有利于发挥城市土地资源的生产潜力和区位效益及聚集经济效果，从而达到城市土地利用的综合效益最优化。因此，在未来的城市发展和工业园建设中，应控制建设用地的批复量，不断提高单位建设用地产值，实施集约化土地利用政策，以最少的土地利用代价换取较大经济社会效益。

根据新疆维吾尔自治区未来城镇建设用地消耗预测结果可以看出，未来新疆建设用地将呈先慢后快的增长趋势，“十一五”期间，由于新疆城镇化进程的滞后性，新疆建设用地增长较为缓慢，2015 年建设用地约为 133.9 万 hm^2，比 2013 年增加了 1.2 万 hm^2；但随着“十三五”期间新疆人民生活水平的不断提高，新疆城镇化进程的持续推进，新疆建设用地增速将逐渐加快，2020 年建设用地为 151.7 万 hm^2，较 2015 年增加了 17.7 万 hm^2，具体见图 3-14。

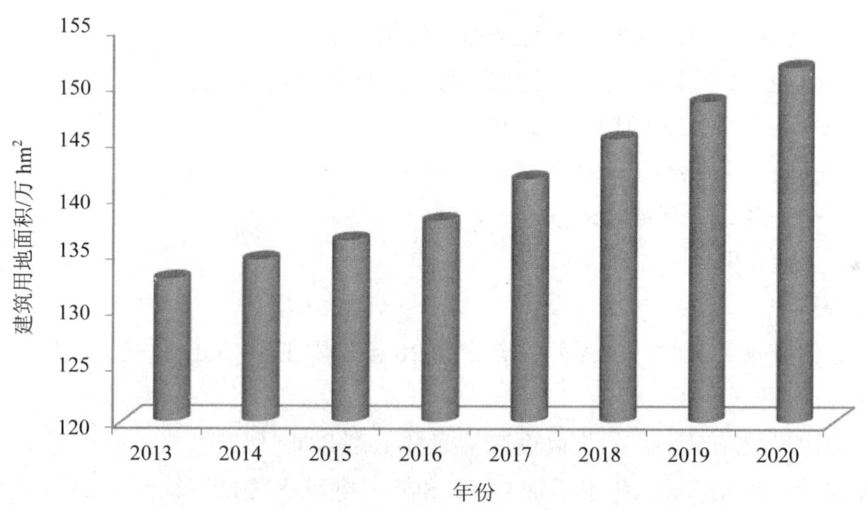

图 3-14　新疆维吾尔自治区未来城镇建设用地使用情况预测

虽然新疆建设用地未来将有所增长，但可以看出建设用地增长并不明显，这主要源于新疆“绿洲经济”为特色的城镇建设，其建设用地可拓展性不强，因此，如果依然采取摊大饼式、低集约化的城市发展模式，未来新疆城市建设必将蚕食大量农用地，这对新疆生态环境保护和农业经济发展均产生不利影响。因此，在未来，尤其是“十二五”城镇化进程加速发展的阶段，必须切实提高城镇土地利用效率，采取节约化土地政策和发展方式，在土地资源相对有限的情况下，实现经济的稳步发展以及城市化水平的持续提高。

3.4 生态环境压力预测

3.4.1 预测模型与参数确定

（1）废水污染物预测子模型

废水污染物预测包括工业废水污染物预测和生活污水污染物预测，主要预测污染物种类为 COD 和氨氮两类。

1）工业废水污染物产排量预测

$$G_{iww(i)} = \mathrm{GE}_{iww(i)} \times P_{i(i)} / 10^3 \tag{3-20}$$

$$D_{iww(i)} = G_{iww(i)} \times [1 - R_{iww(i)}] \tag{3-21}$$

式中，$G_{iww(i)}$ —— 各工业行业的废水污染物产生量，万 t；

$\mathrm{GE}_{iww(i)}$ —— 各工业行业的废水污染物产生系数，kg/万元；

$P_{i(i)}$ —— 各工业行业的增加值，亿元；

$D_{iww(i)}$ —— 各行业污染物排放量，亿 t；

$R_{iww(i)}$ —— 各行业污染物的削减率，%。

i —— 工业行业。

◆ 参数设定

工业行业的废水污染物产生系数：设定 2020 年新疆工业 COD 和氨氮产生系数分别在 2013 年基础上降低 20%。

工业行业污染物削减率：设定高削减情景和低削减情景分析。

高削减情景：设定未来 10 年新疆 COD 和氨氮削减率将持续提高，2020 年分别达到 85%和 95%，与全国平均水平保持一致。

低削减情景：设定未来 10 年新疆 COD 和氨氮削减率持续提高，但要低于全国平均水平，即 2020 年分别达到 80%和 90%。略低于全国平均水平。

2）生活污水污染物产排量预测

$$G_{mw} = 365 \times \mathrm{GE}_{mw} \times P_c / 100 \tag{3-22}$$

$$D_{mww(i)} = G_{cww(i)} \times R_{mwa(i)} \tag{3-23}$$

式中，G_{mw} —— 城镇居民生活污水污染物产生量，万 t；

GE_{mw} —— 城镇居民生活污水污染物产生系数，g/（人·d）；

P_c —— 城镇人口数，万人；

$D_{mww(i)}$ —— 城镇生活污水中的污染物 i 的排放量，万 t；

$G_{cww(i)}$ —— 城镇生活污水中的污染物 i 的产生量，万 t；

$R_{mwa(i)(n)}$ —— 城镇污水污染物 i 的去除率，%；

i —— 污染物类型（i=1 表示 COD，i=2 表示氨氮）。

◆ 参数设定

城镇居民生活污水污染物产生系数：参考《第一次全国污染源普查生活污染产排污系数手册》，设定新疆城镇居民生活 COD 产生系数为 63 g/（人·d），氨氮产生系数为 8 g/（人·d）。

城镇污水污染物削减率：2013 年新疆城镇污水 COD 和氨氮削减率分别为 49%和 37%，属于较低水平，远低于全国平均水平和其他地区削减水平。考虑到新疆地大物博以及城市污水建设工程复杂程度，设定高低两种不同的削减情景：高情景下假设新疆在未来加大城镇污水处理设施的建设投入，设定新疆 COD 和氨氮 2015 年、2020 年削减率水平基本达到全国 2010 年、2015 年平均水平；低情景下假设新疆未来城镇污水处理设施建设在现有基础上稳步提高，设定新疆 COD 和氨氮 2015 年、2020 年削减率水平基本达到全国 2008 年、2013 年平均水平，具体见表 3-6。

表 3-6　不同方案下新疆维吾尔自治区未来城镇污水污染物削减率设定

年份	COD		氨氮	
	高削减情景	低削减情景	高削减情景	低削减情景
2013	49%	—	37%	—
2015	54%	52%	39%	38%
2020	65%	60%	45%	40%

（2）**大气污染物预测子模型**

在预测大气污染物排放量的过程中，主要采用两个方案，一是在现有的政策条件趋势下预测大气污染物排放情况；二是进一步加强环境管理的情况下，预测大气污染物的排放情况。

1）农业大气污染物产排量

①农业二氧化硫产生量和排放量。

$$\mathrm{VSPQ}_j = \mathrm{VECQ}_j \times S^y / 100 \times \alpha \times 2 \tag{3-24}$$

$$\mathrm{VSPQc} = \mathrm{VSPQ}_j \times (1 - v_\mathrm{S}) \tag{3-25}$$

式中，VSPQ_j —— 农业不同能源种类的二氧化硫产生量，万 t；

VSPQc —— 农业二氧化硫排放量，万 t；

VECQ_j —— 农业不同能源种类的能源消耗量，万 t、亿 m^3、亿 kW·h；

j—— 能源种类（j=1，煤炭；j=2，石油）；

α—— 燃料中硫的转化率（煤：0.8；石油：0.9），%；

S^y—— 燃煤或燃油的含硫量，%；

v_S—— 二氧化硫去除率。

②农业氮氧化物产生量和排放量。

$$\mathrm{VNPQ}_j = \mathrm{VECQ}_j \times \lambda_{jk} \tag{3-26}$$

$$\mathrm{VNPQc} = \mathrm{VNPQ} \times (1 - v_\mathrm{N}) \tag{3-27}$$

式中，VNPQ_j—— 农业不同能源种类的氮氧化物产生量，万 t；

VNPQc—— 农业氮氧化物排放量，万 t；

VECQ_j—— 农业不同能源种类的能源消耗量，万 t、亿 m^3、亿 kW·h；

j—— 能源种类（j=1，煤炭；j=2，石油）；

λ_{jk}—— 不同能源种类的氮氧化物排放因子；

v_N—— 氮氧化物去除率。

2）工业大气污染物产排量

①工业二氧化硫产生量和排放量。

工业燃烧过程二氧化硫产生量、排放量预测：

$$\mathrm{SPQ}_{ij} = \mathrm{ECQ}_{ij} \times S^y / 100 \times \alpha \times 2 \tag{3-28}$$

$$\mathrm{SPQc} = \mathrm{SPQ}_i \times (1 - v_\mathrm{S}) \tag{3-29}$$

式中，SPQ_{ij}—— i 部门不同能源种类的二氧化硫产生量，万 t；

SPQc—— 二氧化硫排放量，万 t；

ECQ_{ij}—— i 部门不同能源种类的能源消耗量，万 t、亿 m^3、亿 kW·h；

j—— 能源种类（j=1，煤炭；j=2，石油）；

α—— 燃料中硫的转化率（煤：0.8；石油：0.9），%；

S^y—— 燃煤或燃油的含硫量，%；

v_S—— 二氧化硫去除率。

②生产工艺过程二氧化硫产生量、排放量预测。

$$\mathrm{SWG}_{ik}^t = \alpha p_{ik}^t \times X_i^t \tag{3-30}$$

$$\mathrm{SWGc} = \mathrm{SWG} \times (1 - \omega_\mathrm{S}) \tag{3-31}$$

式中，SWG_i^t—— 第 t 年 i 部门二氧化硫产生量，t；

SWGc—— 二氧化硫排放量，t；

αp_i^t—— 生产工艺过程中第 t 年 i 部门行业产污系数（二氧化硫），kg/t；

X_i^t —— 第 t 年 i 部门行业增加值，亿元；

ω_S —— 二氧化硫治理率。

◆ 参数设定

燃料中硫的转换率：根据经验统计，取常数，其中，煤、电力为0.85，其余为0.8；燃料油：0.9。

燃料中的含硫量：根据已有的研究文献、煤炭资源平均含硫量、煤炭洗选情况和有关规划和专家调查，分析含硫量和含灰量变化情况。

电力行业燃煤硫分：根据电力行业的特点和对电力行业脱硫技术的要求，可以预测确定火电耗煤硫分含量，具体见表 3-7。

表 3-7　火电耗煤硫分确定

项目	2013 年	2015 年	2020 年
含硫量/%	1.02	1.05	1.15

其他行业和居民生活燃煤硫分：随着脱硫设施的不断建设，电力行业的燃煤含硫量有所提高，相应的其他行业和居民生活用煤含硫量将有所降低，具体见表 3-8。

表 3-8　其他行业燃煤硫分预测

项目	2013 年	2015 年	2020 年
含硫量/%	1.06	1.05	0.98

燃料油含硫量：根据专家调查，燃料油含硫量取 1%。

工艺过程二氧化硫产生系数：

我们按照统计范围内的行业比例，对各行业的污染物排放量和去除量进行修订，各行业去除率采用中国环境统计中的行业数值。修订后即预测的二氧化硫产污系数如表 3-9 所示。

表 3-9　行业生产工艺过程二氧化硫产污系数预测　　单位：kg/万元

序号	行业	2013 年	2015 年	2020 年
15	石油加工及炼焦	42.5	40	35
16	化学工业	7.2	7	6.5
22	其他非金属制品业	14.8	14.5	13.8
23	黑色金属冶炼	109.8	99.4	83.4
24	有色金属冶炼	42.5	40	35

③工业氮氧化物产生量和排放量。

$$\mathrm{NPQ}_{ij} = \mathrm{ECQ}_{ij} \times \lambda_{ijk} \tag{3-32}$$

$$\mathrm{NPQ}c = \mathrm{NPQ} \times (1 - v_{\mathrm{N}}) \tag{3-33}$$

式中，NPQ_i —— i 部门氮氧化物产生量，万 t；

ECQ_i —— i 部门能源消耗量，万 t、亿 m^3、亿 kW·h；

$\mathrm{NPQ}c$ —— 工业氮氧化物排放量，万 t；

j —— 能源种类（j=1，煤炭；j=2，石油）；

λ —— 氮氧化物排放因子；

v_{N} —— 氮氧化物去除率。

◆ 参数设定

氮氧化物排放因子的选择：根据相关文献资料并结合专家经验预测得出。氮氧化物产生量的计算，采用清华大学郝吉明的排放因子以及《2006 年全国氮氧化物排放统计技术要求》的估算值，未来系数与现状值一致。根据能源统计情况和各种能源污染物排放的比重，选取 9 种能源进行计算，具体见表 3-10。

表 3-10 燃烧过程氮氧化物排放因子

行业	煤炭	焦炭	原油	汽油	煤油	柴油	燃料油	天然气	煤气
农业	3.75	4.5	3.05	16.7	4.48	5.77	3.5	14.62	6.69
发电	8.85	—	7.24	16.7	21.2	7.4	10.06	40.96	13.53
供热	7.25	9	5.09	16.7	7.46	7.4	5.84	20.85	9.5
炼焦	0.37	—	—	—	—	—	—	—	—
炼油	0.37	—	0.24	—	—	—	—	—	—
制气	0.75	0.9	—	—	—	—	5.84	—	0.96
工业	7.5	9	5.09	16.7	7.46	9.62	5.84	20.85	9.5
建筑业	7.5	9	—	16.7	7.46	9.62	5.84	20.85	—
交通	7.5	9	—	21.2	27.4	36.25	36.25	20.85	—
商业	3.75	4.5	3.05	16.7	4.48	5.77	3.5	14.62	7.36
其他生活	1.88	2.25	1.7	16.7	2.49	3.21	6.99	14.62	7.36

注：天然气、煤气的排放因子单位为 10^{-4} kg/m^3；其他的单位为 kg/t。

资料来源：2006 年全国氮氧化物排放统计技术要求。

3）生活大气污染物产排量

①城市生活用能污染物产生量。

生活大气污染物的产生量等于排放量。

$$\text{SLEG}^t = \text{EUL}^t_{\text{煤}} \times S^y / 100 \times 0.8 \times 2 \tag{3-34}$$

$$\text{NLEG}^t = \text{EUL}^t_m \times \lambda_m \tag{3-35}$$

式中，SLEG^t —— 第 t 年二氧化硫产生量，万 t；

$\text{EUL}^t_{\text{煤}}$—— 第 t 年城市生活燃煤量，万 t；

S^y —— 燃煤的含硫量，%；

λ_m —— 氮氧化物排放因子。

②农村生活用能污染物产生量。

$$\text{VSLEG} = \text{VEUL}_{\text{煤}} \times S^y / 100 \times 0.8 \times 2 \tag{3-36}$$

$$\text{VNLEG} = \text{VEUL}_m \times \lambda_m \tag{3-37}$$

式中，VSLEG —— 二氧化硫产生量，万 t；

S^y —— 燃煤的含硫量，%；

$\text{VEUL}_{\text{煤}}$ —— 农村生活燃煤量，万 t；

VNLEG —— 氮氧化物产生量，万 t；

λ_m —— 氮氧化物排放因子。

③机动车氮氧化物产生量。

$$\text{NSPQ} = \text{VEH} \times \text{MIL} \times \text{NEF} \tag{3-38}$$

式中，NSPQ —— 氮氧化物产生量，万 t；

VEH —— 机动车保有量，万辆；

MIL —— 行驶里程，亿 km；

NEF —— 氮氧化物排放因子。

预测各机动车（包括货车汽车、客车汽车等）的保有量，假定各车型的车年均耗油量保持不变。根据我国机动车尾气排放控制情况，分两种情况对排放量进行预测，一种是根据机动车尾气新的排放标准执行时间和机动车平均使用年限估计预测年份尾气平均排放水平达到的标准；另一种在此基础上进行更加乐观的估计，假设在预测年份尾气平均排放水平达到更高标准。

（3）固废污染物预测子模型

1）城镇生活垃圾

城镇生活垃圾产生量取决于人均垃圾产生量和城镇人口规模这两个因素。生活垃圾产生量预测采用人口增长预测法，公式如下：

$$R_t = \Psi \times P_t \times 365 / 1\,000 \tag{3-39}$$

$$W_t = R_t \times s_t \tag{3-40}$$

式中，R_t —— 预测年生活垃圾产生量，t/a；

P_t —— 预测年城镇人口数，万人；

Ψ —— 人均生活垃圾产生量，kg/（人·d）；

W_t —— 预测年生活垃圾无害化处理量，t；

s_t —— 预测年生活垃圾无害化处理率，%。

◆ 参数设定

根据美国、日本以及欧洲发达国家数据分析及经验，随着居民生活水平的不断提高，居民对生活必需产品及生活消耗品的消费将持续增加，相应将使人均垃圾产生量呈现增长趋势，结合国外相关数据以及我国污染源普查系数手册中东南沿海发达地区人均垃圾产生量现状数据，对新疆未来人均垃圾产生量及无害化处理率设定，具体见表3-11。

表 3-11 新疆维吾尔自治区人均垃圾产生量及无害化处理率设定

年份	人均垃圾产生量/[kg/（人·d）]	垃圾无害化处理率/%	
		高方案	低方案
2013	1.00	70.6	70.6
2015	1.00	80.0	75.3
2020	1.10	90.0	80.0

2）工业固体废物

工业固体废物的预测采用产值系数分析方法。公式如下：

$$\mathrm{DW}_t = \sum_i W_i^t \times S_i^t \tag{3-41}$$

$$\mathrm{EW}_t = \sum_i \mathrm{DW}_i^t \times G_i^t \tag{3-42}$$

式中，DW_t —— 第 t 年工业固体废物产生量，t/a；

W_i^t —— 第 i 行业第 t 年工业增加值，万元/a；

S_i^t —— 第 i 行业第 t 年固体废物产生强度，t/万元；

EW_t —— 第 t 年工业固体废物综合利用量，t/a；

G_i^t —— 第 i 行业第 t 年固废综合利用率，%；

t —— 2013—2020 年。

◆ 参数设定

固体废物产生强度：随着新疆产业结构的转型以及生产及开采工艺的不断提高，

未来新疆固体废弃物单位 GDP 产生强度将呈下降趋势。参考“十一五”期间新疆及全国固体废物产生强度10%～12%的下降范围，设定2015年各行业固体废物产生强度在 2010 年基础上下降 10%；2020 年各行业固体废物产生强度在 2015 年基础上下降10%。

工业固体废物综合利用率：

高利用情景：指新疆主要工业行业未来在结合落实科学发展观、制定资源再生产业的发展规划的基础上，健全固废处置利用的政策支撑体系，加强技术研发，鼓励工业固废利用的科技创新，大力引进固废经济利用项目，实现工业固废利用从管理型向效益型转变，最终实现固废综合利用率大幅提高的情景方案。

低利用情景：按照现有新疆固体废物综合利用发展速度。

(4) 生态退化预测方法

情景方案一：预测未来 10 年，尤其是“十二五”“十三五”期间，新疆生态退化速度与“十一五”期间相当，对新疆荒漠化面积增加速度、天然湿地面积减少速度、森林覆盖率增加速度、草场退化速度与“九五”“十五”“十一五”期间有相同的增长率。

情景方案二：未来 10 年，新疆加快生态修复步伐，保护和改善绿洲生态。结合新疆实际情况，假设未来其生态退化速度低于“九五”“十五”“十一五”期间，增长率将存在一定的下降趋势。

①荒漠化面积预测。

$$\mathrm{DESERT}_t = \mathrm{DESERT}_{t-1} \times \beta_t \tag{3-43}$$

式中，DESERT_t —— 第 t 年新疆荒漠化面积；

DESERT_{t-1} —— 前一年荒漠化面积；

β_t —— 第 t 年荒漠化面积增长率；

t —— 2013—2020 年。

②天然湿地面积预测。

$$\mathrm{Wetland}_t = \mathrm{Wetland}_{t-1} \times \alpha_t \tag{3-44}$$

式中，$\mathrm{Wetland}_t$ —— 第 t 年新疆天然湿地面积；

$\mathrm{Wetland}_{t-1}$ —— 前一年天然湿地面积；

α_t —— 第 t 年天然湿地面积增长率；

t —— 2013—2020 年。

③森林覆盖率预测。

$$\mathrm{FCR}_t = \mathrm{FCR}_{t-1} \times \varepsilon_t \tag{3-45}$$

式中，FCR_t —— 第 t 年新疆森林覆盖率；

FCR_{t-1} —— 前一年森林覆盖率；

ε_t —— 第 t 年森林覆盖率增长率；

t —— 2013—2020 年。

④草场面积预测。

$$\text{Pastureland}_t = \text{Pastureland}_{t-1} \times \lambda_t \tag{3-46}$$

式中，Pastureland_t —— 第 t 年新疆草场面积；

Pastureland_{t-1} —— 前一年草场面积；

β_t —— 第 t 年草场面积增长率；

t —— 2013—2020 年。

3.4.2 预测结果分析

（1）废水污染物排放量预测

采用废水污染物预测子模型，对新疆维吾尔自治区废水主要污染物（COD、氨氮）未来 7 年（2013—2020 年）产生量和排放量进行预测，并深入分析废水污染物产排放特征及减排压力。

1）COD 排放量预测

通过对新疆未来废水 COD 的处理及削减比率的预测可以得到高削减率和低削减率情况下新疆 COD 的排放情况。可以看出，在高削减方案中，新疆未来 10 年 COD 排放仍将呈逐年下降的趋势，2020 年 COD 排放总量达到 26.6 万 t，较 2013 年减少 3.8 万 t，这其中“十二五”期末，即 2015 年 COD 排放总量为 30.6 万 t，较 2013 年基本保持不变，高于“十二五”规划中 COD 增长 10%的控制目标，基本实现了“十二五”规划目标。但在低削减方案中，新疆未来 10 年 COD 排放量增长迅速，2020 年将高达 33.3 万 t，较 2013 年净增加约 3 万 t。这其中 2015 年 COD 排放量为 32.2 万 t，较 2013 年净增加 1.8 万 t，远超过“十二五”COD 排放控制目标。因此，“十二五”期间，新疆需不断加大废水处理力度，才能勉强达到预定目标，具体见表 3-12。

表 3-12 新疆维吾尔自治区废水 COD 排放量预测 单位：万 t

年份	高削减方案			低削减方案		
	工业	生活	总量	工业	生活	总量
2013	18.6	11.8	30.4	18.6	11.8	30.4
2014	19.4	11.6	31.0	20.0	11.8	31.7
2015	19.2	11.4	30.6	20.5	11.7	32.2
2016	18.7	11.4	30.1	20.6	12.0	32.6
2017	18.0	11.4	29.4	20.7	12.2	32.9

年份	高削减方案			低削减方案		
	工业	生活	总量	工业	生活	总量
2018	17.3	11.3	28.6	20.8	12.4	33.1
2019	16.5	11.2	27.7	20.8	12.5	33.3
2020	15.5	11.0	26.6	20.7	12.6	33.3

新疆维吾尔自治区未来废水 COD 排放中工业所占比重略高于生活排放量。对比不同削减情景中各工业行业 COD 排放量可以看出，未来工业 COD 排放主要集中于化学纤维制造业、农副产品加工业、饮料食品业以及纺织业等行业，这其中化学纤维制造业 COD 排放量最大，低削减情景中 2015 年、2020 年 COD 排放量分别为 9.54 万 t 和 8.59 万 t，占工业 COD 总排放量的 46%和 41%；而农副食品及饮料食品制造业 3 个行业 2015 年、2020 年 COD 排放量合计为 6.9 万 t 和 7.5 万 t，分别占工业 COD 总排放量的 33%和 36%。综上所述，新疆未来工业 COD 排放将主要集中于化学纤维制造业和食品相关制造行业，2015 年所占比重高达 80%。因此，工业 COD 减排应主要集中于上述行业的重点治理，具体见图 3-15。

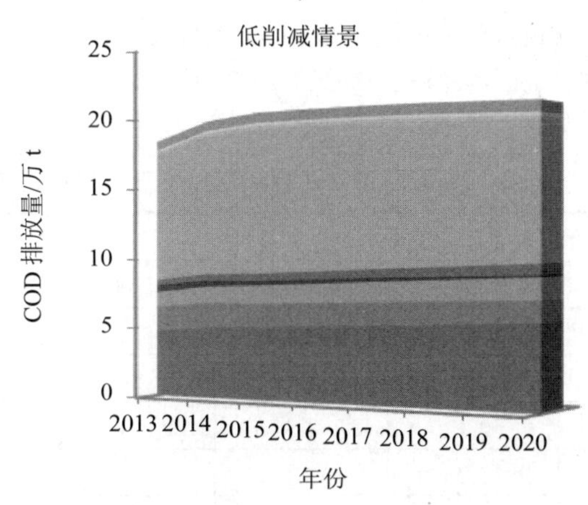

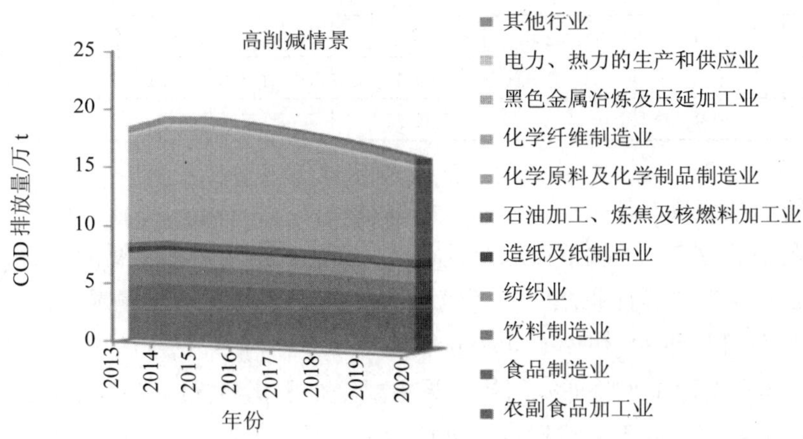

图 3-15　不同削减方案下新疆各工业行业 COD 排放量

2）氨氮排放量预测

通过对新疆未来废水氨氮的处理及削减比率的预测，可以得到高削减率和低削减率情况下新疆氨氮的排放情况。可以看出，在高削减方案中，新疆未来 10 年氨氮排放持续下降，2020 年氨氮排放总量为 3.1 万 t，比 2010 年减少了 0.3 万 t，这其中 2015 年氨氮排放总量为 3.3 万 t，比 2013 年减少了 0.1 万 t，符合“十二五”规划中氨氮增长 10%的控制目标，基本可以实现“十二五”规划目标。但在低削减方案中，新疆未来 10 年氨氮排放量增长迅速，2020 年将高达 4.1 万 t，较 2013 年净增加 1.7 万 t。这其中 2015 年氨氮排放量为 3.6 万 t，远超过“十二五”氨氮排放控制目标。因此，未来尤其是“十二五”期间，新疆需不断加大废水处理力度，工业氨氮削减率不低于 95%，而生活氨氮削减率需不低于 45%，才能勉强达到预定目标。

通过预测结果可以看出，新疆废水氨氮排放主要以生活排放为主，高削减方案中 2013—2020 年生活氨氮排放基本保持不变，2020 年为 2.2 万 t，所占比重也从 65%逐渐提高到 72%；而工业氨氮排放量却呈略微下降的趋势，2020 年氨氮排放为 0.9 万 t。在低削减方案中，工业和生活氨氮排放都将呈增长趋势。生活氨氮排放所占比重基本保持在 58%左右。总体来看，新疆废水氨氮排放治理应加大城镇生活污水中氨氮治理，不断提高城镇污水管网密度和污水处理率，具体见表 3-13。

表 3-13 新疆维吾尔自治区废水氨氮排放量预测 单位：万 t

年份	高削减方案			低削减方案		
	工业	生活	总量	工业	生活	总量
2013	1.2	2.2	3.4	1.2	2.2	3.4
2014	1.2	2.2	3.4	1.3	2.2	3.5
2015	1.2	2.1	3.3	1.4	2.2	3.6
2016	1.1	2.2	3.3	1.5	2.2	3.7
2017	1.1	2.2	3.2	1.5	2.3	3.8
2018	1.0	2.2	3.2	1.6	2.3	3.9
2019	0.9	2.2	3.1	1.7	2.4	4.0
2020	0.9	2.2	3.1	1.7	2.4	4.1

对比不同削减情景中各工业行业氨氮排放量可以看出，未来工业氨氮排放主要集中于化学原料及制品业、石油加工冶炼业、农副产品加工业、黑色金属冶炼业、化学纤维制造业以及食品制造业等行业，这其中化学原料及制品业氨氮排放量最大，2015 年、2020 年占工业氨氮总排放量的 46%和 49%；而上述其他行业氨氮排放所占比重也大约为 10%。综上所述，新疆未来工业氨氮排放将主要集中于化学纤维制造业等行业，因此，工业氨氮减排应主要集中于上述行业的重点治理，具体见图 3-16。

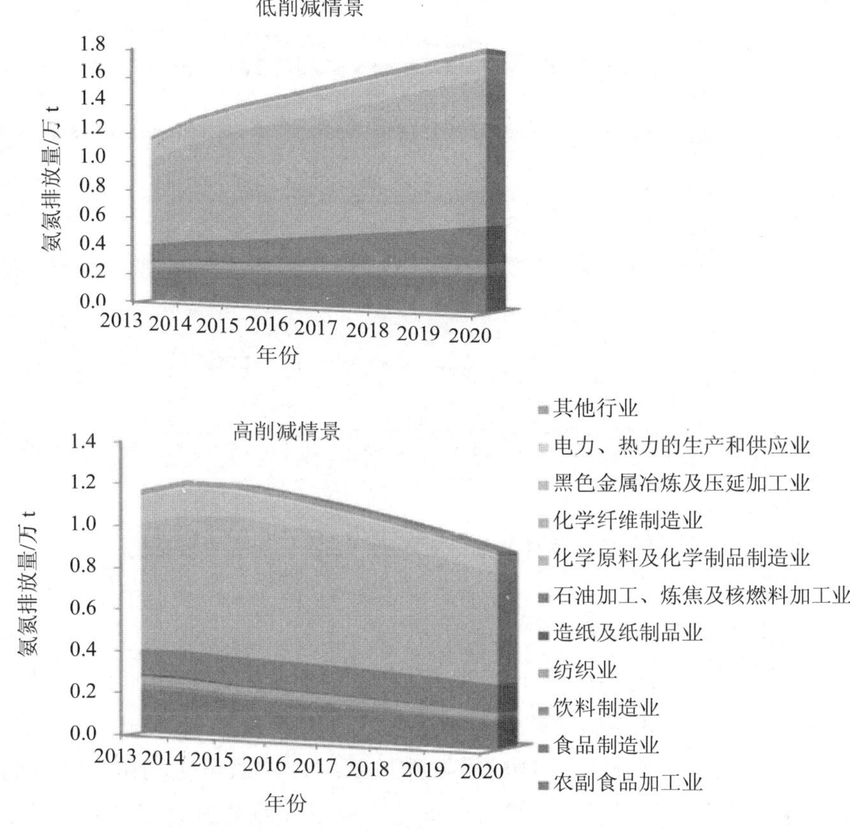

图 3-16　不同削减方案下新疆各工业行业氨氮排放量

（2）**废气污染物产排放量**

1）二氧化硫排放量预测

在现有的治理趋势水平下，新疆二氧化硫排放总量预计在 2013 年后一直呈现上升趋势。其中 2015 年二氧化硫排放总量为 92.8 万 t，2020 年达到 102.7 万 t，比 2015 年增长 11%。在现有的加强控制水平下，二氧化硫排放总量以及各主要部门的二氧化硫排放预计在 2015 年之后开始逐年下降。其中 2015 年二氧化硫排放总量为 88.6 万 t，2020 年为 85.3 万 t，比 2015 年下降 4%。

对比两个方案可以看出，工业二氧化硫排放方案一的预测值都明显高于方案二的值，而且时间越久，差距越大。因此在新疆加强环境管理的情况下，二氧化硫削减量将大幅提高，排放量明显降低。在工业二氧化硫排放过程中，2015 年方案一工业比方案二工业中的二氧化硫排放量多排放高 3 万 t，2020 年方案一工业比方案二工业多排放 14 万 t。在生活及其他行业二氧化硫排放中，2015 年在新疆加强环境管理的情况下，将比在目前技术水平趋势下的二氧化硫排放量低 4 万 t，2020 年方案一生活比方案二生活多削减 8 万 t，具体见图 3-17。

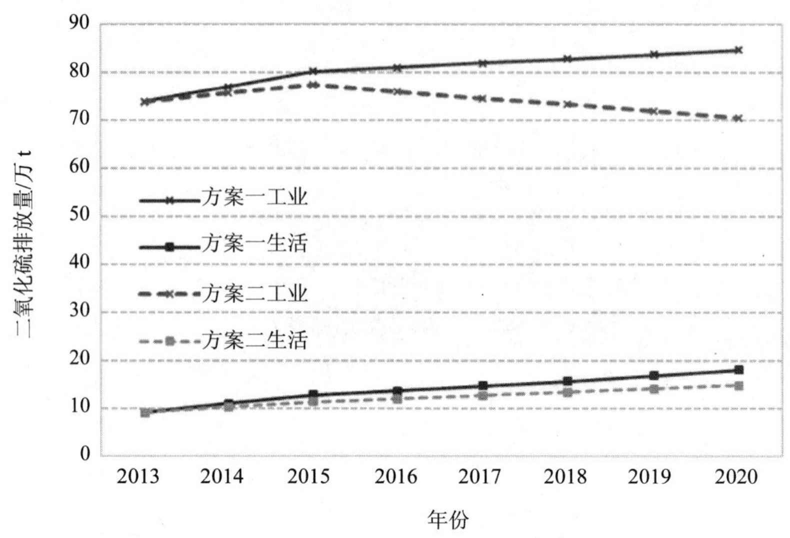

图 3-17 两种方案下主要部门二氧化硫排放量比较

2）氮氧化物排放量预测

在现有发展趋势下，2015 年、2020 年氮氧化物排放量逐年上升，其中 2015 年排放总量为 101.1 万 t，2020 年氮氧化物排放总量为 118.3 万 t，比 2015 年增长 17%。其中工业行业中，电力行业是氮氧化物的重要排放部门，占氮氧化物排放总量的 40%以上，占工业氮氧化物排放总量的 70%左右。机动车氮氧化物排放总量逐年上升，2015 年达到 34.5 万 t，占氮氧化物排放总量的 34%，2020 年达到 45.5 万 t，比 2015 年增长 32%，占氮氧化物排放总量的 38%。

在加强氮氧化物治理情况下，新疆 2015 年、2020 年氮氧化物排放量逐年上升，其中 2015 年排放总量为 94.2 万 t，2020 年氮氧化物排放总量为 94.9 万 t，与 2015 年基本持平。在新疆加强氮氧化物治理的情况下，2015 年后工业氮氧化物排放量开始下降。预计 2020 年比 2015 年下降了 8%。电力行业占工业氮氧化物排放总量的 80%左右，但其所占比重将不断降低。

比较不同预测方案下的预测结果，可以看出，无论是工业氮氧化物排放还是生活及其他行业氮氧化物排放，方案一工业的预测值都明显高于方案二工业的值，而且时间越久，差距越大。因此在新疆加强环境管理的情况下，氮氧化物削减量将小幅提高，排放量明显降低。在工业氮氧化物排放过程中，2015 年方案一工业比方案二工业中的二氧化硫排放量多 5 万 t，2020 年方案一工业比方案二工业多排放 15 万 t。在生活及其他行业氮氧化物排放中，2015 年在新疆加强环境管理的情况下，将比在目前技术水平趋势下的氮氧化物排放量低 1.6 万 t，2020 年方案一生活比方案二生活多排放 8 万 t，具体见图 3-18。

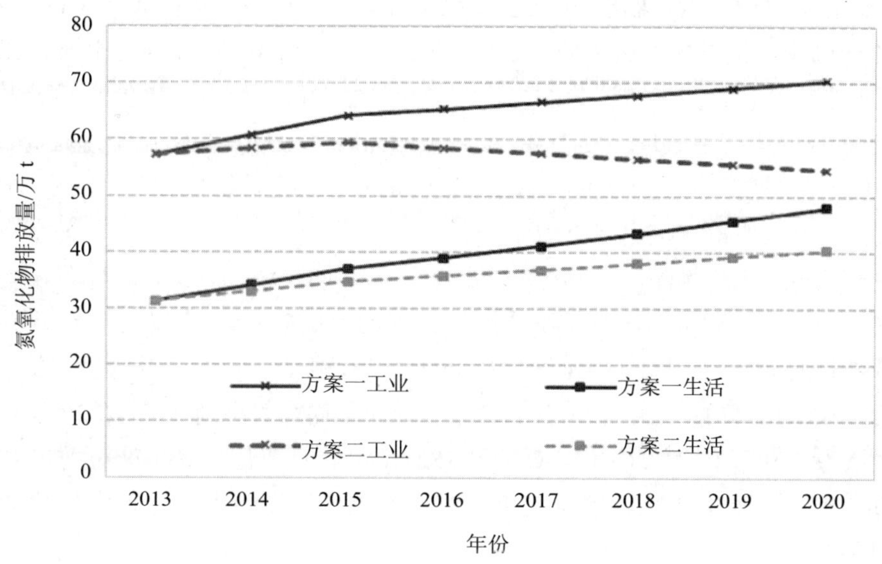

图 3-18　两种方案下主要部门氮氧化物排放量比较

(3) 固废污染物产排放量

1）固废污染物产生量

①工业固废产生量预测。

工业固废产生量在未来将呈现快速增长的趋势，具体见表 3-14。从 2013 年的 4 915 万 t 增长到 2015 年、2020 年的 5 665 万 t 和 7 072 万 t，净增量分别达 750 万 t 和 2 157 万 t。“十二五”“十三五”年均增速分别为 8%和 5%。

表 3-14　新疆维吾尔自治区工业固废产生量预测

产生量	2013 年		2015 年		2020 年	
	产生量/万 t	所占比重/%	产生量/万 t	所占比重/%	产生量/万 t	所占比重/%
煤炭开采和洗选业	450	9	647	11	1 140	16
黑色金属矿采选业	1 080	22	1 070	19	905	13
有色金属矿采选业	512	10	507	9	429	6
农副产品加工业	179	4	215	4	308	4
化学原料及化学制品制造业	515	10	701	12	1 007	14
非金属矿物制品业	155	3	159	3	166	2
黑色金属冶炼及压延加工业	603	12	679	12	711	10
电力、热力的生产和供应业	792	16	1 006	18	1 573	22
其他行业	629	13	681	12	831	12
合计	4 915	—	5 665	—	7 072	—

从工业行业内部来看，火电、化工以及煤炭开采等行业是工业固废产生的主要行业，2020 年工业固废产生量分别达 1 573 万 t、1 007 万 t、1 140 万 t；同时上述行业工业固废产生量增速也最快，年均增速分别高达 11.3%、12.5%、16.9%。黑色金属矿采选业作为 2013 年工业固废产生量最大的行业，未来工业固废产生量将呈略微下降趋势，到 2020 年工业固废产生量将下降到第 4 位。其他工业行业工业固废产生量虽有不同程度的增加，但增速较低，未来所占比重也将不断下降。

②生活垃圾产生量预测。

由图 3-19 可以看出，随着新疆城市化进程的不断推进，城镇人口的不断增多，这将导致新疆城镇生活垃圾的不断增多。2015 年城镇生活垃圾产生量为 389 万 t，较 2013 年的 368 万 t 增加了 21 万 t，“十二五”期间年均增长率为 5%；2020 年城镇生活垃圾产生量为 550 万 t，较 2013 年增加了 182 万 t，“十三五”期间年均增长率为 7%。总体来看，未来新疆生活垃圾增长较快，对城市垃圾清运能力和无害化处置能力提出了更高的要求。

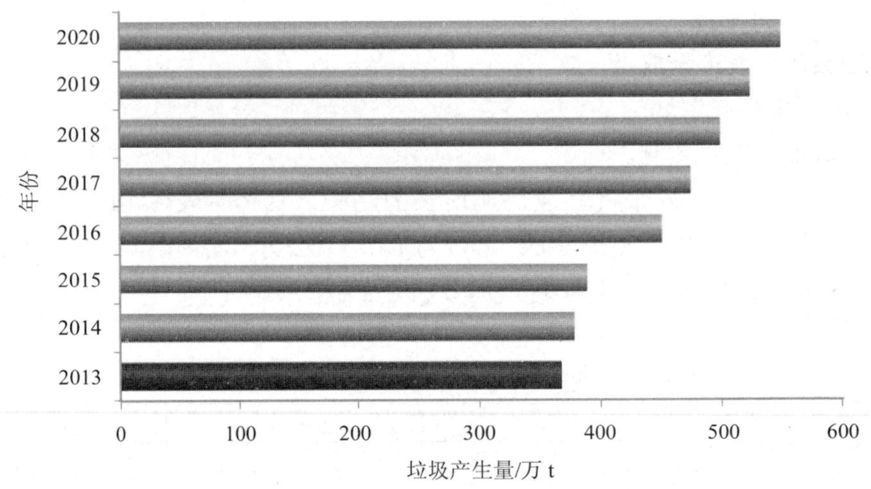

图 3-19　新疆维吾尔自治区未来城镇生活垃圾产生量预测

2）固废污染物综合利用及无害化处置量

①工业固废综合利用量预测。

通过设定未来新疆维吾尔自治区工业固废综合利用率可以得到高、低利用情景下工业固废的综合利用量。如图 3-20 所示，在高利用情景下，新疆 2015 年、2020 年工业固废综合利用率分别达到 67%和 82%，则工业固废综合利用量分别达到 3 794 万 t 和 5 765 万 t。主要以电力、煤炭开采和化工为主。低利用情景下，新疆 2015 年、2020 年工业固废综合利用率分别达到 61%和 72%，则工业固废综合利用量分别达到 3 482 万 t 和 5 067 万 t，比高利用情景分别低 312 万 t 和 698 万 t。

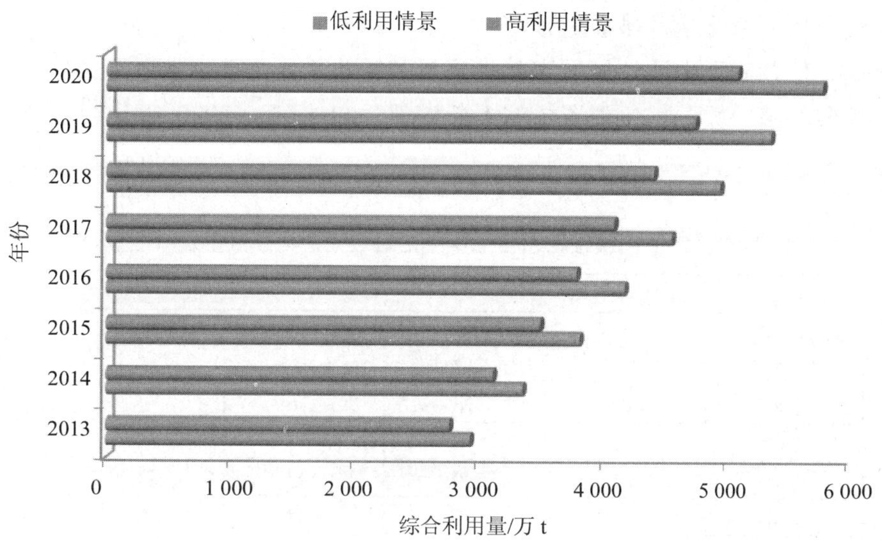

图 3-20　不同方案下新疆维吾尔自治区工业固废综合利用量预测

从各工业行业情况来看，到 2020 年煤炭开采业、化学原料制品业、电力生产业以及黑色金属冶炼业等行业固废综合利用量较大，也是高利用情景和低利用情景差值较大的行业。其中煤炭开采业高方案和低方案差值为 171 万 t，是综合利用潜力最大的行业。

如图 3-21 所示，对比高、低利用情景工业固废其他处置量（包括贮存、处置、排放等），可以看出高利用情景下工业固废其他处置量呈逐年加速减少的趋势，尤其是“十三五”期间，到 2020 年，工业固废其他处置量为 1 306 万 t。但在低利用情景下，其他处置量变化趋势不大。到 2020 年，低利用情景比高利用情景固废其他处置量高出 697 万 t。可见不断提高工业固废综合利用效率可以对工业固废处置起到较为积极的作用。

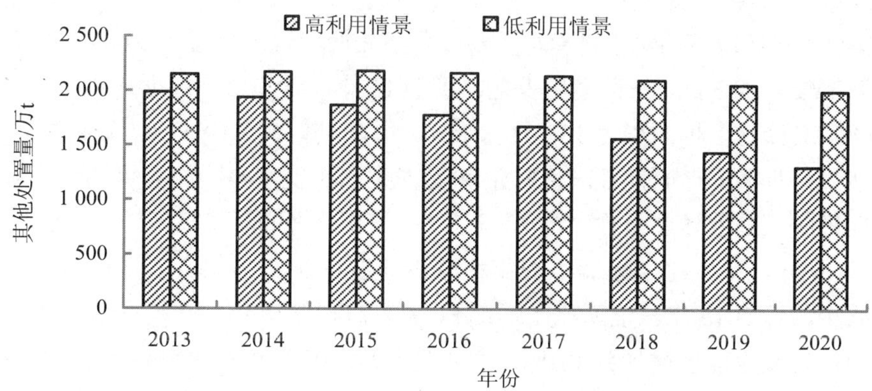

图 3-21　不同方案下新疆维吾尔自治区工业固废其他方式处置量预测

②生活垃圾无害化量及排放量预测。

对比高、低方案下生活垃圾无害化处置量和排放量，由表 3-15 可以看出，高处置方案下，新疆城镇垃圾无害化处置量将不断增长，2015 年、2020 年分别达到 389 万 t 和 550 万 t。

表 3-15　新疆维吾尔自治区生活垃圾无害化处置量及排放量　　单位：万 t

年份	高处置方案			低处置方案		
	垃圾无害化处理量	垃圾排放量	无害化处置率/%	垃圾无害化处理量	垃圾排放量	无害化处置率/%
2013	280	87	76	270	98	73
2014	295	83	78	281	97	74
2015	311	78	80	293	96	75
2016	370	81	82	344	107	76
2017	399	76	84	367	108	77
2018	429	70	86	390	109	78
2019	461	63	88	414	110	79
2020	495	55	90	440	110	80

（4）生态系统变化趋势

《新疆维吾尔自治区环境保护“十二五”规划》中提到，要加强塔里木河干流、阿尔泰山、阿尔金山、哈密东天山等重点生态功能保护区建设与管理。继续实施生态功能受损地区生态修复示范工程，修复面积达到 50 万亩。因地制宜地实施草地、森林、湿地等生态系统保护工程，恢复和提升各类生态系统服务功能，构筑由阿尔泰山地森林、天山草原森林和帕米尔—昆仑山—阿尔金山荒漠草原三大生态屏障，以及环塔里木、准噶尔两大盆地边缘绿洲区组成的“三屏两环”生态安全战略格局。

1）荒漠化面积预测结果

方案一：按照现有的水平计算，新疆的荒漠化面积以平均每年 0.08%速度减少，相当于平均每年减少 84.5 km^2 的荒漠化土地，到 2015 年，荒漠化土地面积为 107.07 万 km^2，到 2020 年，荒漠化土地面积为 107.03 万 km^2，10 年的时间减少了 845 km^2 的荒漠化土地。

方案二：新疆重点加强荒漠化防治和受损生态系统恢复，加大绿洲边缘荒漠化防治力度，推进防风固沙体系建设，“十二五”“十三五”期间，按荒漠化的减少速度增大。“十二五”期间，荒漠化土地面积的年均减少速度增加到 0.09%，平均每年以 96.4 km^2 的速度减少，到 2015 年，荒漠化土地面积为 107.06 万 km^2。“十三五”期间，荒漠化土地面积的年均减少速度增加到 0.1%，平均每年以 107 km^2 的速度减少，到 2020 年，荒漠化土地面积为 107.01 万 km^2，具体见表 3-16。

表 3-16　荒漠化面积预测结果

年份	方案一			方案二		
	荒漠化面积/万 km^2	年均减少量/km^2	年均减少率/%	荒漠化面积/万 km^2	年均减少量/km^2	年均减少率/%
2003	107.08	84.5	0.008	107.08	84.5	0.008
2015	107.07			107.06	96.4	0.009
2020	107.03			107.01	107.0	0.010

数据来源：根据 2004—2009 年数据。

2）天然湿地面积预测结果

方案一：按照现有的减少速度，年均减少率 0.000 63%计算，到 2015 年，新疆天然湿地面积为 12 673.00 万 hm^2，到 2020 年，新疆天然湿地面积减少为 12 672.60 万 hm^2。

方案二：新疆加强水域和湿地保护，因地制宜地实施草地、森林、湿地等生态系统保护工程，“十二五”“十三五”期间分别按照年均减少率 0.000 55%、0.000 47%计算，到 2015 年，新疆天然湿地面积为 12 673.05 万 hm^2，到 2020 年，新疆天然湿地面积减少为 12 672.75 万 hm^2，具体见表 3-17。

表 3-17　天然湿地面积预测结果

年份	方案一			方案二		
	天然湿地面积/万 hm^2	年均减少量/万 hm^2	年均减少率/%	天然湿地面积/万 hm^2	年均减少量/万 hm^2	年均减少率/%
2008	12 673.56	0.08	0.000 63	12 673.56	0.08	0.000 63
2015	12 673.00			12 673.05	0.07	0.000 55
2020	12 672.60	0.01		12 672.75	0.06	0.000 47

数据来源：2006—2008 年数据。

3）森林覆盖率预测结果

方案一：未来“十二五”和“十三五”按照 2000—2013 年增森林覆盖率的增长速度 6%计算，到 2015 年，新疆的森林覆盖率为 4.8%，到 2020 年，新疆的森林覆盖率为 6.3%。

方案二：按照更乐观的增长速率计算，如果新疆更加重视生态环境，加大实施天然林保护、退耕还林、退牧还草、生态修复、荒漠化治理等生态工程的力度，“十二五”期间，按照年均增长率 7%的比例计算，到 2015 年，如果新疆的森林覆盖率为 4.8%，“十三五”期间，比“十二五”期间的增速加快，按照年均增长 8%的比例计算，截止到 2020 年，新疆的森林覆盖率为 7.0%，具体见表 3-18。

表 3-18　森林覆盖率预测结果

单位：%

年份	方案一		方案二	
	森林覆盖率	年均增长率	森林覆盖率	年均增长率
2013	4.24	5.91	4.24	5.91
2015	4.8		4.9	7
2020	6.3		7.2	8

注：根据 2000—2010 年的数据，“十一五”期间（2006—2010）118.19%，“十五”期间 101.72%（2000—2005）。

4）草场面积预测结果

方案一：未来“十二五”和“十三五”按照 2000—2008 年草场面积的减少速度 0.06%计算，到 2015 年，新疆的草场面积为 5 090 万 hm^2，年均减少 3.06 万 hm^2 草地，2020 年，新疆的草场面积为 5 075 万 hm^2，年均减少 3.05 万 hm^2 草地，比 2008 年的草场面积少了 36 万 hm^2。

方案二：按照更乐观的增长速率计算，新疆更加重视生态环境建设，加大实施退耕还林、退牧还草、生态修复等生态工程的力度，“十二五”期间，按照年均减少率 0.03%的比例计算，到 2015 年，新疆的草场面积为 5 097.60 万 hm^2，年均减少 1.53 万 hm^2 草地，“十三五”期间比“十二五”期间的减少率更低，由于退牧还草等措施的加强，草场面积开始转为增加，按照年均增加 0.005%的比例计算，截止到 2020 年，新疆的草场面积为 5 098.87 万 hm^2，年均增加 0. 255 万 hm^2 草地，比 2015 年的草场面积增加了 1.27 万 hm^2，具体见表 3-19。

表 3-19　草场面积预测结果

年份	方案一			方案二		
	草场面积/万 hm^2	年均减少量/万 hm^2	年均减少率/%	草场面积/万 hm^2	年均减少量/万 hm^2	年均减少率/%
2008	5 111.38	3.07	0.06	5 111.38	3.08	0.06
2015	5 090	3.06		5 097.60	1.53	0.03
2020	5 075	3.05		5 098.87	−0.255	−0.005

注：根据 2000—2008 年数据计算。

第 4 章　新疆跨越式发展中的生态环境风险评价

4.1　水资源生态环境风险

4.1.1　水资源矛盾分析

2008 年新疆水资源总量为 802.72 亿 m^3，水资源利用总量为 653.04 亿 m^3，其中生态用水仅为 21.03 亿 m^3，生态需水量为 345 亿 m^3，缺口为 174 亿 m^3。随着整个社会用水需求的不断增长，新疆的水资源供需矛盾将日趋严重。而由于生态用水得不到保障，主要依靠扩大面积发展的灌溉农业和以游牧为主的草原畜牧业的不断扩大，造成生态用水被大量挤占，因此生态环境问题日趋恶化。如天然绿洲植被减少，荒漠化加剧；河流流程缩短，河道断流、河湖生态环境质量下降严重；水盐平衡失调，土壤盐碱化严重；山区与平原荒漠区草地生态系统退化。截止到 2006 年，新疆中度盐碱化耕地占灌区耕地面积的 32.1%（邓铭江等，2011）。

从新疆干旱少雨、降水时域分布、经济发展与生态环境的供需水矛盾日益加剧来看，可定义新疆整体属于资源性缺水；从现有控制性水利工程的调控能力、工程的建设标准、设施功能等所能发挥的效益，可定义新疆存在着严重的工程性缺水；从水资源的管理水平、单方效益、灌溉定额等，可定义新疆大部分地区（特别是塔里木河流域）属于管理性缺水；从工农业废污水排放和农药、化肥施用量等方面对于水资源污染而造成水资源浪费可定义新疆局部地区已经表现出污染性缺水。由于新疆特定的自然条件和水资源的利用现状决定了新疆 4 种缺水现象均存在，只是在不同区域表现的形式和程度不同而已。

（1）资源性缺水

1）空间不匹配

新疆水资源“北多南少，西丰东缺”的分布格局使得水资源区域分布悬殊，这与社会经济发展布局不匹配，供需矛盾突出，造成局部地区缺水严重。伊犁、阿勒泰等地地表水、地下水资源均比较丰富，仅两地地表水资源量占到新疆的 1/3；以天山山脊为界，北部地区单位面积水量是南部地区的 2.6 倍。新疆东部地区是石油、天然气、煤炭资源的富集区，但水资源极度匮乏，已经出现需大于供的矛盾，但水资源开发利用程度很高，而且地下水超采严重；乌鲁木齐—奎屯—克拉玛依天山北坡综合经济带，集中了新疆42%的经济和科技力量，是我国西部最具发展潜力的区域之一，但其水资源仅占新疆的7.4%，水资源短缺制约了该地区的经济社会的发展（董新光等，2001；王世江，2006；邓铭江等，2011；王强等，2012）。

2）年内分配不均

新疆的河流主要靠高山冰川和积雪补给，平均每年的冰川融水达 178 亿 m^3，占新疆地表年径流量的 22.5%，所以水资源总量比较稳定，年际变幅较小，但年内分配不均，季节变化规律较复杂，一般具有“春旱、夏涝、秋缺、冬枯”的特点。春季占年水量的10%～20%，夏季占 50%～70%，秋季占 10%～20%，冬季占 10%以下。大部分河流的春季水量较小，而且大多调节能力弱，不能满足农业特别是棉花的春灌需要，常出现春旱。夏季水量又过于集中，最大的 4 个月水量（6—9 月）占整个年径流量的 70%～83%，经常洪水泛滥，很多地区秋季缺水也相当严重（董新光等，2001；欧阳金琼，2008；王强等，2012）。

3）人均资源量差异大

新疆人均水资源为 4 507 m^3，高于全国平均值，最多的是额尔齐斯河流域为16 183 m^3，哈密市仅为 1 157 m^3，天山北麓中段人均占有量也只有 1 557 m^3，乌鲁木齐市人均仅有 524 m^3，已接近世界绝对缺水指标人均 500 m^3（董新光等，2001；王世江，2006；张立民，2008）。

4）地均资源量不断减少

新疆北部、东部和南部三大区灌溉占用水资源量分别为 2.17 万 m^3/hm^2、1.05 万 m^3/hm^2、2.33 万 m^3/hm^2。随着人口的增长（增长率为 12‰）、经济的发展以及生态环境的维护与改善，这项指标还将逐年减少。1950 年和 1980 年单位灌溉面积占用水资源量分别为 7.29 万 m^3/hm^2 和 3.00 万 m^3/hm^2。按新疆经济发展预测到 2030 年人口增到 3 055 万人，灌溉面积达到 540 万 m^3/hm^2，新疆耕地平均占用水资源量仅为 1.63 万 m^3/hm^2，若按可利用水资源量计算仅为 1.03 万 m^3/hm^2，已接近目前极为干旱和缺水的吐哈盆地。所以说不论从现状还是从发展的角度来看，新疆水资源与土地资源、经济发展、环境保护极不协调，其难以适应经济发展和环境保护的需要，故新疆总体仍属于资源性缺水（董新光等，2001；张立民，2008）。

（2）工程性缺水

新疆水资源年内分配极不均匀，水利基础设施建设滞后，开发利用方式落后。河道天然径流年内分配极不均匀，春旱和夏洪是实现水资源合理配置、高效利用首先应解决的基本问题。由于新疆水利设施总体投入不足，基础设施薄弱，故不适应经济社会发展的要求。已建的 500 余座大、中、小型水库中，平原水库占 90%左右，普遍缺乏控制性山区水库；已建的工程建设标准低，配套不完善，工程设施老化，效益低下；农田水利设施配套不完善且老化失修，渠道防渗工程的严重欠缺（董新光等，2001；邓铭江等，2011）。

(3) 管理性缺水

1）用水结构不合理，用水效率和效益低

新疆人均用水量是全国人均用水量的 5.4 倍，是以色列的 9.5 倍；农业用水长期占新疆经济社会总用水量的 95%以上，而全国为 62%，以色列为 58%，与我国西北地区其他省（区）、同为我国农业大省的山东（73%）、河南（57%）、黑龙江（74%）及同处干旱地区其他国家相比，新疆农业用水比例最高。万元 GDP 用水量，新疆是全国平均值的 6.1 倍，是以色列的 90 倍（按汇率折算）。单方水 GDP 产出量不到 8 元，约为以色列的 1/80。农田亩均灌溉水量 639 m^3，农业单方用水产出效益仅 1.32 元（邓铭江等，2011）。

2）水管理体制、机制不完善，农业水价偏低

在水资源管理方面，新疆水量统一调度手段不足，流域管理职能未充分发挥，用水总量控制和定额管理的制度尚未健全。在水价改革方面，目前新疆平均农业水价不到供水成本的 50%，新疆南部三地州仅为供水成本的 30%～40%，没有充分体现水资源的稀缺性和商品价值，这严重影响了供水工程的良性运行和农户节水的积极性（邓铭江等，2011）。

3）水资源系统“二元结构”严重失调，造成水资源和土地资源双重浪费，生态环境问题严重

新疆流域灌溉农业的迅猛发展，把大量的水截流在位于上游的人工绿洲内，这样一方面造成“河湖结构”组成的天然水系急剧萎缩，下游水量减少，河流断流，湖泊干涸，荒漠植被衰败死亡，土地沙漠化加剧，危机河流健康生命并进而威胁绿洲安全；另一方面又造成“渠库结构”组成的人工水系不断膨胀，大面积耕地次生盐碱化，低产田居多，农田投入产出效益普遍较低，水资源利用效率十分低下。这种无序的水资源利用方式直接导致了上游盐碱化与下游荒漠化的恶性循环，并造成水资源和土地资源双重浪费（王世江，2006）。

(4) 污染性缺水

新疆工业污染源主要集中于大中城市，污染源主要以有机物为主。面污染主要分布于草原牧区和农区，季节性强。平原河流和地下水主要受灌区农田施用化肥、农药的残留物、家畜和家禽的排泄物以及水土流失的影响。

新疆的湖泊多为内陆湖，由于湖泊上游城市和农业迅速发展，城市污水与农田排水大量增加和入湖谈水的逐年减少，导致湖泊水面积萎缩和湖水矿化度增高。如博斯腾湖曾经是我国最大的内陆谈水湖，由于焉耆盆地大量的农田排水注入博斯腾湖，造成湖水矿化度增高，一度高达 1.89 g/L。源于博斯腾湖的孔雀河水质多项超标，迫使南疆重镇库尔勒市生活与工业供水要从 50 km 以外的焉耆盆地开采地下水。石河子的蘑菇湖水库每年接受石河子市区工业废水和居民生活污水约 3 767 万 t，目前水库已处于富养化和重营养化阶段。总体来讲，新疆地表水和地下水水质都比较好，但是各种类型的污染在不同程度上已经影响了新疆城市和农业用水，加重了水资源的短缺。

4.1.2 生态环境风险

新疆的水资源特点造就了新疆干旱的生态环境特征。水是新疆生态系统中的关键因素，水资源的合理配置是维持新疆生态平衡的关键所在，新疆的生态环境风险集中反映在水与植被两者在数量、分布上的变化，并已经并将进一步引发出一系列环境风险。如水环境恶化、土地荒漠化、植被退化、野生动物资源减少和灭绝等。其中，草原生态系统恶化、绿洲内部土壤次生盐碱化、河流下游天然绿洲荒漠化是新疆现实最主要的三大生态环境问题（邓铭江，2009）。

（1）水环境恶化风险

1）河流断流

随着干旱区农耕规模快速发展，中上游地段建水库、修渠道大量的引水灌溉使许多河流下游水量锐减，甚至断流。塔里木河流域，因各支流地区经济的迅速发展和引水量增多，造成其下游河道基本无水，英苏以下 300 km 完全断流，使该区域产生十分严重的生态后果（张志新，2000）。天山北坡准噶尔盆地内流区共有河流 58 条，年径流量 74.6 亿 m^3。这些河流曾流向沙漠，现在大部分河流下游水量大减或断流（娄凤飞，2011）。其他中小河流多数不能到达归宿地。

2）湖泊萎缩或干涸

据统计，20 世纪 50 年代，在新疆面积 5 km^2 以上的湖泊有 52 个，总面积 9 700 km^2。到 70 年代末，新疆湖泊面积为 4 748 km^2（张志新，2000），湖泊面积减少了近 5 000 km^2，包括罗布泊、博斯腾湖、台特玛湖、玛纳斯湖、艾丁湖、乌伦古湖、艾比湖在内的许多湖泊已经大面积萎缩或干涸（王世江等，2002），著名的罗布泊（3 006 km^2）、玛纳斯湖（550 km^2）、台特马湖（88 km^2）、艾丁湖（124 km^2）等相继干枯，30 多年内艾比湖的湖面面积缩小了一半（现为 522 km^2）（张志新，2000），绿洲外围过渡带及河流下游天然植被衰败并对绿洲形成严重威胁。

地下水位下降（见表 4-1）：新疆地下水开发利用增速较快，从 20 世纪 80 年代末吐鲁番、哈密等地区开始出现超采现象，且呈愈演愈烈的开发态势。根据调查统计 2008 年新疆地下水开采量已达 72.11 亿 m^3，地下水超采区主要分布在经济较发达或水资源紧缺的哈密盆地、吐鲁番盆地、天山北坡东中段和塔城盆地（王世江等，2002；邓铭江，2009），2005 年地下水超采量 17.16 亿 m^3（新疆水文水资源局等，2008）。

3）水质恶化

由于大量农田排水和工业废水泄入河流、湖泊，使下游的地表水和地下水矿化度明显提高。石河子蘑菇湖水库出现富营养化（钱亦兵等，2006），博斯腾湖已由淡水湖渐变为微咸水湖，艾比湖湖水矿化度则高达 92～137 g/L。乌鲁木齐每天有大量的工业废水排入近郊河流，使浅层水体大部分遭受到不同程度的污染，加剧了城市用水困难。主要污染行业有石化、冶金、电力、造纸、机械、纺织等行业。这些行业废水排放量约占

53%（韩桂兰，2004）。

表 4-1　新疆地下水超采区超采量统计表　　单位：万 m^3

超采区名称	可开采量	实际开采量	超采量	备注
乌鲁木齐超采区	14 853	26 226	11 373	乌鲁木齐市、乌鲁木齐县
吐鲁番超采区	40 661	73 977	33 316	吐鲁番市、鄯善县
哈密超采区	22 667	48 633	25 966	哈密市
昌吉天山北麓东段超采区	31 554	57 368	25 814	奇台县、木垒县、吉木萨尔县
昌吉天山北麓中段超采区	59 626	110 029	50 403	阜康市、米泉县、昌吉市、呼图壁县、玛纳斯县
奎屯超采区	2 204	5 650	3 446	奎屯市
塔城超采区	32 112	47 873	15 761	塔城市、额敏县、托里县、裕民县
石河子超采区	9 838	15 405	5 567	石河子市
合计	213 515	385 161	171 646	

（2）**土地荒漠化风险**

1）土地沙漠化

新疆土地沙化面积在不断扩大。近 30 年沙漠面积扩大了 340 万 hm^2，使约 4.5 万 hm^2 土地和草场被沙化。目前，新疆 87 个县（市）中，有 53 个县（市）受风沙侵蚀的危害（张志新，2000）。塔里木河下游沙化土地面积超过 90%，其中重度沙化土地面积 701 560.2 hm^2，占整个下游土地面积的 52.71%（徐海量等，2004）。土壤沙化的后果是侵吞绿洲，直接威胁新疆人类的生存环境，并使位于下风向的绿洲风沙、浮尘天气增多，使绿洲生态环境趋向恶化。

2）土壤盐渍化

据 1998 年统计，新疆盐碱耕地面积为 101.6 万 hm^2，占新疆 400 万 hm^2 耕地面积的 25.4%（张志新，2000）。目前，新疆各类盐渍化土地总面积约 11 万 km^2。盐渍化的耕地面积 126.7 万 hm^2，约占现耕地面积的 31.4%。新疆南部、北部比较，南部盐渍化更重，占耕地面积的 25%～40%，北部为 15%～20%；叶尔羌河、开都河流域土壤盐渍化面积占到耕地面积的 61%和 38%（娄凤飞，2011）。

（3）**植被减少和退化风险**

1）森林资源锐减

新疆林地面积在新中国成立之初为 1.766%，森林覆盖率在 20 世纪 80 年代仅为 1.03%，尽管目前达到 2.94%，也仅是全国平均值的 1/5。许多实地调查数据表明，新疆的天然林在 2000 年前尤其是 80 年代之前经历了急剧锐减的过程（娄凤飞，2011）。2000 年前的 30 多年来，新疆森林面积减少约 545.3 万 hm^2，其中减少的灌木林面积为 32.6 万 hm^2（张志新，2000）。如天山北坡和阿尔泰两大山地林区，80 年代云杉林、落叶松林面积较 50 年代减少了 6.7 万 hm^2；阿勒泰地区河谷林面积 1972 年较 1963 年减少了 2.22 万 hm^2，减少了 41%；伊犁地区河谷林 1980 年较 1961 年减少了 18.2%；塔里木盆地胡杨林由 1958 年的 52.86 万 hm^2 减少到 1979 年的 28.05 万 hm^2，减少了 46.9%，干流区减少了 56.3%，下游最为严重，5.4 万 hm^2 原始胡杨林至 1992 年锐减到 1.6 万 hm^2，减少 70%，红柳灌木林有 65%～90%遭到破坏，“绿色走廊”已濒临消失的境地；艾比湖流域胡杨林 1958 年有 5.33 万 hm^2，现仅有 3.87 万 hm^2，减少了 27%；准噶尔盆地的梭梭林自新中国成立之初至 1996 年因樵采损害面积达 80 万 hm^2（姚秋红等，2007）。

2）草地严重退化

新疆从平原到山地发育有荒漠、草原、草甸、沼泽四大草地类组，草地面积 5 596 万 hm^2，为全国第二大牧区，草地占新疆总面积的 34.4%，在维护生态平衡中起到重要作用（娄凤飞，2011）。据统计，现状草地超载率为 80.15%，85%的天然草地已处在退化之中，其中严重退化的草地面积已占到 37.5%，产草量下降 30%～50%。不仅如此，目前新疆的草地退化和沙化面积仍以每年 29 万 hm^2 的速度增加，草地生态环境呈现日趋恶化的严重态势（邓铭江，2009）。草原畜牧业的发展在很大程度上是以牺牲草地生态为代价，特别是山区草地生态系统的严重退化，对河流的水源安全造成了严重危机，极大地危害了生存环境。

（4）野生动物减少和灭绝风险

随着农业、畜牧业的发展，人类无节制的开发利用等经济活动越来越频繁，自然生态环境也因此不断遭到破坏，野生动物栖息场所不断缩小和恶化，加之无限制的捕猎，使新疆野生动物资源数量锐减。1985 年以来，新疆维吾尔自治区破坏野生动物案件呈逐年上升趋势，每年损失国家级保护动物马鹿约 2 万只，鹅喉羚 3 万余只，北山羊数千只，盘羊、雪豹等均以百计，雪鸡以万计，雁鸭类不计其数。有的野生动物物种已灭绝，如新疆虎；有的离境，如蒙古野马和赛加羚羊；有的濒危，如新疆大头鱼、新疆北鲵等；有的数量减少，如鹅喉羚、马鹿、天鹅、大雁、雪豹；有的分布区面积缩小，如野骆驼、野驴等。目前，新疆被列入《中国濒危动物红皮书》的动物已有 83 种，约占全国濒危动物种数的 15.4%，其中列为极危的物种有 24 种。新疆的农、林、牧业发展中，大量外来物种被引入，在丰富新疆生物多样性组成的同时，原有地方品种的后遗资源大量流失，导致许多具有优良特性的地方品种在逐渐丧失（娄凤飞，2011）。

4.2 土地资源生态环境风险

4.2.1 经济效益

新疆的总土地利用率为 38.64%，未利用土地面积占 661.36%，是全国土地利用率最低的省区之一。运用经济学、统计方法中的因子分析法，利用 2008 年统计年鉴的最新数据，对新疆各地州（市）进行定量分析以及对土地利用经济效益进行及时全面的认识，并能够提出可行的提高土地利用经济效益的措施。

（1）**数据来源与方法**

数据主要来自新疆统计局出版的统计年鉴 2006 年的统计数据。结合新疆 15 个地州（市）的实际情况，选择 10 个指标构成了土地利用经济效益的指标体系，分别用 x_1～x_{10} 表示。计算过程采用 STATISTICA 统计分析软件进行计算与分析。

结合新疆地（州）市的实际情况，选择 10 个指标来构成土地利用经济效益的指标体系：x_1：人均耕地；x_2：人均建设用地；x_3：人均国内生产总值；x_4：城镇化水平；x_5：农用地均产值；x_6：建设用地均产值；x_7：第一产业占三产比例；x_8：第二、第三产业占三产比例；x_9：农用地结构；x_{10}：建设用地结构。

（2）**分析过程**

借助 STATISTICA6.0 软件，将原始样本矩阵标准化，然后建立变量的相关系数矩阵 R（见表 4-2），相关系数矩阵能够反映各变量之间的关系。并计算出 R 的特征值和贡献率（见表 4-3）。贡献率反映每个因子所包含原始数据信息量的大小，由累计贡献率可知前 3 个因子包含了原始数据 80.94%的信息，满足了因子分析＞80%以上的要求。所以，取前 3 个因子做因子分析。

表 4-2　相关系数矩阵 R

x_i	x_1	x_2	x_3	x_4	x_5	x_6	x_7	x_8	x_9	x_{10}
x_1	1.00									
x_2	0.156	1.000								
x_3	−0.050	0.524	1.000							
x_4	0.620	0.475	0.556	1.000						
x_5	0.247	−0.304	−0.133	0.519	1.000					
x_6	−0.228	0.007	0.606	0.456	0.344	1.000				
x_7	0.293	−0.235	−0.546	−0.419	−0.220	−0.825	1.000			
x_8	−0.293	0.235	0.564	0.419	0.220	0.825	−1.000	1.000		
x_9	0.64	−0.001	0.023	0.312	−0.490	−0.098	0.160	−0.160	1.000	
x_{10}	−0.243	0.435	0.894	0.465	−0.192	0.680	−0.515	0.515	0.176	1.000

表 4-3　相关系数 R 的特征值和贡献率表

R	特征值	贡献率/%	累计贡献率/%
1	4.324 026	43.240 26	43.240 3
2	2.114 724	21.147 24	64.387 5
3	1.654 864	16.548 64	80.936 1
4	0.985 520	9.855 20	90.791 3
5	0.599 888	5.998 88	96.790 2
6	0.181 122	1.811 22	98.601 4
7	0.094 880	0.948 80	99.550 2
8	0.034 827	0.348 27	99.898 5
9	0.010 148	0.101 48	100.000 0

提取后的主因子为表中的前 3 个因子，可以表示为：f_1、f_2、f_3。为了更清楚地反映变量之间的关系，对得到的初始因子载荷进行正交旋转，正交旋转后，可以使载荷矩阵能更好地反映数据间的关系。得到主因子载荷矩阵（见表 4-4）。

表 4-4　主因子载荷矩阵

x_i	f_1	f_2	f_3
x_1	0.032 884	0.276 423	0.472 094
x_2	−0.102 069	0.254 101	−0.067 506
x_3	−0.194 828	0.129 175	−0.096 771
x_4	−0.147 176	0.251 915	0.318 081
x_5	−0.025 071	−0.255 378	0.466 816
x_6	−0.200 925	−0.147 631	0.063 433
x_7	−0.203 251	0.152 930	−0.015 880
x_8	−0.203 251	−0.152 930	0.015 880
x_9	0.006 581	0.324 882	−0.079 934
x_{10}	−0.191 006	0.111 414	−0.193 583

由旋转后的载荷矩阵可以看出，第 1 个主因子 f_1 在 x_1、x_7、x_9 上有较大载荷，而这 3 个指标分别是人均耕地、第一产业占三产比例、农用地结构，它们主要从农用地方面反映了土地利用经济效益，称为“农用地因子”。新疆的农用地主要分布在绿洲，农用地的利用程度可以反映新疆绿洲农业经济的发展状况。

第 2 个主因子 f_2 在 x_1、x_2、x_3、x_{10} 上有较大载荷，这 5 个指标分别是人均耕地、人均建设用地、人均国内总产值、建设用地结构，反映了土地利用经济效益在建设用地利用方面的实力，称为“建设用地水平因子”，是影响土地利用结构、利用率、可持续发展的重要因素，也是耕地的面积和保护的控制因素之一。

第 3 个主因子 f_3 在 x_1、x_4、x_5、x_7 上有较大载荷，这 4 个指标分别是人均耕地、城镇化水平、农用地均产值和第一产业在 3 种产业中的比例，它们反映了土地利用各地均产值即构成情况称为“土地利用水平因子”。目前新疆整体土地利用水平还不高，土地利用水平的高低直接决定着区域的经济水平。

通过这 3 个因子可以得到相应地区土地利用经济效益的大体状况。为后面的分析研究提供了数据基础。

利用 Multivariate Explor-atory Techniques 中的 Scores 命令计算各个主因子的得分。然后将得分与 3 个主因子归一化处理后的贡献率相结合，后者作为权重系数，得到方程：

$$Z=0.534\ 25f_1+0.261\ 28f_2+0.204\ 465f_3$$

利用该方程对主因子进行线性加权求和，整理得到最终得分表（见表 4-5）。

表 4-5　新疆土地利用经济效益评分表

区域	f_1	f_2	f_3	因子得分
克拉玛依市	2.702 6	−0.556 4	0.977 8	1.498 4
乌鲁木齐市	1.388 0	0.558 6	0.521 2	0.994 1
巴音郭楞州	0.684 4	0.872 6	0.354 8	0.666 1
石河子市	0.558 4	1.821 8	−1.324 5	0.503 5
昌吉回族自治州	0.423 8	1.624 4	−1.132 5	0.419 3
吐鲁番地区	0.171 1	0.835 7	0.297 6	0.370 6
哈密地区	0.336 6	−0.381 8	0.533 7	0.189 2
伊犁州直隶县市	−0.344 4	−0.139 3	0.470 9	−0.124 1
阿勒泰地区	−0.539 7	0.325 8	0.158 0	−0.170 9
博尔塔拉州	−0.465 0	−0.361 0	0.188 9	−0.304 1
克孜勒苏柯尔克孜	−0.677 9	−0.324 6	0.676 9	−0.308 6
喀什地区	−0.918 8	0.426 8	0.196 8	−0.339 1
塔城地区	−0.265 9	−0.942 4	0.231 9	−0.340 9
阿克苏地区	−0.778 2	0.040 1	0.250 6	−0.354 0
和田地区	−1.104 2	0.183 6	0.565 7	−0.426 2

(3）结果分析及结论

将上述结果按照（−0.426 2—−0.3—0—0.5—1.498 4）划分为 4 类，可以看出新疆土地利用经济效益的具有明显差异性（见图 4-1），区域间发展差距极大。

1）土地利用效益高的区域

包括沿天山北坡经济带的乌鲁木齐市、石河子、克拉玛依和新疆南部的巴音郭楞蒙古自治州等地。天北区域，光热条件好，交通较为发达，经济发展相对较快。尤其是西部大开发使得新疆整体经济效益都有所提高。巴音郭楞蒙古自治州具有丰富的资源优势，依托石油产业的发展，经济得到了快速的提升。应当在保持经济快速发展的同时，充分利用现有的土地资源，严格控制建设用地尤其是城镇用地的增长，提高城乡土地利用的集约化水平。注重生态环境的建设和耕地保护政策的贯彻实施，充分利用有限的土地资源的同时，采取有效措施保护土地，防止土地沙化及土壤盐渍化。

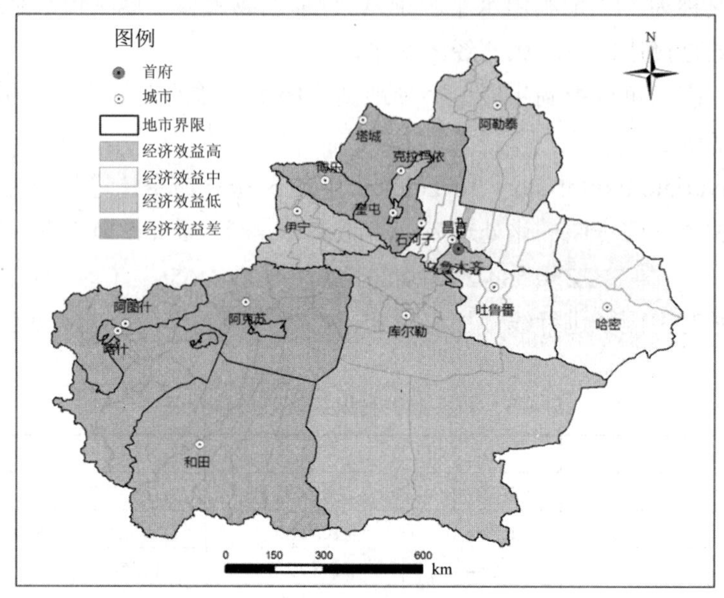

图 4-2　土地利用经济效益比较图

2）土地利用经济效益中等的区域

这些地区包括昌州、吐鲁番、哈密等地。其中，昌吉州具有得天独厚的区域优势、经济和产业优势，资源优势、交通和通信优势。它可以依托周边城市，尤其是乌鲁木齐这座大城市来加快发展，优化产业结构，提高自身的土地利用经济效益。吐鲁番和哈密地区矿产资源的开发及特色的旅游资源的开发，为区域经济的发展奠定了基础。应当注意到，这 3 个地区都极具资源开发优势，但生态环境极其脆弱，尤其是吐鲁番和哈密的水资源条件，严重地制约了区域经济的发展。在资源开发的过程中应加强生态环境的保护，保障经济与生态环境的协调发展。

3）土地利用经济效益低的区域

伊犁地区、阿勒泰地区水资源充足，具有发展农业的潜力，因此在大力发展农业生产的同时，应开展农用地整理，特别是进行中低产田的改造，提高粮食作物产量，减少开荒数量；必须注重生态环境的保护，实现生态系统的良性循环和高经济产出的结合。同时，这两个地区也是资源富集区域并有国际河流，在资源开发的过程中，要切实加强流域水资源的保护。

4）土地利用经济效益差的区域

博尔塔拉蒙古自治州、塔城、阿克苏地区、克孜勒苏柯尔克孜自治州、喀什、和田等地区经济相对较不发达，主要体现在第二产业和第三产业相对落后。由于这些地区所处的自然环境和交通条件均不如天山北坡经济带；在产业结构方面，由于农产品比例大，工业产品生产较少，因此第三产业经济发展更加缓慢。这些问题致使其土地利用经济效益不高。但同时，喀什、和田等地区以农业、畜牧业为主的发展模式使得自身的土地资源得到了一定的保护。应加大资金投入来完善农村基础设施建设，引进先进的科学技术，提高农业开发利用程度。并且克服天然条件的不足，协调产业结构，加快工业发展，鼓励支持第三产业的发展，不断提高自身的生产力，加快当地的经济发展，从而增加土地利用经济效益。

4.2.2　生态环境风险

在实现跨越式发展进程中，新疆各地州（市）积极性都很高，纷纷建设不同规模的工业园区或农业现代园区，形成了“县县建园区、县县有园区”的发展局面，由于缺乏科学规划指导，在新疆范围内，国土开发和建设布局无序甚至失控，工业发展空间过度扩张，基础设施重复建设，资源能源利用效率低。根据预测情景分析，未来 10 年，新疆经济仍将以高耗能重化工业发展为主，农业现代化和新型城镇化步伐也将不断加快，新疆经济发展仍将以大量资源、能源消耗为基础。水资源对新疆跨越式发展起到至关重要的作用，未来新疆水资源消耗仍然以农业用水为主，同时，工业用水将成为增长速度最快的用水类型，尤其是火电、钢铁冶炼、化学纤维、化学原料制品、石油冶炼等行业用水增长更快。如果区域国土空间开发格局无序，未充分考虑区域水资源承载力，那么在盲目扩张建设过程中，粗放的农业用水方法，快速、大幅攀升的工业用水或将打破脆弱的绿洲用水平衡。

不合理的利用、乱伐滥垦、超载过牧和不合理的耕作等粗放式利用，这都会引起土地质量下降和生态环境恶化。

4.3　矿产资源生态环境风险

4.3.1　经济效益

新疆拥有丰富的矿产资源，是“西气东输”的气源地，也是我国矿产资源的输出地之一。矿产资源大量开发对经济、社会、资源和生态环境产生一定的正面和负面效应（张新华等，2011）。

（1）经济效应

1）带动投资

投资是国家和地方拉动国民经济和社会发展的“三驾马车”中最重要的力量，对经济增长和经济发展具有强有力的推动作用。新疆经济增长属于典型的投资推动型，全社会固定资产投资占 GDP 比重从 1978 年的 33.17%提高到 2008 年的 53.67%。2003—2008 年，新疆分产业固定资产投资中采矿业固定资产投资额和采矿业固定资产投资额占全社会固定资产投资比重两项指标值，一直高于其他行业，5 年的平均比重也居榜首，为22.32%，采矿业已成为新疆固定资产投资的主要行业。2004—2008 年，采矿业固定资产投资对全社会固定资产投资的年均贡献率为 24.86%，平均拉动率为 4.36%。

2）拉动增长

矿产资源已成为新疆经济发展的主要支撑力量和重要来源。新疆采矿业增加值占工业增加值和 GDP 的比重呈波动上升趋势，1989—2007 年，采矿业增加值占工业增加值的比重由 29.02%增加到 69.77%；同期，采矿业增加值占 GDP 的比重由 8.4%上升到27.83%。矿产资源开发对工业和 GDP 增长具有举足轻重的影响。新疆 GDP 增长率、工业增加值的增长率随采矿业增加值增长率的变动而变动（见图 4-2）。

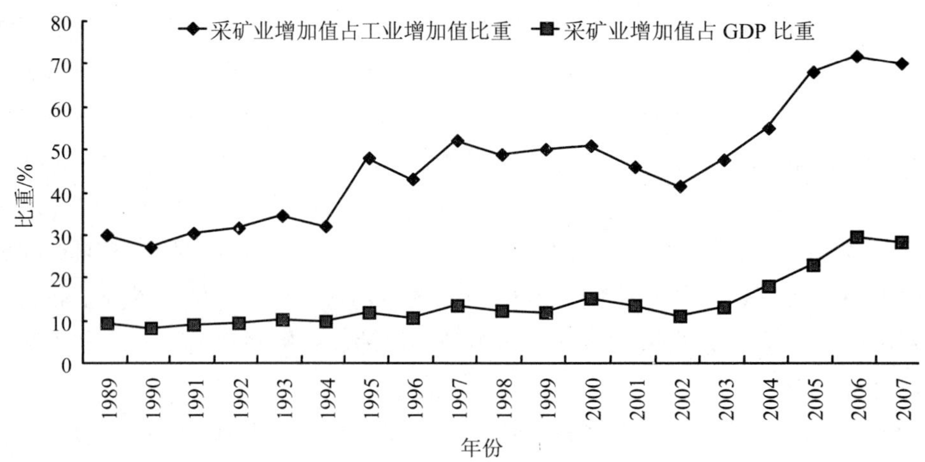

图 4-2 新疆 1989—2007 年采矿业占工业增加值和 GDP 的比重

3）分配效应

在矿产资源开发过程中，企业、中央政府和地方政府直接参与矿产资源开发利益分配的利益：企业通过获得利润直接参与矿产资源开发收益的分配；中央政府、地方政府通过征收税费等形式直接参与矿产资源开发收益的分配。2005—2008 年新疆矿产资源开发总计收益 3 228.16 亿元，其中企业占 73.03%，中央政府占 19.31%，地方政府占 7.65%。企业职工通过工资、福利等形式分享矿产资源开发的收益。2008 年，在新疆 19 个行业中，采矿业的工资居第 2 位，是新疆平均工资的 1.66 倍。可见，矿产资源开发企业职工在资源开发中获得了丰厚的收入；当地的居民间接地参与利益分配，其路径是矿产资源开发增加地方财政的收入，城镇居民可以通过工资的上涨或及时足额发放工资来分享收益；农村居民通过全社会福利水平的提高来间接地分享资源开发的利益，这种方式对农村居民的收入增加的贡献是很小的。

4）产业波及效应

从总体上看，新疆采矿业的发展对其他产业发展的辐射和带动作用效果并不显著。

这主要是由于新疆的矿产资源开发是中央政府通过在向西部大规模的财政投入，形成了一种典型的西部资源开发—东部加工制造—加工产品返销西部的垂直地域分工格局（魏后凯，2000），这样人为地割断了资源开发产业与相关产业之间的有机联系，削弱了资源开发对当地其他产业发展的辐射和带动能力，从而影响了新疆矿产资源开发产业的集聚效应和规模效应。

5）产业结构效应

长期以来矿产资源的粗放型发展模式，造成新疆产业结构的严重失衡，使单一化、重型化和初级化特征明显。1949 年，新疆工业总产中轻重工业的比重为 95.84∶4.16，轻工业的比重较大；到 2008 年，轻重工业的比例为 10.96∶89.04，轻工业过轻，重工业过重，产业结构单一化和畸重程度严重。此外，在重工业内部，采矿业和原料工业比重不断扩大，原料工业由 8.11%上升到 48.36%，采矿业由 30.22%上升到 40.95%；加工工业占重工业的比重不断下降，由 1949 年的 61.67%下降到 2008 年的 10.69%。制造业的衰退，特别是传统制造业的衰退，对经济发展的影响巨大。

（2）社会效应

产业发展的一个重要衡量指标就是对区域就业的影响。由于采矿业属于资金和技术密集型的产业，提供的就业机会非常有限，因此对就业的拉动作用不大。研究结果表明，新疆的采矿业的就业偏离度都大于 1，在 2007 年达到 11.54，表明采矿业的产值结构和就业结构不均衡，产值比重远大于就业比重。

4.3.2　生态环境风险

（1）生态环境风险

新疆的生态环境脆弱，环境的容量极为有限，自净能力较差，矿产资源开发对生态和环境的造成的压力较大。

矿山开采中的矿渣、废气和污水等可能引起植被破坏、水土流失、土地沙化、大气和水污染等环境问题，对生态平衡和生物繁衍以及人类生存安全都带来较严重的威胁。新疆的工业固体废物产生量、废水和废气排放总量逐年递增（见表 4-6）。分行业来看，采矿业废水排放量占 20.78%，煤炭开采和洗选业、黑色金属矿采选业、有色金属矿采选业等采矿产业固体废弃物产生量占 47.55%，固体废弃物排放量占 59.92%；废气排放量占 2.68%，工业二氧化硫排放量占 14.12%，工业烟尘占 14.12%。

矿产资源开发会导致地面塌陷、开裂、崩塌和滑坡等地质灾害频繁发生，其不仅造成了经济损失，破坏了生态环境，也对当地人们的生命财产安全构成威胁。新疆矿山开采破坏的土地复垦历史遗留问题较多，资金投入有限，矿山地质环境恢复治理率仅为 1.02%；地质灾害呈点多面广、成群连片、远程高速、复合叠加、危害加剧的趋势（新疆维吾尔自治区国土资源局，2010）。

表 4-6 新疆石油开采加工业环境污染数据表

年份	废水排放总量/万 t	废气排放总量（标态）/m^3	固体废物产生量/万 t
2000	4 104.15	379.84	359.11
2001	4 182.26	461.48	333.06
2002	4 086.58	474.7	571.34
2003	3 890.57	499.45	575.44
2004	3 876.28	523.12	594.52
2005	3 825.65	542.25	612.18
2006	4 701.63	624.52	43.78
2007	4 476.59	760.25	120.75

（2）**资源风险**

1）破坏土地资源

据新疆地质环境检测院对 2 710 个开矿企业调查显示，矿产开发破坏土地面积高达 9.08 万 hm^2，其中戈壁沙漠 5.55 万 hm^2，占破坏总面积的 61.12%；破坏草地 2.73 万 hm^2，占 30.07%；破坏耕地 0.62 万 hm^2，占 6.83%；破坏林地 0.18 万 hm^2，占 1.98%。这些情况还可能造成土地资源的污染。

2）耗用大量的水资源

矿产资源开发特别是石油、天然气开采需要耗用大量的水资源，导致地下水位的下降，出现大面积的疏干漏斗，使地表水和地下水动态平衡遭到破坏，以至于水源枯竭或河水断流、地下水位大幅下降，这样既增加了靠地下水灌溉的农用水的取水成本，加剧土地沙漠化、荒漠化情势，还可能造成河流水质和地下水层的污染。新疆石油、天然气的开采每年都在二千多万吨、上百亿立方米的规模，因开采形成的地窟必然要用水来填充。西北分公司 2005 年每增 1 t 油的耗水量是 11 m^3，2006 年加大注水替油力度，每增 1 t 油的耗水量降为 3.7 m^3（焦方正，2006）。以此为标准，2000—2009 年新疆石油开采共耗水量 177.26 万 m^3。

3）矿产资源的耗竭和浪费

新疆自然资源开发水平较低，受设备与技术水平限制，有大量的天然气放空燃烧，煤层自燃等，使自然资源不能得到充分而有效的利用而使之浪费。以煤炭工业为例，世界煤炭的采选回收率在 80%以上，我国煤炭的采选回收率在 50%～70%，新疆的小煤矿采平均资源回收率仅 10%～15%，国有地方煤矿的资源回收率也只有 30%，造成了煤炭资源的极大浪费，加上 30 处煤田火区每年要烧掉 1 000 多万 t 的煤炭资源，资源的浪费程度由此可略见一斑。

4.4　石化行业生态环境风险

4.4.1　生态环境影响分析

（1）开采活动环境影响分析

新疆维吾尔自治区石油开采活动主要集中于准噶尔、塔里木和吐哈三大盆地油气区。三大油气区的主要生态系统类型为荒漠生态系统、草地生态系统等，具有重要的水源涵养、水土保持、防风固沙功能。石油开采活动具有占用土地多、地表扰动强等特点，这会对区域生态系统的服务功能造成影响。此外，石油开采过程中排放的大气污染物、水污染物等也会对动植物、人体健康等造成危害。

1）对环境质量的影响

石油开采是一项包含有地下、地上等多种工艺技术的系统工程。其主要过程有物理勘探、钻井、测井、井下作业（试油、压裂、酸化、洗井、除砂等）采油（气）、油气集输、储运等。在这些具体的开发生产环节中，不同的生产阶段和不同的工艺会产生不同的污染。

①对大气环境的影响。

石油开发排放的废气主要包括挥发进入大气的原油中较轻的组分；油田开发钻井、井下作业中产生的废气、废弃不可利用的伴生气等气体燃烧时产生的有害气体。废气中主要含有二氧化硫、氮氧化物、一氧化碳、烃类等污染物，二氧化硫对植物生长有很大危害，对农业生产、自然植被和人体健康也有较大的影响。

②对水环境的影响。

石油开采产生的水体污染物主要是含油污水、废弃泥浆、洗井废液和落地原油。其中含有的对环境产生影响的污染物有：COD、石油类、重金属（Cr、Hg、Pb、Zn、As等）、硫化物、挥发酚等。钻井废水主要是钻井过程中冲洗钻具和设备产生的污水，在钻井期间钻井废水排至污水坑储存，靠自然蒸发消耗殆尽。作业区在洗井、修井过程中会产生废液。这些含油污水在井场长期储存中会通过沥滤、渗漏流入表层地下水中，使其遭受污染。采油废水是伴随着原油从地层下开采出来的，这些废水产生量大，经过处理后绝大部分回注地下。含油污水回注对深层地下水具有潜在性污染影响，在污水回注过程中回注井管一旦破裂，在巨大的回注压力下污水很容易被压入含水层，从而对地下水造成污染，将使地下水利用价值降低甚至不能利用。

③对土壤环境的影响。

石油开发中对土壤污染影响最大的是落地原油、含油污水、含油固体废弃物和钻井泥浆等。落地原油和含油污水等含有大量的石油类，钻井废液中含有大量无机盐、有机物等，碱性强（pH 值为 11～12），使土壤物理性能变差、变硬，进而板结失去种植能力。

油田开发过程的占地也会对土壤产生一定影响，如地面工程建设过程中，因井场、道路、管网、站场等占地，以及堆积、挖掘、碾压、践踏而破坏土壤结构，影响了土壤生产力。无论是临时占地，还是永久占地，都改变了土壤的原有理化性质和结构，使原有土壤结构和性状难以恢复。

2）对生态系统的影响

①对区域生态安全格局的影响。

根据《新疆主体功能区规划》，新疆维吾尔自治区的生态安全格局主要由“三屏两环”组成。“三屏”即阿尔泰山地森林、天山草原森林和帕米尔—昆仑山—阿尔金山荒漠草原三大生态屏障，“两环”即环塔里木和准噶尔两大盆地边缘绿洲区。

石油开采区主要分布于准噶尔盆地、塔里木盆地以及吐哈盆地。石油开采区的布局与天山草原森林生态屏障、塔里木盆地边缘绿洲区和准噶尔盆地边缘绿洲区存在一定的空间重叠，石油的开采可能对生态安全格局关键区域的生态功能产生一定的不利影响。

②对生态系统结构的影响。

油田占地将改变原有的土地利用类型，使原有的草地、耕地、林地等转变为建设用地，从而减少了草地生态系统、林地生态系统等的面积，从而影响生态系统过程，对生态系统结构造成一定影响。

此外，石油开采过程中产生的落地原油会对植被的生长造成一定影响。落到植物叶子表面的原油阻挡植物进行光合作用，直接威胁植物的生存。原油中的不同组分对植物的危害不同，低分子烃主要能穿透到植物的组织内部，破坏植物的正常生理机能，而大分子烃虽穿透能力差，但易在植物表面形成一层薄膜，阻塞植物气孔，影响植物的蒸腾和呼吸作用。

③对生态系统服务功能的影响。

石油开采活动将扰动地表、破坏地表植被、降低植被覆盖率、加剧区域水土流失，从而对生态系统的防风固沙、水源涵养等生态系统服务功能造成影响。

石油开采活动会影响生态系统水源涵养功能。吐哈盆地与东天山水源涵养区在空间布局上有一定的重叠，准噶尔盆地与伊犁河谷上游水源涵养区有一定的重叠。吐哈盆地与准噶尔盆地内的石油开采活动会破坏地表植被，降低植被覆盖率，降低区域生态系统的水源涵养功能。

石油开采活动会影响生态系统水土保持功能。位于塔里木盆地内的石油开采活动与塔里木河中下游在空间布局上有一定的重叠。塔里木河中下游具有重要的水土保持功能，石油开采活动会通过破坏地表砾幕或植被等方式加剧水土流失，影响区域水土保持功能。

石油开采活动会影响生态系统防风固沙功能。环塔克拉玛干沙漠地区、塔里木河流域荒漠化极为敏感，该地区的防风固沙功能对于维护新疆南部绿洲安全具有极重要作用。位于塔里木盆地周边的石油开采活动会扰动地表，影响生态系统防风固沙功能。

④对区域生态问题的影响。

新疆维吾尔自治区存在的生态问题主要有土地退化、沙漠化、草场退化、环境污染和生物多样性受到威胁等。石油开采过程中会破坏地表结构，降低区域植被覆盖率，加剧区域环境污染，损害生态系统的防风固沙、水土保持、水源涵养等功能，在一定程度上加剧了区域生态问题。

3）对人体健康的影响

石油开采过程中排放的二氧化硫、一氧化碳、氨氮、烃类化合物等污染物会对人体健康造成较大的影响。例如：一氧化碳能危及人体中枢神经系统；氮氧化物对人体呼吸器官有强烈刺激，能引起哮喘，甚至肺气肿。油气开采区周边经济较为发达，人口密度大，油气开采过程中所排放的污染物会通过大气扩散等方式，降低区域大气环境质量，影响人体健康。

石油开采过程中所排放的污水会污染地表水体或地下水，废水中的油类污染物在水体中的扩散能力强且难以降解，油类污染物会通过污染饮用水水源或其他方式影响人体健康。同时，石油开采过程中产生的含油污水经过处理后绝大部分回注地下，具有潜在污染地下饮用水的可能。

石油开采会对土壤造成污染，土壤中的难降解污染物会通过植物吸收等途径进入食物链，人类处于食物链顶端，污染物会在人体内富集，从而对人体健康造成不利影响。

（2）石油加工过程环境影响分析

新疆维吾尔自治区石油加工活动主要集中于乌鲁木齐、克拉玛依、石河子等地区。石油加工重点区域与新疆经济发达人口分布的主要区域，石油加工活动所排放的污染物会影响大气环境、水环境、土壤环境等，造成环境质量下降，对人体健康造成一定危害。此外，化工企业通过占地、土石方开挖等方式对生态系统的结构和功能产生一定影响。

1）对环境质量的影响

①对大气环境的影响。

石油加工过程中会产生二氧化硫、二氧化氮、苯、二甲苯、非甲烷总烃、氯化氢、烟尘等污染物，上述污染物不但会降低大气环境质量，而且也会对农作物、植物、动物等造成影响。

根据新疆 2010 年环境监测结果，乌鲁木齐市二氧化硫年日均浓度超过国家二级标准（0.06 mg/m^3），超标率为 20.5%；乌鲁木齐、克拉玛依的二氧化氮年日均浓度较高，污染负荷大。

石化行业是二氧化硫、二氧化氮高排放强度行业，同时乌鲁木齐、克拉玛依是石化行业重要分布地区，且规模相对较大，在上述地区发展石化行业将加剧区域环境压力。

②对水环境的影响。

化工行业排放废水主要是含油污水、含苯污水、难降解高浓度有机废水、含盐含碱污水、生产废水及生活污水等。废水成分复杂，处理难度大。

在石化行业的发展布局中涉及的流域主要有塔里木河流域、伊犁河流域以及乌鲁木齐河等，上述流域对保证区域生态安全和居民饮用水安全具有重要意义，石化企业污水若排入上述河流将会严重影响河流水质，危及人类健康。

③固体废弃物影响。

炼油及配套石油化工以及精细化工项目生产过程中产生的固体废物主要包括一般工业固体废物和危险固废，如废催化剂、废催化剂保护剂、废吸（脱）附剂、污油等。固体废物在最终处理处置前，一般应在厂区暂存，达不到相应标准的暂存库或暂存库不正常运行会对周边环境空气、地下水、生态系统造成极大影响。

④对土壤环境的影响。

化工生产区和各类储罐区的物料滴漏、污水处理池的渗漏等将会造成苯系物、含醚废物类等为代表的微量难降解、半挥发性或挥发性有机物及汞、铅等有毒化学品对土壤持久的影响。此外，工业废渣乱堆乱放或处理不当，污染物会随地表径流或废弃物淋滤液进入土壤环境，造成土壤环境的污染。

2）对生态系统的影响

①对区域生态安全格局的影响。

乌鲁木齐、奎屯、石河子地区是新疆天山草原森林生态屏障的组成部分，是新疆生态安全战略格局的重要一环。同时，上述地区也是石化行业重点分布地区，在空间布局上与新疆生态安全格局存在重叠，石油加工活动会对区域生态安全造成一定影响。

②对生态系统的影响。

化工企业会占用耕地、草地、未利用地等，而转变土地利用性质会影响生态系统的结构。化工企业建设通过占地、土石方开挖等方式扰动地表，破坏地表植被，降低植被覆盖率，破坏动物栖息地，从而影响区域生态系统的服务功能。

③对人体健康的影响。

化工行业的环境污染具有污染物多样、成分复杂、难降解等特点。上述污染物若处理不当会通过大气环境、水环境、生物富集等进入人体，会对人体健康造成较大危害。

化工生产过程中涉及的物料多具有易燃性、反应性和毒性等特点，这些特点决定了此类行业生产事故的多发性和严重性。一旦发生事故，不仅在工厂内部，而且相邻地区的人员生命、财产和环境都将遭受到巨大的损失，同时会造成水体污染、大气污染等环境污染事件。自新中国成立以来，我国化工行业曾发生重（特）大典型泄漏事故约 51 起，其中由泄漏导致的中毒、火灾、爆炸事故 41 起，由爆炸等原因导致的泄漏中毒事故 10 起。

综合来看，石化产业风险源会对产业分布区域内的农田、草原、森林等生态系统造成损害。石油开采会造成地表破坏，增加水土流失强度，损害生态系统服务功能；井田占地会改变土地利用性质，破坏野生生物栖息地，损害生态系统结构；石油加工排放的污染物会污染水环境、大气环境、土壤环境质量，降低区域环境质量等。石化产业的风险源对受体的影响分析见表 4-7。

表 4-7　石化产业风险源对受体的影响分析

风险源	风险因子	受体	风险源对受体的影响及可能导致的生态终点
石油勘探及开采	井田占地、土石方开挖	草原、荒漠、农田等生态系统的水土保持、防风固沙、水源涵养等服务功能	石油开采会扰动地表，破坏地表植被，破坏动物栖息地，造成水土流失等，损害陆地生态系统的结构和功能
	“三废”排放	草原、湿地、城市、农田等生态系统的服务功能；大气、水、土壤等环境质量；人体健康	“三废”排放会造成区域环境质量下降，对城市、湿地等生态系统的功能产生损伤；苯、萘、菲等会多环芳烃具有一定的生物毒性，会影响生态系统过程
	地下水位下降	森林、草原、湿地、农田等生态系统的水源涵养功能	地下水位的下降可能会造成河流断流、湖泊干涸等现象；地下水位的下降会间接影响陆地地表植被的生长
	事故风险（井喷、油管泄露等）	草原、荒漠、湿地、农田等生态系统的服务功能；大气、水、土壤等环境质量；人体健康	石油进入土壤后，影响土壤的通透性；低分子烃能够透到植物的组织内部，破坏正常的生理机能；石油污染会降低植物内部叶绿素含量，增加脯氨酸含量等
石油储存及加工	工业占地	草原、湿地、农田等生态系统的水土保持、防风固沙、水源涵养等服务功能	建设占地，切割原有景观斑块，侵占野生动植物栖息地，阻断原有动物迁徙路径，损害陆地生态系统结构和功能
	水资源消耗	草原、湿地、农田等生态系统的水源涵养功能	水资源消耗量大，会造成地区水资源短缺，甚至造成河流断流、湖泊干涸等
	“三废”排放	城市生态系统的服务功能；大气、水、土壤等环境质量；人体健康	造成水体污染加剧、大气环境质量下降、有机污染加剧
	事故风险（有毒有害物质的泄漏、火灾爆炸）	森林、草原、湿地、农田等生态系统的服务功能；大气、水、土壤等环境质量；人体健康	有毒有害物质的泄漏、生态设备和装置的异常带来的事故会污染水环境、大气环境、土壤环境等

4.4.2　生态环境风险强度

（1）石化行业污染物排放生态环境风险强度

根据新疆维吾尔自治区 2015 年、2020 年石化行业的产能及《第一次全国污染源普查　工业污染源产排污系数手册》中的污染物排放系数，预测新疆维吾尔自治区石化行业未来主要污染物的排放量，详见表 4-8。

表 4-8 新疆维吾尔自治区石油化学行业污染物排放量预测

地市	重点产品	2015 年产量/万 t	2020 年产量/万 t	2015 年污染物排放量/t		2020 年污染物排放量/t	
				COD	SO_2	COD	SO_2
克拉玛依	炼油	2 500	3 000	245.25	1 982.5	294.30	2379
	乙烯	122	150	111.06	78.812	136.55	96.9
	丙烯	20	24	18.21	12.92	21.85	15.504
	苯乙烯	20	24	18.21	12.92	21.85	15.504
	丙烯腈	10	12	18.80	0	22.56	0
	环氧丙烷	12	14	702.36	0	819.42	0
	ABS 树脂	35	42	12.78	0	15.33	0
	MIBK	1.5	2	—	—	—	—
	聚醚	15	18	10.50	0	12.60	0
	EPS	16	19	—	—	—	—
	聚异丁烯	1	1	0.91	0.646	0.91	0.646
	聚丙烯酰胺	3.5	4	11.13	0	12.72	0
	己二酸	15	18	—	—	—	—
	聚乙烯醇	10	12	—	—	—	—
	聚丙烯酰胺	0.5	0.6	1.59	0	1.91	0
	小计	—	—	1 150.8	2 087.798	1 360	2 507.554
乌鲁木齐	炼油	1 000	1 000	98.10	793	98.10	793
	芳烃	100	100	43.66	32.1	43.66	32.1
	合成氨	130	174	78.00	37.7	104.40	50.46
	尿素	90	104	36.00	0	41.60	0
	PTA	20	24	47.00	0	56.40	0
	双酚 A	10	12	3.65	0	4.38	0
	聚碳酸酯	12	14	4.38	0	5.11	0
	苯胺	14	17	—	—	—	—
	己内酰胺	10	12	31.80	0	38.16	0
	三聚氰胺	10	12	—	—	—	—
	PVC	120	144	420.00	0	504.00	0
	聚酯	20	24	7.30	0	8.76	0
	PBS	3	4	1.10	0	1.46	0
	硝铵	13.5	16	0.00	0	0.00	0
	小计	—	—	770.99	862.8	906.03	875.56
吐鲁番	甲醇	24	24	196.80	0	196.80	0
	燃料油	110	110	145.97	818.4	145.97	818.4
	石油沥青	100	100	87.30	231	87.30	231
	红矾钠	6	6	0.95	0	0.95	0
	硝酸钠/硝酸钾	60	60	36.00	449.4	36.00	449.4
	小计	—	—	467.02	1 498.8	467.02	1 498.8
石河子	聚氯乙烯	120	180	420.00	0	630.00	0
	甲醇	120	180	984.00	0	1 476.00	0
	小计	—	—	1 404	0	2 106	0

地市	重点产品	2015 年产量/万 t	2020 年产量/万 t	2015 年污染物排放量/t		2020 年污染物排放量/t	
				COD	SO_2	COD	SO_2
昌吉	PTA	80	80	188.00	0	188.00	0
	合成氨	80	120	48.00	23.2	72.00	34.8
	尿素	120	150	48.00	0	60.00	0
	PVC	60	90	210.00	0	315.00	0
	小计	—	—	494	23.2	635	34.8
伊犁	重油加工	50	100	66.35	372	132.70	744
	重油制烯烃	800	1000	728.24	516.8	910.3	646
	合成氨	30	40	18.00	8.7	24.00	11.6
	尿素	52	75	20.80	0	30.00	0
	甲醇转烯烃	320	480	291.30	206.72	436.94	310.08
	小计	—	—	1 124.69	1 104.22	1 533.94	1 711.68
哈密	甲醇	120	180	984.00	0	1 476.00	0
	二甲醚	80	120	56.00	0	84.00	0
	小计	—	—	1 040	0	1560	0
巴州	钾肥	170	255	102.00	1 273.3	153.00	1 909.95
阿克苏	炼油	1 000	1500	98.10	793	147.15	1 189.5
	乙烯	80	120	72.82	51.68	109.24	77.52
	聚甲醛	4	6	—	—	—	—
	二甲醚	15	22	10.50	0	15.40	0
	小计	—	—	181.42	844.68	271.79	1 267.02

注："—"指无相关排污系数统计数据。

由表 4-8 可见，至 2015 年，石河子石化行业的 COD 排放量最高，约为 1 404 t/a，约占新疆维吾尔自治区石化行业 COD 总排放量的 20.85%；其次为克拉玛依，克拉玛依市 2015 年 COD 排放量约为 1 150.8 t/a，占新疆维吾尔自治区石化行业 COD 总排放量的 17.09%；巴州石化行业 COD 排放量最小，为 102 t/a，占新疆维吾尔自治区化行业 COD 总排放量的 1.44%。在新疆维吾尔自治区石化行业 SO_2 的排放量中，克拉玛依石化行业的 SO_2 排放量最高，约为 2 087.80 t/a，约占新疆维吾尔自治区石化行业 SO_2 总排放量的 27.13%；吐鲁番地区次之，其 2015 年 SO_2 排放量约占新疆维吾尔自治区石化行业 SO_2 总排放量的 19.48%，石河子和哈密地区石化行业 SO_2 排放较小。

至 2020 年，石河子地区、伊犁地区、哈密地区仍是新疆维吾尔自治区石化行业 COD 排放量的主要地区。石河子地区 2020 年石化行业的 COD 排放量将达到新疆维吾尔自治区最高，约为 2 106 t/a，占新疆维吾尔自治区石化行业 COD 总排放量的 23.42%；哈密地区次之，约为 1 560 t/a，占新疆维吾尔自治区石化行业 COD 总排放量的 17.35%；巴州石化行业 COD 排放量仍为最小，约为 153 t/a，占新疆维吾尔自治区石化行业 COD 总排放量的 1.70%。在新疆维吾尔自治区石化行业 SO_2 的排放量中，克拉玛依 2020 年石化行业的 SO_2 排放量仍为最高，约为 2 507.55 t/a，约占新疆维吾尔自治区石化行业 SO_2

总排放量的 25.57%；巴州次之，约为 1 909.95 t/a，约占新疆维吾尔自治区石化行业 SO_2 总排放量的 19.48%，石河子和哈密地区石化行业 SO_2 排放量仍为最小。图 4-3 和图 4-4 为新疆各地区石化行业 2015 年和 2020 年污染物排放量示意图。

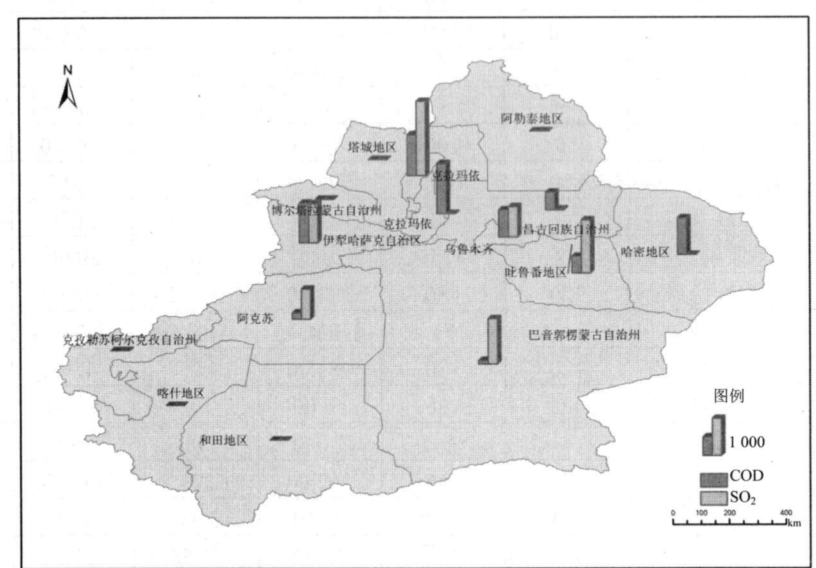

图 4-3 新疆各地区石化行业 2015 年污染物排放量示意图（单位：t）

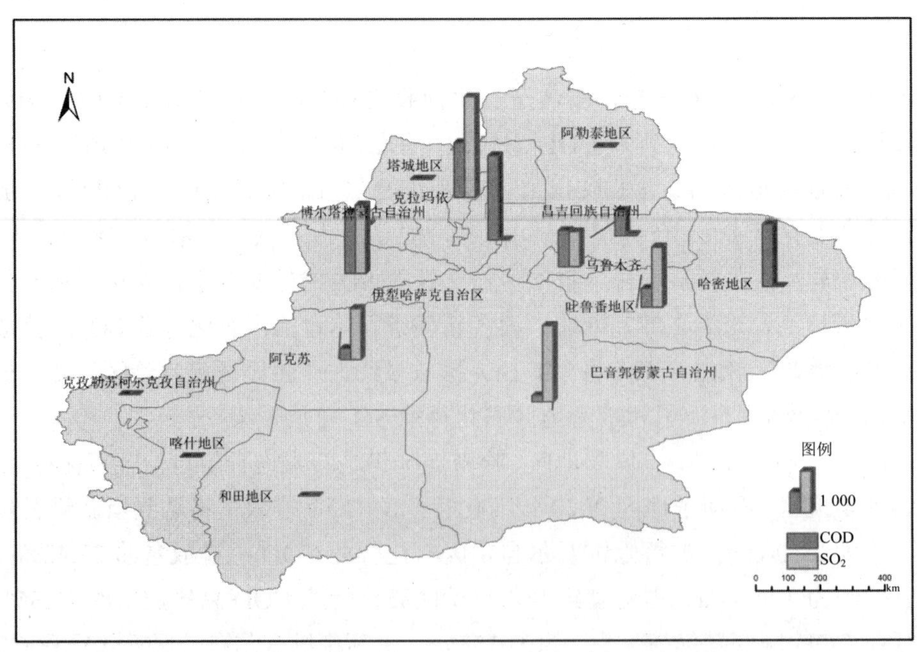

图 4-4 新疆各地区石化行业 2020 年污染物排放量示意图（单位：t）

根据新疆各地区石化行业污染物排放量计算结果，把污染物排放量最大的县域按 1 计，将其他各县均进行归一化处理，得到新疆维吾尔自治区 2015 年和 2020 年各县石化行业污染物排放分布图，具体见图 4-5、图 4-6。

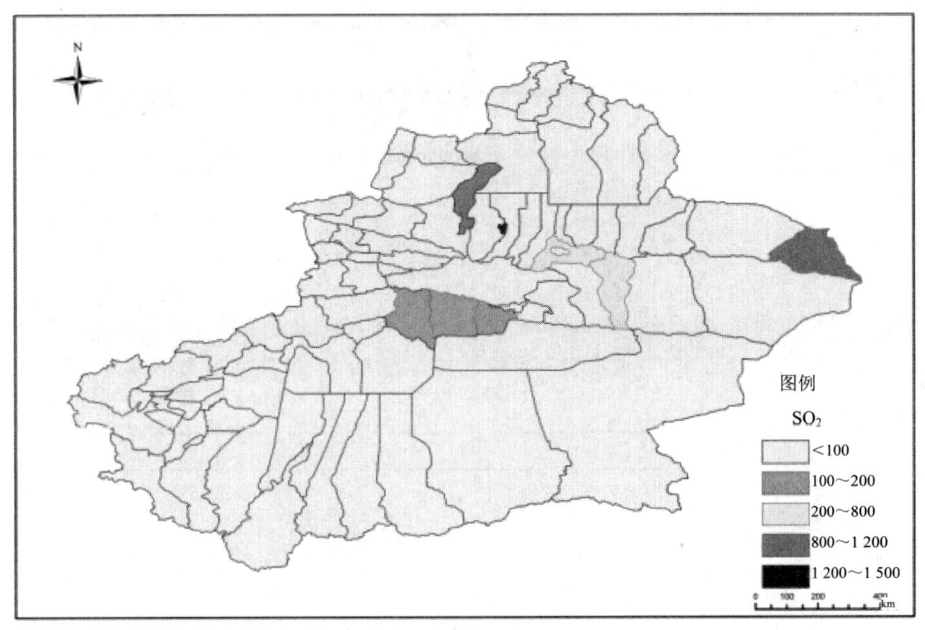

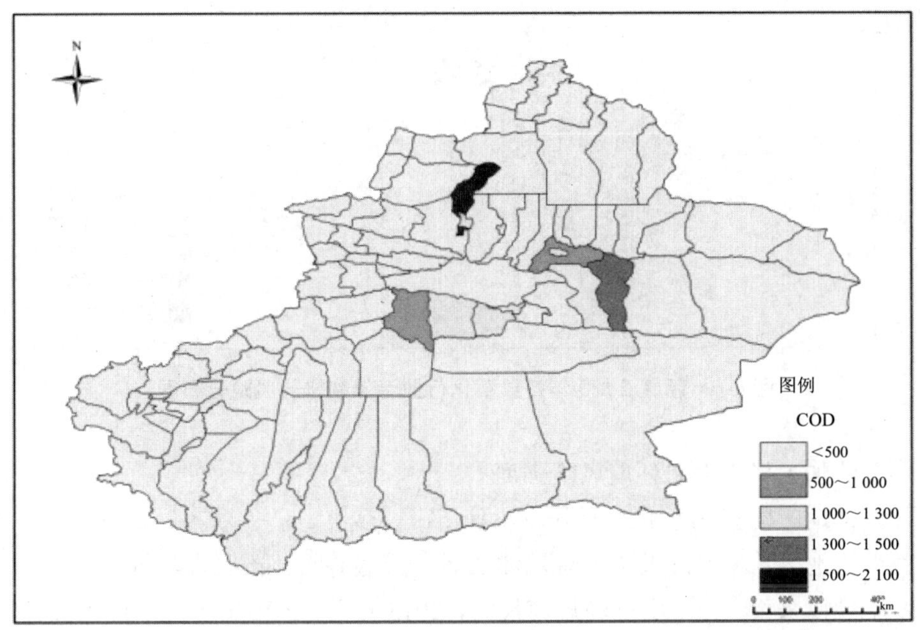

图 4-5　新疆 2015 年各县石化行业污染物排放风险分布图

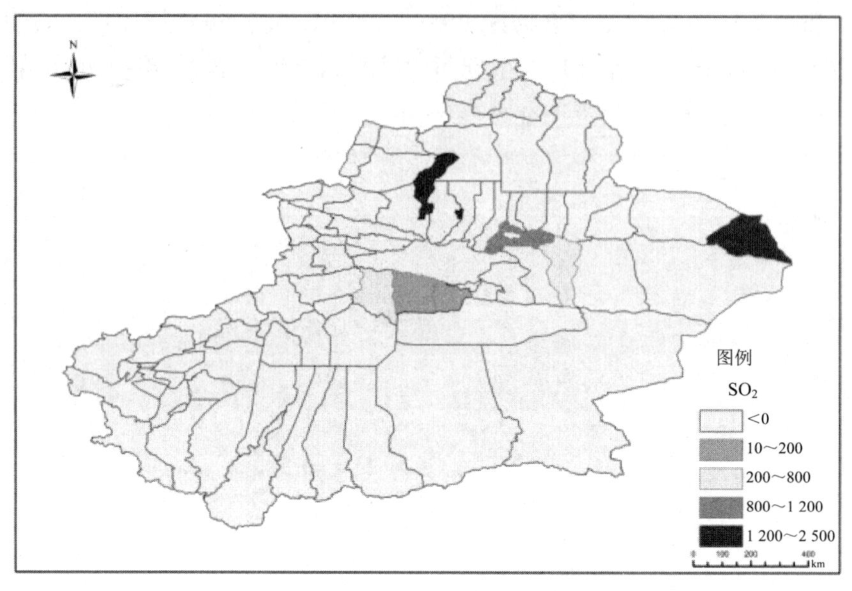

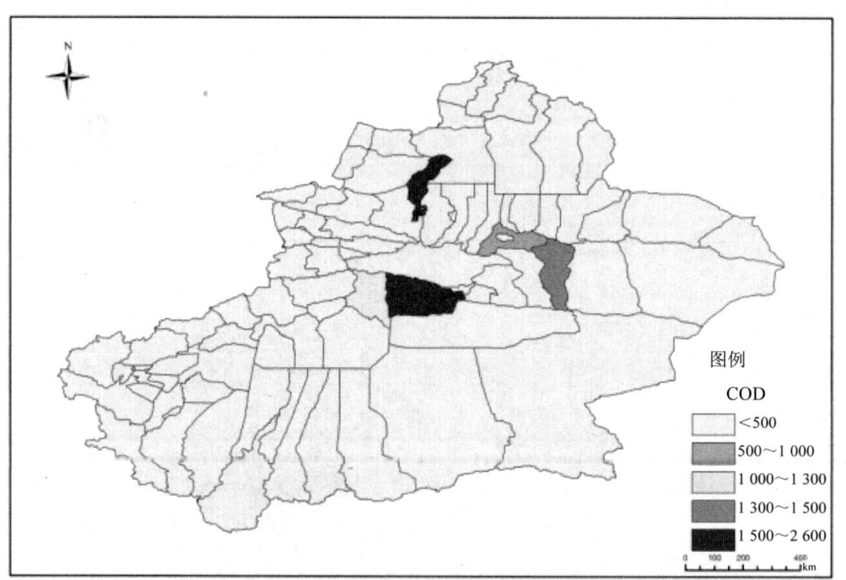

图 4-6 新疆 2020 年各县石化行业污染物排放风险分布图

（2）石油加工规模生态环境风险强度

新疆北部地区的石化行业主要分布在独子山、奎屯、乌鲁木齐、克拉玛依、伊吾县和吐鲁番市等地区，主要发展生产炼油和乙烯、芳烃等石化产品。从炼油、烯烃等主导产业的发展规模来看，独子山炼油规模最大，2015 年总产能将达到 2 500 万 t/a，占全区总炼油能力的 55.56%，丙烯、苯乙烯、丙烯腈、聚醚等产品产量也较大。乌鲁木齐地区次之，2015 年炼油产能均将达到 1 000 万 t/a，占新疆维吾尔自治区总炼油能力的 22.22%，芳烃、合成氨等化工产品产量也较大。伊吾县和吐鲁番市等地区主要生产甲醇、二甲醚、红矾钠等产品，不发展炼油产业，相对乌鲁木齐、独子山地区来说，该地区的石化行业发展规模较小。

新疆南部地区的石化行业主要分布在阿克苏地区的库车县和巴州的库尔勒、轮台县，主要发展以天然气化工为核心的化工产业，主要产品包括甲醇、氮肥、聚甲醛等。此外，库车县的塔河炼厂 2015 年产能规模将达到 1 000 万 t/a。

综合以上分析，新疆维吾尔自治区未来石化产业主要分布在克拉玛依、乌鲁木齐、吐鲁番、石河子、昌吉、伊犁、哈密、巴州、阿克苏等地区，综合考虑各地区的炼油、烯烃、化肥等产品的规模，以克拉玛依的独子山地区发展规模最大，乌鲁木齐、阿克苏地区的库车县次之，吐鲁番市、巴州的库尔勒、轮台县等地区石化行业规模较小，喀什地区、博州等地区有零星分布的石化企业，发展规模非常小，详见图 4-7。

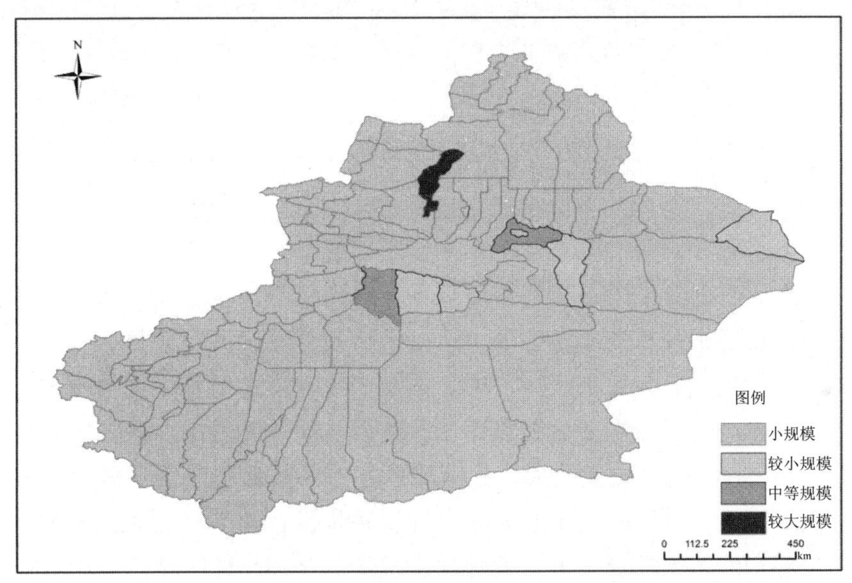

图 4-7　新疆石油加工产业产能规模风险分布图

4.4.3　生态环境风险综合分析

根据石化行业污染物排放生态环境风险强度和石油加工规模生态环境风险强度，综合考虑区域生态功能的重要程度和区域生态系统敏感性，结合生态环境风险等级判断矩阵，确定石化行业生态环境风险等级，运用地理信息系统技术（GIS）获得新疆石化行业生态环境风险综合评价图（见图 4-8）。

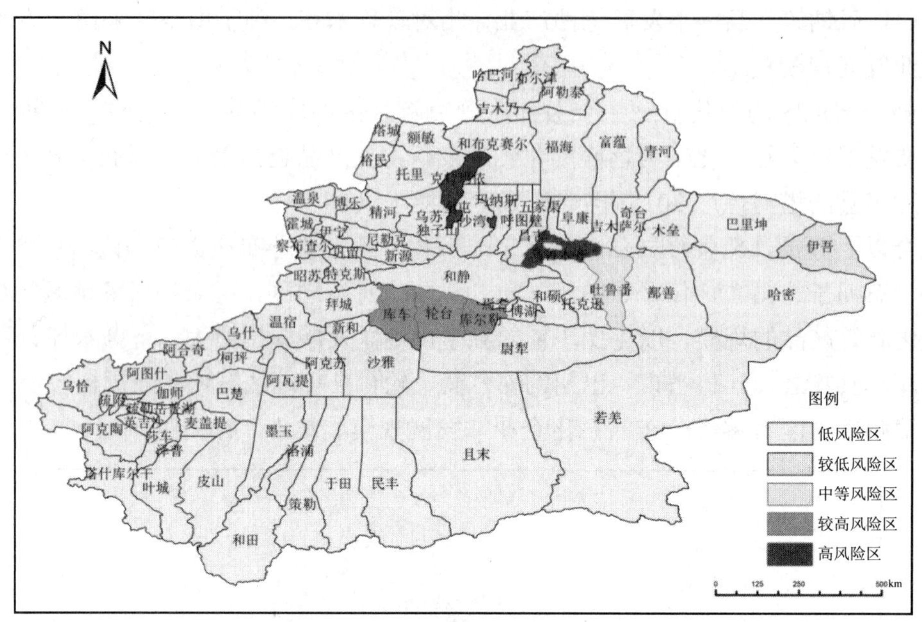

图 4-8 新疆石化行业生态环境风险综合评价图

如图 4-8 所示，新疆石化行业生态环境风险的高风险区域主要分布在乌鲁木齐、克拉玛依、奎屯、石河子等石油富集地区，这些区域石化行业开发规模大，SO_2、COD 等主要污染物排放量也较大，且该区域的生态系统服务功能中等重要或极重要，生态敏感性较为敏感。较高风险区域主要分布在库车、轮台、库尔勒等地，该区域石化行业规模中等或较小，但 COD 的排放量较大，且区域的生态系统服务功能中等重要或极重要，生态敏感性也较高。中等风险区主要分布在吐鲁番地区，该区域石化行业规模较小，区域生态系统服务功能也不重要，生态敏感性也较低。新疆其他区域的石化行业生态环境风险较低或低，这些区域仅有零星的石化企业存在，石化行业的污染物排放量也非常小，对区域生态系统的整体影响较小。

4.5 煤电、煤化工行业生态环境风险

4.5.1 生态环境影响分析

（1）煤炭开采和加工

1）大气环境污染

大气环境污染一是由露天开采过程中的露天爆破和排土场扬尘产生。露天开采是巨大的周期性污染源，大爆破一次产生的烟尘冲向空中，使空气受到污染；排土场废弃土石在露天堆积，易于风化破碎，可产生大量粉尘随风飘扬，加重大气的粉尘污染。大气

环境污染二是由煤矸石山自燃对大气造成的污染。由于煤矸石中含有一定量的可燃物，在适宜的条件下会发生矸石山自燃，释放大量的 CO、CO_2、H_2S、SO_2 和氮氧化物等有毒有害气体，同时燃烧时还伴生大量的煤尘，污染矿区的空气环境，严重损害人体健康。

2）水资源枯竭和水质污染

采煤活动改变了矿区水文地质条件，随着煤矿开采的延伸，煤层被大面积采空，岩体内部应力平衡发生变异，引起煤层顶部岩体发生裂缝、变形和移动。大量的矿井水被排出，致使区域含水层水位不断下降，形成大规模地下水降落漏斗，导致地下水及开采影响范围内的地表水不断涌入井下，地下水位下降或丧失，地表水系受到破坏，河面断流，水源枯竭，土地干裂，生态用水、土壤水分也随之减少，造成水资源的浪费。同时，矿井废水含有大量的煤粉、岩石粉尘等悬浮物杂质，选煤废水中含有大量煤泥粉，使水中悬浮物含量严重超标，对地表水系造成污染。堆积的矸石山经雨水的淋溶和冲刷会将矸石中含有的大量有害物质（尤其是重金属离子）带入水循环系统中，使水中有毒有害成分增加，造成周围环境的水体污染，严重影响水生生物的生存和人畜饮用水安全。

3）土地资源破坏

煤炭开采环节对土地造成的破坏最直接、最明显。长期煤炭开采会破坏地质环境，造成土地塌陷、土地挖损和土地压占。地表塌陷是土地破坏的主要形式，一类塌陷是开采浅部急倾斜煤层或厚煤层形成的漏斗状塌陷坑和台阶状断裂，这类塌陷可突然发生，其范围内的种植物和建筑物均遭破坏，但一般范围较小；另一类塌陷是开采深部急倾斜煤层引发的大范围平缓下沉盆地，塌陷深度较大。当塌陷深度超过潜水位时，造成常年积水，使原有农田不能耕种，若季节性积水，会减少种植数和导致农作物减产。同时，塌陷也威胁着矿区内建筑物、交通、邮电、水利设施及人民生命财产的安全。另外，露天采煤对土地资源破坏的主要形式是直接挖损，由于剥离耕地表土盖层而破坏地表植被，造成土地贫瘠、植被退化，因此使土壤的抗侵蚀能力下降，在外界水和风蚀作用下，加重水土流失和土地荒漠化。土地压占体现为煤炭开采产生的堆积如山的煤矸石堆、露天开采用于搁置废弃物的排土场等，导致土地资源的大量占用。而且堆放煤矸石势必造成对原有生态系统的破坏，煤矸石山遇到山洪还会发生人工泥石流，排土场也会因排放的大量剥离岩土土体疏松，容易诱发泥石流、滑坡等地质灾害，危及人民生命财产，造成大面积土壤损失。

4）土壤环境污染

煤矿层中夹杂有各种造岩矿物，这些矿物随采煤或选煤被排出，形成煤矸石山。煤矸石中最有害的元素是硫，SO_2 所形成的硫酸酸雨降到地表，严重污染土壤。煤矸石山在日晒、风吹、降水等自然力的作用下，通过直接渗透、飘尘沉降、雨水冲刷等方式将大量有害有毒物质，如汞、铬、福、铜、砷等带入土壤，而且煤矸石中含有的放射性物质还将会导致土壤的辐射性污染。同时，煤炭开采和加工过程中会产生大量的污水，主要包括矿井废水、酸性废水、洗煤水及生活污水等。这些废水排入环境会造成水体污染，如果使用被污染的水体灌溉农田，那么容易引起土壤的盐渍化，使土壤生产力下降，农作物减产。

5）生物多样性受损

采煤会引起地面沉陷，破坏土壤生态系统的稳定，使土壤质量下降。土壤是陆地植物的营养来源，土壤生态系统平衡被破坏，将会直接影响到植物生态系统的物质迁移、转化，从而引起地上植物的减少。煤炭开采还加剧水土流失，使林草生长受到影响，甚至导致森林植被的死亡。同时，煤炭开采造成矿区自然景观发生巨变，影响植物的分布和生长，减少了动物的活动范围，改变了动物和微生物生存的栖息环境，降低了动物的生存活力，一些物种因不适应环境的变化将减少甚至灭绝。

（2）**煤电生产**

1）大气环境污染

大气污染是煤电生产最主要的环境问题，根据生产工艺的不同，大气污染物排放量会有所差别。电厂生产过程中主要产生的大气污染物有 SO_2、NO_x、CO_2、TSP（悬浮颗粒物）等，悬浮颗粒物大量排放可能会导致当地雾霾天气的产生，引发呼吸道疾病，对人体健康造成危害。煤炭燃烧产生 SO_2、NO_x，遇到水蒸气容易形成酸雨、酸雾，导致污染地区土壤酸化，危害农作物生长。NO_x 与碳氢化合物在阳光的作用下会形成光化学烟雾，损害人和动物的健康，影响植物生长，破坏当地植被。炭、硫化合物及 NO_x 还可能对臭氧层造成破坏，造成臭氧空洞，对气候产生不利影响。煤电产业规模化发展会增加 SO_2、NO_x 排放量，达到一定程度时，会给自然环境和人类生产活动带来严重的危害。

2）水环境污染

煤电生产可能对当地水资源造成一定污染。一是电厂生产过程中工业废水、生活污水的外排，因为废水中含有 COD、BOD_5、SS、氨氮、磷等，这些污染物若未达标排放，那么就会对地下水和地表水造成污染，影响人们生产生活及健康；二是煤炭燃烧产生的飞灰尘粒与二氧化硫、氧化氮等有害气体结合，进入水体后会造成水环境污染，对水质安全构成威胁，影响水生动植物生存。

3）固体废弃物污染

煤电生产主要的固体废弃物包括厂区生活垃圾、坑口电厂燃煤煤灰、脱硫后产出的脱硫石膏和脱硫灰渣等。如果这些废弃物露天堆放，那么会侵占土地，吞没和破坏农田；如果长久搁置，那么在自然力作用下，可能引发污染土壤、破坏水体、损害大气，对社会生产和人民生活造成一定危害。

（3）**煤化工生产**

1）加剧水资源短缺的矛盾

新疆水资源低于全国平均水平，主要煤炭产地人均水资源占有量和单位国土面积水资源保有量仅为全国水平的 1/10，且水资源分布不均衡，局部地区缺水严重。新疆水资源总量 832 亿 m^3，呈现北多南少、西多东少的分布格局。根据《全国水资源综合规划》，新疆年缺水 26 亿 m^3，缺水率 5.4%。油气和煤炭资源富集的新疆东部地区水资源较为匮乏，经济发达的天山北坡一带和吐哈盆地现状缺水率超过 10%，新疆南部地区水资源开发利用程度已达到可承载能力。然而大部分煤化工产品耗水量较大，大型煤化工项目年用水量通常高达几千万立方米，吨产品耗水在 10 t 以上。在水资源短缺的地区大规模开发煤化工产业项目，会打破地区脆弱的水资源平衡。从用水结构看，工业用水量仅占总用水量的 2%左右。煤化工行业发展将对新疆原已十分匮乏的水资源造成竞争性掠夺，挤占生态用水，增加地区水资源分配失衡的风险，对区域的生态环境影响突出。

2）水环境污染

煤化工项目除了消耗水资源，也会排放废水对环境形成影响。煤化工行业废水产生量大，煤炭成分复杂，含有 C、H、O、N、P、S 等元素及多种重金属离子，如果生产过程中的这些物质进入水中，那么就会造成废水所含污染物成分复杂，包括氨氮、酚类、多环芳香族化合物及含 N、O、S 的杂环化合物等石油类化合物。这些典型的含有难降解有机污染物的废水，采用一般污水处理工艺难以彻底去除污染物，不易满足达标排放。新疆地处干旱内陆盆地，生态环境十分脆弱，各种以水为载体的有害物质（如盐分和污染物）只能积聚于盆地之中，缺乏参与全球水文大循环的能力，水环境容量相对有限，因此大量煤化工废水的不合理排放会容易污染新疆环境，导致水环境恶化。

3）大气环境污染

大型煤化工基地工业废气集中排放可能引起局部地区大气污染物超标。其一，颗粒物加剧区域大气环境污染。西部地区风沙较强，煤化工吨产品煤炭消耗量达 2～6 t，吨产品废渣排放量达 0.5～1.5 t，高强度的物流运输及大量废渣堆存将造成颗粒物排放显著增加，将成为区域最突出的大气污染问题。其二，大量工业废气集中排放可能导致局部地区二氧化硫、氮氧化物出现超标。煤炭中的有机物除 C 和 H 外，还有 O、S、N 等元素。在煤化工的生产工艺流程中，C、H 主要以产物的形式分离出来，S、N 将会以 SO_2、H_2S、NO_x、NH_3 的形式存在，最后随烟气排放进入环境，如果这些废气得不到有效处理，那么将会形成大面积的酸雨污染。

4）固体废弃物污染

煤化工规模化生产会产生大量的废渣，主要包括煤气化过程中产生的各种炉渣、废催化剂及在污水处理过程中产生的污泥。其中各类炉渣属于一般固体废物，废催化剂和污泥属于危险废物。炉渣产生量大，化学成分和矿物组成稍有差异，但主要化学成分是 Si、Al、Mg、Fe、Ca 的化合物等，若处置不当，可能引起环境污染。而各类废弃催化剂和污泥量虽产生量较少，但仍属于危险废物。废弃催化剂的主要成分是金属离子，毒性大，若不慎进入环境，会对生态的破坏十分严重。

煤电行业因涉及煤炭资源开发和煤炭燃烧，因此将煤电产业链条划分为煤炭开采和加工、煤电生产两个环节，各个环节的生产作业对水、大气、土壤环境均有不同程度的生态环境影响，见表 4-9。

表 4-9 煤电产业风险源对受体的影响作用

风险源	风险因子	受体	风险源对受体的影响
煤炭开采和加工	开采活动	地貌结构、地层结构、植被资源	露天开采导致坑洼地貌，降低植被覆盖率，爆破、采掘、运输产生大量粉尘，影响局部植物生长；井工开采导致地表下沉、土地塌陷
	矿井水排放	土壤环境、水环境	排放量大且成分复杂，含有大量的悬浮物、重金属和放射性物质，污染水土、损伤局部生态系统功能
	煤矸石堆放	土地资源、土壤环境、水环境、大气环境	煤矸石堆放压占大量土地资源，堆积的煤矸石山经雨水的淋溶和冲刷引发土壤环境、水环境的重金属污染，矸石山自燃释放大量煤尘、CO、CO_2、H_2S、SO_2、氮氧化物等有毒有害气体，对大气环境造成影响
煤电生产	“三废”排放	水环境、大气环境、土壤环境	燃煤产生的 SO_2、NO_x、CO_2、TSP（悬浮颗粒物）造成大气环境污染，电厂排放的工业废水、生活污水造成水体、土壤污染
	事故风险（火灾）	大气环境、植被资源	厂区煤矸石、煤渣自燃或人为造成火灾，破坏植被，火灾产生的烟尘等污染物导致大气环境污染

煤化工产业链可分解为具体的开发活动和经济活动，包括煤炭开发和加工、煤化工生产，从风险源与受体的作用过程出发，分析各项具体活动可能产生的生态环境影响，见表 4-10。

表 4-10 煤化工产业风险源对受体的影响作用

风险源	风险因子	受体	风险源对受体的影响
煤炭开采和加工	开采活动	地貌结构、地层结构、植被资源	露天开采导致坑洼地貌，降低植被覆盖率，爆破、采掘、运输产生大量粉尘，影响局部植物生长；井工开采导致地表下沉、土地塌陷
	矿井水排放	土壤环境、水环境	排放量大且成分复杂，含有大量的悬浮物、重金属和放射性物质，污染水土、损伤局部生态系统功能
	煤矸石堆放	土地资源、土壤环境、水环境、大气环境	煤矸石堆放压占大量土地资源，堆积的矸石山经雨水的淋溶和冲刷引发土壤环境、水环境的重金属污染，矸石山自燃释放大量煤尘、CO、CO_2、H_2S、SO_2、氮氧化物等有毒有害气体，对大气环境造成影响
煤化工生产	水资源消耗	水资源	水资源消耗量大，加剧水资源短缺矛盾，影响地区水资源平衡，增加生态用水被挤占的概率，易造成支流断流
	“三废”排放	水环境、大气环境、土壤环境	造成水体污染加剧、大气环境质量下降、重金属富集、土壤盐渍化
	事故风险（有毒有害物质的泄漏、火灾、爆炸）	水环境、大气环境、土壤环境、植被资源	有毒有害物质泄漏引发水、大气、土壤污染，影响动植物生存，导致空气质量下降，破坏周边生态系统

4.5.2　生态环境风险强度

（1）水资源消耗风险强度分布

从煤炭开采和洗选到煤化工产品生产，煤化工产业链中诸多环节需要消耗大量水资源，水资源成为煤化工高产高效的瓶颈。煤化工的快速发展会打破新疆维吾尔自治区脆弱的水资源平衡，直接影响经济社会平稳发展和生态环境保护。因此，煤化工产业发展应“量水而行”。本研究通过预测新疆未来煤化工产业发展需水量，根据各地区供水量差异，综合分析煤化工产业规模化布局可能引发的区域水资源供需失衡的风险强度分布。

图 4-9、图 4-10 研究结果表明，哈密、乌鲁木齐、吐鲁番、昌吉等地区水资源消耗风险强度相对较高，表现为一级、二级风险。乌鲁木齐市是新疆工业起步较早的城市，工业门类发展相对齐全，未来乌鲁木齐市将以煤炭资源为依托，重点发展煤制油、煤制天然气、电石、PVC、合成氨等煤化工项目，而乌鲁木齐水资源相对短缺，规模化布设煤化工产业势必会增加当地水资源供给压力，挤占农业用水和生态用水，产业发展风险较高。昌吉水资源较多，但煤化工规模的迅速扩张对地区水资源供给带来较大压力，产业风险高。哈密、吐鲁番地区煤化工规模化发展速度平缓，但地区水资源量较少，能够支撑的产业规模极其有限，产业发展风险高。

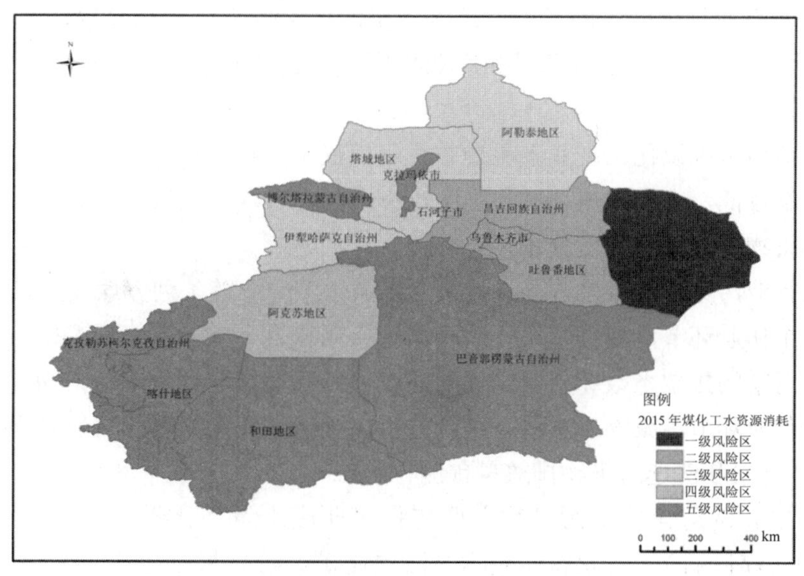

图 4-9　2015 年新疆煤化工产业发展水资源消耗风险强度分布示意图

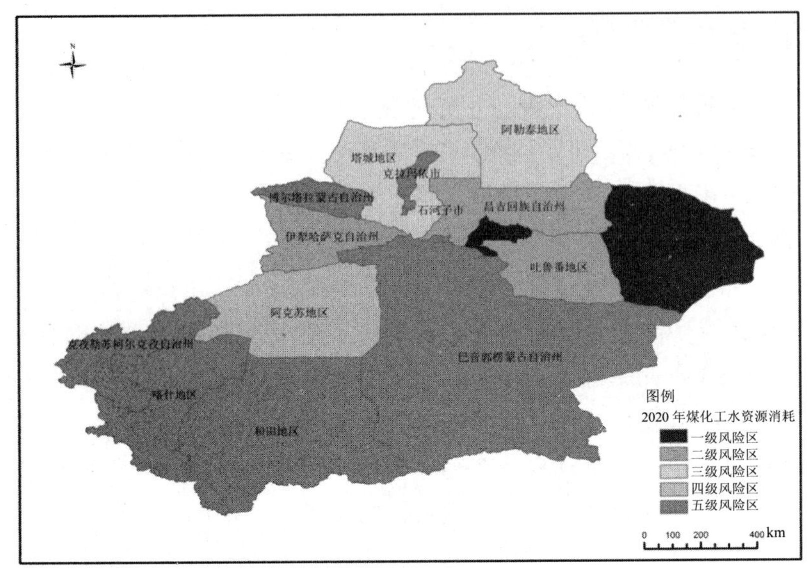

图 4-10 2020 年新疆煤化工产业发展水资源消耗风险强度分布示意图

伊犁、阿勒泰、塔城、阿克苏、石河子等地区水资源消耗风险强度适中，表现为三级、四级风险。伊犁、阿勒泰、塔城、阿克苏地区水资源十分丰富，适合发展煤化工产业，随着产业规模的不断发展，地区水资源供给压力将逐渐显现，产业发展表现为一般风险。石河子地区水资源量和产业规模适中，随着煤化工的进一步发展，表现为一般风险。

新疆其他地市因煤化工产业零星分布且规模很小，未来一段时间破坏当地水资源供给平衡的概率较低，水资源消耗风险强度较小，因此表现为五级风险。

(2) 污染物排放风险强度分布

煤化工行业污染物种类多，排放量大。将煤化工产业链条划分煤炭开采和洗选、煤化工生产两个作业环节，根据《第一次全国污染源普查　工业污染源产排污系数手册》中产品生产污染物排放系数和新疆煤化工建设项目环境影响评价中污染物排放情况，分别估算各个作业环节污染物排放量，综合分析煤化工产业污染物排放风险强度分布。

1）煤炭开采和洗选污染物排放量预测

煤炭开采和洗选排放的污染物主要包括工业废水量、化学需氧量、石油类、工业固体废物（煤矸石）、工业固体废物（浮选尾矿）等。根据生产工艺流程中污染物排放情况，分为煤矿煤炭开采和选煤厂煤炭洗选加工两部分进行污染物排放量预测。2015 年、2020 年煤化工发展重点地区煤炭开采和洗选污染物排放量预测结果见表 4-11、表 4-12。

表 4-11　2015 年煤化工发展重点地区煤炭开采和洗选污染物排放量预测

污染物	吐鲁番	石河子	乌鲁木齐	昌吉	伊犁	哈密	阿勒泰	塔城	阿克苏
工业废水量/万 t	1 520	380	1 254	3 040	1 520	4 560	684	376	1 520
化学需氧量/t	1 324	331	1 092	2 648	1 324	3 972	596	328	1 324
石油类/t	87	22	71	173	87	260	39	21	87
工业固体废物（煤矸石）/万 t	1 240	310	1 023	2 480	1 240	3 720	558	307	1 240
工业固体废物（浮选尾矿）/万 t	240	60	198	480	240	720	108	59	240

表 4-12　2020 年煤化工发展重点地区煤炭开采和洗选污染物排放量预测

污染物	吐鲁番	石河子	乌鲁木齐	昌吉	伊犁	哈密	阿勒泰	塔城	阿克苏
工业废水量/万 t	3 800	380	1330	9 120	4 560	6 840	1520	760	2 280
化学需氧量/t	3 310	331	1159	7 944	3972	5 958	1324	662	1 986
石油类/t	217	22	76	520	260	390	87	43	130
工业固体废物（煤矸石）/万 t	3 100	310	1 085	7 440	3 720	5 580	1 240	620	1 860
工业固体废物（浮选尾矿）/万 t	600	60	210	1 440	720	1 080	240	120	360

2）煤化工生产污染物排放量预测

煤化工行业可分为传统煤化工和新型煤化工，传统煤化工涉及焦炭、电石、合成氨等领域，而新型煤化工通常指煤制油、煤制甲醇、煤制二甲醚、煤制烯烃、煤制乙二醇等，新疆未来煤化工产业发展将逐步从传统煤化工向新型煤化工转移。

随着新疆跨越式发展，地区重点产业的规模将不断扩张，污染物（COD、SO_2）的排放量也将不断增加。根据产业发展情景和有关产品生产污染物排放系数，分别预测各个产品生产的污染物排放量，见表 4-13。

表 4-13　新疆煤化工产业发展污染物排放量预测

地区	产品	产量/万 t		2015 年排放量/t		2020 年排放量/t	
		2015 年	2020 年	COD	SO_2	COD	SO_2
吐鲁番	煤制天然气/亿 m^3	20	40	98	1 045	195	2 090
	小计			98	1 045	195	2 090
石河子	煤制烯烃	40	60	108	976	162	1 464
	小计			108	976	162	1 464
乌鲁木齐	煤制油	240	240	173	3 782	173	3 782
	煤制天然气/亿 m^3	40	40	195	2 090	195	2 090
	电石	100	100	9	663	9	663
	PVC	100	200	419	6 352	837	12 704

地区	产品	产量/万 t		2015 年排放量/t		2020 年排放量/t	
		2015 年	2020 年	COD	SO_2	COD	SO_2
乌鲁木齐	合成氨	140	140	182	826	182	826
	小计			978	13 713	1 397	20 065
昌吉	煤制天然气/亿 m^3	200	200	975	10 450	975	10 450
	焦炭	400	400	312	24	312	24
	PVC	80	80	335	5 082	335	5 082
	小计			1 622	15 555	1 622	15 555
伊犁	煤制天然气/亿 m^3	120	220	585	6 270	1 073	11 495
	煤制油	300	300	216	4 728	216	4 728
	甲醇	750	750	675	4 425	675	4 425
	烯烃	260	260	702	6 344	702	6 344
	焦炭	228	228	178	13	178	13
	合成氨	60	60	78	354	78	354
	化肥	80	80	118	483	118	483
	电石	105	105	10	696	10	696
	PVC	50	50	209	3 176	209	3 176
	小计			2 771	26 489	3 258	31 714
哈密	煤制天然气/亿 m^3	8	8	39	418	39	418
	煤焦油深加工	75	75	3	31	3	31
	合成氨	60	60	78	354	78	354
	尿素	75	75	110	453	110	453
	小计			230	1 255	230	1 255
阿勒泰	煤制天然气/亿 m^3	40	40	195	2 090	195	2 090
	煤制油	360	500	259	5 674	360	7 880
	焦化	300	300	234	18	234	18
	化肥	300	300	441	1 811	441	1 811
	小计			1 129	9 592	1 230	11 798
塔城	煤制天然气/亿 m^3	60	120	293	3 135	585	6 270
	煤制烯烃	120	140	324	2 928	378	3 416
	甲醇	100	200	90	590	180	1 180
	化肥	50	70	74	302	103	422
	煤焦油深加工	20	20	1	8	1	8
	电石	80	80	8	530	8	530
	小计			788	7 493	1 254	11 827
阿克苏	焦炭	900	900	702	53	702	53
	PVC	200	300	837	12 704	1 256	19 056
	小计			1 539	12 757	1 958	19 109

从各地区 2015 年煤化工生产 COD、SO_2 排放量来看，伊犁煤化工生产 COD 排放量最大，占全区煤化工生产 COD 排放量的 29.9%；其次是昌吉，占 17.5%；COD 排放量最小的是吐鲁番，仅占 1%。伊犁煤化工生产 SO_2 排放量也最大，占全区煤化工生产 SO_2 排放量的 29.8%；其次是昌吉，占 17.5%；SO_2 排放量最小的是石河子，仅占 1.1%。至 2020 年，各地区煤化工生产 COD、SO_2 排放量占比变化不大，基本维持 2015 年的水平，但排放量随着规模的扩张会有一定幅度的增加。

3）煤化工产业发展污染物排放风险强度分布

新疆煤化工行业 2015 年、2020 年污染物排放风险强度分布图如图 4-11、图 4-12 所示。

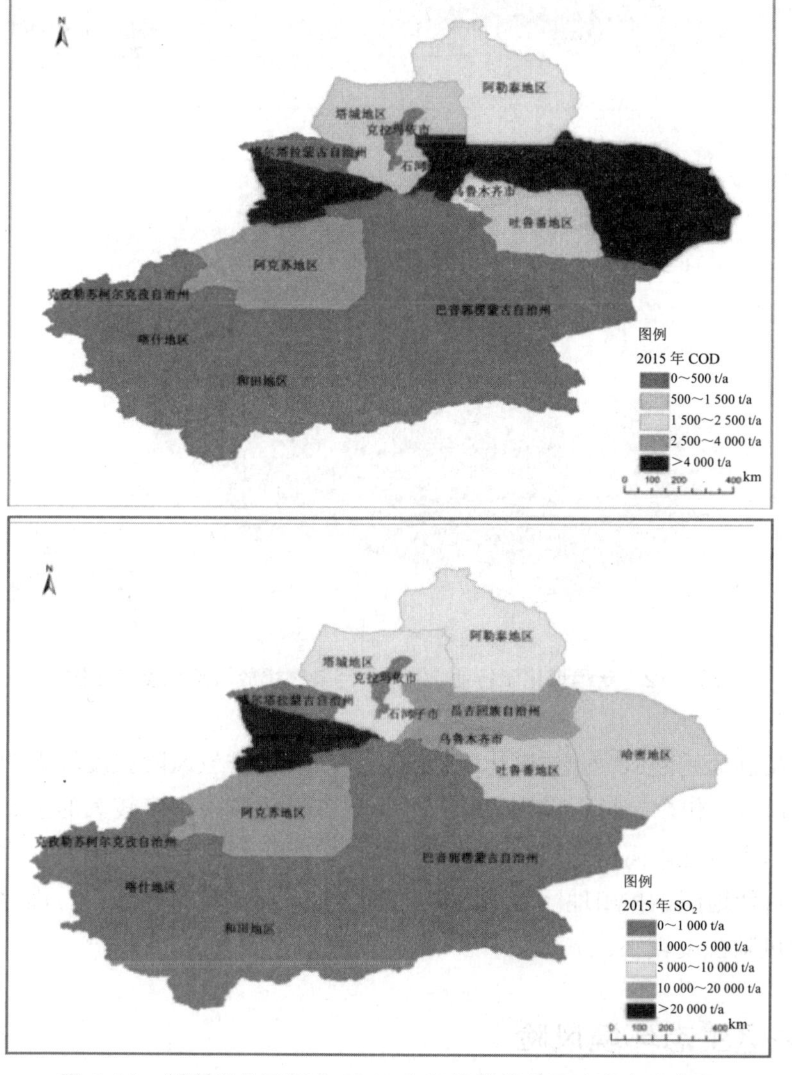

图 4-11　新疆煤化工行业 2015 年污染物排放风险强度分布图

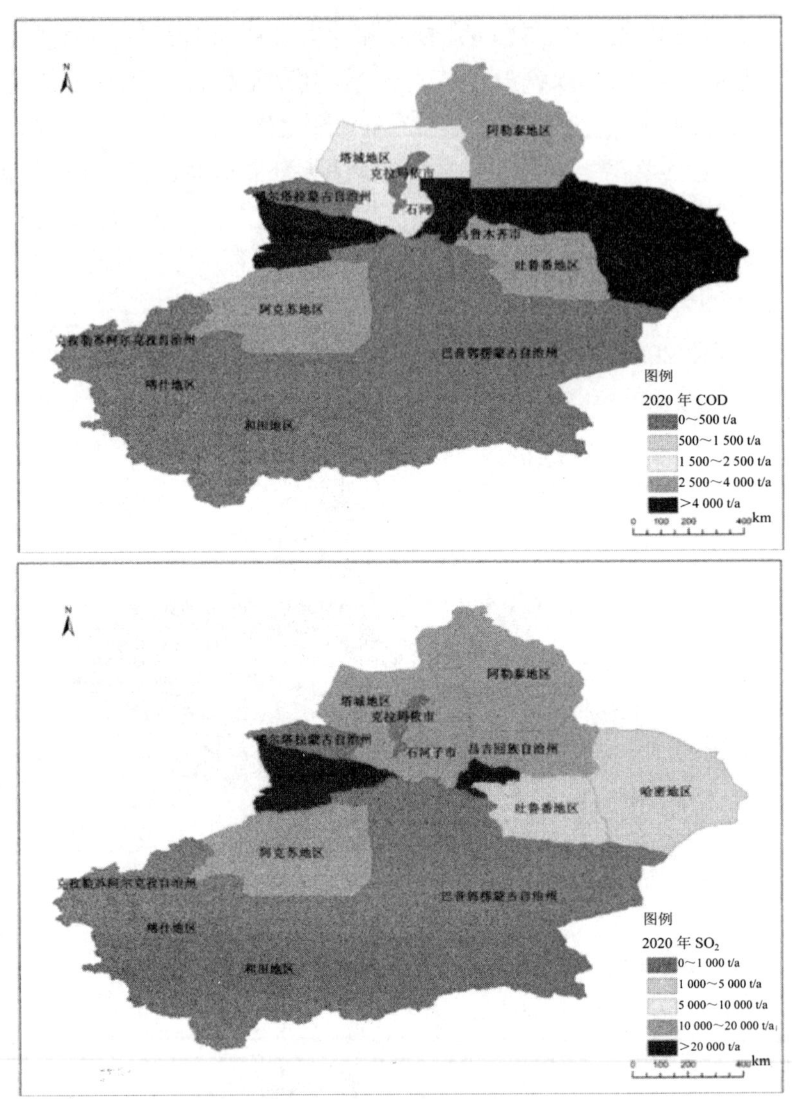

图 4-12 新疆煤化工行业 2020 年污染物排放风险强度分布图

未来随着新疆跨越式发展，煤化工行业化学需氧量排放风险强度较大的区域主要集中在哈密、昌吉、伊犁等地，煤化工行业二氧化硫排放风险强度较大的区域主要集中在伊犁、乌鲁木齐等地。而博尔塔拉蒙古自治州、巴音郭楞蒙古自治州、克孜勒苏柯尔克孜自治州、喀什地区、和田地区等地的煤化工产业布局零星且规模小，化学需氧量和二氧化硫排放风险强度较小。

4.6 农牧区生态环境风险

跨越式发展战略的实施，为新疆经济社会又好又快发展提供了大好机遇，同时，随着新型工业化、农牧业现代化、新型城镇化进程的加快，新疆农牧区环境将面临前所未有的压力和环境风险。

（1）**生活污染集中化，工业污染有向农村转移的趋势**

日前，新疆广大的农牧区的生活污染处理设施严重不足，生活污水、垃圾大多不经任何处理，直接排放村边沟渠和村庄地面，对农村环境造成极大污染。

今后一个时期，随着“安居富民”“定居兴牧”“中心村建设”“援疆工程”等项目的实施，农牧区生活污染物排放越来越集中化，造成农村环境污染由面源向点源转变的趋势，污染强度将大大增加。

同时，依据党中央、国务院“十二五”对新疆实现跨越式发展的发展规划，预计“十二五”期间，新疆经济发展速度将高于以往，由此导致的区域内资源、能源开发强度和污染物排放量必然增大，工业污染有向农村转移的趋势。

（2）**污染物成分复杂化，处理难度增大**

过去，农村垃圾主要是一些易腐烂的菜叶瓜皮，现在除传统的厨房垃圾外，金属、塑料、纸板等包装废弃物明显增加。建房、装修、旧村改造等产生的建筑垃圾以及废旧电器、光盘等电子垃圾也为数不少。一些明显的有毒有害垃圾，如农药瓶、废旧电池以及打吊瓶剩下的医疗废弃物也在其中。农村垃圾成了塑料袋、废电池、农用膜、农药瓶等有毒有害垃圾的混合体，特别是由于大量使用塑料，导致垃圾中不可降解物所占比例迅速增加，其中塑料制品就占到 1/3。随着无法降解的垃圾越积越多，农村垃圾正呈现出毒害化发展的趋势。

（3）**农牧业生产集约化，“小源”变“大源”**

新疆是农牧业大省，在实现“跨越式”发展过程中，农牧业生产将形成高效、集约的生产、经营模式，特别是畜禽养殖业，正逐步向集约化、专业化方向发展，不仅污染总量大幅增加，而且污染呈相对集中趋势，出现了一些较大的“污染源”。

第 5 章　生态环境风险防控重大环保科技需求

5.1　环保科技发展现状

“十一五”以来，新疆结合全区实际情况，认真落实《国家环境保护“十一五”科技发展规划》相关目标与任务，先后组织实施重大环保科研项目 141 项，取得了一定进展，为全区环境管理与决策提供了有效技术支撑。

5.1.1　基础研究与技术示范取得积极进展

①重要环境问题的成因、机理和发生过程研究取得重要进展。新疆研究并编制完成了《自治区环境宏观战略研究总报告》，提出新疆生态环境三大基本特征、两大环境问题、需要处理好的六个关系以及九项环境保护战略任务。开展《博斯腾湖水环境容量测算及区域总量控制研究》《西部干旱环山区域大气污染成因分析及对策研究》《乌鲁木齐市土壤氡、室内氡关联性研究》等一系列基础研究，有效地阐明了研究区域内典型污染物的变化机理，揭示了其环境行为和污染规律。

②环境污染防治技术的应用示范成果丰硕。新疆积极组织实施国家“十一五”“水体污染控制与治理”重大科技专项课题《干旱、半干旱地区湖泊水环境综合治理及生态修复技术研究与示范》研究，对干旱、半干旱地区湖泊污染防控起了较好的借鉴和示范作用。开展乌鲁木齐市大气污染防治研究，初步提出污染成因和关键措施，形成规划用于环境管理。开展《博斯腾湖芦苇湿地脱氮除磷效果研究》《博斯腾湖底质环境影响及资源化利用示范研究》等一批工程示范研究，提高了大气、水体等污染控制能力，推进了部分区域（流域）污染控制。

5.1.2　环境科技管理支撑能力得到提升

（1）加强了典型领域环境监测技术研究

新疆积极开展《克拉玛依市石化公司污水库流域中有机污染物污染监测分析研究》《中意环保合作项目乌鲁木齐市环境监测改善项目》《城市空气污染指数改进和完善测试》《废水流量测定方法研究》《重点噪声源自动监测技术规定与应用研究项目》《新疆

城市空气中 TSP 与 PM_{10} 指标对空气质量监测数据体系的影响研究》等一批监测技术研究，提出适应全区实际的环境监测技术和规范，为提供科学的监测数据奠定了工作基础。

(2) 进一步提升了环境科技支撑决策能力

一是积极组织实施了《博斯腾湖流域地下饮用水安全性及可持续利用研究》《新疆褐煤辐射环境影响综合调查项目》《新疆主要污染物总量控制指标适用分配研究》等一批综合性研究项目，为参与新疆可持续发展综合决策、实施不同的环境要素的监管提供依据。二是积极开展《番茄制品工业水污染物排放标准研究》《重污染城市环境空气质量达标管理关键技术研究》等一批环境法规政策和标准研究项目，完善了我区环境法规、政策和标准。三是开展《克拉玛依生物多样性及保护研究》《荒漠地区公路建设的生态环境敏感性研究》《草原湿地自然保护区长效生态监测及友好产业示范》等一批研究项目，为提高重点区域流域生态环境监管能力做出了重要贡献。

5.2 环保科技主要问题

尽管新疆的环境科技取得了较大进展，获得了一批重要研究成果，但是与我国东部、中部地区相比尚有较大差距，特别是同新疆实现跨越式发展、建设美丽新疆的环境保护科技发展需求不相适应，主要表现为：

5.2.1 基础研究的技术创新和科技进步有待加强

目前，新疆环境保护领域的基础研究与技术示范研究尚不足以完全解决复杂、潜在和新型环境问题。部分环境问题的成因、机理和机制研究不足，环境污染过程、演变规律、污染物传输和控制途径等研究还有待于进一步加强。针对人体健康的环境基准研究基本上是空白，干旱地区绿洲生态环境监测理论体系亟待进一步完善，应对突发环境事件的基础理论和规律研究明显不足。

5.2.2 科技管理支撑能力尚需进一步提高

从总体上看，环境科技需要进一步与环境管理决策紧密结合。针对乌鲁木齐等区域大气污染防治、伊犁河和博斯腾湖等流域水环境保护、典型农牧区环境保护、重金属污染防治、污染土壤修复、重点行业突发环境事件应对等热点问题的科技支撑能力尚需进一步提高。部分环保科技与环境管理需求脱节，环保科技研究方向与新疆环境保护内在需求联系不紧密，缺乏应对新疆经济跨域式的发展和优势资源转换战略加快实施中提出的新需求、新挑战、新战略的科技支撑能力。环保产业总体创新能力不强，工艺材料、关键技术和设备水平整体比较落后，新型环保产业支持力度不够。

5.2.3 环境科技的机制体制尚需进一步完善

新疆环境科技资金渠道单一，经费严重不足，没有形成稳定的环保科技投入机制，科研基础条件落后，不利于持续开展某些科研攻关项目，对科研成果的转化支撑也显不足，使得基础性研究缺乏，科研的系统性和长远性不够，科研成果转化率不高、转化速度不快。在人才引进、培养、保障等方面缺乏完善的机制，突出表现在科研人员的编制和分配激励机制方面，尚未建立完善有利于留住科研技术人才、吸引科研技术人才的体制和收入分配机制与激励机制，对激发科研技术人员的积极性和创造性、稳定和扩大科研队伍产生了一定的影响。

5.3 环保科技面临的机遇和挑战

5.3.1 机遇

领导重视为环保科技大发展提供了政治保证。党中央、国务院高度重视环境保护工作，将其作为贯彻落实科学发展观的重要内容，作为转变经济发展方式的重要手段，作为推进生态文明建设的根本措施。新疆维吾尔自治区党委、自治区人民政府为实现中央提出的新疆“在跨越式发展中保持山川秀美、绿洲常在”的环保战略目标，确立了“环保优先、生态立区”发展理念和“资源开发可持续、生态环境可持续”发展方针，把环保优先、生态立区放在经济社会发展的全局来研究部署，把资源开发可持续、生态环境可持续要求全面贯穿于新型工业化、农牧业现代化和新型城镇化建设的进程中。这些重大决策和部署，为新疆环境保护事业加快发展提供了新的历史机遇，也为推进新疆环保科技创新和技术进步提供了有力的政治保障。

新疆跨越式发展为环保科技大发展提供了资金保障。中央新疆工作座谈会提出，到2015年新疆人均地区生产总值达到全国平均水平，城乡居民收入和人均基本公共服务能力达到西部地区平均水平；到2020年，确保与全国一起实现全面建设小康社会的奋斗目标。未来一个时期，国家将举全国之力支持新疆推进跨越式发展。“十二五”时期，全区GDP年均增速将达10%以上，五年全社会投资总额达3.6万亿元，国民经济实力将显著提高。新疆跨越式发展将有利于提高全区环保科技投入，完善投入机制，为环保科技事业发展提供了资金保障。

对口援疆计划为环保科技大发展提供了人才和技术保障。环保系统对口援疆计划将推进人才援疆和技术援疆，通过选调技术骨干赴疆挂职、加大对新疆干部的培训力度，联合开展各类岗位培训和专项业务培训、互派干部计划等措施，全面提升新疆环保科技能力建设。同时，《全国环保系统“十二五”对口援疆规划》的实施，将从经济、技术、人才、政策、管理等方面全方位地支援新疆环保科技跨越式发展，加强人才队伍建设、科技支撑、政策法规制度建设、重点环保科技实验室建设等。

5.3.2　挑战

新疆生态环境非常脆弱，环境保护形势仍然相当严峻。在实现新疆跨越式发展的过程中，经济发展和人口增长与资源环境承载力之间的矛盾将日益显现，控制污染物排放总量、改善环境质量、防范环境风险任务十分艰巨，新疆环保科技发展面临巨大挑战。

一大批能源资源开发企业的落地亟待国土空间合理布局技术指导。在新疆大建设、大开放、大发展的进程中，一大批能源化工产业基地和矿产资源开发基地将陆续建成，科学评估区域生态承载力，合理优化国土空间开发格局，对新疆能源资源开发利用具有重要意义。然而，目前区域生态承载力评估仍是国内外科学研究前沿内容，生态承载力评估的方法和技术处于探索阶段，因各类方法不同、指标选取不同、权重分配不同等影响，生态承载力评估结果不确定性较大，国土空间开发格局划定依据不强，是环境科技面临的一大挑战。

产业结构性污染亟待全过程环境风险防控技术体系建立。今后乃至很长一个时期，新疆仍要依托资源优势，实现跨越式发展，石化、煤电、煤化工等能源、资源消耗型工业比重将会进一步增加，结构性污染将会加重，带来的产业环境风险随之加大。“十二五”期间，国家提出要基本建立全防全控的防范体系，但新疆涉及的产业结构性污染行业较多，环境科技支撑能力较弱，在面对大建设、大开放、大发展的进程中，如何有效防控产业结构性污染是环境科技面临的又一挑战。

优势资源开发利用亟待资源节约型、环境友好型技术创新。新疆维吾尔自治区党委提出了“环保优先、生态立区”和“资源开发可持续、生态环境可持续”发展方针，大力实施优势资源转换战略，着力建设资源节约型、环境友好型社会。新疆国土资源丰富，资源优势显著，拥有极其丰富的煤炭、石油、天然气等资源，同时，又是典型的绿洲经济发展区域，水资源对新疆实现跨越式发展起到至关重要的作用。但是，目前资源开发利用方式粗放，能源消耗量过大，亟需推进资源节约型、环境友好型技术创新和技术进步，推动资源利用方式根本转变，大幅降低能源、水、土地消耗强度，提高利用效率和效益。

脆弱的自然生态亟待生态恢复和保护技术、动态监测预警技术研发。新疆地处我国西北边陲，属于温带大陆性气候，终年干旱少雨，水资源短缺，绿洲仅占国土面积的 4.2%，自然生态极其脆弱。然而，目前新疆生态环境恶化趋势尚未根本遏制，一些地区河流、湖泊干涸，荒漠扩大，土地沙化，林地湿地退化，冰川加快消融退缩。在新疆维吾尔自治区加快推进新型工业化、农牧业现代化和新型城镇化的进程中，人为活动因素对自然生态的干扰强度将是前所未有的，如何在新疆跨越式发展的过程中，加强自然生态恢复和建设，有效监管自然生态变化动态，及时预测自然生态未来发展趋势，提前谋划好措施和对策，是当前环境科技面临的重大挑战。

基于环境风险全过程识别、评估、控制和应急的管理技术十分薄弱。新疆是化学品生产和使用大省，化工、石化的原料及产品大多数为易燃、易爆和有毒物质，一旦发生泄漏事故极易造成爆炸、火灾等灾难事故。目前新疆环保厅及各地州环保局没有专职负责化学品的机构和人员，化学品环境管理工作介入较浅，监管力量、监测手段和执法能力均不足，同时也尚未建立起新疆危险化学品信息库、石油化工企业数据库和危险化学品环境管理体系。新疆环境应急体系建设尚处于起步阶段，应急能力十分薄弱。环境执法队伍缺乏应急运输与监测装备。除乌鲁木齐建有初具应急能力的环境应急中心外，绝大多数城市不具备基本的环境应急指挥能力。环境监管缺乏总体规划，监管网络尚待整合，化学品管理的部门多但监管部门协同性差。企业环境风险意识淡薄，缺乏公众的宣传和教育。

5.4 重大环保科技需求

针对新疆当前的环境问题、潜在的环境风险、未来环保科技发展面临的机遇和挑战，应该重点从国土空间开发格局优化、重点行业风险防控、资源开发利用、生态保护和监控等方面，分析未来发展的重大环保科技需求，从环保科技支撑视角，确保新疆在跨越式发展中保持山川秀美、绿洲常在。

5.4.1 国土空间开发格局优化方法

（1）区域生态承载力与生态红线划定方法研究

根据新疆水、土地和大气自然禀赋，开展单项因素区域生态承载力研究。基于区域各类自然因素，建立能反映区域综合生态承载力的评价体系、评价标准和评价方法，开展重点区域综合生态承载力评估研究。研究区域经济发展与区域生态承载力之间的相互关系、作用力，提出区域经济发展的生态安全阈值或阈幅。区域生态红线划定研究，按照国家主体功能区分类要求，加快区域生态红线划定方法和技术研究，对区域内地区限制开发、重点保护，优先划定各类重要生态功能区、生态环境敏感区、脆弱区等区域。

主要环保科技需求：

- 新疆重点经济开发区水、土地和大气生态承载力评估技术；
- 新疆区域综合生态承载力评估技术；
- 区域重要生态功能区、生态敏感区和生态脆弱区生态红线划定技术；
- 新疆区域经济发展与区域生态承载力耦合关系及其生态安全阈值；
- 天山北坡经济区、喀什经济开发区、两河流域等重点区域经济与环境协调发展的空间布局优化技术；
- 重点开发区、环境敏感区域（流域）环境承载力及环境容量与工业布局关系；
- 城市生态承载力估算方法和水土资源高效配置利用技术；

- 典型城市及城市群土地利用变化与空间布局生态效应评价、生态适宜性分区、城市景观生态格局构建与空间优化关键技术。

（2）生态环境功能区划及其分区管理研究

研究新疆环境功能综合区划及分区管理的技术方法，进一步细化措施，明确开发方向，控制开发程度，规范开发秩序，强化规划对环保的基础和先导作用。开展新疆环境功能综合区划及分区管理技术政策研究，提出分区管理的环境准入标准和技术政策。开展不同环境特征区域矿产开发分区的环境准入标准和环境保护技术政策研究，重点研究新疆煤炭资源开发环境监管技术。研究制定干旱区特色行业污染物排放管理标准和规范。分区研究制定干旱区特色农产品加工行业环境准入标准、污染物排放管理技术规范。

主要环保科技需求：

- 研究新疆环境功能综合区划及分区管理的技术方法；
- 新疆环境功能综合区划及分区管理技术政策；
- 分区管理的环境准入标准和技术政策；
- 基于环境功能分区的区域总量控制与监管技术；
- 不同环境特征区域矿产开发分区的环境准入标准和环境保护技术政策；
- 分区研究制定干旱区特色农产品加工行业环境准入标准、环境管理技术；
- 干旱区农村工业企业环境准入标准与技术规范；
- 优化自然保护区的空间布局技术；
- 新疆流域开发与规划的环境影响评估技术。

5.4.2　重点行业环境风险防控技术

（1）重点行业环境风险评估技术研究

伴随工业化的发展进程，特别是煤电、煤化工、石化、矿产等特色行业等的发展，新疆面临着巨大的产业结构性环境风险。围绕新疆重点发展的煤电、煤化工、石化、矿产等行业，选择反映行业环境风险特征的关键因子或指标，建立重点行业环境风险识别（评估）指标体系，研究重点行业环境风险特征，制定环境风险等级或标准，采取合理的评估方法，开展重点行业环境风险评估。

主要环保科技需求：

- 新疆煤电行业环境风险评估技术与对策；
- 新疆煤化工行业环境风险评估技术与对策；
- 干旱区油田开发区、矿产资源开发区环境风险识别与评估技术；
- 工业污染源特征污染物毒性识别、风险评价和风险管理技术；
- 医药、农药、染料、炼焦等行业特征污染物排放的环境风险评价技术；
- 重点行业及产业生态环境风险管理技术；
- 新疆核与辐射环境管理办法；

- 危险废物处置设施选址的风险评估技术；
- 突发环境事件中危险废物环境风险评价技术；
- 环境影响评价中的健康风险评估技术；
- 重点区域、重点行业化学品及化学农药环境风险防控技术。

（2）**重点行业环境风险防控关键技术研究**

开展重点行业污染源头控制技术研究，重点行业的绿色经济、循环经济发展模式与关键技术研究，典型生态工业园区建设技术模式、生态工业的关键支撑技术和产业链接技术等。加强重点行业环境风险管理对策研究。开展重点行业区域环境规划环境影响评价技术、环境风险预测与预警、环境风险应急管理制度等研究。

主要环保科技需求：

- 乌鲁木齐大气污染源解析技术及城市空气质量模拟仿真技术；
- 干旱区农副产品深加工产业、矿产开发行业清洁生产技术集成与示范；
- 干旱区工业园物质循环、能量高效利用监测、分析评估技术；
- 天山北坡经济区战略性产业生态轨迹及绿洲型生态工业园区发展模式；
- 新疆特色行业清洁生产标准和污染控制标准研究；
- 重点领域和重点行业的绿色经济、循环经济发展模式与关键技术；
- 重污染行业或地区发展生态工业的关键支撑技术和产业链接技术；
- 重点行业优控污染物筛查、环境暴露和风险评价优先/关键技术；
- 环境健康风险区划和分级技术方法；
- 涉气重金属排放企业污染物排放量测算方法。

5.4.3 资源可持续利用技术模式

（1）**水资源节约利用、环境友好型技术研究**

合理开发利用水资源是实现新疆跨越式发展的前提条件。重点开展农业生产、工业生产过程水资源节约利用、循环利用技术研究，提高水资源利用率。针对新疆国际性河流，开展水资源合理开发利用规划环境影响评价技术研究。研究饮用水水源地保护、风险管理和预警技术，优先确保饮用水水源地安全；研究流域水生态安全管理技术，加强流域水生态安全；研究工业、农业和生活污水减排关键技术，地下水水资源保护和修复技术等，确保水资源环境质量安全。

主要环保科技需求：

- 干旱区绿洲农业节水灌溉技术；
- 重点灌区农业退水污染控制与水质改善技术；
- 干旱区特色工业用水循环利用技术；
- 国际性河流水电开发环境影响评价技术；
- 新疆饮用水水源地环境风险评估与风险管理技术；

- 农村高氟、高砷劣质饮用水水源区污染控制技术；
- 新疆饮用水水源地预警和应急保障技术；
- 流域水环境风险评估与预警监测关键技术；
- 研究流域水污染防治适应性技术集成与示范；
- 重点流域水生态综合管理技术及适应性技术集成与示范；
- 干旱区污（废）水资源化利用技术；
- 干旱区特色工业水污染减排和城镇污水处理适应性技术；
- 干旱区城镇污水及污泥资源化利用技术政策及综合利用技术模式；
- 地下水和地表水补排和协同控制技术；
- 污染源对地下水污染的机理及其源头控制技术；
- 典型污染场地地下水污染修复技术；
- 干旱区地下水污染评估模型和综合调控技术。

（2）**土地资源集约节约利用、环境友好型技术研究**

新疆土地面积占国土面积的 1/6，幅员辽阔，但可利用土地资源相对匮乏。新疆应努力开展土地集约节约利用总体规划修编工作，完善土地利用规划体系，加强与国民经济和社会发展规划、城乡体系规划及产业发展规划的衔接和协调，统筹安排、合理配置全市各类土地资源。建立土地集约节约利用评价指标体系，评估土地利用现状和风险。开展土壤环境污染修复技术、环境风险评估和预警研究，确保土地资源环境安全。

主要环保科技需求：

- 土地集约节约利用总体规划编制技术；
- 土地集约节约利用评价指标体系及其方法；
- 土地利用规划环境影响评价技术；
- 绿洲区土壤环境质量分区、分类分级评估技术；
- 油田、矿区受污染场地土壤修复技术；
- 典型土壤重金属污染地区识别技术；
- 农用地土壤环境风险评估技术；
- 不同类型工业场地土壤污染防治与修复技术；
- 石油开发、煤炭开发污染土地环境管理与治理对策。

（3）**矿产资源合理开发利用、环境友好型技术研究**

新疆矿产资源丰富，随着开发力度的加大，使脆弱的生态环境承受着巨大的压力和进一步退化的风险。新疆应针对煤炭、石油、有色金属等重点矿产开发活动，总结现有矿产资源开发利用技术，围绕资源节约、环境友好的目标，开展相关技术评估，归纳、总结、创新新疆特色矿产资源集约、节约利用技术或模式。研究矿产资源开发废弃物综合利用技术，矿产资源开发区环境监测点位布局优化、监测指标和内容、环境风险评价方法、环境风险预警技术、生态恢复综合治理技术等研究。完善新疆矿产资源开发税费制度，加强矿产资源开发有关生态补偿、污染责任保险、绿色信贷、排污权交易和排污费改革等新机制研究。

主要环保科技需求：

- 干旱区煤炭资源节约型、环境友好型技术研究；
- 干旱区石油、天然气资源节约型、环境友好型技术研究；
- 干旱区特色有色金属矿产资源节约型、环境友好型技术研究；
- 干旱区石油天然气开采和煤化工行业固体废物管理和处置技术；
- 特殊区域矿产资源开发环境监管技术支撑体系；
- 资源开发区生态修复与重建关键技术；
- 污染型尾矿渣无害化、稳定化处理技术；
- 资源开发环境风险管理关键技术；
- 绿色矿产资源开发模式；
- 矿产资源开发环境预警技术体系；
- 资源开发环境风险管理关键技术；
- 新疆煤炭资源开发环境监管技术；
- 天山、阿勒泰山集水区矿产开发环境风险管理技术；
- 矿产资源开发环境预警技术体系；
- 旱区绿色矿区开发建设适应性环境技术与开发模式；
- 矿产资源开发有关生态补偿机制。

（4）资源循环利用、清洁生产技术研究

开展干旱区农副产品深加工产业、矿产资源开发行业清洁生产技术集成与示范研究。研究干旱区工业园物质循环、能量高效利用监测、分析评估技术，研究天山北坡经济区战略性产业生态轨迹及绿洲型生态工业园区发展模式。开展新疆特色行业清洁生产标准和污染控制标准研究。

主要环保科技需求：

- 干旱区新能源、绿色技术及先进的温室气体减排技术；
- 干旱区农副产品深加工产业、矿产资源开发行业清洁生产技术；
- 绿洲型生态工业园区发展模式；
- 重点行业循环经济、清洁生产和废物资源化关键技术；
- 旱区工业园物质循环、能量高效利用监测、分析评估技术；
- 新疆特色行业清洁生产标准和污染控制标准；
- 煤炭产业循环经济模式。

5.4.4　生态保护、恢复与建设实用技术

（1）干旱区自然生态保护、恢复与建设技术研究

干旱区自然保护区、重点生态功能区、生态脆弱区、环境敏感区有关保护与恢复、修复、建设等关键技术。开展干旱区资源开发和交通基础设施建设等活动生态风险安全性评估，典型矿产资源生态保护、生态修复、生态风险评估等技术研究。

主要环保科技需求：

- 荒漠油田、沙漠油田、极干旱区油田适应性生态环境保护技术；
- 荒漠区矿产开发区生态保育生态修复技术开发与示范；
- 矿区土壤及废弃地复垦和稳定化风险控制技术、生态修复关键技术；
- 干旱区重要生态功能区的系统保护与建设理论；
- 绿洲与荒漠交错带等环境敏感区生态保育与修复技术；
- 生态脆弱区生态保育与修复技术；
- 干旱半干旱地区湖泊水环境综合治理与生态修复技术；
- 沙尘/浮尘生态预防、治理技术。

（2）生物多样性保护研究

加强新疆生物多样性就地保护、迁移保护等技术研究，强化外来有害物种的环境风险管理制度建设。

- 干旱区生物多样性与有害物种入侵评估及其监管技术；
- 跨越式发展形势下资源开发对生物多样性的影响及保护研究；
- 转基因生物安全监管及风险评估与控制技术。

5.4.5　农牧区环境综合整治技术

（1）农牧区生活污染防治技术研究

优先开展新疆饮用水水源地环境风险评估与风险管理技术、农村饮用水水源地的影响机制与污染控制技术措施、饮用水水质净化和达标技术等研究，确保农牧区人民饮水安全。筛选、评估适应于干旱区农村分散式、低成本、易管理的污水和垃圾处理技术，建立具有区域特性的干旱区农村污染控制技术体系。

主要环保科技需求：

- 饮用水水源地环境风险评估与风险管理技术；
- 农村饮用水水源地的影响机制与污染控制技术措施；
- 饮用水水源地水质净化和达标技术；
- 干旱区农村分散式、低成本、易管理的污水和垃圾处理技术；
- 农村生活垃圾收集、贮运及无害化处理处置技术。

（2）**农牧业生产污染防治技术研究**

研究适应于干旱区农业废物治理、规模化和分散式畜禽粪便处理技术，开展农牧污染源控制技术与资源化利用技术评估、示范。研究有机食品生产基地环境调查与评估技术方法，加强农业面源污染防治技术研究。

主要环保科技需求：

- 农村畜禽粪便、秸秆资源化途径及农村清洁能源生产、利用的技术；
- 干旱区农业废物治理、规模化和分散式畜禽粪便处理技术；
- 农牧业废物无害化处理技术与综合利用；
- 新疆有机产品生产基地技术规范和监管技术；
- 流域农牧面源污染监控技术与污染防治技术；
- 干旱区农业化学品环境管理与污染防治技术；
- 重要的粮食产区和牧区农业化学品环境污染水平调查与环境风险评估；
- 干旱区农业化学品环境管理与污染防治技术政策；
- 农牧区面源污染控制技术、农田、草地径流氮、磷、盐拦截技术；
- 农用地土壤重金属和有机污染物风险管控和修复技术。

5.4.6 生态环境监测技术

（1）**环境监测技术**

开展水、气、土壤空间监测点位布局优化技术研究，建立环境安全风险评估指标体系，评估区域环境风险和生态安全。

主要环保科技需求：

- 污染源监测数据采集、传输、汇总、综合评价及表征技术；
- 重点监控企业污染源在线监控运行管理模式研究；
- 应用大气遥感与地面监测相结合手段开展区域大气污染预警方法；
- 新疆废气监测仪器的环境适应性研究；
- 干旱区生态环境监控与评估技术体系；
- 环境监测信息化集成与资源共享技术；
- 无线传感网络在环境监测中的应用技术；
- 主要河流流域生态环境监察方法规范和现场监察指南；
- 水、气、土壤环境监测网络点位优化调整技术；
- VOCs 固定源采样技术规范、来源调查及排放统计核算方法；
- 环境监测数据有效性确认技术规范。

（2）**生态保护监测技术**

重点开展重点生态功能区、生态脆弱区、环境敏感区的生态风险评估；研究研究沙尘/浮尘、冰川融雪等现象发生的过程、机理和应对措施，提出应对自然灾害的预警、应急措施。充分利用现代信息和遥感技术，建立天地一体的区域大尺度环境监测、评估、预警技术。

主要环保科技需求：

- 干旱区矿产和水资源开发中的生态环境保护及绿洲污染防控；
- 生态脆弱区生态环境负荷能力与经济开发的关系、环境功能区划及分区管理技术；
- 资源开发区产业布局与重大工程环境影响；
- 新疆境内冰川融雪型跨境河流水环境监控预警技术；
- 绿洲与荒漠交错带等环境敏感区或脆弱区环境监管技术；
- 资源开发和交通基础设施建设活动环境监管与监察支撑技术；
- 干旱区环境遥感监测技术；
- 天地一体化环境监测新技术；
- 环境监察遥感系统（RS）和地理信息系统（GIS）平台建设。

5.4.7　地方性环境管理制度建设

(1) 重点行业地方性环境技术政策、标准与制度

完善地方性环境政策法规标准制度体系，加大处罚力度，提高环境准入标准，进步规范、约束政府的施政行为和企业的经济行为。根据新疆维吾尔自治区环境管理重点工作，结合新疆经济、环保技术发展趋势，研究建立新疆维吾尔自治区地方环境标准体系。

主要环保科技需求：

- 煤电、煤化工项目环保准入政策、技术；
- 煤炭资源开采的生态补偿制度；
- 涉气重金属排放企业污染物排放量测算方法；
- 新疆各重污染行业清洁生产模式；
- 采掘类建设项目分区环境准入标准和环保技术政策；
- 油页岩矿的环境准入、固废的堆放、生态恢复和综合利用等技术；
- 制定新的石油、煤炭开采和焦炭生产排污费征收标准；
- 城市总体规划的规划环评的要求及相关技术导则。

(2) 基于环境风险全过程管理技术

研究编制新疆维吾尔自治区环境风险防控与管理规划，强化建设项目环境风险评价，实施企业环境风险标准化管理，强化环境风险防控与管理基础研究等。

主要环保科技需求：

- 新疆环境风险防控与管理规划编制技术；
- 有关重金属、危险废物、持久性有机性污染物、化学品等环境风险排查和识别技术和规范；

- 重点污染行业环境风险评估技术；
- 重点污染行业环境风险控制技术；
- 重点污染行业环境风险应急预案编制技术；
- 区域环境风险区划及优化管理技术；
- 核与辐射环境风险识别、评估和控制技术。

(3) **其他环境监管技术**

开展自治区“十三五”环境保护形势预测，为“十三五”环境保护规划编制和环境管理决策奠定基础。开展环境技术验证（ETV）评估体系与应用研究，推动新疆各行业污染防治创新技术的推广和应用。

- 新疆环境保护“十三五”规划前期研究；
- 以生态环境 10 年调查结果为基础，研究分析新疆生态环境状况 10 年变化趋势和规律；
- 建立与国际接轨、适合新疆特点的环境技术验证评估体系及新技术推广机制；
- 建立公正、科学、客观的验证评估方法和指标体系及质量保证程序；
- 建立各级环境保护部门环境违法行为查处公示制度；
- 新疆主要河流流域生态环境监察方法规范和现场监察指南；
- 新疆煤炭产业循环经济发展战略研究；
- 新疆工业发展与水环境承载力关系研究。

第 6 章　重点区域发展空间布局优化方案

6.1　伊犁河谷概况

6.1.1　自然地理条件

伊犁河谷地区位于欧亚大陆腹地，新疆维吾尔自治区的西北部，地理范围为：北纬 42°14′16″～44°50′30″，东经 80°09′42″～84°56′56″，东西长约 350 km，南北宽约 280 km，总面积 $5.64×10^4$ km^2。伊犁河谷地区北与博尔塔拉蒙古自治州接壤，东北与塔城地区相连，东面同巴音郭楞蒙古自治州毗邻，南面与阿克苏地区连接，西与哈萨克斯坦交界，现辖伊宁市、尼勒克县、新源县、巩留县、特克斯县、昭苏县、察布查尔县、霍城县、伊宁县，共计 1 市 8 县。

（1）**地形地貌**

伊犁河谷区地势东高西低，海拔高程范围为 535～6 601 m。地形复杂，东、南、北三面高山环绕，为东窄西宽的三角形谷地构成了一道天然屏障。北面有西北—东南走向的科古琴山、婆罗科努山；南有北东—南西走向的哈尔克套山和那拉提山；中部还有乌逊山、阿布热勒山等横亘，构成“三山夹两谷”的地貌轮廓。三列山系向东辐合于东部的依叶哈比尔尕山，使伊犁河谷形成向西开敞的喇叭形谷地，见图 6-1。

伊犁河谷地貌类型主要分为山地、丘陵、河谷平原三种类型，其中，山地面积占伊犁河谷总面积的 66.97%；丘陵面积占伊犁河谷总面积的 9.89%；河谷平原分布于伊犁河谷两侧，面积占伊犁河谷总面积的 23.14%。

（2）**河流水系**

伊犁河谷区拥有新疆境内流量最大的河流 —— 伊犁河，伊犁河全长 1 236 km，流域面积 15.12 万 km^2，年径流量 166 亿 m^3。伊犁河发源于新疆天山西段，上游在中国新疆境内，长约 442 km，在我国境内流域面积约 5.6 万 km^2，占新疆面积的 3.5%。伊犁河水资源相当丰富，占新疆地表径流总量 19%；年均径流深 268 mm，为新疆平均值的 5.7 倍，接近于全国年均径流深值。伊犁河上游主要水系组成包括 3 条，即特克斯河、巩乃斯河和喀什河，其主源为特克斯河，见图 6-2。

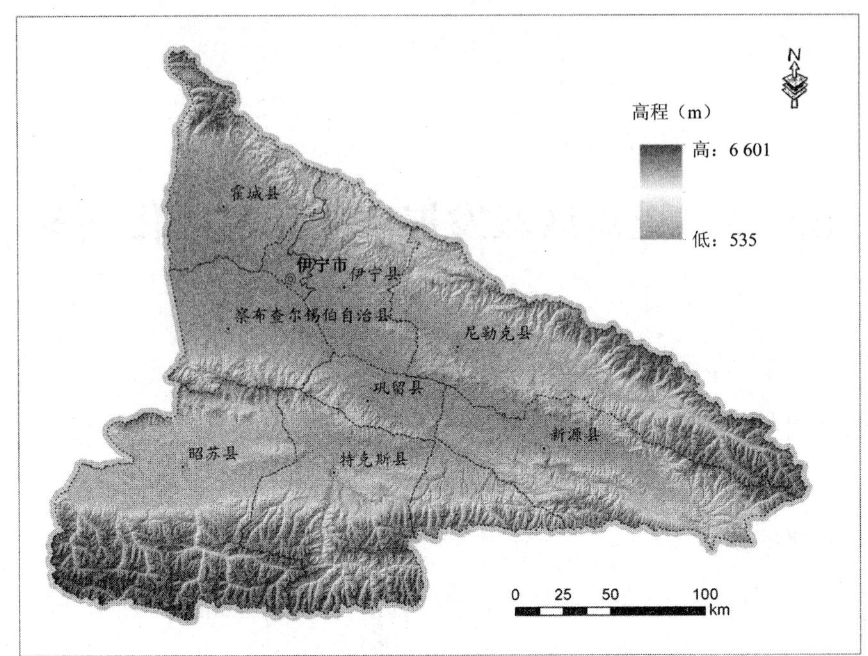

图 6-1　伊犁河谷区地形高程图

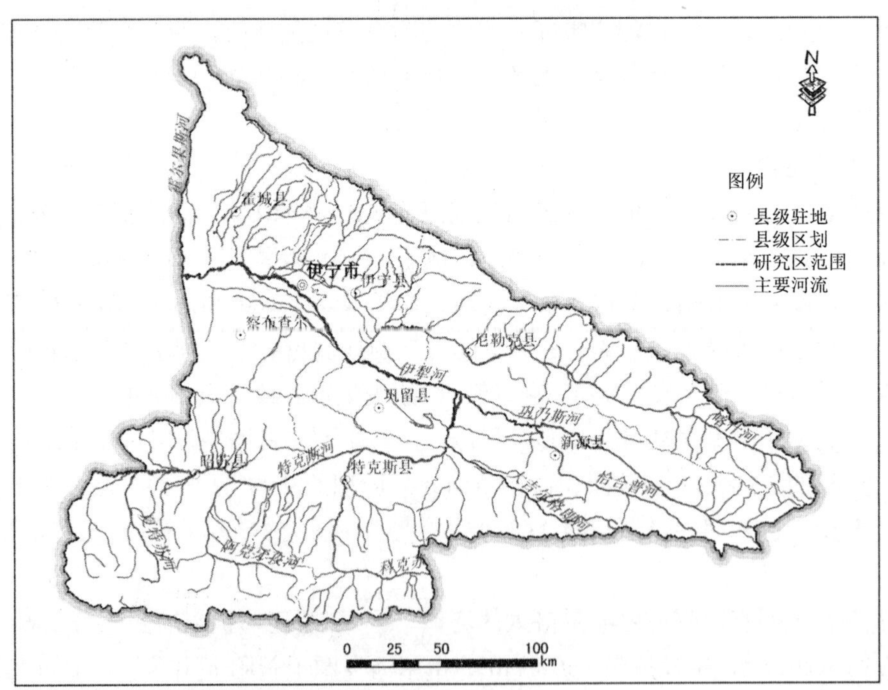

图 6-2　伊犁河谷河流水系分布图

特克斯河是伊犁河的主源，全长 345 km。发源于哈萨克斯坦境内汗腾格里峰北坡，进入我国境内后流长 237 km，流域面积 2.3 万 km^2，径流量增至 252 m^3/s，约占伊犁河流量的 50%以上。在我国境内流经昭苏县和特克斯县，在巩留县东北与巩乃斯河汇合后称伊犁河。特克斯河支流众多，它的支流常常形成许多小的河系，水量都很丰沛。最大的支流是特克斯县境内的阔克苏河，年径流量为 70.1 m^3/s；其次是昭苏县的阿克牙孜河，年径流量为 55.4 m^3/s。直接进入特克斯河的支流有 30 余条。

巩乃斯河为伊犁河东源南支，是三大支流中最小的一条，全长 258 km，年径流量仅 45.6 m^3/s，流域面积 0.7 万 km^2，总流量占伊犁河的 13.3%。巩乃斯河发源于和静县西北角安迪尔山南坡，同喀什河源仅一岭之隔，冰川十分发育，向西穿过新源县境，至巩留县与特克斯河汇合。

喀什河为伊犁河东源北支，在三大支流中位居第二，全长 316 km，年径流量为 123 m^3/s，流域面积 1 万余 km^2，源于天山北支南坡，穿行于喀什河谷之中，两侧河流密布，是典型的羽状河系。向西穿过尼勒克县，至伊宁县雅马渡汇入伊犁河。

（3）气候状况

伊犁河谷区属于大陆性中温带气候，总体的气候特征表现为：冬季长，夏季短，春季升温快但不稳定；秋季降温迅速。光热较充足，相对湿度低，蒸发量大。气温变化剧烈，日温差大，无霜期较短。降水量月、季、年度变率大，山区多于平原。风力因地形影响而表现不一。

地区内多年平均气温范围为−20.9～8.5℃，年日照时数为 2 870 h，具体见图 6-3。多年平均降水量范围为 230.1～501.4 mm，降水时段主要集中在夏季，伊犁河谷区是新疆最湿润的地区，具体见图 6-4。

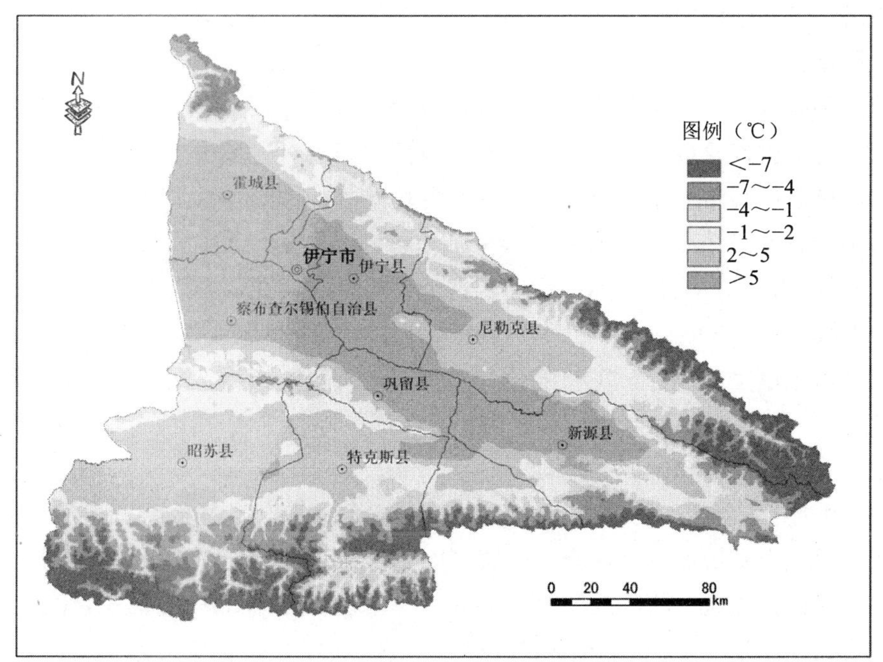

图 6-3　伊犁河谷区多年平均气温示意图

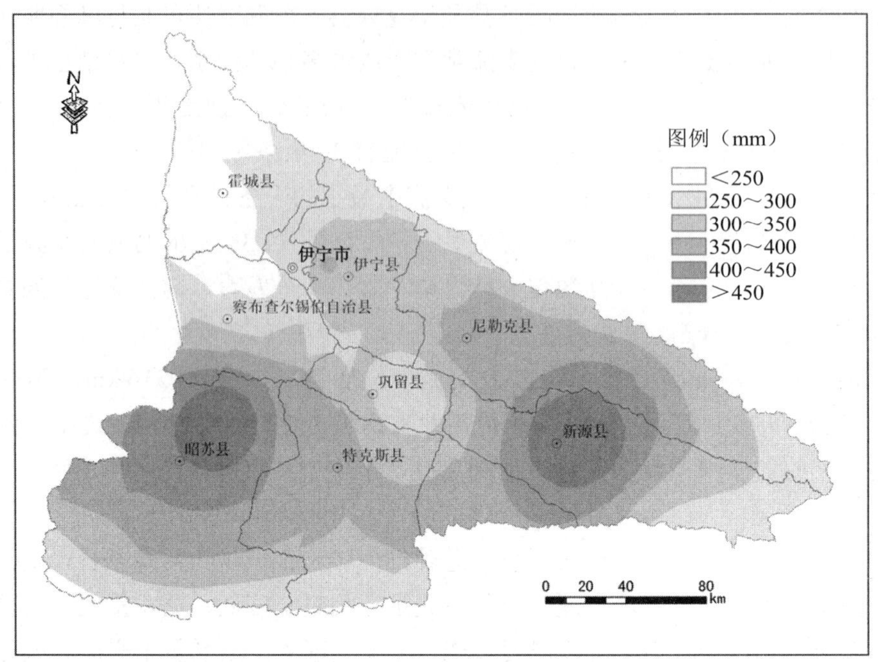

图 6-4　伊犁河谷区多年均降水量示意图

伊犁河谷区多年平均气温空间分布显示为沿伊犁河谷和特克斯河谷气温较高，南北两岸的丘陵山区气温相对较低；多年平均降雨量空间分布差异则表现为以昭苏和新源县为两个降雨量较高的峰值区域，向其外围区域降雨量逐渐减少。

（4）**植被类型**

伊犁河谷区以草原、草甸为主，草甸占 36.5%，草原占 19.3%，尤其是婆罗科努山南坡山地草甸植被发育良好，牧草种类多，植被覆盖度大。其中，草甸以温带禾草、杂类草为主，草原以温带丛生禾草草原为主。种植业以及果园等面积占 12.8%，主要分布在中部的平原谷地；风毛菊、垂头菊等稀疏植被占 8.1%，主要分布在周边的山区。中山带为茂密的云杉林，云杉林面积比例约占河谷区总面积的 7.5%。

（5）**土壤类型**

伊犁河谷土壤类型多样，主要的土壤类型有草甸土、沼泽土、黑钙土、栗钙土、灰钙土、风沙土、亚高山草甸土、高山草甸土、灰褐色森林土等 13 种土壤型，41 个亚类，39 个土属，86 个土种，104 个变种。

其中，黑钙土、栗钙土、灰钙土及沼泽土分布面积较广，与农牧业生产和人类活动关系密切。黑钙土有机质含量丰富，是典型的草原土壤，主要分布于昭苏盆地、巩乃斯河谷东部、尼勒克谷地东部以及山地海拔高度在 1 500～2 100 m 地段，占土地总面积的 14.46%；栗钙土系干草原地区的地带性土壤，主要分布于海拔高度为 500～1 500 m，占土地总面积的 53%；灰钙土土壤肥力较低，主要分布于西部的河谷平原丘陵地带的农业生产区域，海拔高度在 600～1 200 m，占新疆土地总面积的 12.14%；沼泽土主要分布于河流的河漫滩地段，占新疆土地总面积的 1.6%；风沙土主要分布在霍城图开沙漠。

6.1.2　社会经济现状

（1）**人口状况**

截止到 2010 年，伊犁河谷地区人口总数为 272.74 万人，人口密度为 43.29 人/km^2。其中少数民族约占总人口的 67.38%，乡村人口 146.43 万人，占伊犁河谷地区总人口的 53.69%，乡村人口中牧业人口为 21.26 万人，占乡村人口总数的 14.65%，具体见表 6-1。

从人口密度空间分布看，西南部的昭苏县人口密度最低，其次是东北部的尼勒克县，西北部的伊宁市、伊宁县和霍城县人口密度相对较高。

表 6-1　2010 年伊犁河谷区人口密度与人口数量

县区名称	人口密度/（人/km^2）	总人口/万人	乡村人口数/人	牧业人口数/人
伊宁市	960	47.15	142 306	4 891
霍城县	74	39.65	207 870	11 005
伊宁县	91	41.78	321 292	23 439
尼勒克县	18	18.26	121 193	36 920
新源县	46	30.32	213 489	39 364
巩留县	46	19.64	118 152	21 183
察布查尔锡伯自治县	43	19.41	123 321	9 228
特克斯县	22	16.49	108 751	36 734
昭苏县	17	18	107 915	31 791
建设兵团	33	22.04	—	—
总计	43	272.74	1 464 289	214 555

（2）**GDP 状况**

近几年，伊犁河谷经济发展迅速，2010 年伊犁河谷地区实现生产总值 391.04 亿元，是伊犁哈萨克自治州 2010 年生产总值的 43.87%；人均生产总值达 14 337 元，是伊犁州 2010 年人均生产总值的 91.34%。

产业结构上，第一产业增加值 113.4 亿元；第二产业增加值 130.0 亿元；第三产业增加值 147.6 亿元。第一、第二和第三产业对经济增长的贡献率分别为 29%、33%和 38%。其中工业增加值 99.8 亿元，占生产总值的 25.5%。

如表 6-2 和图 6-5 所示，从各市县来看，伊宁市生产总值最高，其次是新疆生产建设兵团和新源县，特克斯县生产总值最低。从三产比例构成来看，伊宁市和霍城县以第三产业为主，其他市县以第一、第二产业为主，第二产业比例最低的是特克斯县，占全县生产总值的 17.9%。

表 6-2 2010 年伊犁河谷地区生产总值

县区名称	生产总值/万元	第一产业生产总值/万元	第二产业生产总值/万元		第三产业生产总值/万元	人均生产总值/（元/人）
伊宁市	950 356	45 437	272 426	163 452	632 493	20 518
伊宁县	421 679	171 994	145 634	120 724	104 051	10 188
察布查尔锡伯自治县	220 406	110 040	50 908	34 715	59 458	11 485
霍城县	492 908	169 071	98 534	78 540	225 303	12 520
巩留县	192 082	76 037	60 327	60 327	55 718	10 185
新源县	505 205	153 037	238 381	192 579	113 787	16 795
尼勒克县	226 558	64 405	113 868	84 364	48 285	12 573
特克斯县	134 235	58 429	23 981	16 582	51 825	8 364
昭苏县	215 339	94 187	49 174	37 544	71 978	12 118
新疆生产建设兵团	551 645	191 700	246 464	208 935	113 481	25 033
总计	3 910 413	1 134 337	1 299 697	997 762	1 476 379	14 337

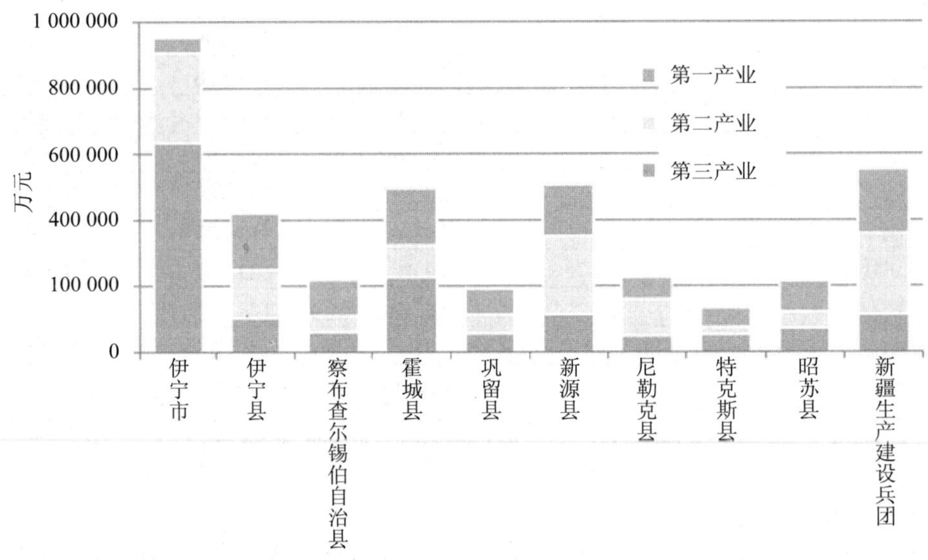

图 6-5 2010 年伊犁河谷地区各市县的生产总值及三产构成

（3）主要产业现状

1）种植业和畜牧产业

种植业和畜牧业是伊犁河谷经济发展、农民增收的重要支柱产业。目前，伊犁河谷地区农业结构由原来的农牧并举逐步发展为种植业占优势，伊犁河谷地区成为新疆维吾尔自治区重要的粮食、油料、畜牧、甜菜、亚麻、水果生产基地。

2010 年伊犁河谷主要农产品播种面积为：粮食作物 22.5 亿 hm^2；棉花 991.5 万 hm^2；油料 13 135.3 万 hm^2。农林牧渔业总产值 171.7 亿元，其中种植业产值 953 683 万元，占总产值的 55.53%；牧业产值 677 912 万元，占总产值的 39.47%；林业产值 28 094 万元，占总产值的 1.64%；渔业产值 13 213 万元，占总产值的 0.77%，具体见表 6-3。

表 6-3　2010 年伊犁河谷地区农林牧渔业总产值　单位：万元

县区名称	总产值	农业产值	林业产值	牧业产值	渔业产值	农林牧渔服务业产值
伊宁市	78 716	51 277	1 311	22 015	1 837	2 276
伊宁县	289 248	153 126	6 484	119 009	5 884	4 745
察布查尔锡伯自治县	141 716	98 723	2 183	37 537	475	2 798
霍城县	163 858	84 987	3 646	72 247	162	2 816
巩留县	131 138	68 011	2 823	59 682	349	273
新源县	218 419	120 011	4 421	90 147	552	3 288
尼勒克县	108 253	35 354	1 592	67 680	25	3 602
特克斯县	102 513	47 248	1 420	52 885	60	900
昭苏县	94 263	41 760	376	50 819	0	1 308
新疆生产建设兵团	389 384	253 186	3 838	105 891	3 869	22 600
总计	1 717 508	953 683	28 094	677 912	13 213	44 606

伊犁河谷畜牧业发达，是新疆细毛羊、伊犁马、新疆褐牛、中国美利奴羊等优良品种的主要培育和生产基地。2010 年，伊犁河谷地区的牲畜年末存栏达 610.18 万头，其中：牛 122.56 万头、绵羊 397.38 万只、山羊 25.77 万只、马 36.82 万匹、猪 27.65 万口，主要畜产品肉类产量达 20.79 万 t。从行政区划看，牧业产值大于农业产值的区县包括 3 个，分别为尼勒克县、特克斯县和昭苏县，其牧业产值占其总产值的比例分别为 62.5%、53.9%和 51.6%，具体见图 6-6。

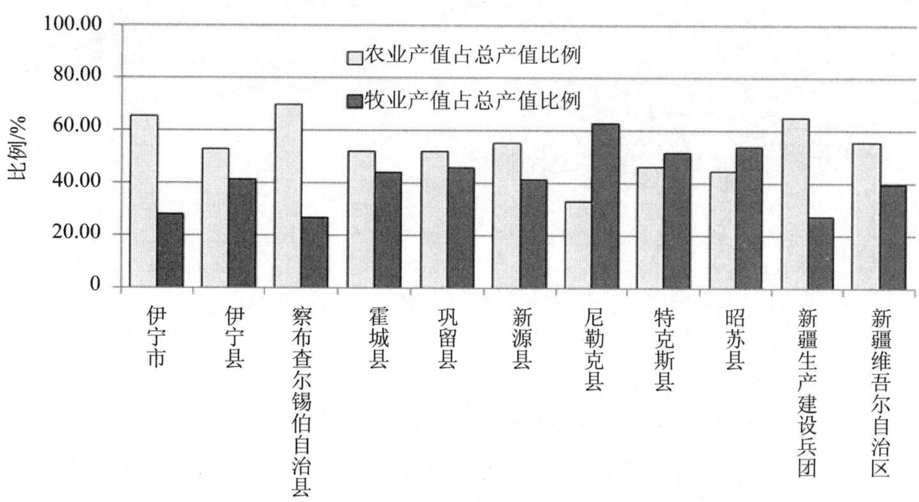

图 6-6　伊犁河谷区农业和畜牧业产值占比图

2）煤炭开采

伊犁河谷具有丰富的煤炭资源，有伊南、伊北、尼勒克和昭苏四大煤产地（见图 6-7），已经初步形成了以煤炭工业为基础的能源产业开发格局，为加快发展现代煤化工工业提供了可靠的保障。

①伊南煤产地位于伊宁—巩乃斯盆地，行政区划主要分布在察布查尔县境内，面积 1 710 km^2，矿区内远景预测储量 1 342 亿 t，探明储量 168 亿 t。

②伊北煤产地位于伊宁—巩乃斯盆地，行政区划主要分布在霍城县、伊宁市、伊宁县境内，面积 4 670 km^2，远景预测储量为 2 903 亿 t，已探明储量 154 亿 t。

③尼勒克煤产地位于伊犁盆地东部，喀什河沿岸，面积 1 183 km^2，远景预测储量 416 亿 t，已探明储量 176 亿 t。

④昭苏煤产地位于昭苏盆地，面积 1 255 km^2，远景预测储量为 115 亿 t，已探明储量 2 亿 t。

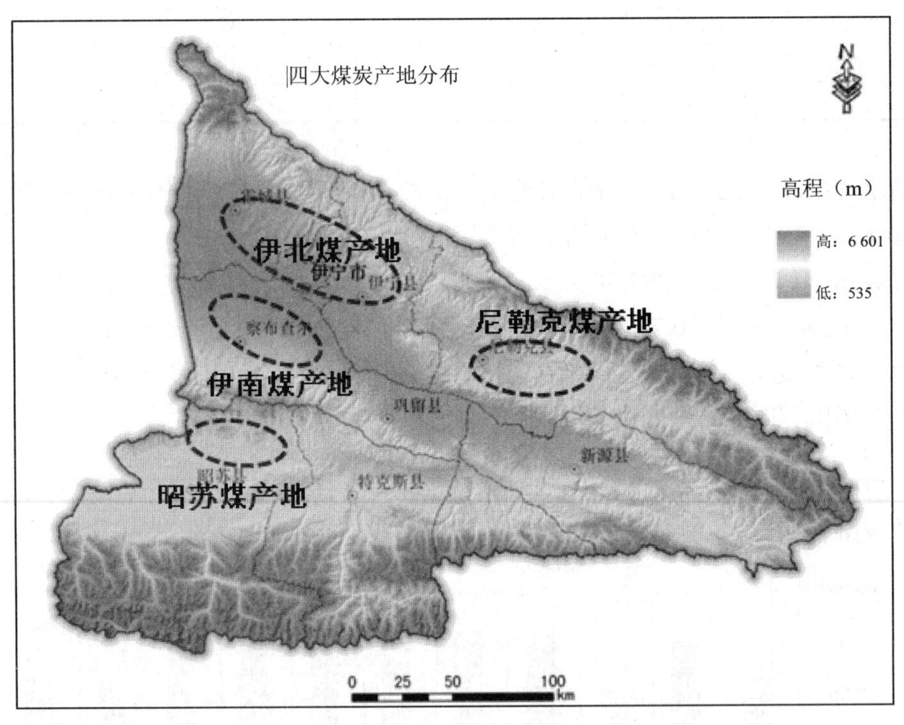

图 6-7　伊犁河谷地区四大煤产地分布图

3）工业产业

伊犁河谷地区目前有重点工业园区 8 个，包括：①霍尔果斯出口加工区，重点产业：进出口加工基地和国际贸易；②伊宁市边境经济合作区：煤电煤化工、新型建材、机械制造、生物制药；③霍城经济开发区：农副产品深加工、建材加工、食品加工；④伊东工业园区：农副产品精深加工、新型建材加工、矿产品加工、仓储物流、煤化工产业基地；⑤伊南工业园区：煤基产业、新型建材和清洁能源；⑥苏拉宫工业园区：苏拉宫工业园依托伊犁河谷煤炭资源和水资源重点发展精细煤化工产业；⑦新源工业园重点发展三大产业，分别为钢铁产业、建材加工和机械装备；⑧尼勒克工业园：重点发展煤电、煤焦化和新型煤化工产业，具体见表 6-4。

表 6-4　伊犁河谷地区各工业园区概况

序号	名称	级别	规划面积/km^2	2010 年 GDP/亿元	特色产业
1	霍尔果斯经济开发区	国家级	73	—	进出口加工业
2	伊宁边境经济合作区		25	12.4	农产品深加工和高新技术产业
3	霍城经济开发区（清水河经济开发区）	自治区级	20	6.18	以江苏省优势产业对口支援为特色
4	伊东工业园		49.2	16.5	现代煤化工、硅产业
5	伊南工业园		10	—	煤电、煤化工和林纸工业
6	苏拉宫工业园		10	—	煤化工
7	新源工业园		18	12.6（2011 年前 10 月）	冶金和农产品加工
8	尼勒克能源化工园区		10	—	煤化工

伊犁河谷现有工业园区的主导产业以煤化工、煤电、有色金属加工等资源型产业为主，产业链条短，缺少高附加值、高关联度、有竞争力的产品。园区产业发展对资源依赖性强，对资源环境承载造成了较大压力。

6.1.3　生态环境问题

基于伊犁河谷地区的主要产业结构与空间布局现状，开展风险源识别，辨识伊犁河谷地区存在的生态环境风险种类及其敏感程度。伊犁河谷地区主要包括由于工业、农业和水利建设等发展引起的水生态破坏和水环境污染风险；过度放牧、乱采滥挖等造成草场进一步退化的风险；矿区环境恢复治理率低引发的次生地质灾害发生风险加剧，见表 6-5。

表 6-5　伊犁河谷地区风险源类型及敏感程度

风险源类型	引发原因	敏感程度
水生态破坏和水环境污染	工业污染	++++
	湿地萎缩	+++
	矿山弃渣造成河道淤积及重金属污染	+
	水电开发	++
草场退化	过度放牧	+++
	开垦种植、滥采中草药及无序采矿	++
次生地质灾害	矿区植被恢复率低	+++
	弃渣堆在山坡或沟谷里随意堆放	++

注：+ 越多说明越敏感，风险越大。

（1）水环境污染

伊犁河是新疆水量最大的河流，流域内生态环境质量直接关系到伊犁州的经济社会发展和当地群众的生活质量。同时，伊犁河属于国际性河流，其上游在我国境内，中下游位于哈萨克斯坦境内，伊犁河出现水环境问题可能会引起国际纷争，因此，保护伊犁河的水环境质量以及流域生态系统健康至关重要。

这些年来，伊犁州的政府部门对伊犁河的生态环境保护非常重视，做了大量工作，例如制定《伊犁河流域生态环境保护条例》，开展《伊犁河流域水污染防治规划修编（2011—2020年）》，开展了生态功能区划，并划定特克斯河、喀什河、巩乃斯河、皮里青河等主要河流的源头水保护区。从近年环保部门监测的情况来看，伊犁河水质质量是稳定的。

然而，随着社会经济发展以及流域人口的持续增长，人类活动对流域水环境及生态系统造成的影响也日益加剧。工业废水及污染物排放量逐年增加，同时由于监管不利一些工业企业的废水未经污染治理设施处理直接排入河流水体的行为，对流域水环境造成较大影响，威胁水质安全。

1）资源、能源开发强度大增加生态风险

目前，伊犁河谷的产业结构仍偏重于以能源、原材料加工为代表的重工业，资源、能源开发强度大，由此导致的区域内资源、能源开发强度和污染物排放量增大，使得污染防治工作将面临更严峻的空前挑战。伊犁州新型工业化进程的加快，带动了伊犁河谷地区的经济飞速发展，工业结构和布局将得到进一步完善，但由于资源、能源开发强度的增大，生态风险也将进一步增加，生态环境将遭受更大的威胁。

2）河道淤积及重金属污染风险

伊犁河谷地区矿产资源丰富，矿山开采过程中，部分矿山由于“三废”治理率未达到国家要求，废弃的矿渣等沿着山坡进入河道，造成河道淤积及水质污染。例如：昭苏县的部分矿山由于弃渣场没有围栏防护措施，废弃的矿渣沿着山坡直接滑入阿克苏河（特克斯河支流），存在重金属污染水质的安全隐患。

（2）生物生境破坏

伊犁河谷地区的河岸带植被是该区域生物多样性最丰富的地区，在物种分布上，河岸带植物种类占地区总数的60%～70%。由于人口的增长对农耕地需求量不断增加，位于河流两岸的天然湿地遭到大面积开垦，上百万亩的天然苇湖、沼泽和滩涂，或被开垦成农田，或因开沟挖渠变成荒碱滩，造成大量植被遭到严重破坏，大面积的天然苇湖、沼泽地逐渐缩减，湿地景观及其生态功能受到严重破坏。相关统计显示，沿巩乃斯河谷和伊犁河南岸数十万亩的湿地已大面积绝迹，大量黄鸭、灰鹤、水鸟等的栖息生境丧失，湿地物种数量急剧减少，对湿地生物多样性造成危害。

河流两侧岸边带的天然湿地是保护水域生态系统的一道天然屏障，具有阻滞和降解污染物、净化水体的功能，岸带天然湿地的破坏，会进加剧流域水环境污染和水生态破坏的风险，严重破坏河流中水生生物的生境。

伊犁河流域水资源丰富，现已建成中小型水电站 132 座，其中，喀什河上游有 7 座水电站的开发建设，特克斯河水系有 34 座水电站的规划建设。大量的水电水利工程会对河流生态系统产生一些不利影响：一方面，削弱了河流生态系统稀释、降解污染物等方面的能力；另一方面，阻断了洄游性鱼类的洄游通道，使洄游鱼类的种类和数量减少甚至绝迹。

伊犁河是国内唯一有裸腹鲟生长的河流，裸腹鲟又名鲟鳇鱼，伊犁人把它叫作“青黄鱼”，每年春夏之季，鲟鳇鱼从巴尔喀什湖洄游到伊犁河中游产卵繁殖。由于过度捕捞和产卵场的变化，裸腹鲟数量急剧减少，濒临灭绝，目前已被列为国家一级重点保护水生野生动物。水电开发会对裸腹鲟洄游通道造成阻隔，加剧其栖息生境的破坏和丧失。因此，水电开发需合理布局和规划，避免由此引发对河流鱼类等物种生物多样性造成的风险。

(3) **草场退化**

伊犁河谷地区以畜牧业为传统优势产业和支柱产业，然而由于牧场的载畜量极不平衡，能够实施禁牧、休牧、轮牧等保护措施的草地面积有限，因此大部分草场的载畜量长期超标。同时，对草场改良投入不足，草场草种长期得不到更新。加上开垦种植、滥采中草药以及无序采矿等因素，导致伊犁河谷草地面积减少和草场的大面积退化、沙化，引起产草能力的下降，草场的涵养水源、保持水土的作用减弱，植物群落和草场退化。

(4) **地质灾害频发**

伊犁河谷地区地质构造复杂，加之降水充沛，易发生降水、融雪性洪水并引发滑坡、泥石流灾害，是地质灾害的多发区。

多年来，伊犁河谷的新源、巩留、尼勒克、特克斯等地牧区滑坡、泥石流等地质灾害频繁发生，成为新疆乃至全国地质灾害较严重的地区之一。仅新源县隐患点就多达 800 多处，而且呈逐步增加趋势，尼勒克县已查明有地质灾害隐患点 461 处，其中，重要的地质灾害隐患点就有 308 处。目前，伊犁河谷区域已经被确定为新疆维吾尔自治区的 8 处地质灾害重点防范区域之一，包括 1 处地质灾害重点防范区域和 17 个重要地质灾害隐患防范点（段）。

(5) **生态系统服务功能下降**

伊犁河流域内的森林面积原有 364.32 万亩，其中山区森林面积 331 万余亩，活立木蓄积累 5 900 余万 m^3，占新疆森林面积的 1/4，这片森林对于涵养水源、改善气候、保持水土等起着至关重要的作用。有关资料显示，近几十年来新疆山区森林面积急剧减少，其中伊犁河谷山区森林年均减少 4 万亩。同时，不合理的生产布局和过于集中的采伐强度，使森林资源永续利用的基础遭到破坏，森林覆盖率由 4.9%下降到了 4.0%。

6.2 生态环境承载力状况评估

6.2.1 理论概念及其基本内涵

基于国内外对生态环境承载力概念和内涵的总结梳理，本研究采用广义的生态环境承载力的概念，即生态环境承载力是自然体系调节能力的客观反映，是指在特定的社会经济压力状况和资源与环境的供容能力条件下，维持自然生态系统的结构和功能的不退化，维护生态系统自我维持、自我调节的能力。

根据对生态环境承载力概念的理解，生态环境承载力包括承载媒体和承载对象两方面。承载媒体是资源—环境—生态综合系统，承载对象是以人为主的社会系统。也就是说，生态承载力主要体现在支持和压力两个层面，支持层面反映了生态系统稳定性和资源环境的供容能力，即可承载能力；压力层面反映了社会经济发展所带来的压力状况。

支持层面内容主要是生态系统的弹性度和资源、环境的承载力；压力层面主要表现为社会经济发展状况和人类活动胁迫。弹性度是生态系统可自我维持、自我调节及其抵抗各种压力与扰动的能力大小，反映了生态系统的稳定性；资源、环境的承载力主要表现了生态系统的容量大小；生态压力主要体现在社会经济发展及人类活动的干扰上，既是影响生态系统快速发展的阻力，同时也是促进生态系统结构和功能不断完善的动力，主要体现在社会经济、人口和污染胁迫压力三个方面，具体见图 6-8。

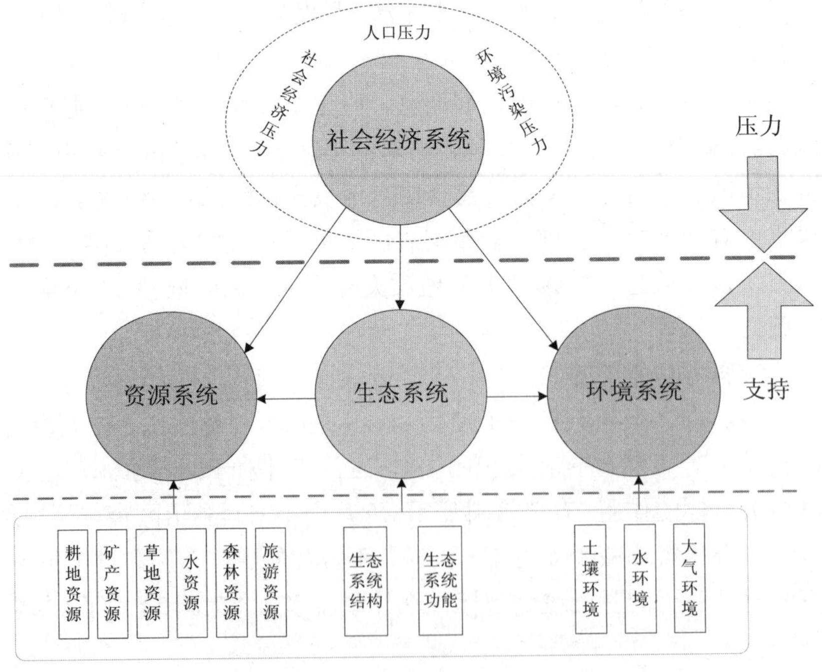

图 6-8 生态环境承载力的内涵

6.2.2 评估主要原则

（1）**科学性、客观性**

构建的指标体系应具有客观性，确实反映生态环境的现状及生态承载力水平。同时，不同地区的自然、社会和经济资源条件不同，反映在生态系统的结构、功能上具有不同的方式和特点，因此评价指标的确定要具有一定的科学性。

（2）**地域性、适用性**

以因地制宜为指导理念，根据研究区域的自然环境地域特征，选取适用于当地实际情况的评估指标体系，突出反映研究区域的自然生态系统状况、资源环境条件以及社会经济压力状况。

（3）**可量化、可操作性**

针对研究区域的生态系统特征，评估指标和方法具有可操作性，能够量化反映区域的生态环境承载力状况。

6.2.3 评估指标与方法

基于层次分析法的区域生态环境承载力状况评价指标体系包括 4 个层次：目标层、制约层、要素层和指标层。目标层体现整个区域生态系统的生态环境承载力状况；制约层包括对区域生态环境承载力状况起制约作用的支持子系统，每个子系统又包括若干个要素；要素层将制约因素的子系统划分为各方面的要素；指标层通过一系列具体的评价指标反映各要素的生态环境承载力状况。制约层、要素层和指标层相互联系、共同构成区域生态环境承载力状况评估指标体系。

从复合生态承载力的概念定义出发，本研究从支撑和压力两方面体现制约作用，因此制约层包括支撑力的制约和压力的制约。支持力通过生态系统弹性和资源环境支撑力两方面的指标体现，而压力的制约度通过社会经济、人口和人类活动胁迫三方面指标体现。因此要素层包括：生态系统结构和功能、资源承载要素、环境承载要素、经济压力要素、人口压力要素、人类活动胁迫压力要素。各要素采用层次分析和专家咨询法确定权重，指标层各指标权重采用等权重方法计算。

区域生态环境承载力状况评估的指标体系框架见图 6-9。

6.2.4 评估模型

对评估要素归一化，然后以区域生态环境承载力状况的支持层面和压力层面之差构建区域生态环境承载力状况综合指数。区域生态环境承载力状况综合指数的等级标准划分见表 6-6。

区域生态环境承载力状况综合指数（ECO_CCI）=RSI+CRI−SRI

其中：RSI、CRI、SRI 分别表示弹性度、承载指数和压力度。其数值通过各自的评估指标进行加权求和获取。

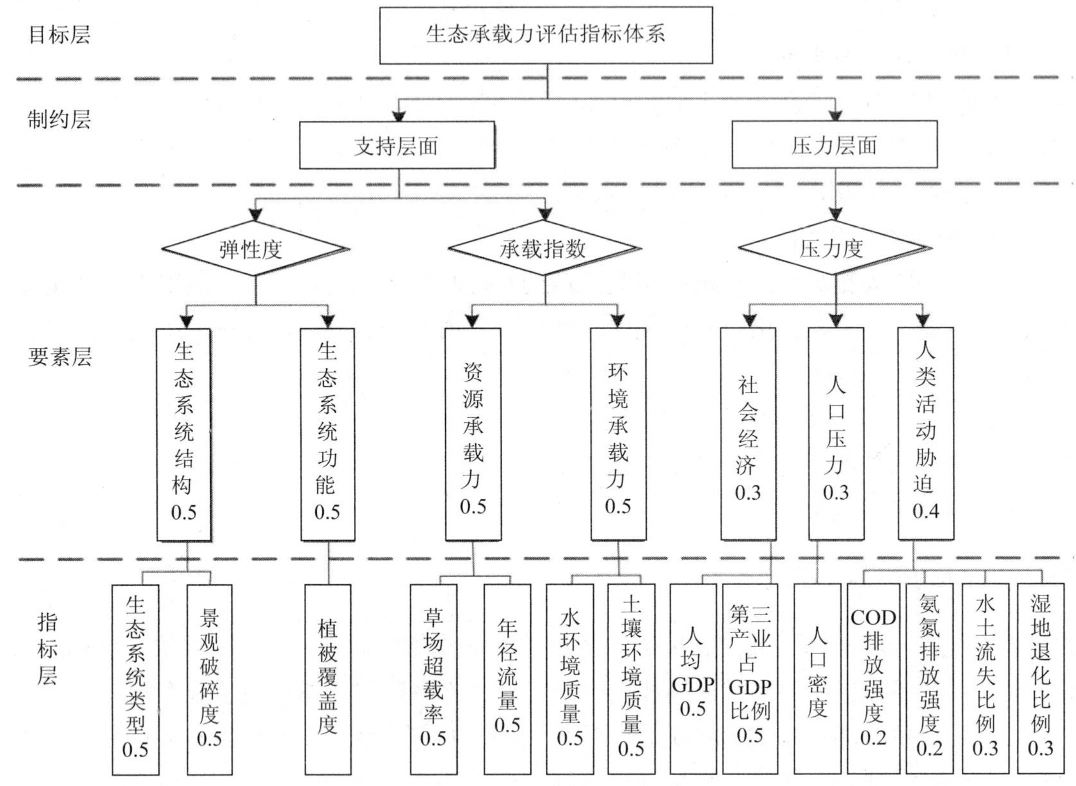

图 6-9　区域生态环境承载力状况评估指标体系图

表 6-6　区域生态环境承载力状况综合指数的等级标准划分

综合指数等级	高	较高	中等	较低	低
综合指数分值	＞1.6	1.2～1.6	0.8～1.2	0.4～0.8	≤0.4

6.2.5　单指标评估与分析

（1）弹性度指标分析

弹性度要素指标包括生态系统类型、景观破碎度、植被覆盖度，分级为不稳定、弱稳定、中等稳定、较稳定和很稳定。

1）生态系统类型指标

根据弹性度要素生态系统类型指标赋值结果显示，伊犁河谷地区以很稳定和较稳定为主，南部山区多为中等稳定，河谷下游区域为弱稳定，具体见图 6-10。

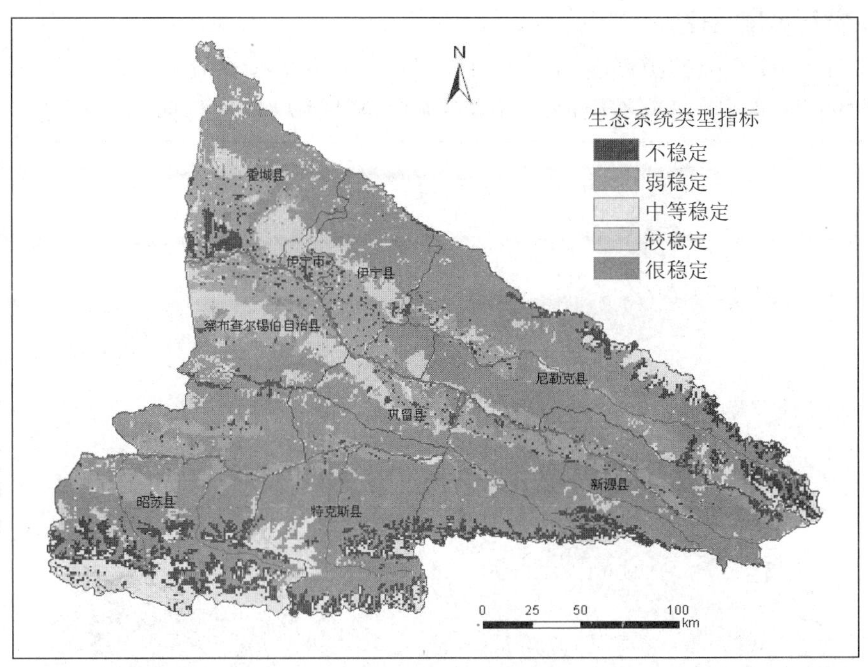

图 6-10　伊犁河谷地区生态系统类型指标评估结果

2）景观破碎度指标

根据弹性度要素景观破碎度指标赋值结果显示，伊犁河谷地区以很稳定和较稳定为主，北部区域景观破碎度较高，多为不稳定，具体见图 6-11。

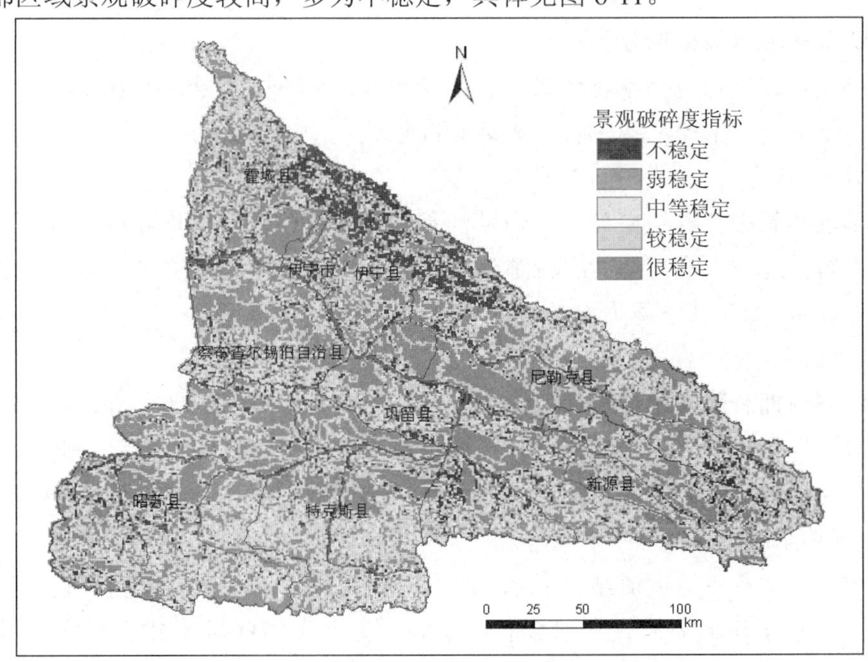

图 6-11　伊犁河谷地区景观破碎度指标评估结果

3）植被覆盖度指标

根据弹性度要素植被覆盖度指标赋值结果显示，伊犁河谷地区以很稳定和较稳定为主，南部和东北部山区多为不稳定，河谷下游区域为弱稳定，具体见图 6-12。

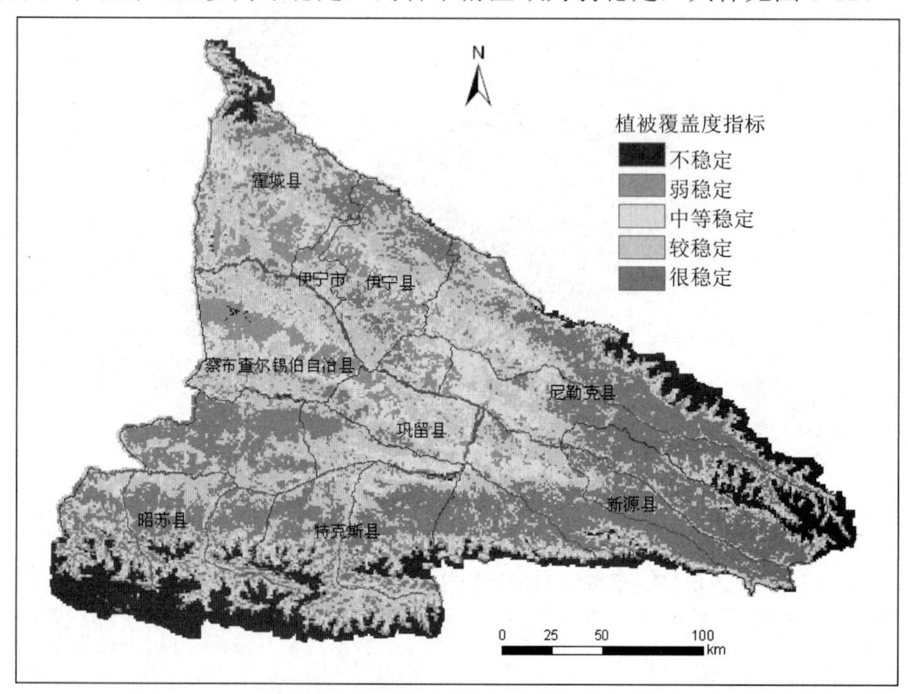

图 6-12 伊犁河谷地区植被覆盖度指标评估结果

(2) **资源环境承载指标分析**

资源环境承载指标包括草场超载率、年径流量、水环境质量、土壤环境质量，分级为弱承载、低承载、中等承载、较高承载和高承载。

1）草场承载力

根据草场超载率计算结果显示，伊犁河谷地区所有地区草场均超载，其中伊宁市、伊宁县和巩留县超载率最高，其次新源县、霍城县和察布查尔锡伯自治县也较高，超载率均超过 100%，因此其承载力指数较低，具体见图 6-13。

2）水资源承载力

伊犁河谷内拥有新疆境内流量最大的河流伊犁河，水资源相当丰富，采用年径流量作为体现水资源承载能力强弱的指标，根据年径流量指标赋值结果显示，伊宁市为弱承载，霍城县为低承载，伊宁县、昭苏县和新源县为中等承载，具体见图 6-14。

3）水环境承载力

根据水环境质量指标赋值结果显示，伊犁河谷地区各子流域水环境承载力空间差异明显，南部地区子流域多为较高承载和高承载，河谷下游区域承载力较弱，具体见图 6-15。

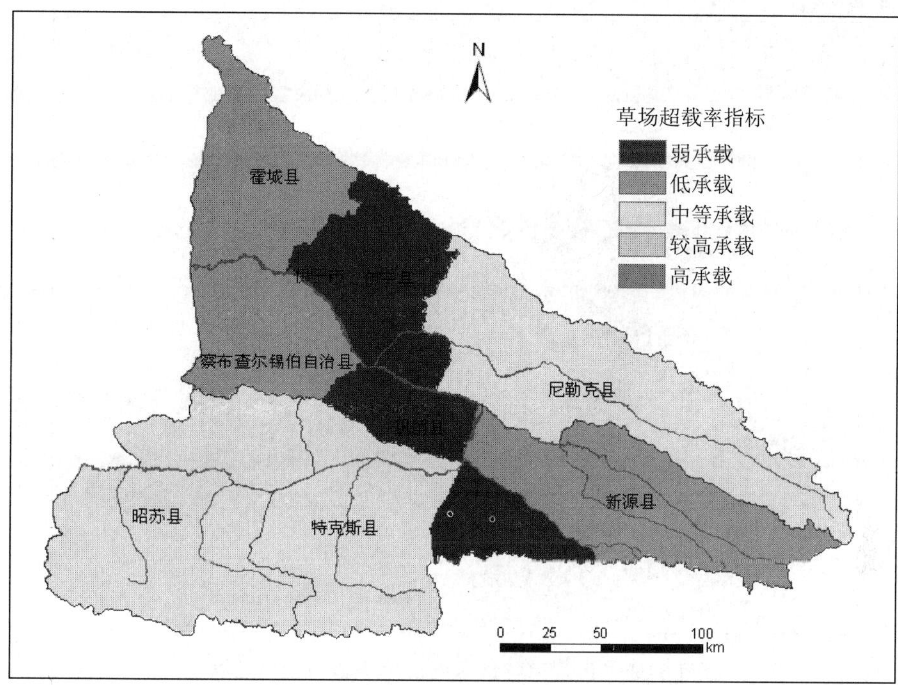

图 6-13　伊犁河谷地区草场承载力评估结果

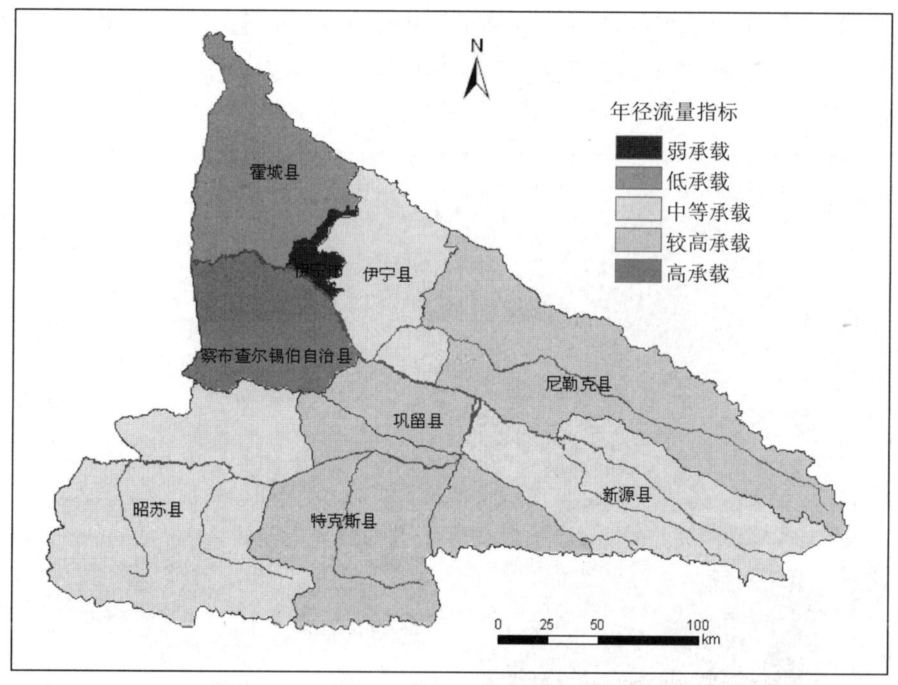

图 6-14　伊犁河谷地区水资源承载力评估结果

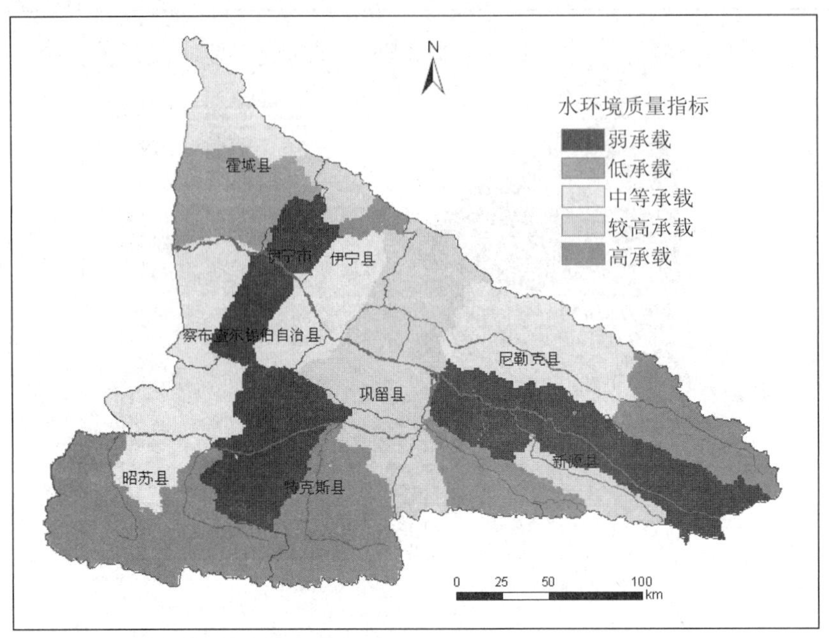

图 6-15 伊犁河谷地区水环境承载力评估结果

4）土壤环境承载力

根据土壤有机质含量指标赋值结果显示，伊犁河谷地区土壤环境承载力空间差异明显，中部主要河流两侧以低承载为主，西南部山区为弱承载，东部和南部多为高承载，具体见图 6-16。

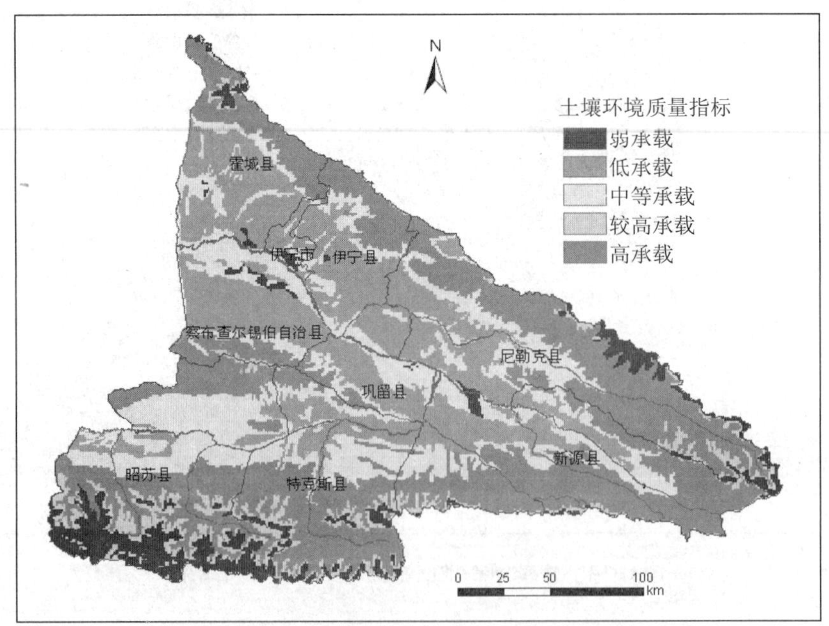

图 6-16 伊犁河谷地区土壤环境承载力评估结果

(3) **压力度指标分析**

压力度指标包括人均 GDP、第三产业占生产总值比例、人口密度、COD 排放强度、NH_3-N 排放强度、中度及以上程度土壤侵蚀面积比例、湿地面积变化比例，分级为弱压、低压、中亚、较高压和高压。

1）人均 GDP 指标

根据人均 GDP 指标赋值结果显示，伊犁河谷地区中伊宁市为高压、新源县为较高压，霍城县、昭苏县、尼勒克县为中压，其余四县为弱压或低压。

2）第三产业占 GDP 比例

根据第三产业占 GDP 占比指标赋值结果显示，伊犁河谷地区东部的伊宁县、尼勒克县和新源县为较高压，中部察布查尔锡伯自治县和巩留县为中压，南部昭苏县和特克斯县为低压，北部霍城县为弱压。

3）人口密度

根据人口密度指标赋值结果显示，伊宁市和附近的伊宁县、霍城县分别为高压和较高压，中部三县为中压，其他为弱压或低压。

4）COD 排放强度

根据 COD 排放强度指标赋值结果显示，伊宁市为较高压，新源县为中压，其余各县均为低压或弱压。

5）NH_3-N 排放强度

根据 NH_3-N 排放强度指标赋值结果显示，伊宁市为中压，其余各县均为低压或弱压。

6）水土流失比例

根据中度及以上程度土壤侵蚀比例指标赋值结果显示，伊宁县和特克斯县为高压，新源县为较高压，巩留县为中压。

7）湿地退化比例

根据湿地退化比例指标赋值结果显示，新源县为高压，昭苏县为较高压，伊宁市和伊宁县为中压。

6.2.6　综合评估与分析

(1) **弹性度评估结果**

弹性度要素评估结果显示，伊犁河谷基本处于稳定状态，处于弱稳定和不稳定的区域相对较少，合计约占 10.3%，主要位于伊犁河的下游河谷平原地区和南部、东部的高山区域。

生态弹性度差异主要原因为：伊犁河谷下游区域以农田和荒漠生态系统为主，植被覆盖度低，且城镇的零星分布较多，景观破碎度高，生态系统稳定性较差，弹性度低；南部和东部的高山区域弹性度低主要是由于冰川和永久积雪的覆盖，植被覆盖极少，具体见图 6-17。

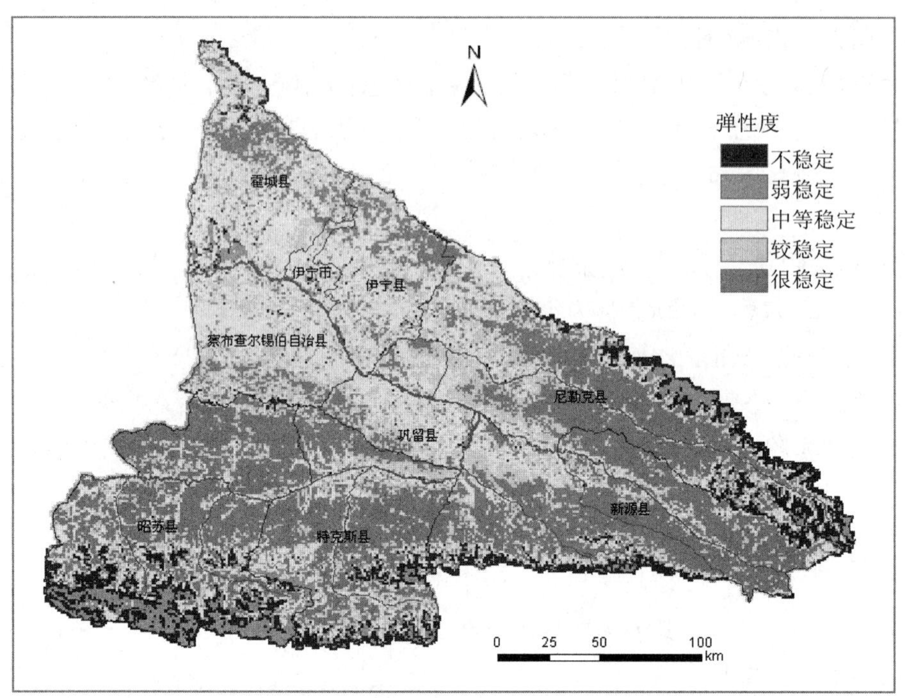

图 6-17　伊犁河谷地区弹性度评估结果

(2) **资源环境承载评估分析**

承载指数评估结果显示，伊犁河谷承载指数存在明显的空间差异特征。东北的尼勒克县承载指数最高，其次是西南的特克斯县和昭苏县；中部的巩留县、新源县、察布查尔锡伯自治县和西北部的伊宁县承载指数较小；伊宁市和霍城县承载指数最小。

承载指数差异主要原因为：尼勒克县天然草场面积较大，水资源丰富、单位面积废水排放量低，土壤以黑钙土为主，土壤有机质含量高，因此，承载指数相对较大。伊宁市、新源县和霍城县等地由于天然草场面积较少，废水排放量大且人均水资源量相对较小，承载指数相对较小，以低承载和弱承载区为主，具体见图 6-18。

(3) **压力度评估分析**

压力度评估结果显示，伊犁河谷压力度存在明显的空间差异特征。伊宁市和新源县压力度最大，其次是伊宁县和巩留县；西南的特克斯县和昭苏县、东北部的尼勒克县压力度最小；察布查尔锡伯自治县、霍城县居中，具体见图 6-19。

压力度指数差异主要原因为：伊宁市、伊宁县和新源县人口密度大，单位面积 COD、NH_3-N 排放量大，水土流失、湿地退化较严重，压力度大；西南的昭苏县和特克斯县刚好相反，人口密度相对较低，单位面积 COD、NH_3-N 排放量小，压力度小。

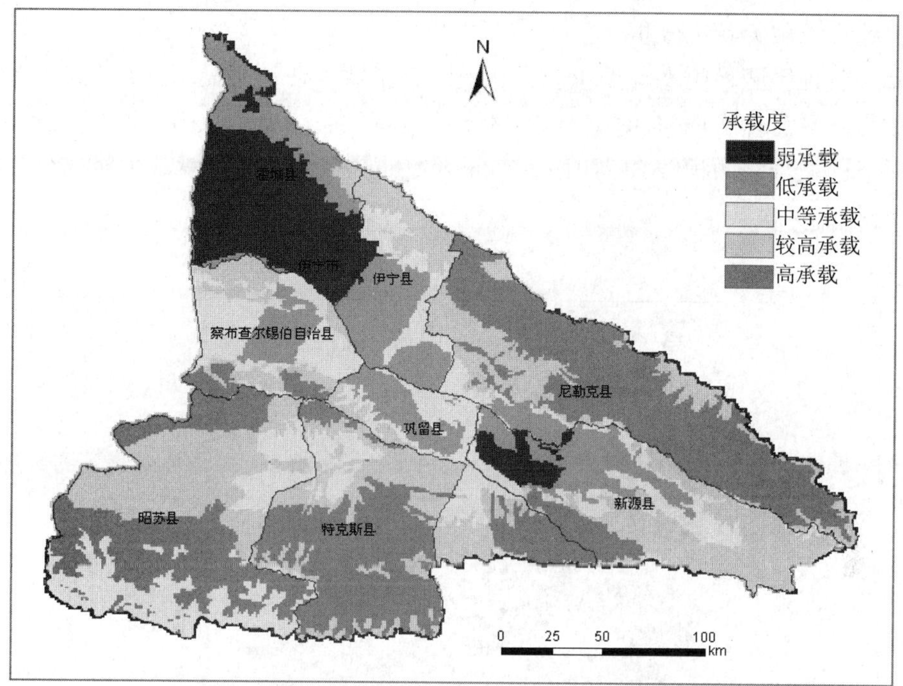

图 6-18　伊犁河谷地区承载指数评估结果

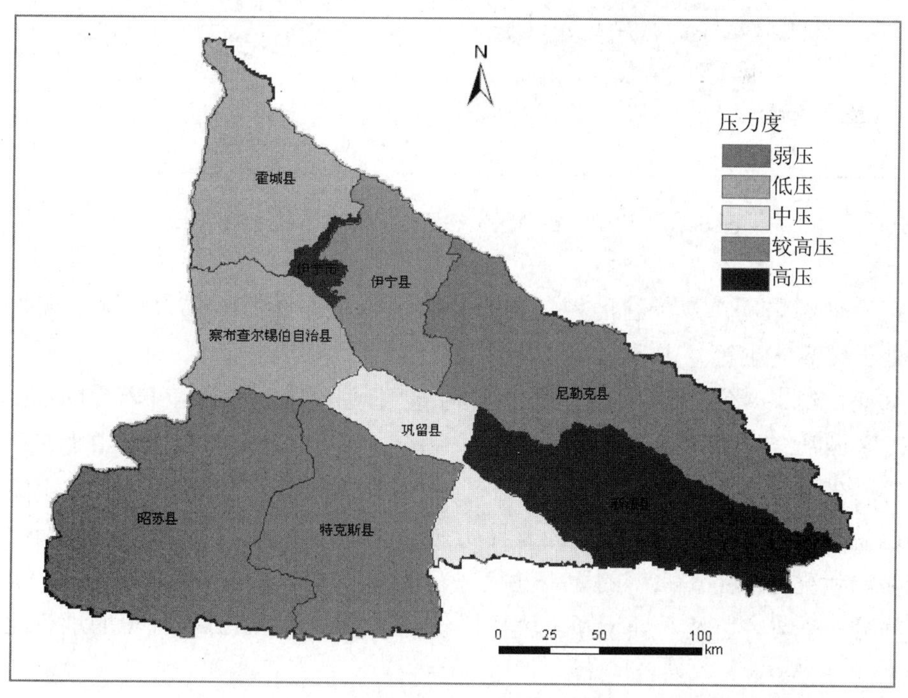

图 6-19　伊犁河谷地区压力度评估结果

(4) **综合承载力状况分析**

伊犁河谷地区区域生态环境承载力状况综合指数评估结果显示，伊犁河谷区域生态环境承载力状况总体表现为西北和东南区域的区域生态环境承载力状况综合指数较小，中等及以下区域分布面积较大，西南和东北区域的区域生态环境承载力状况综合指数较高，具体见图 6-20。

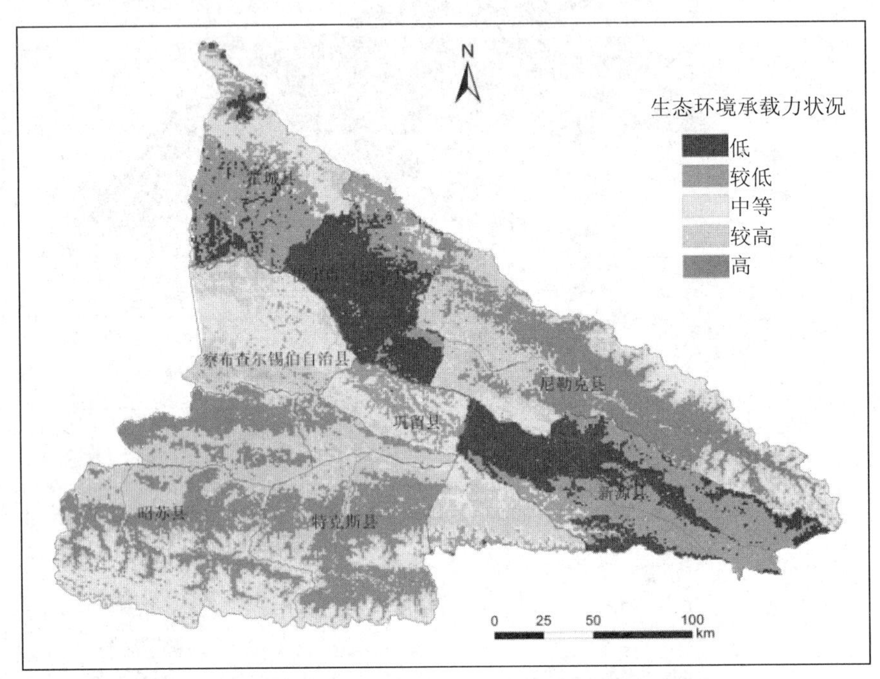

图 6-20 伊犁河谷地区生态承载力综合指数评估结果

根据评估结果需重点关注区域主要是：①区域生态环境承载力状况表现为低的区域；②处于较高—中等、中等—较低临界的交错带区域。

根据评估结果，分析伊犁河谷地区区域生态环境承载力状况空间差异的原因，主要包括：①区域社会经济发展状况差异，包括经济、人口分布差异，以及由于农业、工业和生活等产生的污染物排放量的空间差异；②生态系统组成与结构差异，由于伊犁河谷的地形地貌特征明显，生态系统空间差异明显，森林、草地和农田等空间分布的差异以及景观格局状况造成生态系统的稳定性状况有差异；③资源与环境状况差异，水资源储量及空间分布差异，以及水环境和土壤环境状况差异，导致资源与环境的承载能力具有明显的空间差异。

6.3 环境管理分区

6.3.1 目标需求

跨越式发展过程面临着许多环境风险，同时，随着社会经济发展，一些环境污染和生态破坏事件面临迅速扩大与加剧的风险。环境风险防控成为跨越式发展过程中急需关注的重要内容。按照主体功能区规划要求，制定环境管理分区方案，确定不同分区的环境风险防范对策和管理措施是新疆维吾尔自治区重点区域生态环境保护的必然需求，环境风险防控也将成为制定分区域的环境管理方案的主要依据。

以保障自然生态安全和维护人群环境健康为目标，以主体功能区划为主要依据，在此基础上，针对环境问题的区域差异性和自然环境的空间分异规律，按照环境管理需求进行空间细化，从而划定环境管理分区。基于区域环境风险特征与敏感性因子，确定环境保护和管理的重点对象和区域；基于区域的环境风险类型及分布，从而制定不同的环境分区管理对策，优化区域国民经济发展格局，从而利于实施环境科学管理。

6.3.2 主要原则

（1）主要原则

1）基于环境现状和生态功能定位

以生态功能区划和主体功能区划为主要依据，结合研究区的生态功能定位和生态环境现状及问题，制订环境管理分区划分方案。

2）以环境风险防控为重点

以环境风险防控为重点内容，针对研究区的环境风险类型、分布及敏感程度，从而制定有针对性的环境风险分区防范对策。

3）基于区域生态承载力状况

以研究区的区域生态环境承载力状况现状为衡量标准，引导不同空间区域的产业发展类型、规模和布局。

4）便于行政管理

环境管理分区要考虑便于行政管理，分区尽量结合行政区划边界，一个管理分区隶属于一个县。

（2）主要依据

1）新疆维吾尔自治区主体功能区划

主体功能区划结合了区域的自然、经济和社会文化属性，确定了区域空间开发格局和发展方向，管理分区需以主体功能区划为依据，充分考虑区域的发展，从而分区制定管理对策。

2）新疆维吾尔自治区生态功能区划

生态功能区划主要考虑区域的自然属性，侧重于生态系统保护和生态建设领域，确定了区域的不同生态功能类型。管理分区要结合生态功能区划，充分考虑区域的自然属性和主导生态功能差异。

3）新疆维吾尔自治区环境功能区划

环境功能区划是基于经济社会发展需求，以保障自然生态安全和维护人群环境健康为基本环境功能的区划，是对环境和资源的“分类管理”。环境管理分区是对环境和资源进行的“分区引导”，因此要统筹考虑环境功能区划。

4）其他相关区划及规划

一些已有的相关区划、区域发展和管理规划，对区域的未来发展和管理进行设计和规划，对环境管理提出了要求，也是环境管理分区的主要依据。

(3) 与相关区划的差别与联系

环境管理分区以环境风险防控为目标，在相关区划的基础上进一步细化，以促进新疆重点区域的环境分区管理。

与相关区划的差别主要体现在以环境风险防控为目标，通过重点区域的环境风险分析评估，识别出不同区域的风险类型及程度，从而划定环境管理分区。

与相关区划的联系主要体现在以主体功能区规划、生态功能区划和生态环境功能区划为基础，结合相关区划、规划的划分结果，确定环境管理分区边界。

6.3.3 总体思路

环境管理分区总体思路主要包括区域环境风险分析、相关区划规划和行政区划边界叠加、斑块合并，从而划定环境管理分区，并在此基础上，结合区域生态环境承载力状况评估结果，提出环境分区管理的对策要点，具体见图 6-21。

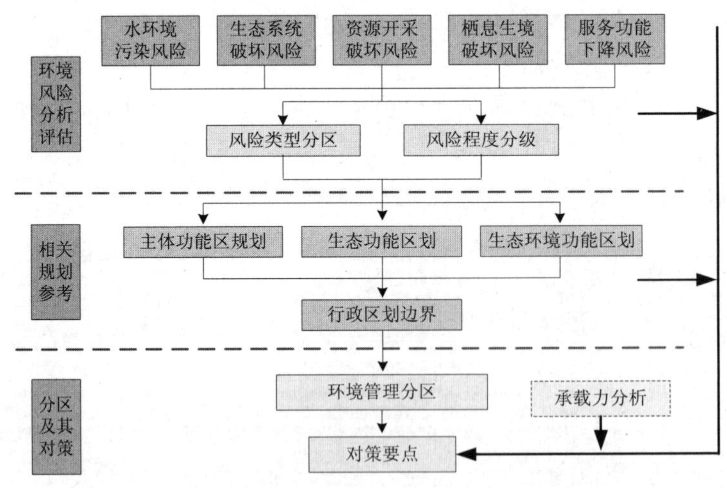

图 6-21 环境管理分区总体思路

6.3.4　环境管理分区主要过程

（1）生态环境风险因素综合分析

基于伊犁河谷地区的主要产业结构与空间布局现状，开展风险源识别，辨识伊犁河谷地区存在的生态环境风险种类及其敏感程度。伊犁河谷地区主要包括由于工业、农业和水利建设等发展引起的水生态破坏和水环境污染风险；过度放牧、乱采滥挖等造成草场进一步退化的风险；矿区环境恢复治理率低引发的次生地质灾害发生风险加剧，具体见表 6-7。

表 6-7　伊犁河谷地区风险源类型及敏感程度

风险源类型	引发原因	敏感程度
水生态破坏和水环境污染	工业污染	++++
	湿地萎缩	+++
	矿山弃渣造成河道淤积及重金属污染	+
	水电开发	++
草场退化和水土流失	过度放牧	+++
	开垦种植、滥采中草药及无序采矿	++
次生地质灾害	矿区植被恢复率低	+++
	弃渣堆在山坡或沟谷里随意堆放	++

注：+ 越多说明越敏感，风险越大。

（2）环境污染类型风险分析

1）工业废水的水环境风险

伊犁河谷地区食品原料加工（制糖、淀粉、调味品、发酵制品、罐头、牲畜屠宰等）以及煤化工产业发达，高污染企业分布密集，工业废水以及 COD 和 NH_3-N 等污染物排放强度较大，2010 年以来，随着经济快速增长污染物的排放量逐年增加，直接对地区水环境质量造成威胁，具体见图 6-22、图 6-23、图 6-24。

2）生活污水的水环境风险

伊犁河谷地区的生活污水处理设施建设落后，仅伊宁市有两个污水处理厂，城镇生活污水处理率低，分散的农村生活污水更没有任何处理设施。随着经济发展和生活用水量的增加，生活污水逐渐成为水环境的重要污染源，水环境污染的风险日益增加。空间分布上，城镇及农村居民地主要分布在伊犁河谷地区的内部平原地区，生活污水的水环境污染风险较高；而边缘的丘陵山地地带少有分布，生活污水的水环境污染风险极低。其中伊宁市人口密度最高、生活污水带来的水环境污染风险高，其次为伊宁县和霍城县。

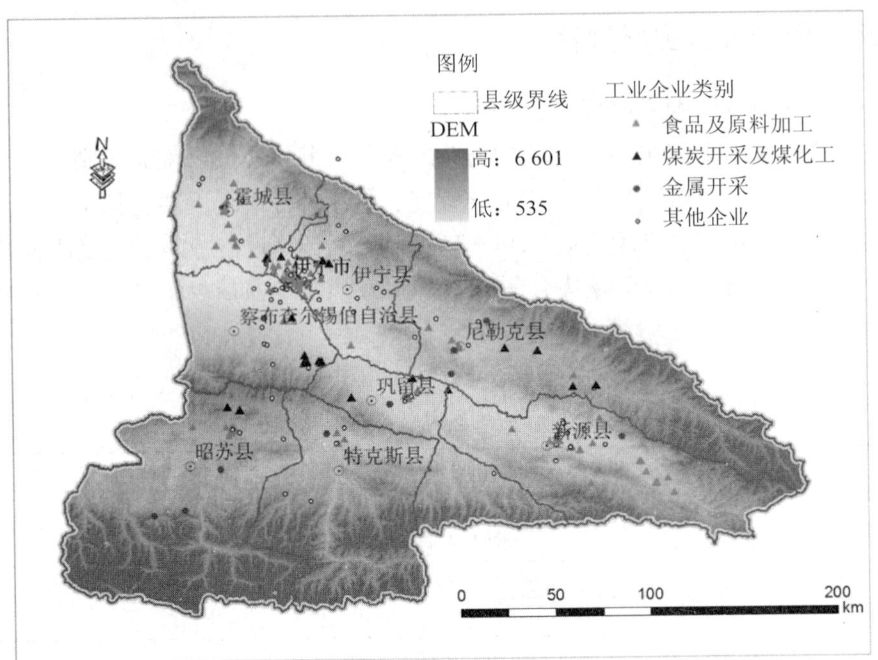

图 6-22 伊犁河谷地区工业企业类别

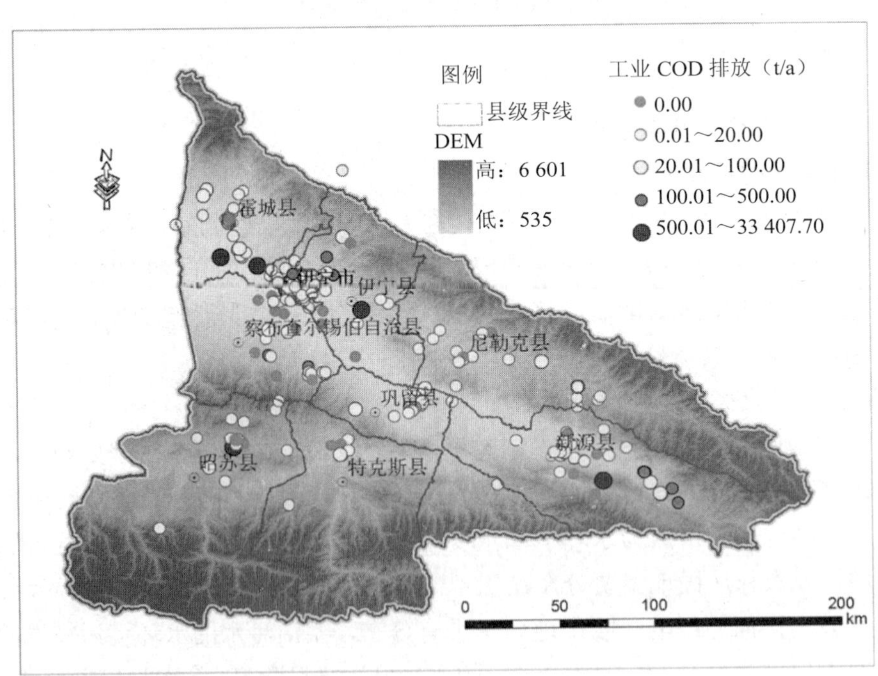

图 6-23 伊犁河谷工业 COD 排放

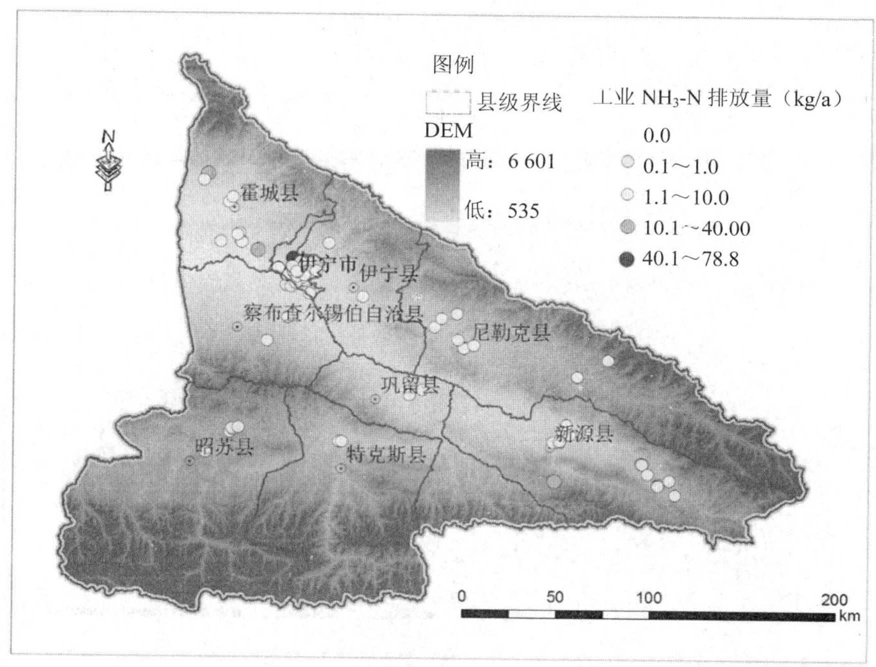

图 6-24 伊犁河谷工业 NH_3-N 排放

(3) **资源开发类型风险分析**

1）草场退化风险

伊犁河谷地区草地资源丰富，在各市县均有草场分布，草场总面积占整个地区的 57.7%。地区内大部分草场的载畜量长期超标，2010 年各县草场载畜超标率为 90%～223%，面临着草场退化逐步加剧的风险。其中巩留县、伊宁县、新源县草场超载率分别达到 223%、179%、153%，草场退化风险较高，具体见表 6-8、图 6-25。

表 6-8 伊犁河谷草场载畜量情况

行政区划	现存载畜量/万羊单位	草场面积/km^2	草地总产量/t	合理载畜量/万羊单位	超载率/%
伊宁市	30.375	3.80	570.34	0.05	>200
巩留县	89.245	2 240.06	336 009.16	27.62	>200
察布查尔锡伯自治县	58.475	2 227.01	334 051.34	27.46	113
霍城县	97.545	3 133.25	469 987.58	38.63	153
特克斯县	109.71	4 593.02	688 953.43	56.63	94
新源县	166.6	5 063.48	759 522.42	62.43	167
尼勒克县	143.1	6 032.45	904 867.64	74.37	92
昭苏县	134.94	5 757.49	863 622.96	70.98	90
伊宁县	121.83	3 539.49	530 923.68	43.64	179

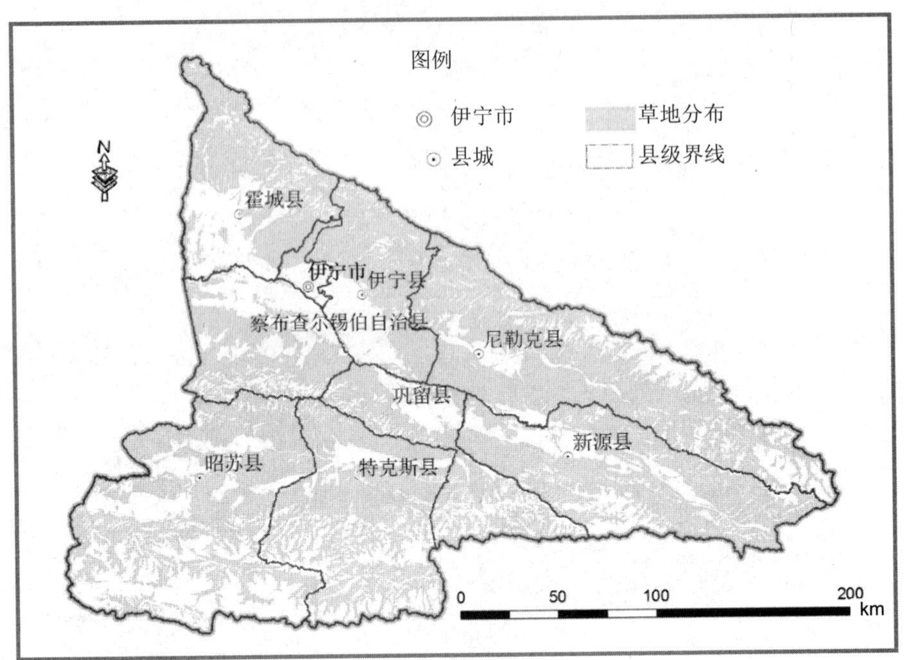

图 6-25 伊犁河谷草地分布

2）煤炭开采的生态环境风险

伊犁河谷地区煤炭资源丰富（见图 6-26），主要分布在伊宁—巩乃斯盆地、伊犁盆地东部、昭苏盆地。目前已开采的矿区主要包括克尔克矿、沙特布拉克矿、洪拉海矿、达拉地矿、劳艾依图矿、干沟矿。矿区地质环境恢复治理率低，大部分煤矿矿区植被遭到破坏，无绿化、无植树。同时部分矿山把大量的弃渣堆放在山坡或沟谷里，为泥石流等次生地质灾害的发生储备了大量的固体物质基础，增加了矿区次生地质灾害发生的风险。此外，矿山开采也加剧了水环境污染的风险。

(4) 生态破坏类型风险分析

1）水土流失风险

伊犁河谷地区水土流失（土壤侵蚀强度为中度以上）面积占区域总面积的 10.9%，水土流失敏感区主要分布在霍城县、伊宁市、伊宁县境内的伊北煤产地附近，察布查尔县和巩留县的伊南煤产地附近，以及霍城县西南部的沙漠地。随着煤炭开采强度增加以及草场退化加重，伊犁河谷地区敏感区的水土流失风险加剧。

2）岸带开发的生态环境风险

随着伊犁河谷地区人类活动加强，河岸带附近的天然湿地大面积开垦成建设用地和农田。湿地面积萎缩导致生物多样性退化，使湿地生态系统面临极大风险；同时生活污水及农田面源污染物直接进入河道，增加水环境污染风险。空间分布上，平原区干支流河岸带的建设用地和农田面积所占比例较大、湿地退化及水环境污染的风险较高，而边缘丘陵山地区河岸带开发的生态环境风险较低。

工业、生活的水环境污染风险及岸带开发生态环境风险的分布特征为边缘山地丘陵区风险低、中部平原区风险高，而中部平原区内又属伊宁市、伊宁县以及霍城县较高。

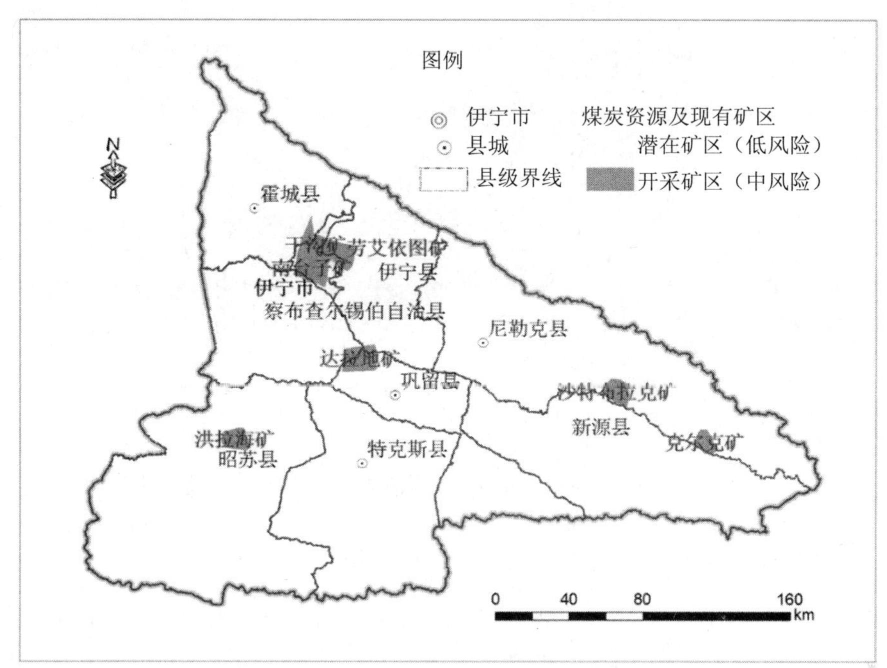

图 6-26　伊犁河谷地区煤炭开采情况

（5）生态环境功能分区

不同的生态功能区内的主要风险类型不同，同一风险类型在不同生态功能区内的评价标准不同、防范措施也不同，因此生态环境风险评价及防范要以生态环境功能为前提，在生态环境功能分区的框架下进行。

根据新疆生态环境功能区划，伊犁河谷地区分为五类功能区，包括水源涵养区、水土保持区、宜居环境维护区、农产品环境安全保障区和防沙治沙区。

从生态环境功能区划的空间布局特征看，伊犁河谷的外围山地丘陵主要是水源涵养和水土保持生态功能调节区，中部的河谷平原区域主要是农产品环境安全保障区和呈点状分布的宜居环境维护区。同时，与以上分区类型相叠加的还包括特殊功能区（生态保护区），主要是饮用水水源保护区、自然保护区和风景名胜区等需特殊保护的区域。地表水源区主要分布在伊犁河，地下水源区主要在中部巩留县、新源县尼勒克和伊宁县交界区域的平原地带，具体见图 6-27。

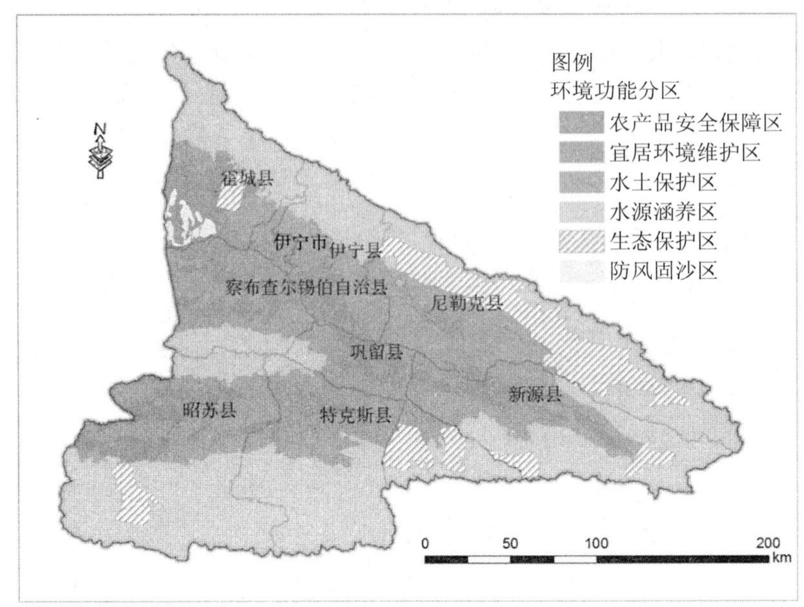

图 6-27 伊犁河谷地区环境管理分区

(6) **环境管理分区边界叠加**

管理分区须考虑行政管理的可操作性，因此基于风险防控的环境管理分区边界的划定方法是结合行政界线，在生态环境功能分区的基础上，叠加生态环境风险要素的分区边界，具体见图 6-28～图 6-31。

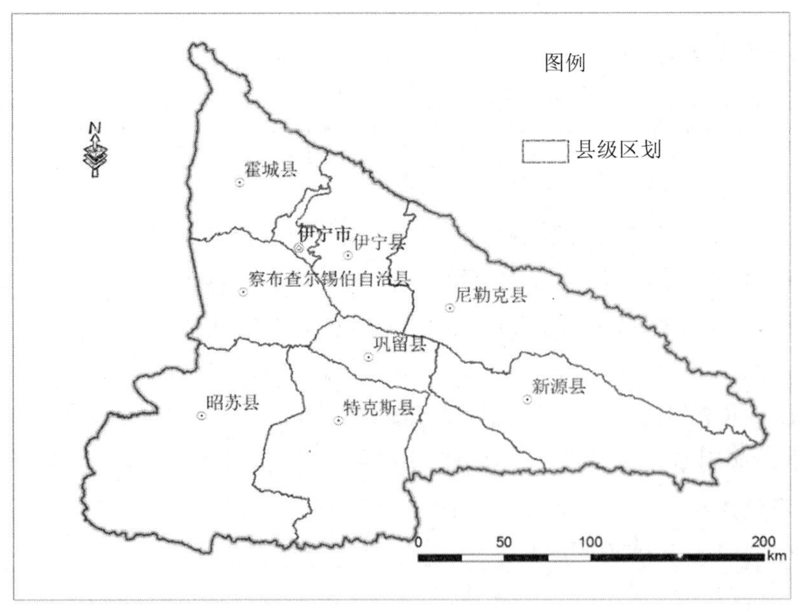

图 6-28 伊犁河谷行政界线

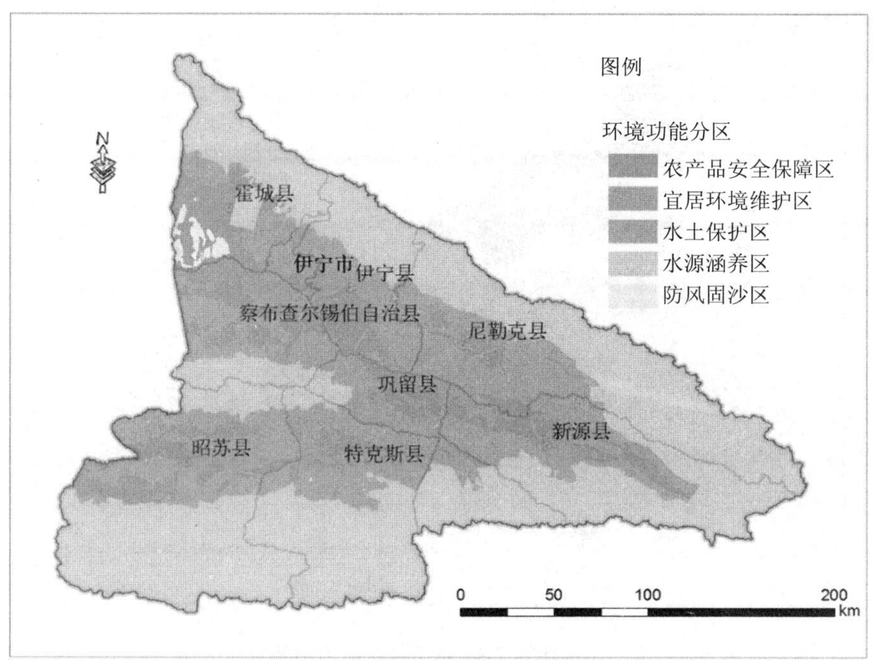

图 6-29　伊犁河谷环境功能区边界

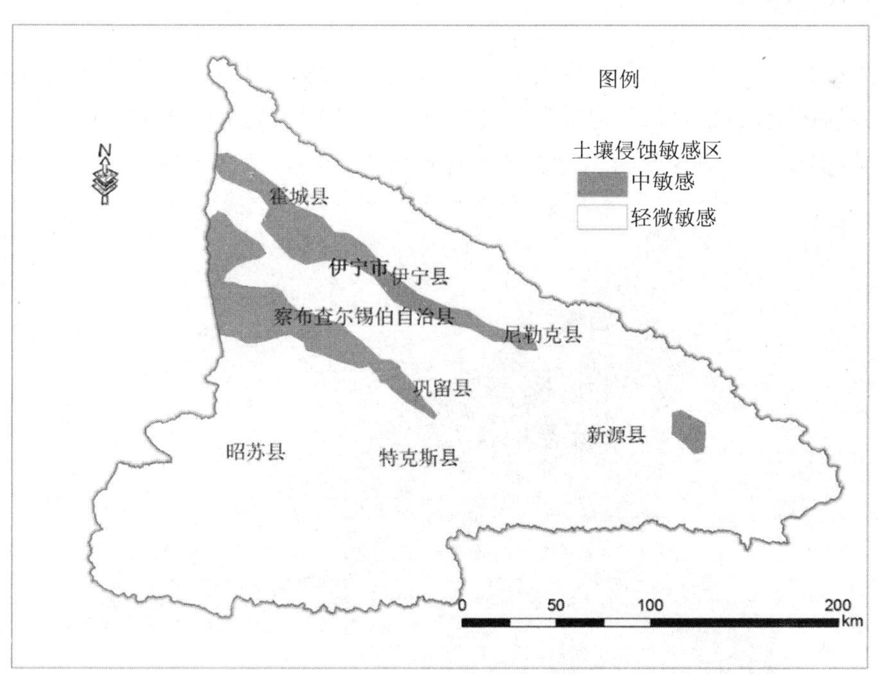

图 6-30　伊犁河谷水土流失风险分区边界

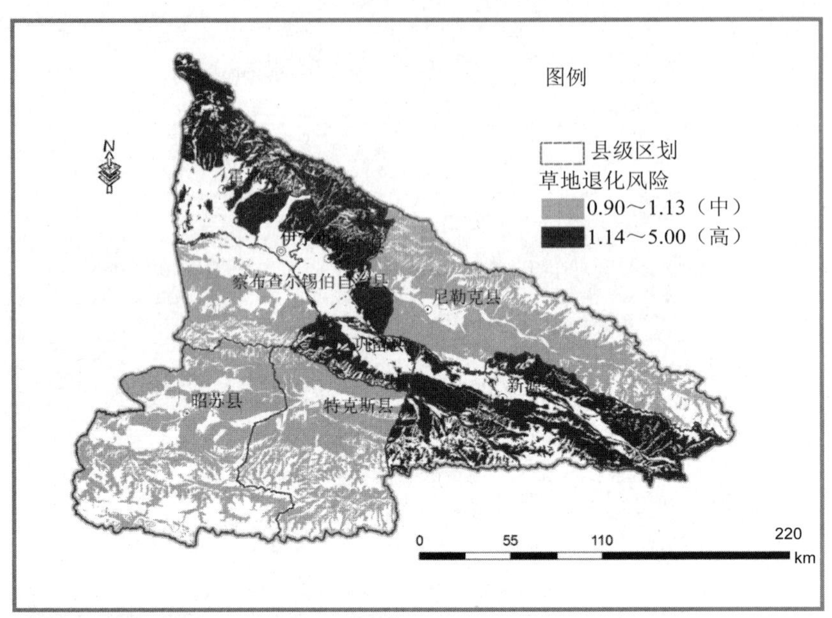

图 6-31 伊犁河谷草场退化风险分区边界

6.3.5 分区结果

将行政边界、生态环境功能区边界、土壤侵蚀敏感区边界、草场退化风险区边界以及煤炭开采风险区边界叠加，遵循环境功能区边界和行政边界优先的原则，合并琐碎小斑块后，将伊犁河谷地区分为 12 类 45 个环境管理分区，具体见图 6-32，表 6-9。

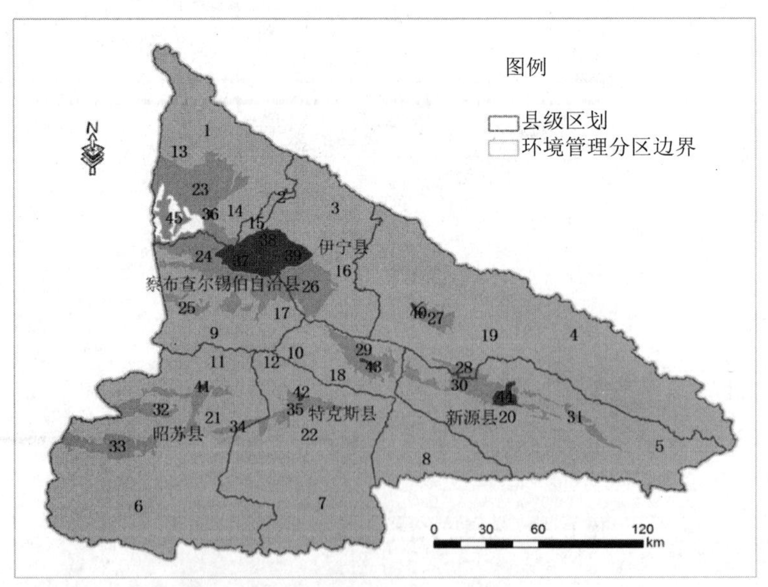

图 6-32 伊犁河谷环境管理分区

表 6-9　环境管理分区结果与基本特征

类型	主要环境风险	分区编号	环境功能类型	承载力状况	所属行政区
Ⅰ	草场退化	1	水源涵养区	中等	霍城县
		2	水源涵养区	较低	伊宁市
		3	水源涵养区	中等	伊宁县
		5	水源涵养区	较高、中等	新源县
		6	水源涵养区	高、较高	昭苏县
		7	水源涵养区	高、较高	特克斯县
		8	水源涵养区	较高	巩留县
		9	水源涵养区	较高	察布查尔锡伯自治县
		10	水源涵养区	较高	巩留县
		11	水源涵养区	高	昭苏县
		12	水源涵养区	高	特克斯县
		22	水土保持区	高	特克斯县
Ⅱ	草场退化、工业水污染	13	水土保持区	中等、较低	霍城县
		20	水土保持区	中等	新源县
Ⅲ	草场退化、煤炭开采造成的生态破坏	15	水土保持区	较低	伊宁市
		18	水土保持区	较高	巩留县
Ⅳ	草场退化、工业水污染、煤炭开采造成的生态破坏	14	水土保持区	较低	霍城县
		16	水土保持区	较低、中等	伊宁县
		17	水土保持区	较高	察布查尔锡伯自治县
Ⅴ	草场退化、岸带生态破坏	19	水土保持区	较高	尼勒克县
Ⅵ	岸带生态破坏	25	农产品安全保障区	较高	察布查尔锡伯自治县
		27	农产品安全保障区	较高	尼勒克县
		28	农产品安全保障区	较高	尼勒克县
		29	农产品安全保障区	较高	巩留县
		30	农产品安全保障区	较低	新源县
		33	农产品安全保障区	高	昭苏县
		34	农产品安全保障区	高	昭苏县
		35	农产品安全保障区	高	特克斯县
Ⅶ	岸带生态破坏、工业水污染	23	农产品安全保障区	中等、较低	霍城县
		24	农产品安全保障区	较高	察布查尔锡伯自治县
		26	农产品安全保障区	较低、中等	伊宁县
		31	农产品安全保障区	较低、中等	新源县
		37	宜居环境维护区	较高	察布查尔锡伯自治县
Ⅷ	岸带生态破坏、生活水污染	39	宜居环境维护区	较低、中等	伊宁县
Ⅸ	岸带生态破坏、工业水污染、生活水污染	36	宜居环境维护区	较低	霍城县
		38	宜居环境维护区	较低、低	伊宁市
		40	宜居环境维护区	较高	尼勒克县
		41	宜居环境维护区	高	昭苏县

类型	主要环境风险	分区编号	环境功能类型	承载力状况	所属行政区
Ⅸ	岸带生态破坏、工业水污染、生活水污染	42	宜居环境维护区	较高	特克斯县
		43	宜居环境维护区	较高、中等	巩留县
		44	宜居环境维护区	较低	新源县
Ⅹ	岸带生态破坏、工业水污染、煤炭开采造成的生态破坏	32	农产品安全保障区	高	昭苏县
Ⅺ	煤炭开采造成的生态破坏	4	水源涵养区	较高	尼勒克县
		21	水土保持区	高	昭苏县
Ⅻ	工业水污染	45	防风固沙区	低	霍城县

6.3.6 对策建议

伊犁河谷地区环境风险较高的区域主要分布在伊宁市、伊宁县、霍城县、察布查尔锡伯自治县以及巩留县北部地区，环境管理分区编号为13、14、15、16、17、18、20、23、24、26、36、38、40、42、44、45。这些区域需要重点防范水环境污染、湿地退化和水土流失等环境风险。

按照不同环境风险类型及影响程度的空间差异看，工业、生活的水环境污染风险以及河岸带开发的生态环境风险主要分布特征为边缘山地丘陵区风险低、中部平原区风险高，而中部平原区内又属伊宁市、伊宁县、霍城县较高。水环境污染风险的重点防范区主要分布在各市县建成区，以伊宁市、伊宁县、霍城县为重点，其次为新源县，包括工业园区，工业园区重点防范内部由于工业生产过程中可能引起的突发性水环境污染事件。

草场退化风险重点防范区主要分布在草场比较密集的霍城县、伊宁市、伊宁县、巩留县和新源县的丘陵地区。煤炭开采造成的生态破坏风险重点防范区以伊南、伊北、尼勒克和昭苏四大煤产地及其周边区域为重点，这些区域均有开采矿区分布，需要防止由于煤炭开采造成的植被大面积破坏和次生地质灾害的发生。河岸带开发造成生态破坏风险重点防范区以伊犁河、巩乃斯河、特克斯河和喀什河干流两岸为重点，因此我们需加强对天然湿地的保护。

（1）环境污染类型风险防控对策

1）工业废水的水环境污染风险防控

伊犁河谷地区工业废水水环境污染风险的重点防范区主要为各县市建成区，环境管理分区编号为36、38、26、40、42、46。建成区周边地区为风险一般防范区，环境管理分区编号为13、16、17、23、24、25、31、32、37、41。以伊宁市、伊宁县、霍城县为重点，其次为新源县，包括工业园区，工业园区重点防范内部由于工业生产过程中可能引起的突发性水环境污染事件。加强水质定期监测，制定环境应急风险防范措施，并加大环境执法监督，具体见图6-33。

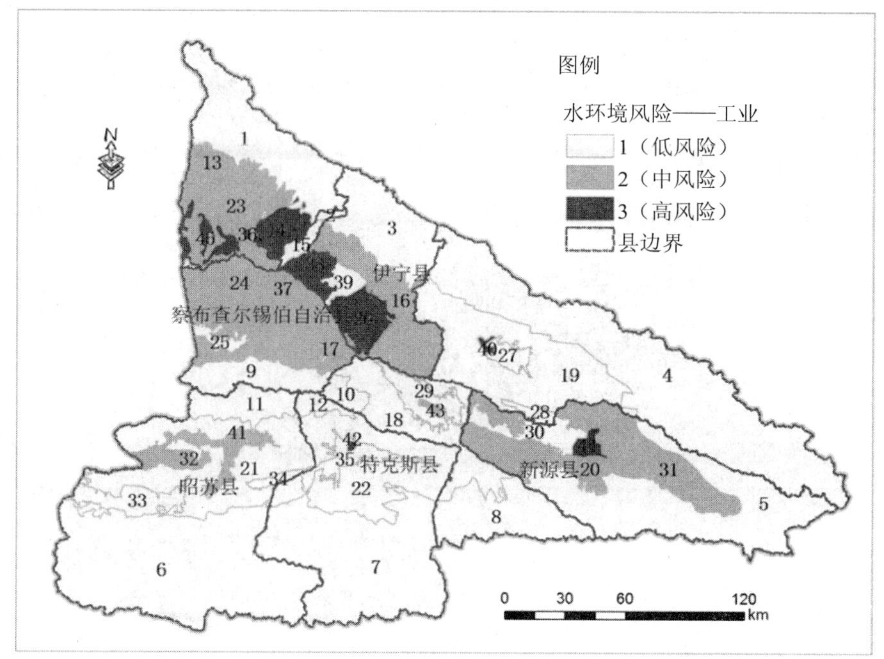

图 6-33　伊犁河谷地区工业废水水环境污染风险

2）生活污水的水环境风险防控

伊犁河谷地区生活污水的水环境风险重点防范区主要为市县建成区，环境管理分区编号为 36、38、39、40、41、42、43、44，其中伊宁市及伊宁县内重点防范区所占面积较大。生活污水的水环境风险一般防范区分布在建成区周边地区，环境管理分区编号为 23、24、25、26、27、29、30、31、33、34、35、37。逐步提高城镇生活污水处理率，加大污水处理管网建设，具体见图 6-34。

（2）资源开发类型风险防控对策

1）草场退化风险

伊犁河谷地区草场退化风险的重点防范区分布在霍城县、伊宁市、伊宁县、巩留县、新源县的草场密集的丘陵地区，环境管理分区编号为 1、2、3、5、8、10、14、15、16、17、18、20、29。草场退化风险一般防范区分布在尼勒克县、特克斯县、昭苏县的草场密集区，管理分区编号为 4、6、7、9、11、12、19、21、22、23、24、25、28、30、35、37、42、45，具体见图 6-35。加强重点防范区域的草场保护和建设，严格控制畜牧载畜量。

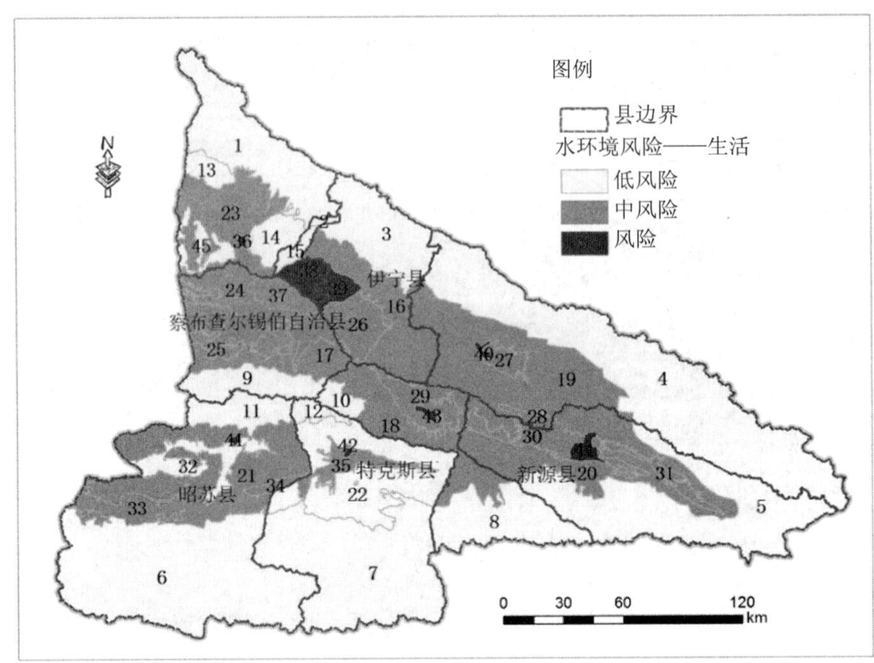

图 6-34 伊犁河谷地区生活污水带来的水环境污染风险

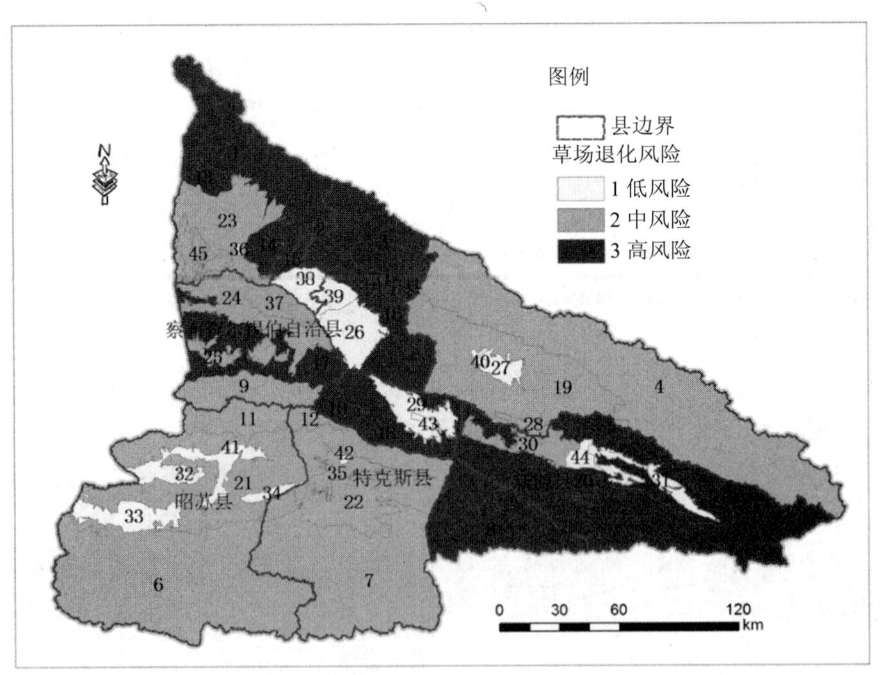

图 6-35 伊犁河谷地区草场退化风险区

2）煤炭开采的生态环境风险

伊犁河谷地区煤炭开采的生态环境风险防范区为编号 4、14、15、16、17、18、21、32 的环境管理分区，这些区域均有已开采矿区。应以四大煤产区及其周边区域为重点，防止由于煤炭开采造成的植被大面积破坏和次生地质灾害。编号为 1、5、19、20、23、30、33、44、45 的环境管理分区存在煤炭资源，但是尚未开采，因此生态环境风险低，其他分区则无风险，具体见图 6-36。

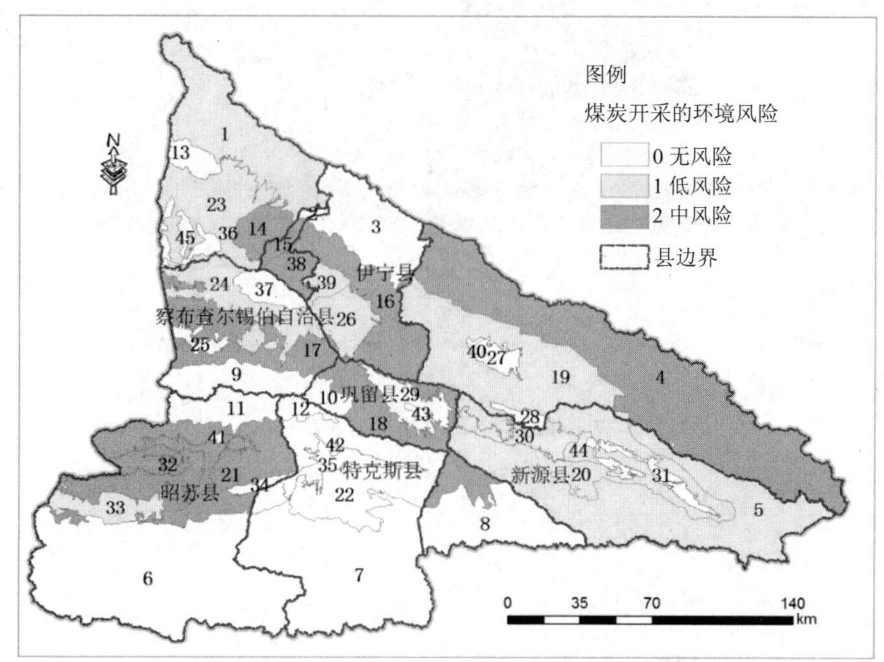

图 6-36　伊犁河谷地区煤炭的生态环境风险

（3）生态破坏类型风险防控对策

1）水土流失风险

伊犁河谷地区水土流失敏感区主要分布在霍城、伊宁及察布查尔锡伯自治县境内的煤炭开采区和沙漠地，因此编号为 13、14、15、17、46 的环境管理分区为水土流失风险重点防范区，而编号为 16、18、27、40 的环境管理分区为水土流失风险一般防范区，具体见图 6-37。

2）岸带开发的生态环境风险

伊犁河谷地区岸带开发强度较大、引发湿地退化以及水污染等生态环境风险较高的区域包括编号为 23～44 的 22 个分区环境管理分区，这些区域为岸带开发的生态风险重点防范区，编号为 13～20、45 的环境管理分区为岸带开发的生态风险一般防范区。防范对策为以伊犁河、巩乃斯河、特克斯河和喀什河两岸为重点区域对天然湿地进行保护，具体见图 6-38。

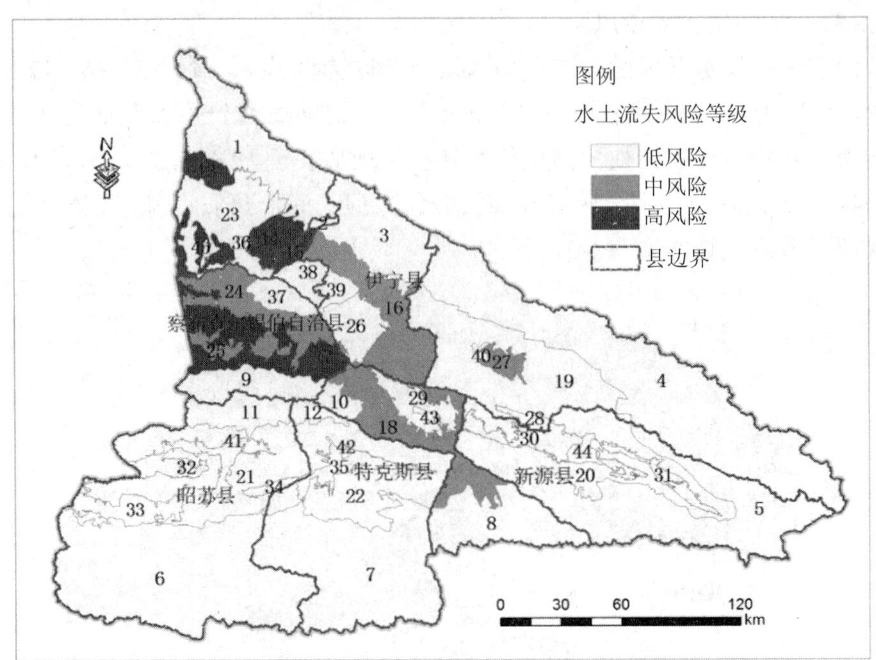

图 6-37 伊犁河谷地区水土流失敏感区域

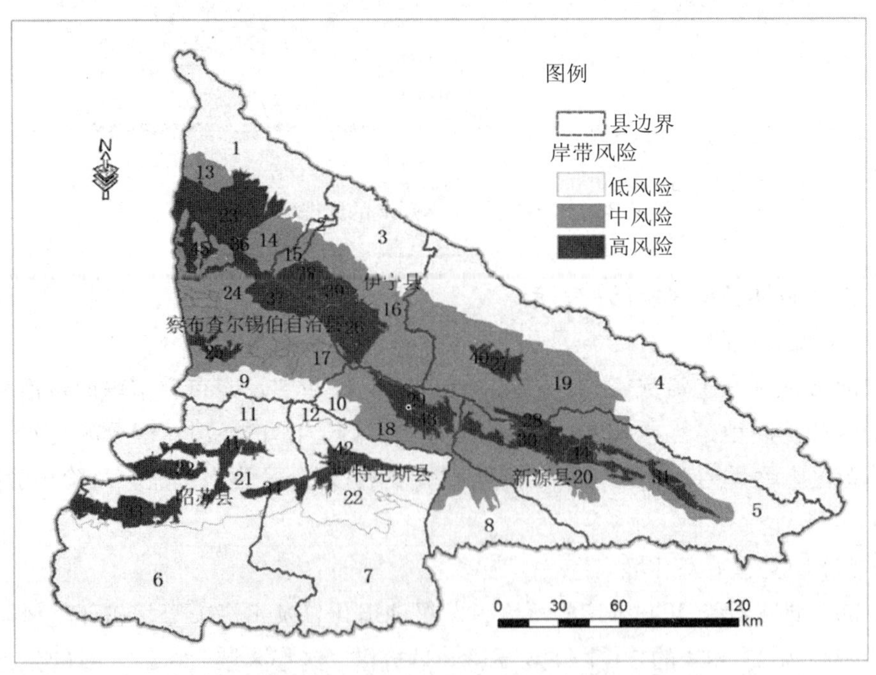

图 6-38 伊犁河谷地区环境管理分区的生态环境风险

（4）生态环境综合风险防控

基于环境管理分区单元，按照以上不同类型环境风险的等级状况进行叠加分析，进而构建综合风险指数，综合风险指数越大，表明该区域遭受的环境风险类型越多或风险等级越高。

伊犁河谷地区生态环境综合风险等级较高的区域分布在伊宁市、伊宁县、霍城县、察布查尔锡伯自治县以及巩留县北部区域，管理分区编号为 13、14、15、16、17、18、20、23、24、26、36、38、40、42、44、45，这些区域需要重点防范水环境污染、湿地退化、水土流失的生态环境风险。而风险综合指数等级为中等的区域需要重点防范草场退化、水土流失及煤炭开采的生态环境风险，具体见图 6-39。

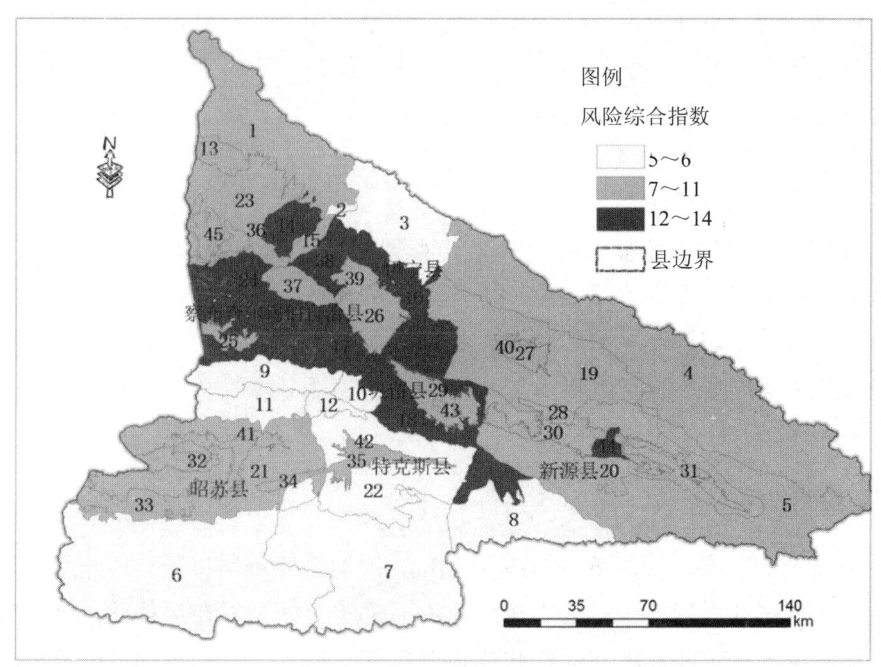

图 6-39　伊犁河谷综合生态环境风险指数

6.4　空间布局优化方案

6.4.1　基本原则

（1）统筹考虑，符合功能定位

统筹考虑区域的社会经济发展状况及发展趋势，使环境保护优先，以环境保护优化经济发展，使区域的社会经济和环境协调发展。

结合区域的主体功能区规划、生态功能区划以及相关的社会经济发展规划，科学、合理地制定区域空间发展布局优化对策和措施，制定的管理对策要符合区域的生态功能定位。综合考虑不同空间区域的主导因子，突出研究区主导功能差异，从而为优化空间格局提供参考依据。

(2) 突出重点，体现比较优势

正确衡量区域的区位优势、资源和环境优势、政策优势等现状条件及动态变化情况，针对区域的产业结构以及产业空间布局现状，以区域环境风险防控为产业布局优化的目标，突出区域产业发展和风险防控的重点方向及主要类型，体现区域空间发展的比较优势。

(3) 因地制宜，一区一策

突出区域观念，充分考虑区域的生态风险类型及空间分布状况，针对产业结构与布局，突出对优势产业的布局优化与调整。以一区一策为引导，因地制宜地制定区域发展空间布局优化措施和对策。突出分区差异化管理。以环境管理分区为基础，结合不同管理分区的承载力状况和环境风险特征，制定相应的管理对策。

(4) 突出生态安全保障

基于区域的区域生态环境承载力状况，合理地进行区域的自然资源以及矿产资源开发，不超出区域生态环境的承载阈值，防止区域生态环境的恶化和自然及矿产资源的过度开发。根据区域生态环境承载力状况，加强对生态系统脆弱、敏感的区域，如沿河两岸，生态功能重要的自然保护区以及禁止开发区的生态环境保护与管控，保障人类生存依赖的基本环境条件不遭到破坏。

6.4.2 主要导向

以区域特征和生态环境承载力状况为基础，识别主要环境风险，合理划定环境管理分区，结合区域产业发展“十二五”规划，进而确定空间发展布局优化的主要方向，分区、分产业制定区域空间发展布局优化与调整的重点内容，并制定相应的空间发展优化管理政策。

(1) 主导产业导向

以畜牧、煤炭、煤化工、农产品加工和生物制药等产业为主，进行集聚与优化，制定相应的政策引导和支持。促进伊犁河谷地区主要产业的高附加值化和高技术化，加快工业园区的产业升级和技术创新，减少污染物排放量和环境风险。

突出对区域经济发展具有战略性、重要性的主导产业和优势产业的优化和调整。加快伊犁河谷的农业向规模化、区域化方向发展，大力发展优势农业和特色农业，加长产业链条，增加非上游最终产品的加工。发展相关农产品加工业，提升农产品的附加值，使潜在的资源优势成为现实的产业优势和经济优势。科学调整畜牧业区域布局，优化畜种畜群结构，加快畜产品加工业发展，实现畜牧产业化。加快和壮大煤炭、煤化工产业发展，加强现有煤炭及煤化工产业管理和环境保护，并进行煤炭产业结构的优化升级。

引导农牧业、工业和煤炭等产业的合理布局。

（2）**突出生态保护导向**

突出对新疆伊犁地区的生物多样性丰富区以及重要生态功能区的保护和优化，增加天然林面积，控制水土流失和荒漠化面积扩张；对城镇区域和工业园区严格监管，进行合理布局和有序发展；对重要的生态节点和纽带，比如河流及其两岸、天然野核桃林、自然保护区等重要的生态功能区域进行保护，防止人类活动的过度干扰。构建合理的生产、生活和生态空间，优化国土空间开发格局，保障区域生态安全。

6.4.3　流程与技术要点

以区域的自然条件和资源环境状况、社会经济发展现状及趋势等为基础，结合主导产业结构及空间分布，识别空间发展的主要生态风险类型及分布，以环境管理分区为基础，开展基于区域生态环境承载力状况和生态环境风险防范的空间发展布局优化技术研究。

（1）**布局优化流程**

技术流程主要包括：

①区域生态环境承载力状况评估和环境风险分析。基于区域自然和生态特征，从支持和压力两个层面选取指标，开展区域生态环境承载力状况评估，识别区域承载力基本状况，结合存在的主要环境问题，辨识分析主要环境风险类型、程度及空间分布特征。

②划定基于风险防控的环境管理分区。按照主体功能区划要求，以环境风险防控为目的，以环境功能区划为基础，结合区域生态环境承载力状况和环境风险分析，划定环境管理分区，确定环境分区保护和管理的重点对象和区域，制定不同环境管理分区的对策建议。

③基于环境管理分区的空间发展布局优化。以环境管理分区为基础，以区域环境安全保障为目的，从主导功能类型、产业布局、管理政策三方面制订差异化的发展布局优化方案。在重要生态功能区、生态环境敏感区和脆弱区划定生态保护红线，制定生态保护红线区管理办法，并提出相应的生态保护补偿措施。结合该区产业及相关部门“十二五”发展规划，建立禁止高污染、高能耗企业进入的区域环境准入机制，调整与优化区域主导产业、特色产业布局。以环境管理优化产业结构，建立健全基于环境管理分区的环境保护政策与机制。

技术流程见图 6-40。

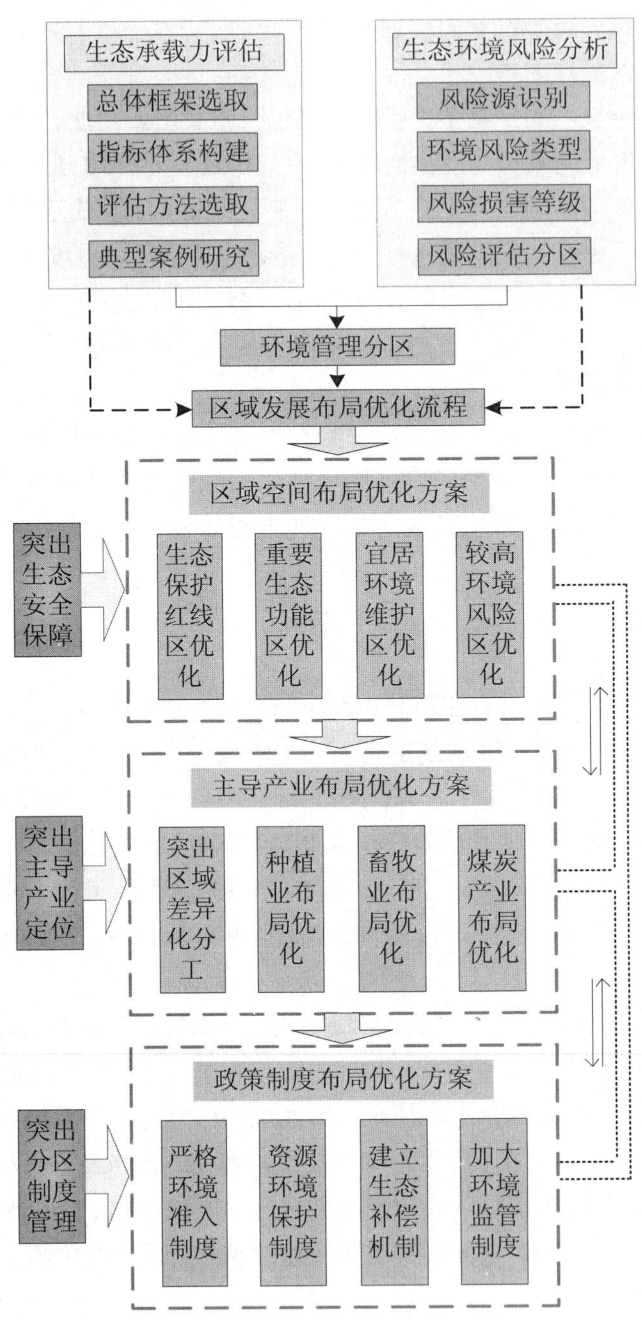

图 6-40 区域空间发展布局优化总体思路

(2) 技术要点

①环境管理分区：分析区域环境风险类型及空间分布特征，基于生态环境功能区划等相关区划规划和行政区划边界，划定基于风险防控的环境管理分区。

②基于环境安全保障的区域发展空间布局优化方法：在生态环境承载力和环境风险防控分区的基础上，提出区域发展空间布局优化技术流程和方案。

6.4.4　优化方案

根据区域发展的空间布局优化技术流程，以新疆的伊犁河谷地区为案例区，从区域空间、主导产业和政策制度三方面研究制定空间布局优化的具体方案。

区域空间按照生态功能重要区、生态脆弱区和环境高风险区等不同空间区域的类型进行布局优化；主导产业重点提出区域主导产业的布局要求及优化方案，政策制度从保障措施层面提出布局优化的内容。

（1）区域空间布局优化方案

1）空间布局优化总体思路

贯彻落实中共十八大、十八届三中、四中全会关于优化国土空间开发格局要求，根据主体功能区划、生态功能区划等相关区划规划，以环境管理分区为基础，从区域空间上防范主要环境风险，重点对承载指数低、压力度高、生态系统敏感性或生态功能重要性高的区域进行布局优化，保障区域生态安全与可持续发展，并提出重点区域伊犁河谷的空间布局优化方案。

有效控制水土流失和荒漠化面积，恢复和稳定草原面积，保护河流水体及两岸的湿地和河谷林，扩大天然林面积，加强人类生存所依赖的生态系统保护。

2）生态保护红线区划定与布局优化

划定生态保护红线区，优先开展红线区的布局优化。将包括国家相关法律法规严格保护的区域、伊犁河下游两侧湿地、特克斯河和伊犁河主干河流两侧湿地及河流源头的冰川和永久积雪等区域划定为生态保护红线区。

禁止在冰川和永久积雪区域进行一切开发建设活动。将红线区的相关企业和居民进行搬迁转移，减少人类活动干扰并禁止新建污染企业。

3）环境高风险区域的布局优化

以环境管理分区为依据，加强对霍城县、伊宁市、伊宁县、巩留县和新源县一线的草原退化高风险区的草场保护与恢复，合理限制畜禽养殖数量，逐步降低草场承载力的超标压力。严格按照城镇发展规划和土地利用规划等的要求进行城镇化建设和工业企业发展，减少城镇和企业不合理布局造成的水环境污染，重点对伊犁河下游水环境高风险区的工业企业布局合理性进行分析，开展水污染治理行动，要求污染物排放不达标企业停产整顿。加大对察布查尔县水土流失高风险区的天然植被保护，增强水土保持功能，具体见图 6-41、表 6-10。

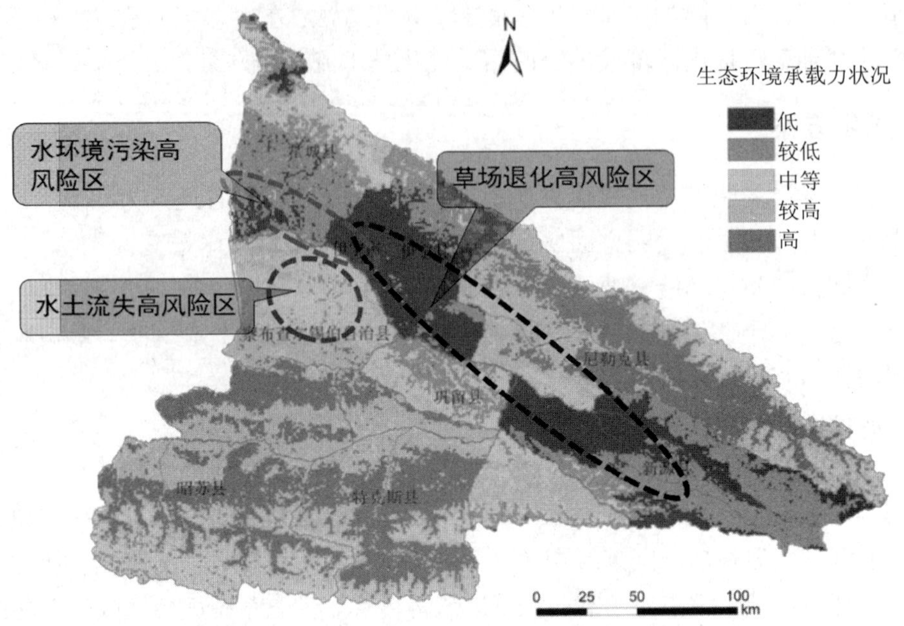

图 6-41 伊犁河谷区域高风险区布局示意图

表 6-10 不同类型环境高风险区域的布局优化

空间区域类型	序号	主要范围	布局优化对策
环境高风险区	1	环境污染高风险主要区域：环境管理分区编号为 26、36、38、40、42、46	伊犁河干流下游的伊宁市和霍城县区域禁止新建污染企业进入，严格要求新建企业进园区，加强对工业园区的环境监管，提升环境监管能力建设，编制环境污染应急预案
	2	资源开发高风险主要区域：环境管理分区编号为 1、2、3、4、5、8、10、14、15、16、17、18、20、21、29、32	突出煤炭产业的集聚发展，限制四大煤炭产地以外的周边区域矿产资源开发。控制伊宁县、新源县和霍城县等畜牧超载较严重区域的牲畜数量
	3	生态破坏高风险主要区域：环境管理分区编号为 13、14、15、17、46 的区域	草地退化严重的水土保持区、防风固沙区禁止放牧，退出 25°以上坡耕地，加强地表自然植被保护。保护河流、河滩湿地及河岸林，禁止污染和破坏湿地，不得阻断洄游鱼类的洄游通道，实施河流、湖泊和湿地生态修复，恢复生态服务功能

4）重要生态功能区的布局优化

针对环境管理分区的水土保持区、水源涵养区和防风固沙区，加强高环境风险与重要生态功能重叠区域的空间布局优化，维持生态功能不降低，防范环境风险。

提升重要生态功能区的生态服务功能。加强水源涵养区的森林保护，禁止砍伐森林。

水土保持区和防风固沙区禁止露天采矿，合理控制畜牧数量。对天然野核桃林等生物多样性丰富区加强保护，防止人类活动的过度干扰。加强对伊犁河、特克斯河、巩乃斯河和喀什河干流水域及其岸带区域的布局优化。控制农田、建设用地对河流岸带湿地的侵占，维护岸带湿地重要的水体净化、截污功能。

5）宜居环境维护区的布局优化

主要包括环境管理分区编号为 36～44 的区域。根据环境管理分区目标要求，结合土地利用规划与生态环境承载力状况，加强城镇区域和工业园区严格监管，进行合理布局和有序发展。限制承载力状况较低的新源县城区域人工景观建设，要求与其区域土地利用规划相协调。

（2）主导产业布局优化方案

1）主导产业布局优化总体思路

从产业可持续发展的角度出发，突出对区域经济发展具有战略重要性的主导产业和优势产业进行布局优化和调整，避免因产业快速发展造成环境污染和生态破坏等问题，缓解经济发展与资源环境之间的矛盾，加快推动生产方式绿色化，有效降低产业发展的资源环境代价。

根据伊犁河谷地区的产业发展现状和相关规划，加快伊犁河谷的农业向规模化、区域化方向发展，大力发展优势农业和特色农业，加长产业链条，发展相关农产品加工业，提升农产品的附加值，使潜在的资源优势成为现实的产业优势和经济优势。科学调整畜牧业区域布局，优化畜种畜群结构，加快畜产品加工业发展，实现畜牧产业化。结合伊犁河谷区的煤炭和煤化工业发展规划，合理加快和壮大煤炭、煤化工产业发展，加强现有煤炭及煤化工产业管理和煤产地的生态环境保护，并进行煤炭产业结构的优化升级。

2）种植业布局优化方案

伊犁河谷种植业主要分布在河谷平原区，对农业发展布局优化总体措施为：保护河谷区的基本农田，对环境管理分区中生态环境承载力较低的区域、处于岸带生态破坏高风险区的河岸带区域实行退耕还林还湿；加强技术创新，推广节能技术和设施，节约农业灌溉用水量，保护伊犁河流域水资源；加强农业生态公共设施建设，对农业生产废弃物进行无害化、减量化和资源化处理，防止农业面源污染；大力提倡发展生态农业、绿色农业、有机农业、循环农业，促进农业生产可持续发展。

①调整和优化农业结构，突出区域分工。伊犁河谷地区的农业表现为产业结构单一，区域分工不明显，农业有关的龙头企业较少，产业化链条短。因此，针对伊犁河谷地区的农业发展状况，应开展多元化的农业农产品种植，分区域种植经济效益相对较高的油葵、芦笋等特色经济作物，逐步形成农作物种植的区域分工，使区域资源优势得到充分发挥，提倡优质、高效的现代设施农业发展，在农产品种植、加工、品牌上做细做强，加强具有当地特色的小浆果、樱桃李等产业化基地、甜菜种植加工等企业的建设和发展。

按照发展“绿色伊犁、精品农业”的要求，积极形成以新源县、昭苏县、尼勒克县为主的马铃薯产业带；以霍城县、伊宁县、新源县为主的糖料产业带；以察布查尔县、霍城县、巩留县、伊宁市为主的加工辣椒、番茄、红花、芳香植物产业带；以察布查尔县为主的优质水稻产业区；以霍城县为中心辐射察布查尔县、伊宁县的瓜类产业区；以新源县、巩留县、特克斯县、昭苏县为中心的油料产业区；以伊宁市、察布查尔县、伊宁县、霍城县为中心的特色温室及蔬菜、食用菌产业基地；以霍城、察布查尔、巩留、新源、昭苏等县为主的中草药种植基地等十大生产格局。争取形成具有鲜明特色、较强市场竞争力的优势产业带、优势农产品和名牌产品，加快发展伊犁特色农业以区域化布局、专业化生产、产业化经营，努力实现“一村一品、一乡一业”的格局，具体见图 6-42。

在 25°以上的坡耕地逐步实施退耕还林还草，减少在河岸带、生态系统服务功能重要性较高以及环境风险较高区域的农业生产种植。

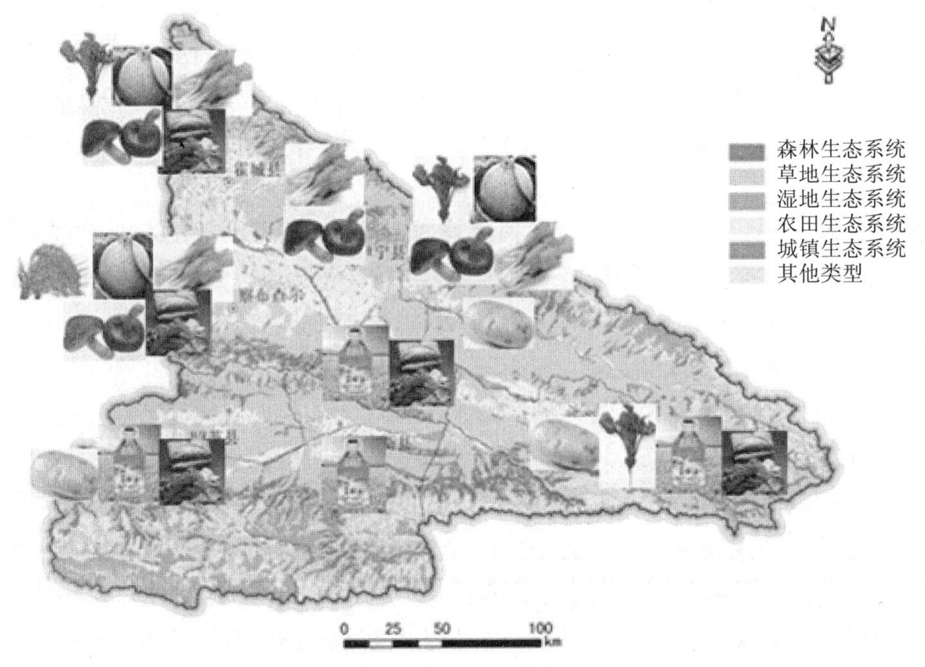

图 6-42　伊犁河谷区域种植业（特色农业）空间优化示意图

②推进特色农业产业化发展。制约伊犁河谷特色农业发展的瓶颈如下：a. 特色农产品龙头企业少，产品精深加工链条短，产品销售市场单一，市场竞争力小；b. 因受传统种植方式的影响，农民对农产品申报品牌标志、认证等工作滞后，品牌意识不强；c. 引导特色产业发展的政策机制不完善。如果在政策、市场引导、品牌营销等方面加大扶持力度，将能更好地做大特色农业。

为打破这种瓶颈、鼓励特色农业加快发展，自治州出台《关于加快伊犁河谷特色农业产业发展的意见》和《伊犁州直特色农业产业规划》等政策措施，不断加大对农业产业的政策扶持力度和资金投入力度，为特色农业大发展奠定了基础。目前，伊犁马、新疆细毛羊、红提葡萄、特有的树上干杏、百年野生核桃、薰衣草、伊犁瓜果等一大批特色农牧产品已经享誉海内外，应在此基础上，抓住机遇，不断调整和优化农业产业结构，着力形成有区域特色的农业产业带和关联产业群，全面推进农业产业化。

③推进农业技术创新。推进技术创新和农业生产的有机结合，将有比较优势的农业整合成有竞争优势的产业，以便推动伊犁河谷区域的农业结构优化升级。按照特色农业和可持续发展的要求，积极立足生态优势和产业优势，加强农业关键技术的创新、配套开发和推广科技高效种植，大力发展特色农业，不断扩大红花、贝母、薰衣草等特色作物面积，拉动农民持续增收。

以市场为导向，合理调整农业研究和技术开发方向，切实加强生物技术、信息技术与传统农业技术的结合，努力在优良品种引进和培育、高产种植和养殖、节水灌溉、农业机械化和农副产品加工等技术领域实现新的突破。由注重产量逐步转变为注重提升农牧产品品质、提高经济效益和绿色环保；加强农业科研成果的转化率，将先进的农业科研成果应用到农业生产中，注重发挥农业科技示范基地的带动作用，推动农业科技成果和农业生产有效结合，增强现代农业的市场竞争力。

3）畜牧业布局优化方案

畜牧业是伊犁河谷最具特色的传统产业和基础产业，大力发展现代化、产业化的生态畜牧业是伊犁河谷农业现代化的重要途径。实现畜牧业现代化必然要走以生态定位的产业化之路。结合伊犁河谷地区的草场空间布局及退化风险状况，加强对基本草场的维护与恢复，优化畜牧业经济结构，推动畜牧业的市场化、国际化、标准化、规范化、品牌化和规模化，逐步建立一个具有伊犁特色的资源节约型、经营集约化、生产商品化的现代生态畜牧业模式，实现从牧业大区向牧业强区的历史性跨越，具体见表 6-11。

表 6-11　伊犁河谷地区畜牧业发展空间布局优化对策

序号	主要方向	具体对策	案例区域
1	禁止或限制畜牧业发展	草场退化严重区域禁牧	察布查尔锡伯自治县
2		载畜量严重超载区域限牧	伊宁县、巩留县
3	种养结合	一定种植面积配套一定畜禽养殖数量	新疆
4	实施禁牧轮牧休牧	以草定畜，舍饲圈养	草场区域
5	畜牧业现代化建设	示范园区建设	伊宁县

①坚持调整结构和优化布局原则。按照《关于加快伊犁河谷特色农业产业发展的意见》《伊犁州直特色农业产业规划》要求，积极推进畜牧业内部结构调整，优先发展生产，加快发展奶牛、绵羊等草食动物和特色畜禽生产，做优做强畜牧产业。

优化优势产品区域布局。结合草场退化风险评估结果，察布查尔县和尼勒克县草场退化极高的区域，以草地资源保护为主要目标，限制畜牧业发展；在水土流失敏感区和荒漠化区域不重点发展畜牧业，而主要是开展草场的培育和维护。全面实施草原生态保护补助奖励机制，深入开展基本草原划定工作，稳步推进退牧还草工作，实行最严格的草原保护措施。加强草原监管行政执法，严厉打击非法开垦、乱采滥挖等破坏草原的行为。

②坚持高效优质生产和种养结合原则。按照生态农业的要求，畜禽养殖规模和排泄物利用同周边土地容量相适应。以规模畜禽场和养殖小区建设为抓手，大力推进畜牧业适度规模经营，加快发展良种化、标准化、优质化和生态化生产。同时，加强牧农结合，优化生产布局和畜群结构，提高科学饲养和经营水平，形成牧区繁育、农区育肥的生产格局。按照一定的种植面积（包括农作物、林地等）配套一定的畜禽养殖数量要求，在农业产业基地、种植业和林业基地建设中，配套建设一批畜禽规模养殖场。

积极发展现代草原生态畜牧业。立足各地实际，有步骤、分阶段地全面推行草原禁牧轮牧休牧制度，减少天然草原超载牲畜数量，实现草畜平衡。避免掠夺式利用草场，做到以草定畜，草畜平衡，防止草原荒漠化，维护草原生态环境。结合“定居兴牧”水利工程建设进展，推行舍饲圈养，加强草原围栏和棚圈建设，统筹规划布局建设节水高效灌溉饲草料基地建设，促进草原畜牧业向舍饲、半舍饲转变，实现禁牧不禁养。

③大力扶持现代畜牧业示范园区建设。把现代畜牧业示范园区建设作为推进畜牧业现代化建设的载体和突破口，因地制宜，在草场生长状况稳定、承载力较高区域，引导支持伊犁河谷区启动建设一批“功能特色鲜明、基础设施完备、产业优势突出、生态环境良好、科技转化领先、服务体系健全、体制机制创新、管理科学高效”的畜禽标准化规模养殖示范区或示范基地。

4）煤炭产业布局优化方案

根据《关于调控煤炭总量优化产业布局的指导意见》（国能煤炭〔2014〕454 号）要求，加大对伊犁河谷地区的煤炭产业布局优化与结构调整，提升伊犁河谷地区的煤炭产业发展战略地位。

①集中发展，优胜劣汰。煤炭产业的集中发展，便于企业间合作，有利于大企业、大集团发挥优势资源战略；有利于资源的深度开发，拉长产业链条，不断开发新产品，增加附加值；也有利于开拓市场，占领市场的制高点，增强竞争能力，将优势资源最大限度地转换成高附加值的产品。因此，鼓励以现有的煤炭开采基地和矿区为基础，以资本和市场为纽带，通过对资源、资产和企业组织形式的重组，组建区域性和跨区域的煤炭企业（集团），减少现有煤炭企业数和矿井数，淘汰 9 万 t/a 及以下煤矿。

②规划引领，优化布局。按照伊犁河谷地区的能源发展战略规划，结合国民经济增速、能源消耗强度、能源结构调整等因素，统筹安排煤炭总量和布局。根据环境及区域生态环境承载力状况，水环境承载力超载（或接近饱和）、生态破坏严重的区域应关停部分企业严禁上新项目。空间布局以伊犁河谷区的伊南、伊北、尼勒克和昭苏四大煤产地为重点区域，进一步整合现有的煤炭矿区周边的小煤矿，取缔周边非法采矿企业，稳步建设大型煤炭基地，提升伊犁河谷区的煤炭战略地位。根据《关于印发伊犁州直整合

小煤矿指导意见（试行）的通知》（伊州政办发〔2010〕8 号）要求，整合小煤矿工作的重点是察布查尔县中小型煤矿开采区。

③规避环境风险，科学有序发展。遵循煤炭产业开发空间布局的主要原则，应避开环境敏感区，远离学校、居民区、医院、水源地等，不能建在上风向或河流上游。考虑原材料分布以及交通设施，以煤气化为代表的煤化工项目耗水量较大，因此，厂址的选择也应充分考虑供水的可靠性和排水的去向。以环境管理分区为基础，避免环境风险较高区域的矿产资源开发，形成科学合理、差异化的区域开发强度，坚决制止盲目开发。加强对四大煤产区及周边的环境监管。

（3）政策制度布局优化方案

1）政策制度布局优化总体思路

中共十八届三中全会提出用制度保护生态环境，有效的差异化分区政策制度建设也是区域发展布局优化的基本保障和前提。

以有效落实区域空间布局优化、主导产业布局优化方案为目标，加强相关的政策制度建设保障，严格环境准入机制，推动生态保护红线区生态补偿制度建设、细化和落实草场保护与恢复制度，建立水资源保护制度，强化环境风险防范和环境监管制度，从而提供有效的政策制度布局优化保障。

2）严格实行环境准入机制

伊犁州作为新疆第一大州和向西开放的重要门户，其经济发展和生态环境保护与建设在自治区发展与稳定大局中具有特别重要的战略意义。坚持“预防为主、综合治理”，以水资源、草原资源、森林资源、湿地资源、野生动植物资源保护为重点，实行最严格的环境保护制度，切实保护好生态环境，永葆伊犁的青山、碧水、蓝天。

根据《自治州党委自治州人民政府关于创建国家生态文明示范区的实施意见》（伊州党发〔2013〕13 号）和《伊犁州生态文明示范区建设规划》，基于伊犁河谷产业结构布局及规划，以煤电、煤化工、盐化工、非金属矿制品业和制糖业等行业为重点，按照《新疆环境功能区划》要求，严把项目准入，控制新污染源，对不符合产业政策目录或生态功能区划要求的项目一律不得准入。对过去遗留项目制订计划，逐步实施项目升级，力求环境污染与经济发展相适应。同时，鼓励污染少、资源能源消耗低的高新技术企业、装备制造业企业的进入。

对于矿产资源开发、利用以及煤电、煤化工、盐化工等建设项目，必须以区域、行业的规划环评作为项目落地的前提。大力推行区域和行业规划评价，将环境影响评价制度，从项目层次提升到决策层次。逐步扩大规划环评和战略环评的数量和比例。开展规划环评的跟踪、督察，对生态环境有重大影响的建设项目或规划实时开展年度评估评议以及后期再评估制度。

3）建立健全水资源保护制度

以保障区域水资源供给和水环境安全为目标，根据《伊犁河流域生态环境保护条例》

要求，有效保护伊犁河流域的水环境质量和水资源量。

落实最严格水资源管理制度，制定水资源保护和管理制度，确立水资源用水总量、用水效率、水功能区限制纳污指标体系，科学合理配置水资源。加强饮用水水源地保护和动态监测，保证城乡居民饮用水安全。

实行水资源分类定价制度。完善反映市场供求关系、资源稀缺程度、环境损害成本的环境资源价格机制阶梯式水价制度和企业。依法实行取水许可制度和有偿使用制度，推进水价改革，完善分类水价制度、城市居民生活用超计划、超定额用水加价制度。严格执行建设项目水资源论证制度、节水措施“三同时”制度和取水许可制度，建立各行业取水定额指标体系，加强地下水管理，严格控制超采、滥采地下水。深化环境资源价格改革，适当稳妥提高污水垃圾处理费和企业排污费征收标准。

4）细化和落实草场保护与管理制度

天然草原是伊犁河谷的第一大资源，对保障伊犁生态与食物安全，为人民提供良好生存环境及支撑伊犁社会经济可持续发展起着其他资源无法替代的重要作用。草原生态保护虽然采取了一系列加强草原基本建设、提高畜牧生产能力的方法措施，但目前草场仍面临着退化严重、超载放牧、毒害草及鼠虫害等生态环境问题。草原畜牧业的发展只有从转变落后的生产经营方式这个关键环节入手，建立一套适合河谷自然条件、生产条件和社会条件的草地畜牧业生产经营方式，才能实现资源整合高效利用草畜平衡的发展目标。

划区休牧轮牧和封山禁牧，进一步细化和落实草场保护与管理制度。对处于戈壁滩、沙化、盐碱化严重的劣等草场宜实行禁牧、休牧制度，竖立标志牌或建立管护站，并播撒适宜草种恢复植被；对退化较重的中等草场，宜实行“轮牧”制度；对优良草场则宜实行以草定畜政策。大力推行草原保护、退牧还草、草畜平衡，同时落实禁牧、休牧、轮牧对牧民的草原生态补偿、草畜平衡奖励等资金，实现畜牧业生产方式的转变，减少草场载畜量，减轻天然草场的压力，使不堪负重的、严重退化的天然草场休养生息。

加大对伊犁河谷草原生态旅游业发展的支持力度。伊犁河谷以其特殊的地理气候环境，缔造了闻名国内外的优质草地资源，其草地的丰富性和特异性在我国草地中具有鲜明特色，为伊犁河谷草原生态旅游业的发展奠定了基础。开展伊犁河谷草原生态旅游，可以促使牧民自觉地调整其产业结构和畜群结构，减少对草场资源的掠夺性开发，有力地促进草原生态保护工作，其中有部分人已基本脱离草原，从事服务性经营活动，使草原旅游区附近区域经济呈现新的活力。

5）建立和健全生态补偿制度

按照“谁污染、谁治理，谁保护、谁受益”的原则，尽快出台伊犁河谷生态环境补偿相关管理办法，明确生态补偿的原则、补偿主体、补偿措施及标准等重要内容。建立一个长期的比较稳定的生态补偿机制，生态补偿资金做到专款专用、到乡镇、到项目，量化各项生态补偿专项的绩效考核目标，严格落实目标责任制，实行绩效考核体系，建立相应的奖惩机制。

优先开展伊犁河谷地区生态保护红线区生态补偿、矿产产业以及自然保护区生态补偿制度，推动成立“伊犁河谷生态补偿专项基金”，重点支持伊犁河谷植被恢复、生物多样性保护、湿地保护与恢复、公益林保护、生活污水处理、地质灾害工程治理和生态移民等项目建设，提高生态补偿的标准和期限，形成长效的环境保护制度保障；加大对伊犁河各饮用水水源保护区等生态脆弱和生态服务功能重要区域的生态补偿力度。

积极建立一系列绿色制度的创新体系，鼓励企业和社会组织自觉地承担生态责任，大力发挥市场机制在资源保护和污染治理中的基础性作用，以内化环境行为的外部性为原则，对各类市场主体进行基于环境资源利益的调整，建立保护和可持续利用资源环境的激励和约束机制。

6）强化风险防范与环境监管制度

根据伊犁河谷的生态环境特征，针对这些区域需要防范的水环境污染、湿地退化、水土流失、草场退化及煤炭开采等各种生态环境风险，制定环境风险防范及应急预警机制。

进一步加大环境执法力度，认真贯彻《环境影响评价法》，强化建设项目监管工作，逐步建立生产者责任延伸制度，要利用市场机制和经济手段保障这些制度的实施。通过环境影响评价和“三同时”制度的落实，依法严格限制新建高能耗、高水耗项目，加快淘汰落后工艺、设备和技术。严格落实规划环评制度，对未按要求开展环境影响评价的规划，制定相应的惩罚措施。加强项目跟踪管理，督促项目依法依规、依行政批复许可内容、按期按质建设。对于环保意识淡薄、污染严重的环境违法企业，要严厉查处并实行“限批”制度，实施重点企业定期巡查制度。

建设伊犁河谷地区环境信息数据库和服务平台。在伊犁河水环境监测能力和自动监测站建设的基础上，集成伊犁河谷地区自然条件、社会经济、生态环境、土地利用和污染排放等数据库，建设伊犁河谷地区生态环境数据采集、处理、分析、预测、管理平台，实现信息资料共享和监测资料综合集成，不断提高生态环境动态监测和跟踪评价水平。

第 7 章　重点产业生态环境风险防控技术方案

7.1　风险防控技术框架

未来的生态环境风险管理研究重点将从损失造成后的恢复和治理转变成损失造成之前的防范研究。生态风险管理是风险管理在应对生态风险、保障生态安全上的具体应用，它是根据生态风险评价的结果，依据恰当的法规条例，选用有效的控制技术，进行削减风险的费用和效益分析，确定可接受风险和可接受的损害水平并进行政策分析及考虑社会经济和政治因素，决定适当的管理措施并付诸实施，以降低或消除事故风险度，保护人群健康与生态系统的安全。

生态环境风险防控技术应针对风险源调查与表征、风险未发生时的预防、风险来临前的预警和风险过后的恢复与重建 4 个方面，采取相应的规避风险、减轻风险、抑制风险和转移风险的防范措施和管理对策。具体而言，通过风险源调查评价、风险暴露评价、剂量—效应关系等生态环境风险表征与评价，为生态环境风险防控提供了各种生态环境风险信息，这是生态环境风险防控管理过程的基础。通过建立区域生态环境监测体系、构建不同层级管理机构、制定空间规划和相关生态环境政策等手段，开展生态环境风险预防与控制，这是生态环境风险防范过程中的重点，决定了生态环境风险防范的成败。针对不同风险源的特点和不同风险等级，在风险来临前发布相应的风险预警等级，完善生态环境风险应急预警机制，这是有效控制生态环境风险的前提。在风险过后，通过风险转移补偿和生态环境恢复重建，开展风险后恢复与重建，具体见图 7-1。

7.2　重点防控区域与行业

在生态环境风险防控体系中，要明确重点防控区域、重点防控行业和重点防控企业。

7.2.1　重点防控区域

重点防控区域是指企业数量较多、化学品生产使用量较大、环境污染物排放强度较大、地理位置生态环境较为敏感的区域。对于重要防控区域，通过严格园区入园标准、加强环境风险基础设施建设、提高区域监管水平、健全园区性管理制度等措施，提高区域范围的风险防范和应急水平，降低环境风险。

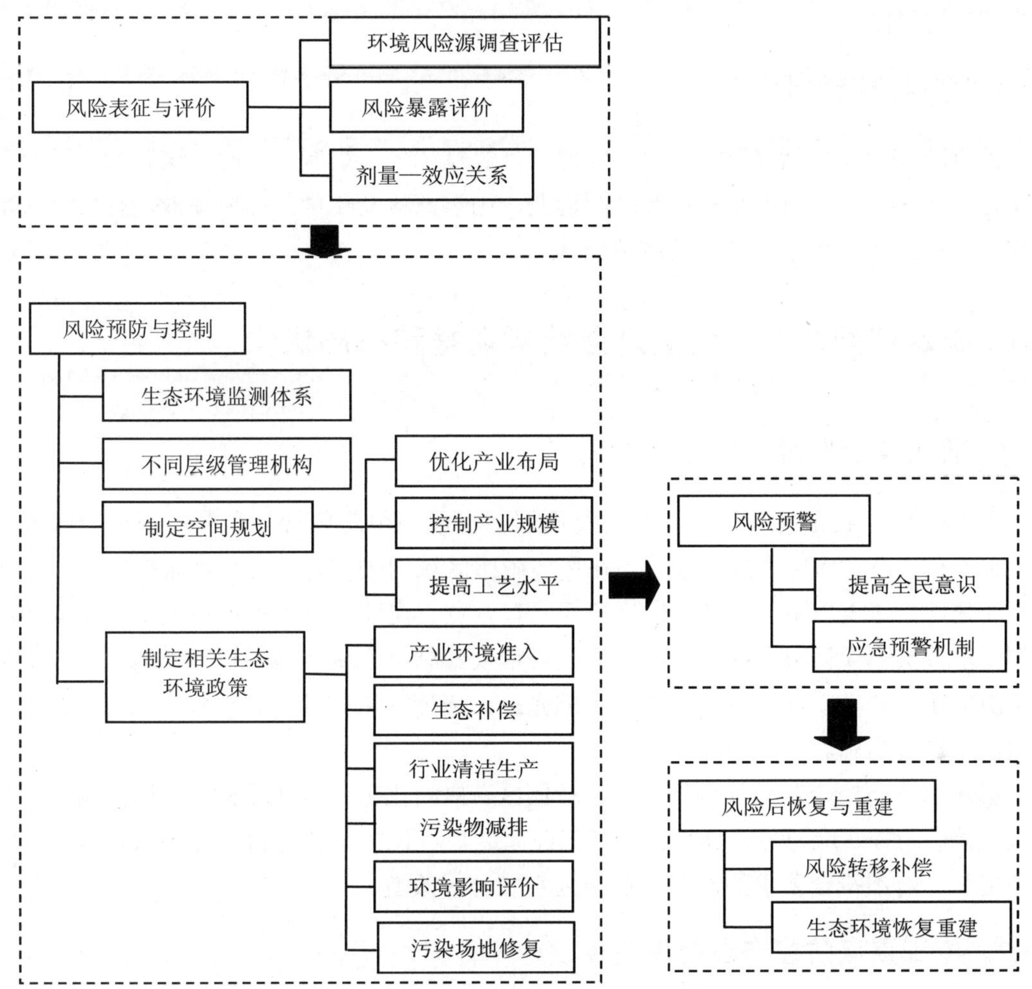

图 7-1 区域生态环境风险防控技术路径

7.2.2 重点防控企业

重点防控企业包括符合以下条件之一的企业，一是含有重大危险源［符合标准《危险化学品重大危险源辨识》（GB 18218—2009）］，且生产、使用、储存高毒类危险化学品的企业；二是环境风险防控措施不完善、“三废”处理设施不健全、排放特征污染物数量较大的危险化学品生产使用企业；三是位于人口密集区、生态敏感区、安全防护距离或卫生防护距离不符合国家有关标准要求的企业，周边具有环境保护目标的企业，如饮用水水源保护区、自来水厂取水口、水产养殖区、鱼虾产卵场、天然渔场、重要湿地和基本农田保护区、重要生态功能区等；四是发生过环境污染事件或群众举报危险隐患次数较多的危险化学品生产使用企业。对于重点防控企业，通过搬迁改造、实施环境管理登记、开展清洁生产审核、加强监测监管、完善应急体系等措施，提高防控水平，降低生态环境风险。

7.2.3 重点防控行业

重点防控行业包括煤制油、煤制天然气、煤制烯烃、煤制二甲醚、煤制乙二醇等新型煤化工产业，石油加工及石油制品制造业，化学原料及化学制品制造业，有色金属冶炼和压延加工业，纺织业及医药制造业等。

7.3 制定空间规划，促进产业结构调整和布局优化

7.3.1 推进重点防控行业合理布局

重点防控行业布局应纳入区域发展规划、土地利用总体规划和城乡规划中统筹安排，合理布局产业园区和建设项目。在环境敏感区域内划定特征污染物限排区域，一律不得新建、扩建重点防控企业，逐步搬迁已有企业。在环境风险集中地区结合环境功能区划要求，实施项目限批或更加严格的项目审批。对位于城市和人口密集地区、达不到安全防护距离要求或环境风险隐患突出的企业，应依法采取停产、停业、搬迁等措施，尽快消除环境隐患。

新建重点防控企业必须全部进入工业园区。提高化工园区建设标准，加强园区环境风险预警、防控、应急体系建设。制定工业园区环境保护工作考核管理要求，落实园区管理责任。对不符合要求的已有工业园区实施升级改造。

7.3.2 控制重点防控产业合理规模

限制生产和使用高环境风险和累积风险的重点防控产品。对未纳入淘汰产品、设备和工艺名录的高环境风险生产行业，以满足区域必要需求为主，合理控制高环境风险产品的生产和使用，鼓励实施区域性、行业性生产规模总量控制。

根据区域生态环境及资源承载能力，尤其是考虑新疆维吾尔自治区生态敏感地区和生态功能重要地区，以及区域水资源供给水平，合理规划和控制重点防控产业发展规模。调整区域产业结构，对重点防控行业实行产品结构调整和技术改造，重视发展高新技术产业，降低区域产业发展的生态环境风险。

7.4 区域生态环境监测

通过区域生态环境监测，了解新疆维吾尔自治区石油化工、煤电、煤化工基地及周

边人居环境的生态环境质量，监控其变化过程，保证基地（园区）及周边地区生态环境建设目标的实现和环境保护工作的顺利进行，为区域生态环境管理决策提供科学依据。同时有效发现生态环境管理措施在实施中存在的问题，进行适当修正和改进，维持适宜的生态环境质量和生态环境资源。

7.4.1　完善监测机构

基地（园区）的建设项目应各自设置专职的环保监测机构，负责环境保护日常监测工作，基地（园区）也应设立相应的环保部门或监察机构，对各个项目的环境监测工作统一管理进行监督。地方政府应就规划基地（园区）尽快成立综合性的环境保护管理专职机构，配置环境监测设备，对污染源和环境质量进行监测，确保环境监测工作顺利进行。同时建议设置环境监测站，配备专职工作人员对基地的企业生产情况和排污状况进行监测，以便及时掌握开发区的污染源动态。

7.4.2　强化监测体系

强化区域性生态环境监测体系，建立新疆生态环境基础数据库。逐步统一生态环境监测指标、监测点位、监测方法，建立环保、农业、水利等多部门协调的环境监测机制。完善重点污染源在线监测系统。在河流水系周边开展城市径流、农业面源监测治理工作。对石油化工、煤电、煤化工等重点行业实行大气污染全防全控，积极建立 $PM_{2.5}$、TVOC、苯、甲苯、二甲苯等特征污染物的监测网络。

7.4.3　落实监测内容

生态环境风险防范的监测内容主要包括环境空气、水、生态环境等。监测要素、监测时间频率及监测内容及方法参照表 7-1。

表 7-1　生态环境风险防范监测内容

监测类型	监测点位		监测项目	监测频率	监测方法
污染源监测	空气	锅炉烟囱	SO_2、NO_2、烟尘	每月监测一次	按照《环境空气质量标准》进行
		各工序排污口	SO_2、H_2S、粉尘、氨、甲醇、其他特征污染物		
	水	各个场区总排口	流量、pH、COD_{Cr}、氨氮、挥发酚等	每月监测一次	按照《污水综合排放标准》进行
环境质量监测	空气	业园区下风向	SO_2、PM_{10}、H_2S、氨、甲醇、其他特征污染物等	每月监测一次	按照《环境空气质量标准》进行
		居民集中分布区、保护区	SO_2、PM_{10}、H_2S、NO_2、NH_3、其他特征污染物	每月监测一次	

监测类型	监测点位		监测项目	监测频率	监测方法
环境质量监测	水	地表水	pH 值、氨氮、COD、BOD、DO、石油类、甲醇、细菌总数和总大肠菌群、水温	每月监测一次	按照《地表水和污水监测技术规划》进行
		地下水	pH 值、总硬度、矿化度、F、砷、铬、硫酸盐、细菌总数和总大肠菌群、水温	每季监测一次	按照《地下水环境监测技术规范》进行
	生态	工业园区附近、矿区、自然保护区植被	植物种类、物种丰富度、群落盖度、地上生物量、植物高度、植被指数	每年监测一次	遥感调查与样方调查相结合
		工业园区附近、矿区、自然保护区动物监测	种类与数量	每年监测一次	路线调查法
		工业园区附近、矿区、自然保护区土壤	pH、有机质、铬、铅、砷等重金属含量、含水量、侵蚀模数、地表塌陷范围	每年监测一次	按照《土壤监测技术规范》进行
		工业园区附近、矿区、自然保护区	活动沙丘、半固定沙丘面积变化，植被盖度、土地沙化敏感性；土地沙化治理率；土壤环境质量；地面沉降控制率；厂矿建设占地面积	每年监测一次	实地调查与遥感调查相结合
		生态景观与功能	景观破碎化指数、生态资产	每 2 年监测一次	遥感调查与实地调查相结合

7.4.4　加强污染事故的应急监测

随着石油化工、煤电、煤化工基地的发展，陆续会有新的企业、新的项目进入基地。特别是石油化工、煤化工等项目在生产运营过程中可能产生突发的环境污染事故，因此必须建立应急监测机构和完善的应急监测流程，配置具有先进水平的流动监测装置，确定主要污染物应急监测及处置方法，对突发的污染事故进行应急监测。建议在环境监测站基础上结合生产安全监督部门共同组建环境事故应急领导和监测小组；建立环境污染事故应急专家咨询系统，聘请消防、化工等部门专家参加；环境事故监测小组应配备各种应急监测仪器及设备，应当组织力量对区内可能发生的污染事故调查取证程序和内容、不明污染物分析、监测方案、质量控制等环境予以研究；建立环境污染物“黑名单”，有的放矢地进行必要的监测技术开发及储备。

7.5　生态环境风险的管理体系

7.5.1　构建不同层级生态环境风险管理模式

构建“政府、园区、企业”三级生态环境风险管理模式，根据不同管理层级，明确新疆重点产业发展生态环境风险管理的主导方向，见表 7-2。

表 7-2　新疆重点产业发展生态环境风险管理

序号	级别	生态环境风险管理主导方向
1	政府管理层面	制定有关规划，优化产业布局和规模，落实国家“三同时”、环评、竣工环保验收、总量控制、产业政策等国家环保政策，统一管理辖区内的重大风险源
2	园区管理层面	监督检查建设项目“三同时”执行情况、污染物排放情况、污染治理设施运行情况、限期治理设施完成情况，严格准入条件，建立循环经济产业链等
3	企业管理层面	严格执行上级各项环保方针、政策和法规，落实上级监测统计任务，加大风险防范培训和宣传，提高技术水平，践行清洁生产，加强项目日常监督检查，规范操作，有效降低风险

（1）**政府管理**

新疆维吾尔自治区环保厅负责制定有关中长期重点产业发展规划，合理布局产业，针对生态环境风险较高的产业，需严格控制规模。同时，对涉及基地项目依法进行环境监督管理，地方环保局将基地纳入正常的环境监督管理工作程序，对所辖区的环保项目进行监督，加强项目环境影响评价管理，核查项目实施的环保措施落实情况，并对项目环保措施进行竣工验收。对未通过环评审查的投资项目，有关部门不得审批、核准、批准开工建设，不得发放生产许可证、安全生产许可证、排污许可证，金融机构不得提供任何形式的新增授信支持。针对“扩权强县”环评审批权限下放后市、县两级环境影响评价管理，建立和完善有效的监督监管机制。

（2）**园区管理**

园区应设置环保管理机构，负责监察企业的环保管理工作。由专人对园区项目区的各项环保工作进行统一规划、管理，同时积极配合上级环保部门的工作。依法对管辖范围内的排污单位实施现场监督执法和管理；依法对排污单位建设项目“三同时”执行情况、污染物排放情况、污染治理设施运行情况、限期治理设施完成情况进行现场监督检查；依据有关规定，严格产业项目准入制度，积极构建循环经济产业链条；协助上级部门参与人大议案、政协提案、生态破坏事件及污染事故、污染纠纷的现场调查取证。

（3）**企业管理**

园区内各企业设环保专门机构，包括环境管理机构和环境监测机构，专人负责工程的环保计划实施和环境管理工作。企业应贯彻执行国家、新疆维吾尔自治区各项环保方针、政策和法规，制定本企业项目的环境管理办法，编制并实施本企业的环境保护工作中长期规划及年度污染治理计划；对项目实施涉及的环保工作进行监督管理，制定项目的环境管理与工作计划并进行实施，负责项目建设中各项环保措施实施的监督和日常管理工作。审定环保装置的操作工艺，监督环保装置的运行，建立企业完善的环保设施运行、维护、维修、技改等技术档案，要对环保设备定期检修；组织开展企业项目的风险防范宣传和培训计划，提高各级管理人员和施工人员的环保意识和管理水平；推进企业 ISO 14000 体系认证和清洁生产工作，使企业的环境管理工作与国际接轨；负责项目在施工期、运营期的生态破坏和环境污染事故的调查和处理，做好项目在施工期、运营期的环境监测任务；定期向环保机构汇报监测数据，负责环境监测数据的统计工作，建立企业完善的污染源及物料流失档案，确定企业的监测布点和监测时间及监测项目，按计划执行日常监测。

7.5.2　实施区域差别化管理体制

新疆生态环境十分脆弱，能源资源产业布局受到明显制约。煤炭资源主要分布在防风固沙功能重要区（准东、吐哈、伊犁），煤炭资源开发活动与当地主导生态功能存在冲突。同时，新疆水资源短缺，部分地区地下水超采，区域水资源供给失衡，影响经济社会协调发展。根据能源资源分布特点和生态空间管控、环境风险防范的需求，划分能源资源开发及加工产业环境保护分类管理区域，实行差别化管理，探讨由限制为主策略转向生态恢复与补偿、优化发展为主管理方略。充分考虑煤炭能源战略中的重要性、资源开发的生态敏感性、能源加工产业布局的环境风险，确定差别化的产业体系空间管控原则（见表 7-3）。

表 7-3　产业体系空间管控原则

序号	区域生态环境基本特征	产业发展差别化管理
1	生态服务功能重要，影响人居环境，生态难以恢复	严格限制或禁止煤炭、石油开采活动
2	生态服务功能重要，影响人居环境，采取措施可使生态得到恢复	加强煤炭、石油开采的生态保护与建设，并进行生态补偿
3	区域中心、次中心等城市，具有直接影响人群健康或饮用水安全的风险	原则上不再布局或扩大能源资源加工产业规模
4	具有引起不同部门间用水竞争或引起跨界水污染纠纷等，并存在经济社会发展严重挤占生态用水或地下水严重超采	必须优化产业发展路线，采用先进技术工艺和装备，降低水耗、能耗和污染物排放，严格“以水定产”“以产业链定项目”
5	存在经济社会发展严重挤占生态用水或地下水严重超采	必须优化产业发展路线，采用先进技术工艺和装备，降低水耗、能耗和污染物排放，严格以水定产，力求“以产业链定项目”

实施煤炭开采、煤电、煤化工一体化战略，建设煤炭开发、利用全流程环境监管试点、示范工程，保障在煤炭开发、利用过程中的有关煤炭开发布局、煤炭开采技术政策、资源综合利用政策、污染控制政策的协调实施，实施煤炭开采及煤电煤化工产业体系在空间上差别化管理。

7.5.3　加强重点环境领域管理

（1）水资源开发利用管理

新疆农业用水所占的比重大，水资源配置需统筹农业、工业和生态等用水比例。由于管理和引导的不足常会出现农业节水量不能流转、工业发展无水可用。因此，需建立完善的管理制度保障，加强管理引导，调整产业结构，转变经济增长方式，全面推进节水型社会建设，不断提高用水效率和效益，并通过水资源的合理开发、优化配置、高效利用、科学管理，特别是通过严格控制灌溉面积的盲目扩张，以水资源的可持续利用保障新疆经济社会可持续跨越式发展。

天山北麓、吐哈地区水资源短缺，要“以水定规模”。水资源开发利用管理思路是开源节流并举，在节水挖潜、高效利用当地水资源和加强水生态环境保护的前提下，实施调水、引水工程，逐步构建水系连通、水库联调、多种水源统筹调配的水资源配置网络。伊犁河谷地区地表水可利用量尚有富余，但地下水利用量过多，已在部分地区产生了地质生态环境问题，未来产业发展应考虑取用地表水资源，建设沿河取水工程引水，重点提高农业灌溉用水效率，实现农业水向工业转移。

（2）地表水及地下水环境污染防控

近些年，新疆水环境日趋恶化，长期超采地下水造成的地下水水位不断下降，形成较大范围的降落漏斗和区域水位下降。城镇化步伐的加快和区域经济的发展，加重了局部水资源的负荷，也加剧了城市周边地表水、地下水的污染，为了遏止污染加剧的趋势，应深入开展水污染防治规划工作，加强河流水系的污染防控。艾比湖应确保水源补给，遏制湖水咸化和盐尘污染；玛纳斯湖库群应构建清污分流、再生利用、分质供水的水循环模式；艾里克湖应维持生态补水，严格保护水环境质量，逐步恢复原有生物多样性和自然风貌；乌鲁木齐河诸河应实行山区严格保护、中下游严格管控、荒漠区合理受纳污染物；伊犁河区应加强国际河流水环境风险管理，避免跨界污染问题。除了严控河流水系污染外，还需大力加强基地及周边区域水文地质勘察工作，做好水环境质量评价与环境影响评价，充分把握区域未来水环境演变态势。

（3）加快大气污染综合治理

加快推进城市大气污染综合治理，加强运用宏观调控手段，推动重点城市和资源型城市的产业结构调整、能源消费结构调整、优化产业布局，着力解决乌鲁木齐市大气污染严重问题，预防石河子、昌吉—五家渠、奎屯—独山子—乌苏等城市和城市群的大气环境质量下降问题。大力实施重点城市热电联产、煤改气、集中供热、热网改造、电厂脱硫、机动车尾气治理工程。加快推进火电、石油化工等行业二氧化硫、氮氧化物、颗粒物以及特征污染物治理。

（4）**固体废弃物管理**

新疆煤电、煤化工行业发展固废污染不容忽视。譬如，煤炭资源的开采形成大量煤矸石堆、煤电生产燃煤煤灰、脱硫后产出的脱硫石膏和脱硫灰渣以及厂区生活垃圾等，若其露天堆放，就会侵占土地并吞没和破坏农田。如果长久搁置，在自然力作用下，就会污染土壤、破坏水体、损害大气，对社会生产和人民生活造成一定危害。因此，需建立以减量化、资源化、无害化的固废管理基本思路，实行产生、收集、运输、贮存、利用、处置、排放的全过程管理，建立科学的管理体系，寻求合理的管理模式，建立健全管理机构，扩大充实管理力量。根据国家颁布的危险废物名录，结合城市实际，抓住重点污染源，尽快制定相关的法规和规章以及危险废物管理办法。将固废防治工作纳入基地（园区）规划，制定和实施防治技术政策，建立固体废物处置交换机构。推行清洁生产工艺，改变粗放型经营为特征的发展模式，进行产业结构调整，淘汰高能耗、高物耗、高废物产生量的工艺装备和产品，挖掘减量化潜力，充实资源回收利用系统，扶持综合利用产业，减少固废产生量。强化监督执法力度，推进各项管理制度的执行。加强监测队伍的建设，提高监测水平，完善监测标准，提高监测装备档次。加强对危险废物的监督管理，完善审批程序，严格现场检查，避免环境风险。

（5）**相关自然保护区管理**

自然保护区是维护生态安全的重要地区，是为人类提供生态产品的关键区域。因此，需加强自然保护区的管理，严格执行《中华人民共和国自然保护区条例》和《新疆维吾尔自治区自然保护区管理条例》。地方人民政府应当加强对自然保护区工作的领导，加大自然保护区保护、建设和管理工作力度。禁止任何单位和个人进入核心区，缓冲区只准进入从事科学研究观测活动。核心区、缓冲区和实验区不得建设任何生产设施。禁止在自然保护区内放牧、狩猎、捕捞、采药、挖沙、取土、砍伐，倾倒固体废弃物，排放工业废水和生活污水，移动自然保护区的界标。积极建立早期预警制度，加强对自然保护区生态环境的预测、预报工作。

7.5.4 提高生态环境风险预防能力

在生态环境风险程度不同的地区采取不同的风险减缓对策，生态环境风险较高的区域需加强对自然保护区的保护和管理工作，在原有工作基础上，进一步加大保护区生态监测工作，为保护生态系统提供科学依据。同时，各项工程应尽可能地避开生态环境高风险区，合理开发资源。加强对重大工程开展专项地质灾害调查与风险评价，尤其能源化工基地建设项目需做好生态风险评价，提出切实可行的预防措施，制订事故应急预案。提高警惕，严格按照相关要求规范操作，最大限度地避免生态环境风险的发生。

7.6　制定相关生态环境政策

7.6.1　产业环境准入

将环境风险防控要求纳入行业准入政策体系，制定和完善重点防控行业准入条件、标准和政策并严格执行。对已制定准入条件的相关行业，及时修订完善，强化污染防治和环境风险防控要求。对尚未制定行业准入条件的相关行业，从布局、规模、技术、环保和安全等多方面要求出发，制定行业准入条件，提高行业准入要求和建设标准。重点防控产品生产和使用集中的地区要结合本地实情，划定重点防控区域，制定区域重点防控行业环境准入规定。从事生产和使用危险化学品的企业，在进行环境管理登记、申请危险化学品使用安全许可和危险化学品经营许可之前，应对环境准入条件满足情况进行核证。

7.6.2　生态补偿政策

按照“谁保护、谁受益，谁改善、谁得益，谁贡献大、谁多得益”的原则，在区域建立生态补偿机制。在重点防控区域，尤其是新疆维吾尔自治区生态环境极敏感和生态功能极重要的地区，建立生态补偿机制。在基本农田保护、生态公益林、饮用水水源地、湿地等生态保护领域，在面源污染控制、矿产资源开发等生态环境修复领域，在产业调整转型领域，逐步探索建立生态补偿机制。提高现有基本农田保护、生态公益林、湿地保护补助标准，加大财政转移支付力度，不断提高对生态补偿的财政投入，对为保护生态环境而形成的公共成本支出给予补偿。逐步增加预算安排，重点支持生态建设和生态保护项目，在保持原有资金管理模式不变的前提下，将原专项资金统一纳入生态补偿专项资金。

7.6.3　清洁生产

定期发布强制性清洁生产审核企业名单。强化和完善针对生产、使用累积风险类和突发环境事件高发类重点防控产品或者在生产过程中排放重点防控化学品的企业清洁生产审核相关规定和要求。重点推广聚氯乙烯低汞触媒技术、高效汞回收技术、铬盐无钙焙烧技术等。重点防控企业应至少每两年开展一次强制清洁生产审核，并将审核结果和整改措施上报相关环境保护主管部门。推动工业产品符合绿色化学理念的生态设计，减少和替代累积风险类重点防控化学品的使用。

7.6.4　污染物减排

在环境保护重点区域开展特征污染物类重点防控产品排放类型、数量和分布的监测与调查。重点防控企业制定累积风险类重点防控产品的环境风险防控管理计划。对特征污染物排放量大、排放集中的重点防控行业，实施清洁生产和污染减排等污染防控行动，推进企业升级改造特征污染物污染防治设施技术水平。鼓励重点防控行业和企业推行最佳可行技术，提升企业环境管理水平，有效控制和逐步减少累积风险类特征污染物的排放。

7.6.5 环境影响评价

加强化工石化等重点防控行业建设项目环境风险评审，在建设项目环境影响评价文件评审阶段，重点对环境影响评价报告书中涉及环境风险评价的内容进行评审，在建设项目竣工验收时对风险防控措施的落实情况进行评审，通过双重评审消除建设项目环境风险隐患，确保风险防控措施落实到位。强化突发环境事件潜在风险和累积环境风险分析，提出合理有效的环境风险防控、应急处置措施，明确企业特征污染物监测方案，开展特征污染物类重点防控化学品排放评估。扩大建设项目环境风险识别与评价的范围，增强环境风险预测方法的实用性，强化对环境风险监测、预测、预警、应对等管理措施的具体要求。尽快将污染场地环境风险评价纳入建设项目环境影响评价。

7.6.6 污染场地修复

重点防控区域开展涉及重点防控危险品污染场地的调查、评估、管理和修复试点。开展污染场地的调查和风险评估，重点推进重点防控企业污染场地用途变更的风险评估，制定和完善污染场地相关管理办法和标准规范。开展污染场地环境无害化管理与修复试点，开发经济有效的环境应用修复技术，逐步降低和消除环境污染场地的环境风险。

7.7 构建应急预警体系

7.7.1 提升应急响应能力

制定突发环境事件处置技术规范，制定环境应急监测标准、方法和技术规范。制定环境应急能力标准化建设标准。

制定切实可行的环境风险防范措施和突发环境事件应急预案，加强各级应急预案建设和管理。制定和完善各类应急预案编制指南和演练指南。重点防控企业突发环境事件应急预案应报地区环境保护主管部门备案。企业应定期开展环境应急培训，加大应急预案演练频次和力度，提高预案的可操作性和有效性。编写环境风险防控、应急处置和安全自救宣传手册，广泛开展应急宣传教育，普及化学品风险预防、避险、自救、互救、减灾等知识和技能。

建设区域环境应急联防联控体系，建立紧密协同、快速反应的工作机制。建立区域突发环境事件应急管理信息系统，将重大环境风险源、应急预案、物资储备、人员调度等信息纳入应急系统。充分利用社会资源，实现区域性环境安全应急救援物资相互调配。加强危险化学品突发环境事件应急处置救援队伍建设，对重大环境风险源建立综合性防控工程设施。依托大型企业和社会专业应急机构，建立政府、企业与社会相结合的综合性、专业化的化学品突发环境事件应急处置队伍。

7.7.2　提高公共环境风险认知

通过报纸、电视、网络等媒体，加强对公众环境风险的产生、危害以及防范的宣传教育，提高公众对环境风险的认知，防止因谣传和误解导致公共事件的发生。以企业、社区为单元，对重点区域的公众实施突发环境事件应急逃生和自我救护培训，提高公众对突发环境事件的自我应急能力，降低突发环境事件对公众健康、财产造成的影响。加强环境风险信息公开，促进有关政府管理部门、企业及时、准确、主动地公开环境风险信息，保证公众对环境风险的知情权，为充分发挥公众对环境风险的自我防范与社会监督作用提供基础。

7.8　重点产业生态环境风险防控对策

7.8.1　石化产业生态环境风险防控对策

（1）严格落实产业规划，优化产业布局

根据新疆石化行业的发展情景，新疆石化行业主要分布在奎屯—独山子石化基地、乌鲁木齐石化基地、克拉玛依石化基地、新疆南部石化基地、吐哈石化基地 5 个基地。新疆石化行业的发展应严格落实相应的规划，集中布局上述五大基地，促使产业集聚，减少在其他区域的零星分布，从而减轻石化行业对新疆生态环境的整体影响。此外，新疆石化行业的发展还应根据区域水资源条件、大气环境容量、生态保护要求等环境制约因素，避开生态功能重要和生态敏感的地区，优化基地内建设项目的具体布局和优先顺序。

（2）严格石化基地的环境管理和环保准入，优化产业发展

针对石化基地的分布，结合该区域的生态环境特点，制定差别化的环境管理政策，明确不同石化基地的环境保护目标和要求，提出与区域环境保护目标相适应的环保准入基本条件及较高门槛要求。在石化行业的发展过程中，应尽量减少占地，加强未利用地的开发利用，减少石化行业在开发利用过程中的人类扰动，减轻对区域动植物和生态系统的影响，保持区域生物多样性，加强石化行业开发过程中的生态环境保护，此外，还应加强开发区域内的绿化，制订相应的生态综合整治方案。

(3) 发展清洁生产和循环经济，减少污染排放

从企业—园区—基地—新疆角度提出相适应的循环经济发展模式。企业要从主要污染因子管理、能源管理、污染治理、资源回收利用、环境监测、信息管理、紧急事故的预防与处理等方面入手，建立企业绿色管理体系，减少企业在生产及过程中各项活动所造成的环境污染。在园区和基地内加强上下游产品的原料互供以及废气利用，加强园区和基地内部的原料、产品、废物、技术等的衔接和联系，建立和延长石化行业产业链。加强石油化工基地与外部的物质联系，结合电力、建材产业、产业上游的油气煤盐勘探综合开发，着力于石化行业产品链的规划和设计及各种工业固体废物综合利用，构建循环经济产业链，较大地提高水资源、能源利用效率，降低主要工业污染物排放强度，促使粗放型、线性型的经济增长方式向集约型、循环型经济增长方式转变。

(4) 构建完善的风险防范体系，降低事故风险概率

石化行业是高事故风险概率行业，因为一旦发生事故，其就会对区域生态环境造成严重损坏，因此石化行业应制定完善的风险防范体系，建立相应的应急预案。新疆石化行业应制订 2 个预案：一个是日常工作安全预案；另一个是突发事件应急预案，而突发事件应急预案又分为内部预案和外部预案。内部预案由企业负责起草，包括分析生产过程中存在的环境安全隐患，预测发生突发事件时对周围的危害和影响，控制事件和限制其影响应采取的措施等，经政府审核并得到批准，在发生突发事件时由企业予以启动。地方政府负责起草企业外部的应急预案，包括对企业周边环境的描述，对居民和环境的安全保障，发生突发事件时应采取的措施，对当地居民应对突发事件的培训等，由地方政府负责启动。内部预案和外部预案均应明确相应的组织机构、应急管理指挥、现场处置协调机制、环境损失评估、灾后恢复、事故原因调查、员工培训等内容。

7.8.2 煤化工产业生态环境风险防控对策

(1) 做好产业规划，确立合理的产业布局

新疆要建立现代产业体系，做好煤炭资源的转换，发展好现代煤化工产业，降低煤化工产业规模化发展带来的生态环境风险，同时也需要确立合理的煤化工产业布局和项目规划。近年来，在国家政策和大量资金的推动下，新疆煤炭开发不断加速，积极实施优势资源转换战略和引进大集团、大企业加速推进产业带发展的战略，重点发展煤制油、煤制天然气、煤制烯烃、煤制化肥等产业。当前，新疆传统煤化工快速发展并已形成优势，新型煤化工也进入了启动和建设阶段，将迅速形成较大生产能力。在如此背景下，新疆煤化工产业发展尤其要注重区域资源环境承载力，做好产业布局，合理规划产业项目，避免盲目建设煤化工。

新疆伊犁地区作为重要的煤化工基地，要特别做好产业规划，在源头就能有效控制煤化工产业可能带来的生态环境风险。根据伊犁当地资源特点构建具有地区竞争力的煤化工产业群和产业链，重点发展煤制甲醇、煤制烯烃等项目，借助内地大型企业的科技能力，积极推进煤化工发展的基地化、园区化，以提高资源利用率、降低污染物排放，降低区域生态环境风险。

（2）加强技术支撑，建立循环经济型煤化工产业发展模式

在新疆维吾尔自治区提出的优势资源转换战略中，煤化工产业被提到了重要的位置。众所周知，煤化工属于污染相对较重的行业，若企业能建立循环经济型发展模式，会在很大程度上降低能耗、减少污染物排放，削弱破坏周边生态环境的风险。

目前，新疆部分地区正积极探索煤化工循环经济型发展道路。新疆庆华煤化工循环经济工业园是新疆维吾尔自治区、伊犁州重大项目，规划占地 8 000 亩，总投资 278 亿元。该园区遵循“低消耗、少排放、能循环、可持续”原则，坚持走“环境友好”的现代煤化工产业发展道路。同时，该园区注重生态环境建设，开展绿化植树与工程建设。为尽量减少对耕地的占用和对周边环境的影响，在项目选址、生态绿化等方面尽可能远离城镇，选择伊犁河谷北坡的荒山荒地作为煤制气项目建设用地。与此同时，新疆吐鲁番、昌吉等地区也积极打造现代煤化工循环经济示范基地，新疆天同煤化工循环经济产业园在呼图壁县工业园区的落成，降低了以往煤化工生产可能带来的生态环境风险。

据研究，如果煤炭液化、煤基甲醇、煤基二甲醚项目的水耗指标分别达到同类项目的先进水耗指标，即 9.47、12.51、17.65，则每年可节水 18.63%。建议提高煤化工行业清洁生产水平，达到国内乃至国际同类现有水平，减低产业水耗指标，发展循环经济。

加大对支撑核心资源循环利用技术的研究投入，采取“资源—产品—废弃物—再生资源”的闭路循环发展模式，积极围绕项目的“三废”利用目标，在工艺设计、设备选型等方面突出先进性和环保型，对每一个单体项目严格履行“三同时”要求，实行全封闭的原料储运系统、先进的污水处理工艺、各种净化回收装置，实现“上游生产环节的废弃物作为下游生产环节生产原料”的反馈式生产流程，提高资源利用率。如煤制气项目，需配套粉煤灰制水泥、炉渣蒸压砖、煤焦油加氢的基础设施，实现资源的合理利用。

（3）健全法律法规，建立有效的生态补偿机制

煤炭是煤化工产业发展的基础，而煤炭资源的开采造成的环境污染、生态破坏是很严重的。可以通过健全相关法律法规、发挥生态环境保护的功能，对煤化工生态环境风险加以控制。目前，我国《矿产资源开采登记管理办法》没有对煤炭资源产权细化做出具体规定和实施办法，因此需要通过建立生态补偿机制，明确规定资源税的用途，着重解决煤炭开采过程中造成的生态环境破坏的补偿问题，缓解区域生态环境风险加剧的压力。

按照“谁开发谁保护、谁受益谁补偿”的原则，逐步建立环境和自然资源有偿使用机制，逐步建立制度化、规范化、市场化的生态补偿机制，一方面由国家、新疆维吾尔自治区配套财政转移支付，另一方面要积极探索市场化生态补偿机制。

（4）以水定产，合理设定煤化工发展规模

水资源是新疆生态环境稳定的重要保障，区域水资源短缺成为煤化工发展的首要约束性指标。新疆跨越式发展过程中，必须注重水资源的合理分配，确保工农业和生态的用水。大型煤化工基地建设采用跨区域调水和水权转换方式是必要和可行的，但应在优先确保生活、农业、生态用水的基础上，合理配置煤化工工业用水的份额，并基于工业用水配额，以水定产，合理设定新疆煤化工发展的规模。

目前，伊犁地区虽然水资源相对充裕，但农业用水量较大，2010 年用水总量 52.70 亿 m^3，其中农业用水量达到 49.45 亿 m^3，占当年用水总量的 93.83%。因此，伊犁的大型煤化工基地建设，需充分考虑农业生产用水，降低区域水资源供给失衡带来的生态环境风险。哈密地区本来水资源匮乏，目前正在积极打造“节水型社会”，杜绝水资源浪费的行为。在这种背景之下，哈密地区煤化工发展需特别注意水资源短缺带来的区域生态环境风险。

(5) 分区引导，实施差别化产业政策支持下的环境准入

一是分区域差别化引导。目前，煤化工项目建设的突出问题在于水资源的限制和排污受限，其中煤化工项目废水“零排放”存在能耗、运行成本高，系统风险大、污染转移成本高等问题，严格意义上的零排放尚难以实现。新疆应着力引导煤化工项目布局于水资源相对丰富、排水条件较好的区域，对列入国家定点的煤化工项目需深入开展厂址比选，尽可能选择有环境容量的区域，慎提废水零排放方案，无废水纳污条件的区域应划为煤化工限制发展区，严格项目准入。国家重大能源战略项目如果选址于环境限制发展区，应建立会商机制，从国家能源战略布局、技术装置工业化水平、水资源配置、环保治理等方面明确准入要求。

二是选择性、引导性环保技术指标。“十一五”期间，我国以先进煤气化技术为先导的现代煤化工技术取得重大进展，已处于国际先进生产水平。建议在行业调研的基础上，按能耗、物耗的高、中、低方案设定新疆维吾尔自治区煤化工项目煤耗、水耗、能耗、碳排放等环保控制性指标。新疆环境准入的刚性约束指标可考虑按行业调研的“中方案”设计，同时配套指导性的“低方案”鼓励指标（或阶段性改进指标），对先进煤化工技术进行选择性引导，推进新疆煤化工产业清洁生产水平的持续改进。

7.8.3 煤电产业生态环境风险防控对策

(1) 做好电力规划，避免突破资源承载能力

目前，我国在建的煤电基地基本都依附于当地丰富的自然资源，其工业基本都是以能源、电力为主，轻工业相对薄弱。为了避免突破区域资源承载能力，首先，新疆煤电基地应认真做好规划，尤其要注重绿色电力规划的实施，应该充分发挥电网承载能力作用，在确保效益最优的情况下，确保建设和规划足以支撑大型能源基地所需的大电网。其次，新疆应该在开发新能源发电技术、电力新技术上增加投入，让电力能源发展多元化，最大限度减轻对火电的过度依赖。最后，应该设立产业集聚的规模阈值和区域对产业的容量阈值，避免造成集群效应超过阈值和资源存量低于阈值，降低区域生态环境风险。

（2）实现煤电基地循环发展模式，提高资源利用率

循环经济通过改变传统经济模式的线性生产方式，转变为原材料的梯次使用和闭合循环，使自然资源一次投入可以反复使用，把对环境的污染降低到最小，其主要生产方式为“自然资源—产品—再生资源”。新疆煤电基地应该结合当地实际，认真吸取国外在能源开发和发展中的先进经验，按照循环经济的发展模式来规划区域产业结构，制定能保障区域可持续发展的政策、法规。

政府应该按照产业共生理论做好规划，大力发展生态工业链或生态产业园区，把不同产业或同一部门连接起来，形成共享资源或副产品的产业共生组合，实现在生产过程中废弃物的循环使用，例如发电厂生产过程中产生的余热、煤渣可以作为制砖厂的原料来使用，矿井水可以进行回收利用，余热可以作为其他工厂的动力。

区域间循环在煤电基地具体的做法：以煤炭企业为基础，大力发展电、冶、化工等相关行业，建成零排放、高就业、高效益的生态产业园区。煤电基地产业链在设计应遵循“3R”原则，建立“煤电一体化—重化工—精细化工”高效的发展模式。以煤电一体化为基础，逐步发展以焦化厂为基础的重化工，最终延伸至轻纺、制药、建材等多种相关产业的精细化工。3 个阶段以废物综合利用为主线，发电厂为各个环节能量流动的纽带，实现资源循环利用。

（3）制定相关标准，规范煤电用煤

煤电产业对煤炭资源和煤炭质量有不同的要求，为各种煤电技术提供符合要求的原料煤，可以取得较好的经济效益和生态环境效益。从另一个角度讲，对特定的煤炭资源而言，根据煤质选择合适的煤电生产用煤也能充分发挥煤炭资源的特性。另外，不同的煤质燃烧产生的大气污染物的种类和数量也不尽相同，煤电产业根据不同煤炭类型进行选择，可以促进煤炭资源的合理开发和洁净利用，避免资源浪费，促进环境保护，能使各种火电厂产生更好的生态环境效益。为了更好地规范煤电用煤，在煤电用煤的煤质与相关工艺相适应的前提下，鼓励使用低硫煤，降低区域二氧化硫排放量。因此，很有必要制定有关标准，以指导煤电用煤，发展适宜的煤电产业，保护区域生态资源，有效控制区域生态环境风险。

第 8 章　重点资源开发利用的环境友好模式

8.1　伊犁河水资源合理开发利用模式研究

8.1.1　新疆国际河流的重要地位

根据联合国《国际水道非航行利用法律公约》的“水道”定义：“由于客观联系而构成的统一整体并且通常流入共同终点的地表水和地下水的系统”。国际河流就应当是流经两个或两个以上国家的水道，包括各种途径汇入的支流和地下补给系统。我国是世界上国际河流最多的国家之一，仅次于俄罗斯、阿根廷，与智利并列第三。据不完全统计，我国的国际河流和湖泊主要有 42 条（个），除了西南和东北外，西北地区也是有许多国际河流的地区，它们全部位于新疆。

新疆北部的额尔齐斯河是中国唯一属于北冰洋的水系，与哈萨克斯坦及俄罗斯相连；乌伦古河上游部分河水来自蒙古；额敏河水流入哈萨克斯坦的阿拉湖；发源于新疆的伊犁河流入哈萨克斯坦的巴尔喀什湖；其支流霍尔果斯河为界河。新疆南部的国际河流也很多，其中阿克苏河上游的支流昆马力克河与托什干河上游部分水量来自吉尔吉斯斯坦；克孜河上游部分水量也是来自吉尔吉斯斯坦；帕米尔阿克苏河流入吉尔吉斯斯坦。虽然西北地区拥有众多的国际河流，但主要的国际河流只有 3 条，即额尔齐斯河、伊犁河和阿克苏河（郝少英，2011），具体见表 8-1。

表 8-1　新疆主要国际河流基本情况

流域	境内面积/万 km^2	年径流深/mm	年径流量/亿 m^3	占新疆年径流量/%
额尔齐斯河流域	5.70	208.7	119.0	13.5
伊犁河流域	5.67	271.8	166.6	18.6
阿克苏河流域	3.12	251.9	78.6	8.9
合计	14.59	248.3	362.2	41.0

国际河流具有特殊和重要的地位，其开发利用为国家提供了宝贵的淡水资源和丰富的自然资源；同时，国际河流也是国家经济贸易、国防、军事安全的前沿，随着各国生产力水平的不断提高和世界经济一体化趋势的快速发展，国际河流已成为有关国家开发的热点（曲格平，2002a；2002b）。随着我国对外开发开放力度的加大，国际河流的开发与保护问题日益受到重视（贾生元，2005），进一步公平、合理和加快开发利用国际河流的水资源对边疆地区乃至全国经济的可持续发展将起到重大作用。

由于国际河流流域跨越了国界，使其开发利用所产生的社会、生态、环境影响将呈国际化，国界作为最高级别的行政界线对流域整体的分割，造成了国际河流管理的困难。相对于国家河流，其开发和管理有以下几个主要特点：

（1）水系的统一性

水的流动性决定了对它的质量的保护只能基于全局性的考虑。整个河流是一个相对完整的生态系统，因此要求实行流域管理，这已充分反映在各国对内河环境保护和利用中（熊晶，2005）。所不同的是，尽管国际河流也具有此项特点，但由于其流经多个国家，各国各为其利，又缺乏一个强有力的组织能够对各种利益进行协调平衡，所以在国际河流的保护中实行流域管理就遇到了更多的问题。

（2）污染源的分散性

随着环境管理水平的提高，越来越多的国家将内河流域的污染源作集中化处理，如在城市规划出工业园，使排污口密集并且污染物种类趋同，便于治理，减少成本。国际河流流经多国，不可能像内河那样对污染源进行集中化管理。污染源的分散性更由于国界的存在而尤显突出（熊晶，2005）。

（3）利益主体的多元性

如同我们在国内河流事务中经常可见，行政区划成的大小地方，在上下游的利益争夺中，互为对手。如果这一切矛盾只是在国内发生，强有力的集权政府可以通过行政命令对这些大大小小的利益进行协调，甚至强制干预。

然而，在国际河流利益的纷争中，问题就更为复杂。由于各流域国所处的地理位置不同，社会经济发展水平的差异带来需求的不同，代表各国主权和国家利益的需求矛盾直接体现为对流域开发的目标冲突，如一般上游国注重水电开发，下游国注重灌溉、航运和渔业。各流域国由于从国家利益的角度出发，强调他国对本国造成的损失，而忽视一些正面的影响作用，如同样是泥沙问题，上游国往往认为水土流失导致国土的流失，而下游国则在从泥沙获得大量营养物质维持其土地肥力的同时，却往往强调泥沙带来的水质问题、水库淤积问题和妨碍航运问题。利益主体不光要争得河流方面的利益，还要处处维护本国的主权，直接影响流域规划和项目实施，妨碍各国之间的合作（陈丽晖等，2001）。

（4）组织制度与信息障碍影响国际河流流域开发和管理

国际河流的政治边界打破了完整的流域自然界线，使流域的整体开发和管理不仅要考虑资源的供需平衡和技术上的可行性，更要考虑各流域国之间的目标差异、利益关系协调及相关制度因素，如各流域国的政治、社会和组织机构的差异，利益矛盾，谈判的方式，协议的主要原则等。同时，由于各流域国语言、制度和历史上长期形成的习惯，普遍存在信息障碍，主要表现为数据的不足，缺乏统一标准数据，缺乏以流域为整体的联合研究成果，各国部门之间以及各国之间信息流通量小，公众、科研、政府及投资商之间缺乏信息平台等，造成对流域环境资源的认识片面性和各国之间的观点分歧，尤其是气候、各国未来经济发展和需求等要素的不可预测性，造成对河流系统的难以准确预测，影响流域可持续发展的长期整体规划（陈丽晖等，2001）。

虽然水系的统一性决定了要采用流域管理的方式，但国际河流由于各流域国之间国家利益和制度差异，各国目标存在客观差异性，因此通常难以通过统一安排来实现局部利益服从整体利益，而是以各国多次谈判，逐步调解，以达成协议的方式实现。几个世纪以来，各国通过双边或多边条约或协议来解决国际河流开发中出现的问题，以一部分利益不损害另一部分利益的方式来实现整体利益。由于河流特征的一些规律，上游国通常在开发上具有主导支配地位，下游国的需求往往要通过对上游的控制来实现，由此来推进流域的整体开发。如 1961 年美国为减轻哥伦比亚河下游河段的洪水灾害，与加拿大签订了“哥伦比亚河条约”，在加拿大境内修建 3 个大的水库；埃及为了实现对尼罗河的径流控制，与乌干达和苏丹分别达成协议，在乌干达和苏丹境内分别修建了大坝。

8.1.2 水资源开发利用环境友好模式

伊犁河是跨越中国和哈斯克斯坦的国际河流，伊犁河谷处于伊犁河流域上游区域，因此，伊犁河谷区域的水资源开发必须按照流域整体性和可持续发展的要求，以流域整体开发为基础框架；“生态文明”和“两个可持续”发展要求伊犁河谷区域水资源开发应当以生态环境可持续为前提条件，这也是可持续发展的基础；经济与社会发展则要求采取多目标协同开发，这也是水资源开发利用的根本要求。因此，伊犁河流域的开发模式应当是流域整体开发、生态环境可持续和多目标协同开发相结合的“三位一体”开发模式。

（1）流域整体开发 —— 国际河流开发利用的基础框架

流域整体开发方式从流域的整体出发规划项目，在规划中强调保护，在利用中实现保护，有利于实现全流域的可持续发展（冯彦等，2003）。水资源的流域整体规划配置方式能充分满足流域内各个国家的水资源需求和保护生态系统的需要，可实现界河全流域水资源的最佳综合开发利用，是当前国际河流协调开发的优选方式。

（2）生态环境可持续 —— 水资源开发利用的前提条件

温室效应、环境污染、生物资源退化迫使人们不得不重新探索生态健康的发展道路。实现伊犁河谷区的可持续发展，既要从取得最大的经济效益、促进地区经济发展，又要从不损害环境生态发展的角度来看，伊犁河谷区开发是否可持续取决于经济—社会—环境之间的冲突与协调，在增长与平衡相互作用的动态平衡中，人类对发展方式的整体权衡或选择。伊犁河谷区的可持续发展就是要使经济—社会—环境在相互作用的动态平衡中实现相互的生存与进化，从而在一个多维相互作用的时空格局中，通过不断整合而趋向于一个整体平衡重心，以生态环境的可持续发展保障经济社会的可持续发展。

（3）多目标协同开发 —— 水资源开发利用的根本目标

伊犁河谷的现状条件决定了区域的开发必须以水资源开发为核心，以水资源综合、高效利用为主导，供水、发电、旅游相结合的多目标协同开发，同时必须加强环境保护，保证可持续发展。

①供水：通过供水保证工农业生产和人民生活用水是河流开发利用的基本功能，也是最主要的利用方式，随着社会经济的发展，区域农业、工业及城镇和农村生活用水量的逐年增加，尤其是区域能源矿产资源优势转变和新型工业化发展推动的工业用水增加，更需加强水利设施建设，提高水资源保证率。

②水电开发：伊犁河谷水电资源丰富，开发成本低，风险小，无污染，且河流落差较大，水库的淹没损失小。同时，水电开发可以促进区域经济发展，为工业建设提供能源后盾，同时也可解决农村能源问题，刺激农村加工业发展，减少烧柴对植被的破坏，对农村脱贫，减少水土流失有着明显的生态效益和社会效益。

③旅游资源开发：水不仅是生产、生活和生态系统维持的重要保障，也是重要的景观资源。伊犁河谷旅游资源丰富，沿途自然与人文景观千差万别。旅游资源开发应结合水上娱乐设施的建设，形成独具特色的水上旅游体系。

8.1.3　水资源开发利用方案选择与对策分析

（1）基于社会经济发展需要的水资源开发利用方案

近年来中国工程院组织了 35 位院士和近 300 位院外专家，进行了《西北地区水资源配置生态环境建设和可持续发展战略研究》，通过总结各方面的研究成果后认为，西北内陆河流域生态环境系统耗水和社会经济系统耗水以各占 50%为宜（钱正英等，2004）。需要指出的是，虽然干旱区内陆河流域生态环境系统和社会经济系统耗水以各占 50%为宜，但由于干旱区内陆河流域的上游降水较多，因此生态环境系统耗水所占的比例较小，流域生态环境耗水主要集中在流域下游。因此，设定伊犁河谷区社会经济与生态环境耗水按照 60∶40 的比例进行配置。根据中国境内伊犁河流域社会经济耗水量，计算出相应的生态环境耗水量；可根据流域水资源总量，求得向下游哈萨克斯坦的分水量（见表 8-2）。

从表 8-2 可以看出，虽然伊犁河谷区未来经济社会发展的水资源需求大幅上升，在高、中、低方案下，实际耗水量分别达到 78.75 亿 m^3、71.63 亿 m^3、64.97 亿 m^3，但现对河谷区对整个流域 69.8%的产流贡献率而言，其用水比例分别为 34.11%、31.03%、

28.14%。如果按照以上方案，仅仅考虑伊犁河谷区的社会经济发展进行整个流域水资源的分配，这显然是中国难以接受的，也违反了国际河流开发的公平合理原则。

表 8-2　基于社会经济发展的伊犁河谷区水资源开发利用方案　　单位：亿 m^3

水平年	2010 年	2015 年			2020 年		
	现状	高	中	低	高	中	低
河谷区水资源总量	167.00	167.00	167.00	167.00	167.00	167.00	167.00
社会经济用水	53.24	65.97	62.92	59.89	80.41	73.01	65.98
社会经济耗水	23.67	35.25	33.63	32.05	47.25	42.98	38.98
生态环境耗水	15.78	23.50	22.42	21.37	31.50	28.65	25.99
发展耗水量	39.45	58.75	56.05	53.42	78.75	71.63	64.97
向哈萨克斯坦分水	127.55	108.25	110.95	113.58	88.25	95.37	102.03
流域水资源总量	230.86	230.86	230.86	230.86	230.86	230.86	230.86
中国产流量	161.15	161.15	161.15	161.15	161.15	161.15	161.15
中国产流比例/%	69.8	69.8	69.8	69.8	69.8	69.8	69.8
中国用水比例/%	17.09	25.45	24.28	23.14	34.11	31.03	28.14
哈萨克斯坦实际用水量	191.41	172.11	174.81	177.44	152.11	159.23	165.89
哈萨克斯坦用水比例/%	82.91	74.55	75.72	76.86	65.89	68.97	71.86

(2) 考虑调水的水资源开发利用方案选择

伊犁河流域内部水资源分布不均衡，且其周边地区也严重缺水，伊犁河流域在满足本流域用水的基础上，还担负着适当向外流域调水的重任。目前，新疆计划从伊犁河向新疆北部调水 15 亿 m^3，向新疆南部调水 20 亿 m^3，以解决艾比湖流域和塔里木河流域的生态恶化问题以及部分重点城市的缺水问题。因此，伊犁河谷区的水资源开发利用方案应考虑区域调水问题（见表 8-3）。

表 8-3　考虑调水的伊犁河谷区水资源开发利用方案　　单位：亿 m^3

水平年	2010 年	2015 年			2020 年		
		高	中	低	高	中	低
河谷区水资源总量	167.00	167.00	167.00	167.00	167.00	167.00	167.00
发展耗水量	39.45	58.75	56.05	53.42	78.75	71.63	64.97
艾比湖调水量		15.00	15.00	15.00	15.00	15.00	15.00
塔河调水量					20.00	20.00	20.00
总用水量	39.45	73.75	71.05	68.42	113.75	106.63	99.97
向哈萨克斯坦分水	127.55	93.25	95.95	98.58	53.25	60.37	67.03
流域水资源总量	230.86	230.86	230.86	230.86	230.86	230.86	230.86
中国产流量	161.15	161.15	161.15	161.15	161.15	161.15	161.15
中国用水占区域产流比例/%	24.48	45.76	44.09	42.46	70.59	66.17	62.04
中国用水占流域总量比例/%	17.09	31.95	30.78	29.64	49.27	46.19	43.30
哈萨克斯坦实际用水量	191.41	157.11	159.81	162.44	117.11	124.23	130.89
哈萨克斯坦用水比例/%	82.91	68.05	69.22	70.36	50.73	53.81	56.70

从表 8-3 可以看出，采用调水方案，在高方案发展情景下，2020 年中国用水总量为 113.75 亿 m^3，占流域水资源总量的比例为 49.27%，然而该方案用水总量占区域产流比例的 70.59%，高于河谷区 69.8%的流域产流比例，这一方案很难被哈萨克斯坦接受。

采用调水方案，在中方案发展情景下，2020 年中国用水总量为 106.63 亿 m^3，占流域水资源总量的比例为 46.19%，占区域产流比例的 66.17%，略低于河谷区 69.8%的流域产流比例，这一方案基本能够为哈萨克斯坦所接受。

采用调水方案，在中方案发展情景下，2020 年中国用水总量为 99.97 亿 m^3，占流域水资源总量的比例为 43.3%，占区域产流比例的 62.04%，低于河谷区 69.8%的流域产流比例，但相对来说，不能满足伊犁河谷区对于发展社会经济的要求。

总体而言，考虑调水的中速发展方案既能满足区域社会经济发展的要求，又能满足区域周边的水资源需求，并能体现国际河流公平合理和整体开发的要求，是一个能较好体现各方利益的优选方案。

（3）伊犁河谷区水资源开发利用与社会经济发展对策

由于中哈跨界水资源问题直接涉及我国的国家利益，关系到新疆维吾尔自治区未来的发展和稳定，同时也牵涉中国和哈萨克斯坦的双边关系，因此，在流域整体开发框架基础上，应遵循公平合理的国际河流开发原则，根据伊犁河谷区社会经济与城市化发展对水资源的需求分析，制订水资源开发利用方案，合理调控区域社会经济发展速度及水资源开发利用强度，并积极尝试建立跨流域调水的生态补偿机制，建立中哈两国关于伊犁河开发的定期协商机制与长效合作机制，建立国际互惠型流域水—生态—经济—城市化耦合发展方式，从而确保流域社会经济共同繁荣，最终实现生态环境良性循环和人民生活水平共同提高的目标。

1）合理制定区域水资源开发利用强度

由于伊犁河谷区处于伊犁河流域上游，未来河谷区的水土资源开发和向流域外调水对整个伊犁河流域水资源总量及其分配格局都将产生最直接的影响。合理确定中国境内伊犁河流域的出境水量和河谷区的水资源开发利用强度，是解决中哈双方伊犁河流域水资源合理配置问题和进行流域有效合作的基础。根据不同水资源开发利用方案的分析，认为考虑调水的中速发展方案能够既兼顾了中哈双方的公平，又兼顾了流域社会经济发展与生态环境保护，是最为合理的水资源开发利用方案。

2）严格控制灌溉面积和合理调控社会经济发展速度

由于目前河谷区灌溉用水所占比例高达 90%，灌溉用水的多少基本上决定了水资源开发利用的强度。而且在伊犁河流域，除了灌溉技术与国际干旱区先进水平相比有较大差距外，还由于降水稀少、蒸发量大，灌溉定额本身就较高，因此严格控制流域灌溉面积，是减少社会经济耗水量的主要途径。

由于农业和工业用水定额的下降在一定经济技术水平下是有限的，社会经济发展速度过快或过慢都会影响水—生态—经济—城市化系统的协调和可持续发展。只有合理调控流域社会经济发展速度，让农业退水来补充工业和城市生活用水的增长，实现用水总量的缓慢增长，才能在社会经济与城市化较快发展的过程中不至于对流域生态系造成不可逆转的影响。而社会经济发展到一定阶段后，由于用水效率极大地提高，工农业用水均可实现零增长或负增长，这时水—生态—经济—城市化系统才能真正实现良性循环，流域社会经济最终实现可持续发展。

伊犁河谷区应推动农业的适度规模经营，使农业有充足的劳动力转移到非农产业，促进城乡之间人口有序流动，推动人口城市化水平的速度适度增长。同时，区域应坚定不移地实施工业化和城镇化战略，制定科学合理的产业政策，大力发展优势资源工业和城市经济。应从宏观上控制好 GDP 的年均增长速度，通过社会经济发展速度来调控水资源开发利用强度，在注重经济发展速度的同时也注重发展质量，实现经济发展速度、质量与效益相统一。

3）慎重考虑跨流域调水并建立跨流域调水的生态补偿机制

跨流域调水是针对水资源在空间上天然分布和分配的极端不均性，从有余水或有余水潜力的流域向缺水的流域调水，它是针对缺水流域水资源供需矛盾和因缺水带来生态环境问题而采取的一种重要对策。但是调水区水资源承载能力的提高是建立在被调水区水资源承载能力降低的基础之上，因此，跨流域调水既要充分考虑被调水区的可调水量，调水对被调水区社会经济发展和生态环境演变的影响，同时又要高度关注调水区水资源的利用效率。跨流域调水是比较复杂的水资源优化配置问题，能否客观科学地确定可调水量，不仅直接影响跨流域调水工程的决策，对工程规模和运行管理也十分重要。更为重要的是，调水会对调水区域和被调水区域的生态环境均产生不可预料的影响（王金贵等，2008；方妍，2005）。

因此，必须对伊犁河向新疆南北部调水做出缜密论证和评价，制订可行性替代预案。同时，至少在中国境内，应建立调水区和被调水区之间的生态补偿机制，因为被调水区为了将有限的水资源供往新疆北部和南部，选择了中速社会经济发展方案，在社会经济发展方面做出了巨大牺牲，同时还担负着保护调水路线的生态安全和水质安全，因此必须实现水资源数量和质量的有偿支付。

4）建立中哈两国关于伊犁河开发的定期协商机制与长效合作机制

如何分配和使用国际河流的水资源，是维护国家主权及社会稳定的重要因素，有关国家应密切配合，以全流域观念，保障生态用水量，遵循国际公约，互惠互利，实现权利、责任、义务的共享共担（张宁，2005）。建议中国和哈萨克斯坦之间建立不同级别政府部门的首长联席会议制度，定期协商伊犁河流域共同开发和保护事宜。同时，每年举行伊犁河流域合作论坛，邀请双方领导以及相关专家研究决定流域合作规划，协调推进流域合作重大事宜。应建立中哈相应人员参加的政府秘书长协调制度，协调推进各合作事项的进展，组织有关部门联合编制推进合作发展的专题计划，并向年度最高行政首长联席会议提交流域合作进展情况报告和建议。

应建立中哈两国关于伊犁河开发的长效合作机制。第一，应共享流域内水文水资源资料，全面启动生态环境保护、污染防治、环境监测、环境宣传教育、环境科技与环保产业方面的全方位合作，加强流域间的技术交流和信息沟通，建立科学研究、技术开发以及人才交流和培训方面的合作机制，共同推动流域社会经济可持续发展。第二，应合作开展流域水环境和生态功能区划调研，综合提出流域水环境功能区划和生态功能区划方案。第三，应成立伊犁河流域跨界河流水污染防治协调机构，加强流域内水环境功能区划协调，共同确定跨界的水质控制断面和标准，建立跨界断面水质达标交接管理机制，制订跨界河流突发性水污染事故应急预案，逐步建立水环境安全保障和预警机制。

8.2　伊犁河谷土地资源合理利用模式研究

8.2.1　土地利用类型划分

（1）土地利用类型划分的原则和依据

土地利用类型划分是在充分考虑土地利用现状的基础上，依据土地利用的自然、经济、社会条件的差异性规律，选取相关指标，按照土地利用方向、土地利用政策、措施具有相对一致性的原则分为不同类型区和功能区，并对不同类型的土地利用方向进行研究。通过分区，明确不同环境区域的土地利用方向及管理措施，在不影响生态环境的基础上最大限度地提高土地利用率、产出率，保持土地的可持续利用，以实现生态、经济和社会效益的统一。

1）类型划分遵循的原则

根据自然地理环境特征，土地资源开发利用与治理的目标和土地资源可持续利用的要求，确定土地利用类型划分原则：

①因地制宜合理利用原则：由于气候、地貌、地形、土壤等条件的不同，因而表现出与此相关联的生态系统的分异，根据这些差异的不同划分出不同的生态单元，并结合土地适宜性特征、土地利用中存在的问题以及治理措施和利用方向的相对一致性，合理利用土地资源，保持和提高土地利用水平和生产力水平，达到土地利用的生态安全性和合理性原则。

②生产连续性原则：在相似的经济技术管理条件下，要兼顾生产的连续性。以便于为人们所接受，从而更具现实性。

③生态环境问题的相似性原则：所划分出的生态环境建设区内生态环境建设中存在的问题具有相似性。

④生态环境建设方向的一致性原则：各生态环境建设区内生态环境建设的发展方向具有一致性，这样便于对不同的类型区域采取相应的建设模式。

2）类型划分的依据

①地形地貌、水文气候组合条件与土地类型组合结构基本相似。

②在相似经济技术管理条件下，各产业产量稳定程度、生产连续性及生产潜力基本相似；影响生产的限制因素，如土壤的质地、水分、土层厚度、理化性质、地貌类型、气候条件等基本相似。

③对农林牧各业的适应性基本相似，抗御自然灾害能力基本相似。

（2）类型划分的方法

根据以上提出的原则和依据，按照土地可持续利用发展的要求，结合已有的土地可持续利用研究，在 ArcGIS 软件支持下，综合考虑以下方面进行类型划分。

①区域环境背景：综合考虑伊犁河谷区的地形地貌、气候、土地覆盖等因素，其中地形地貌选择海拔高度、地形起伏度作为评判指标，气候选择≥10℃积温、降水，土地覆盖选择土壤类型、植被类型、NDVI 等，并对环境背景条件进行分析。

②未来土地利用方向：主要根据 2010 年土地利用现状，煤炭、金、铁、铅锌、铜、锰矿产资源分布情况，重要生态功能区域（湿地、自然保护区）分布等，对土地未来总体的利用方向进行分析。

③相关区划综合：综合考虑新疆自然区划、新疆主体功能区划、新疆生态功能分区和河谷区矿产分区等以往区划对不同区域的未来发展方向进行综合。

（3）土地利用类型划分

通过上述工作，得到伊犁河谷区未来发展的土地利用分区。总体上，受伊犁河谷区域“三山夹两谷”的地形影响，河谷区土地利用分区被划分为“七主四复四个类型”（见图 8-1、表 8-4）。

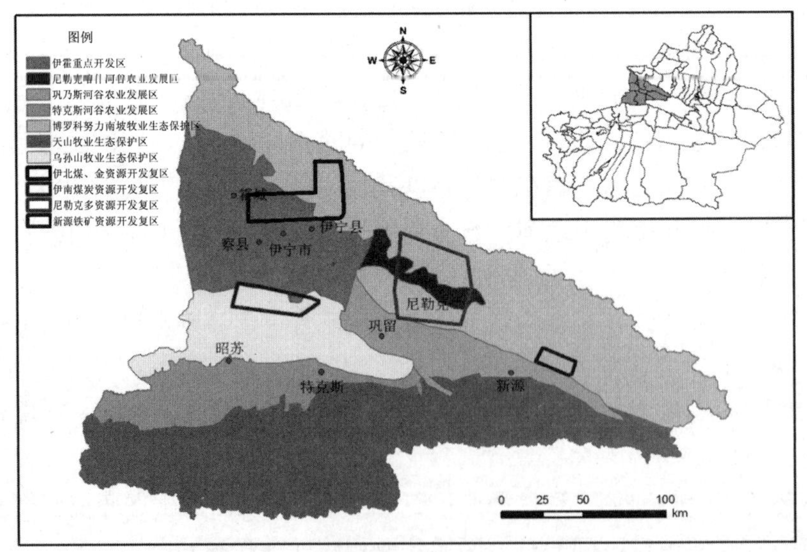

图 8-1　伊犁河谷区土地利用分区

表 8-4　伊犁河谷区土地利用类型

重点开发区域	农业发展区域	牧业生态保护区域	资源开发复合区域
伊犁盆地伊霍经济重点开发区	尼勒克喀什河谷农业发展区 巩乃斯河谷农业发展区 特克斯河谷农业发展区	博罗科努山南坡牧业生态保护区 天山牧业生态保护区 乌孙山牧业生态保护区	伊北煤、金资源开发复区 伊南煤炭资源开发复区 尼勒克多资源开发复区 新源铁矿资源开发复区

①重点开发区域：为伊犁盆地伊霍经济重点开发区，包括伊宁市、伊宁县、霍城县（包含霍尔果斯经济开发区）、察布查尔县在内的河谷平原区，是伊犁河谷区经济发展的核心区域。

②农业发展区域：包括尼勒克喀什河谷农业发展区、巩乃斯河谷农业发展区和特克斯河谷农业发展区 3 个片区，分别为伊犁河上游的喀什河、巩乃斯河和特克斯河的河谷区，是以农牧业发展为主的尼勒克县、巩留县、新源县、特克斯县和昭苏县农业发展的核心区域。

③牧业生态保护区域：包括南部的博罗科努山南坡牧业生态保护区、北部的天山牧业生态保护区和中部的乌孙山牧业生态保护区 3 个片区，是伊犁河谷区畜牧业、旅游业发展的重要区域，也是伊犁河谷区重要的生态屏障。

④资源开发复合区域：包括伊北煤、金资源开发复区，伊南煤炭资源开发复区、尼勒克多资源开发复区和新源铁矿资源开发复区，在区域上与其他分区存在部分重叠，是伊犁河谷经济发展的重要资源保障区和重要工业发展区。

8.2.2　不同分区土地利用方式

（1）重点开发区域

①建成区集约利用改造方式：建成区主要是指市区、县城区和中心镇，通常为区域的政治、经济和文化中心。在发展建成区过程中，必须运用土地级差地租的经济杠杆，从调整旧城区产业结构入手，加大旧城区的改造力度，提高城镇的容积率，完善城镇的基础设施建设，逐步完善、优化城市用地结构，合理组织用地功能。按照“优质优用”原则，逐步将中心区部分工业外迁，大力发展商贸等第三产业。在用地结构调整中，应考虑土地利用综合效益，提高土地利用的社会效益和生态效益。对于居住用地，应以生态社区为目标，居住区住宅、道路、绿地建设、公共服务设施、市政公用设施配套应符合当地实际需求和国家相关技术规定；对于工业用地，应符合工业企业对工艺、用地、能源、给排水、交通运输、卫生等方面的合理要求，避免工业区与其他用地相互干扰，工业区和居住区之间必须设立必要的防护设施。工业区建设应符合城市建设总体风貌要求。公共设施用地应满足中心城镇发展需要，符合合理的服务半径、城镇交通组织及塑造城市景观特色等要求；城镇道路用地应发展以公共交通为主体，建立协调、高效的城

镇综合交通网络；城镇绿化系统应建立以生态绿地、公共绿地、防护绿地、沿街绿地等为重点的城镇绿地体系，有效地把自然融入城市，形成多层次、多功能、网络化、点线面结合的周边大环境绿地体系，进而来维持和改善整个伊宁市的生态平衡，维护生态系统的完整性。

②城乡结合部“粮—养—蔬”一体化方式：城乡结合部的土地利用根据其特殊区位条件和自身的自然、社会经济属性。它既不同于城镇内部，又不同于农村，具有过渡性和动态性的特点。过渡性表现在土地利用性质、使用强度、土地利用类型及景观类型等由城区向郊区过渡；动态性表现在随城镇扩展和发展，城郊边缘呈动态推移。依据区域区位因素，要使农业生产与城市发展相融合，加强蔬菜肉蛋基地建设，在郊区积极推广“粮—养—蔬”一体化方式，既与城镇发展相协调，又要满足当地农业生产的需要。农村居民点、乡镇企业、水利设施和农业用地应根据各地不同情况进行重点安排，为经济发展提供工业园区用地保障，为城镇远景发展创造条件。

（2）农业发展区域

农业发展区土地利用应坚持生态农业发展方式，充分体现了生态环境效益与社会经济效益相结合，重点是以绿色、有机、无公害为目标，积极发展生态农业，切实保障农产品的质量安全。要坚持环境友好的理念，大力发展循环经济，如发展“种植—养殖—沼气”三位一体方式，通过种植粮草喂养畜禽，畜禽产生的粪便与作物秸秆混杂又可以产生沼气，沼气废渣又可作为有机肥返回田中。农业生产中还要坚持清洁生产，如耕作中要减少化肥的施用量，多施有机肥，提高土壤自然供肥能力；减少农药的施用，保护生态的多样，提高农业生态系统的抗逆能力。要结合社会主义新农村建设要求，重新规划、整理和改造农村土地，逐渐减少村镇建设用地，适当地迁村并点，300 人以下的小村庄可以进行合并；大力开展生态示范村（园）建设，形成布局合理、环境优美的现代化居住社区。

（3）牧业生态保护区域

牧业生态保护区域应当采取“林—牧—旅”结合生态涵养方式，以发展“林—牧—旅”结合为主，充分保障生态涵养建设需要的环境友好模式，同时积极发展衍生产业，提高经济效益，增加地方农民收入。在适宜区域可以在林下种植药材、菌类等，在提高生态效益的前提下追求最大的经济效益。对于现有草地要采取适度放牧，保护草地的可持续利用，同时在条件适宜的区域通过变荒为草或林下种草，增加草地面积，积极发展畜牧业及其加工业。应依据区域的特征，充分利用自然资源，发展生态旅游，完善饮食、住宿、商业、娱乐等第三产业，通过生态旅游业的发展充分带动产业群建立；应加强景区的交通建设，把各个景区看作一个整体，统一规划，统一建设，使景区之间形成有效的廊道。

土地利用中，要注意保护好核心区的生态环境，降低土地利用的强度，严格控制工业及城镇用地规模；生态和自然保护区内禁止工业企业、大型房地产开发项目的进入。

对生态和自然保护区外可设置生态极敏感区，并要适当加以控制。对于生态脆弱区可实行生态移民，降低人类活动给环境带来的压力，促进生态系统良性循环。必须在保持良好的环境效益的前提下追求最大的经济效益，并把部分经济收益投资到生态维护和建设中去，做到统筹生态环境的开发与保护，实现人与自然的和谐发展。

(4) 资源开发复合区域

①边开采边治理方式：矿产资源开发地区，要坚持资源开发与环境保护相协调，注重开发区域的水土保持，防止其对土地资源造成进一步的破坏。在对矿区的开发利用过程中，为了尽量减小对生态环境的破坏，可采取边开采边治理的利用方式，促进矿业开发与环境保护的可持续发展。这种利用方式最重要的一点是要在开采之前就预测可能发生的生态环境问题，在开采中尽量避免或减少开采时对环境造成的破坏，而不是在采矿出现环境问题之后才采取治理措施。加强对矿山资源开发中土地复垦的监管，建立健全矿山生态环境恢复保证金制度，强化矿区生态环境保护监督。

②生态工业园区建设方式：伊犁河谷区工业发展应以循环经济为指导，以建设生态工业园区为切入点，坚持走科技含量较高、经济效益好、资源消耗低、环境污染小、劳动力资源优势充分发挥的新型工业道路。生态工业园区要强调体现“绿色、生态”理念，体现以人为本、人与自然和谐共处理念，限制不符合可持续发展的工业发展，引进的企业应遵循清洁生产和循环经济原则，大力发展循环经济，促进社会、经济、环境三大效益平衡协调发展。大力发展发展高新技术产业，运用高新技术改造传统产业，促进产业结构高级化。积极推进各产业园区的资源共享，共享环保基础设施，降低建设和运营费用，提高利用效率。

8.2.3　土地利用环境友好型模式的微观调控

环境友好型土地利用模式就是既要保护生态环境，又要实现区域的土地可持续利用。为保障该区域生态环境的改善和土地的可持续利用提出如下措施：

(1) 保持适宜开发面积，确保土地资源的有效经济供给

为确保生态稳定土地开发应保持适宜的面积。过度地扩大土地利用规模对生态环境的稳定性与可持续发展有许多不利影响。为防止生态环境恶化、土地荒漠化，必须控制土地利用规模，通过中低产田改造、盐渍化土地治理、恢复弃耕和撂荒耕地等措施，提高土地利用效率，更为高效地开发和利用土地资源。

(2) 提高土地生态系统服务功能，增强生态环境稳定性

土地利用结构应根据农业生产发展、人口增长及生态平衡的需求进行调整，促进农、林、牧、副全面发展，走以农为主，农牧林结合的发展道路。应当结合河谷区实际情况，因地制宜地发展生态农业，改良农牧作物品种，高效地利用光热资源，提高土地产出，增加农民收入，实现生态经济的可持续发展。建立生态示范区是保证区域社会经济可持续发展和实现环境保护的重要战略措施。对生态环境脆弱地区应加强生态环境建设和保护力度，根据其他地区取得的经验，以点带面，逐步推广，进行荒漠化防护体系建设，以增强区域生态环境的稳定性。

（3）大力发展循环工业，推进清洁生产

工业发展必须以科学发展观为指导，遵循循环利用，以提高资源综合利用率、建设资源节约型社会为目的，以废物“减量化、资源化、无害化”原则为主线，以科技、体制和管理“三个创新”为动力，形成从企业内部到企业之间，再到全社会的物质能量循环系统，构建新型经济发展方式，促进生态系统良性循环。

应以实施清洁生产为重点，加快产业结构和工业结构的调整，建设具有高新技术、节能降污的新型企业，搬迁改造高污染、高能耗的企业，在企业间建立“资源—产品—再生资源”的生态工业连接，把废物综合利用与建设循环经济型产业结合起来，把企业清洁生产、产品结构调整与技术改造、解决结构性污染结合起来，建设生态工业园区。

（4）调整农业结构，发展生态农业

在农业生产中，要大力推进农业产业化，探索多种方式集约利用土地，建立生态农业产业体系，把农业结构调整与增加农民收入、防治农业面源污染和改善生态环境有机结合起来。根据不同区域的农业生态特征，对农、林、牧、副、渔等产业进行合理组合，把两种或两种以上相互促进的产业组合在一个系统内，建立立体结构，使产业间实现互惠互利、互相促进的效果，通过组合实现各产业间资源的循环利用，提高资源的利用率和土地的生产能力。

农业生产中要尽可能地降低环境污染，发展绿色农业。如降低农药、化肥的施用量，综合利用各种秸秆、畜禽粪便等农业废弃物培育绿肥，还可以发展沼气工程，既实现综合利用，又能减少农业生产带来的面源污染及固废污染。农业生产也要与当地特色经济相结合，如与区域旅游业的发展相结合，通过旅游业的发展，改善农业投资环境，带动地方特色农业的发展，转移部分农村劳动力，降低人口对土地的压力，提高农民收入，实现经济效益与环境效益相统一。

（5）分区治理，切实做好土地使用管制工作

土地使用管制的实质是为了维护社会公共利益而对土地产权的限制。土地利用方式的合理与否决定该用途土地持续利用的可能性，因此，要对各种用途土地利用方式进行控制，并对土地的各种用途改变做出严格的限定。依据各区的生态特性，实行土地用途分区管制，是区域土地资源可持续利用的重要措施，对实现区域社会经济可持续发展具有重大的现实意义和战略意义。通过对分区土地利用方式的优化控制，既维护了社会公众利益，保护和发挥自然资源的多种价值，防止水土流失，又充分协调人与自然、社会经济与生态环境等关系，逐步创造一个良性高效的生态环境，满足区域可持续发展的需要。

8.3　伊犁河谷矿产资源合理利用模式研究

8.3.1　发展矿业循环经济的必要性

不可否认的是，经济发展与环境保护存在着深层次的矛盾和冲突，这种矛盾在地区发展矿产资源经济与保护环境同样存在且是难以避免的（姜宏汝，2010）。矿业循环经济是一种“矿产勘查—矿产资源—产品—再生矿产资源—最终排放”的反馈式流程，所有的矿物质和能源在这个不断进行的经济循环中得到合理和持久的利用，从而减少对矿产资源的消耗，把矿产活动对自然环境的影响降低到尽可能小的程度，形成“低开采、高利用、低排放”（“两低一高”），实现系统内以互联的方式进行矿物质交换，以最大限度地利用进入系统内的矿物质和能量，从而产品产业链得以延长，产品质量提高，使用寿命增长，矿物质的综合回收率大大提高，从根本上消解资源、环境与发展之间的尖锐冲突（李赋屏，2005）。

矿业发展循环经济，这对于地区的经济发展和社会的进步有着至关重要的作用，也是实现矿产资源可持续利用与生态环境保护的良好选择（姜宏汝，2010）。地区矿业发展循环经济不仅十分必要，而且具有一定的紧迫性。

（1）国家政策大力支持

党的“十七大”报告强调，要建设科学合理的能源资源利用体系，提高能源资源的利用效率。而科学合理的能源资源利用体系的建设需要重点把握的工作之一就是加快发展循环经济。

在国家的国民经济和社会发展“十二五”规划中提出：“坚持把建设资源节约型、环境友好型社会作为加快转变经济发展方式的重要着力点。”“大力发展循环经济。以提高资源产出效率为目标……推进生产、流通、消费各环节循环经济发展。加快资源循环利用产业发展，加强矿产资源综合利用，鼓励产业废物循环利用，完善再生资源回收体系和垃圾分类回收制度，推进资源再生利用产业化。开发应用源头减量、循环利用、再制造、零排放和产业链接技术，推广循环经济典型模式。”

（2）保证矿产资源的安全

针对矿产资源严峻的供需矛盾，对矿产资源进行“开源节流”是解决这一矛盾的重要举措。实行矿业循环经济同样也需要“开源节流”，这里所谓的“开源”指的是清洁生产下的开源，是多重循环下对资源的潜力进行挖掘；所谓的“节流”，并不等同于传统意义上的节约资源、综合利用，而是从企业的小层面、工业园区的中层面、全社会的大层面等使废弃物重新成为可再生资源。

（3）改造传统资源产业

传统的资源开发产业往往都是粗放式的，基本上是一种由“矿产勘查—矿产品—消费—污染排放”的单向流动的线性经济，以“高开采、低利用、高排放”（“两高一低”）为特征（李赋屏，2005），难以实现可持续发展。因此必须依靠先进的科学技术，以其为依托对传统的矿产资源产业进行根本性的改造，改造的核心是要大力发展矿业循环经济，遵循“资源—产品—再生资源—再生产品”的循环方式，尽最大的可能提高矿产资源使用效率以及降低矿产资源消耗率。

（4）**解决矿产资源开发利用引起的环境问题**

随着整个国家经济实力的上升，地区的经济发展也面临着前所未有的机遇，但在经济呈现高速增长态势的同时，给环境所带来的压力也将是难以负荷的。矿产资源的大量开发和利用使环境问题日益凸显，因此矿业只有发展循环经济，从源头上实施治理方案才能减少污染，才能把经济发展建立在环境承载能力范围内，实现两者的协调发展。

（5）**实现矿产资源可持续利用**

对于一个地区来说，矿产资源存在着稀缺性、可耗竭性的问题，人们在资源开发利用中要考虑到矿产资源的代际公平，就必须实现矿产资源可持续发展。而为实现这一目标，其中一个至关重要的问题就是探索如何提高资源的利用率乃至永续利用。实施矿业循环经济在矿产资源的循环利用方面发挥着重要的作用，无论是在生产的环节、流通的环节，还是在消费的环节，甚至扩展到了废弃物的环节，对矿产资源回收利用产业进行发展和壮大，促进矿产资源的可持续利用目标的实现。

8.3.2 矿业循环经济的发展方式

在循环经济的发展方式研究方面，有学者根据产业发展的相互关系，提出了矿业纳入循环经济的5种方式：企业内部循环型、企业自身延伸型、矿业群体资源交叉利用型、产业群体横向耦合型、区域整合型（姚敬劬，2004），这些方式代表循环经济发展的不同层次：企业内部循环属于微循环，是整个循环经济的基础；企业群体之间的耦合是循环经济的主要组成部分；社会整合则标志着循环经济发展到了较高阶段。

还有学者根据循环经济发展的规模，提出了矿业循环经济发展的3种方式：企业层面上的小循环方式、产业园区层面上的中循环方式、城市和区域层面上的大循环方式（崔彬、李赋平等，2005；遇华仁、梁钰，2006），并认为这些方式是由小到大依次递进的，前者是后者的基础，后者是前者的平台。左铁镛（2006）提出循环经济实施的不同层面“3+1”即小循环、中循环、大循环加上静脉产业。

总结国内外矿产资源的循环经济的方式，认为循环经济的发展可以划分为4个层次和6种方式。4个层次是根据循环经济的发展过程和规模大小，分为企业内部点循环层次、产业内部线状循环层次、产业之间网络循环层次、城市/区域面状循环层次；6种方式根据产业发展的相互关系分为企业内部循环方式、企业产业链延伸方式、资源交叉利用生态工业园方式、产业横向耦合生态网络方式、再生资源产业加工区方式和区域社会经济循环方式。

其中企业内部点循环层次主要依托企业内部循环方式和企业产业链延伸方式发展，产业内部线状循环层次依靠资源交叉利用生态工业园方式推进，产业之间网络循环层次依靠产业横向耦合生态网络方式和再生资源产业加工区方式促使循环经济产业做大做强，最后，在城市/区域面状循环层次通过区域社会经济循环方式保障社会经济的可持续发展。

（1）**企业内部点循环层次**

企业内部点循环层次是循环经济在微观层次的基本表现形式，包括企业内部循环模式和企业产业链延伸模式。

①企业内部循环模式：在国外称作“杜邦化学公司模式”。从开采过程及生产过程考虑，在企业内部贯彻清洗生产，使资源在各生产环节之间循环使用。按照这种模式运作的矿山企业在开采阶段必须精心设计，以减少采矿损失，提高回采率。对不同品级的矿石应合理规划，贫富兼采。采矿废石应当尽量回填，破坏的土地应该复垦绿化。在冶选阶段，需要不断根据矿石特征调整工艺，采用先进技术提高冶选回收率，强化共生伴生组分的综合回收。尾矿和矿渣回填矿井或用作建材。这种循环模式的明显优点在于其技术与管理的优势，从技术角度，企业使用原材料的种类有限，而且企业也熟悉其原材料的性质是否具有再生利用的技术优势，特别是对于生产过程中的废品再生利用，可以避免浪费和减少原材料输入；从管理角度，企业内循环便于操作，减少距离成本，避免交易成本，是实现物质循环的理想模式。

②企业产业链延伸模式：通过自身产业延伸将废物作为再生资源包容在延伸后的企业内部加以消化，使经济总量扩大。例如，以煤炭资源为依托可构建“煤—焦—化”“煤—矸石—建材”“煤—电—电石—PVC”等若干个产业链，形成“矿井小循环、矿区大循环”的循环经济格局，实现节能、降耗、减污和增效的有机统一，促进资源转化增值，提高综合利用水平，完成产业结构的升级转型。单一型煤炭企业可通过向多元化经济方向拓展，“煤生电、灰生砖、电生钢”搭建循环经济框架。企业自筹资金建成煤矸石电厂、粉煤灰蒸养砖厂，并利用煤电优势向钢铁产业扩张，建成特种钢厂，把单一的煤矿企业发展成集体采煤、发电、制砖、炼钢、轧钢、机加工于一体的循环经济型企业集团。

（2）**产业内部线装循环层次**

资源交叉利用生态工业园模式：这是一种以矿业为骨架的产业共生组合，在多种矿产集中区，各产业部门分别建立了各自的矿山和矿产品加工企业，形成了区域性矿业群体。园区内采用废弃物交换、清洁生产等手段把一个企业生产的副产品或废弃物作为另一个企业的投入或原材料，实现物质闭路循环和能量多级利用，形成相互依存、类似自然生态系统食物链的工业生态系统，达到物质能量利用最大化和废弃物排放最小化的目的，从而最大限度地利用矿产资源，实现经济、社会和环境三个效益的统一。工业园是一种新型工业组织形态，通过模拟自然生态系统来设计工业园区的物流和能流。园区内企业间不仅仅是竞争关系（如管理水平等），更是一种互信互赖的依存关系。由于园区内企业之间的关系是互动与协调的，可使企业获得丰厚的经济、环境和社会效益，并极大地促进经济、环境的持续发展。生态工业园作为循环经济的一个重要发展形态，正在成为许多国家工业园区改造的方向。

(3) 产业之间网络循环层次

①产业横向耦合生态网络模式：这种模式相当于国外卡伦堡生态园模式。矿业与发电、化工、轻工、建材等不同产业部门横向耦合，组成生态工业网络。矿产资源在网内流转、分析、复合、再生，最终大部分或全部被消化吸收。由于网络由不同产业的企业构成，具有广泛的原料需求和完备的加工能力，因此开发利用程度较之单一矿业要深广得多。例如煤炭产业的发展，通过与更大区域的企业、社区和社会建立广泛的物质关联，形成较大区域内多种产业的共生耦合。这中间包括煤的生产、加工过程中产生的废渣、灰渣可成为发展建材工业的重要原料；二甲醚、甲醇等清洁燃料应用在交通运输领域，可以减少城市交通带来的大气污染问题；园区产生的多余电、蒸汽、煤气、水供周边城市居民的日常生活使用；焦炉煤气、焦油、粗苯和硫氨等用于石化工业作为原料；各企业生产过程副产的CO_2，蒸汽以及回收的中水可以用于农业生产；园区生态建设中建成的休闲绿地公园、大型体育娱乐设施、苗木花卉培植园、生态景观经济林园、原始森林、工业博物馆、绿色农牧业观光园等用来发展生态旅游产业。

②再生资源产业加工区模式：可在城市建设回收体系试点，形成以城市社区回收站点为基础，集散市场为核心，加工利用为目的的三位一体的废旧物资回收网络体系，并划定专门的区域作为资源再生加工区，进行资源再生及综合利用技术开发，环保仪器设备的研制，经营和技术开发，并就资源再生业进行招商、管理、服务、生产、加工、代购、代销和进出口经营再生资源及其成品。要将加工区与区外的各类型企业进行联合，实现资源、信息共享，促进资源化利用上规模、技术上水平、产品上档次，提高专业化、规模化水平。

(4) 城市/区域面状循环层次

区域社会经济循环模式：将矿业全面纳入社会循环经济系统，与区域社会经济融为一体。在区域统筹规划下，通过物质、水系统、能源、信息的集成，各类资源的整合构建区域性循环经济系统。在城市和区域层次，循环型城市和循环型区域通常以污染预防为出发点，以物质循环流动为特征，以社会、经济、环境可持续发展为最终目标，最大限度地高效利用资源和能源，减少污染物排放。循环型城市和循环型区域有四大要素：产业体系、城市基础设施、人文生态和社会消费。第一，循环型城市和循环型区域必须构建以工业共生和物质循环为特征的循环经济产业体系；第二，循环型城市和循环型区域必须建设包括水循环利用保护体系、清洁能源体系、清洁公共交通运营体系等在内的基础设施；第三，循环型城市和循环型区域必须致力于规划绿色化、景观绿色化和建筑绿色化的人文生态建设；第四，循环型城市和循环型区域必须努力倡导和实施绿色销售、绿色消费。

8.3.3 矿业循环经济发展的保障措施

(1) 政府层面

近年来，国家大力倡导切实转变经济增长方式，坚持实施可持续发展战略，在资源综合利用方面给予优惠政策，在发展矿业循环经济的过程中，各级政府应扮演更重要的角色。

1）健全促进矿业循环经济发展的法律法规体系

制定相关的法律法规是各个国家或地区推广循环经济的主要手段之一。当前，我国应建立健全的、系统的矿产资源法律法规体系，强化国家法律体系对矿业循环经济发展的支持。首先，应在《矿产资源法》和《土地管理法》中明确要求发展循环经济，强化矿产资源循环利用与综合利用的有关规定。其次，政府应尽快研究制定《矿产资源循环利用法》及《尾矿回收利用法》等法律法规，促进矿产资源综合利用法律法规体系建设的建立。最后，要加快步伐尽早完善《矿产资源保护法》《固体废物污染防治法》和《清洁生产促进法》，加快《资源综合利用法》的立法进程，抓紧制定出与伴生共生矿产资源综合利用、“三废”回收利用及再生资源节约等方面相关的法律。

新疆维吾尔自治区应根据国家法律的有关规定，结合本地区的实际情况，制定出适用的地方性法规，以宏观调控手段推进矿业循环经济的发展。与此同时，要加强各法律法规之间的协调性，确保各项强制性标准规范的可执行性。

伊犁州各级地方政府应该认真贯彻国家及本省的相关法律法规，依法推进矿业循环经济的发展，明确生产者和矿产品交易者所担负法律责任，用法律手段、行政手段强制各地矿山实施清洁生产审核，加强节能减排的监管工作，严格执行生态环境影响的评价制度，不断提高矿业经济的运行质量。

2）完善促进矿业循环经济发展的政策机制

除了健全法律法规体系之外，还可以完善相应的政策，为矿业循环经济的发展提供保障。要坚持贯彻《国务院批转国家经贸委等部门关于进一步开展资源综合利用的意见》，坚定不移地落实资源综合利用政策，充分发挥国家政策的指导作用，完善减免税优惠政策。

此外，政府应对矿产资源的深加工作业加以支持和鼓励。首先，可以通过调整、落实现有的税收政策来促进矿产循环经济的发展，支持节约矿产资源和保护生态环境。其次，对矿产企业综合利用资源、循环利用资源而取得的利润收入，应给予适当的减免税优惠；要制定与法律法规配套的税收优惠政策，鼓励矿产企业在生产过程中积极维护生态环境和国家资源的安全。最后，各地方政府还应建立矿业循环经济发展的专项基金，支持循环经济研究机构和试验基地的建设，以带动矿业经济的全面发展。

3）加强促进矿业循环经济发展的标准体系和认证制度

在建设节约型社会的过程中，标准体系和认证制度的作用不可忽视，应抓紧制定详细具体的有关矿产资源综合利用、节约利用的标准体系和认证制度，将审查矿产资源勘查、开采和利用的准入条件严格化，并认真审查矿产资源的开采方案。

一方面，要建立矿产资源消耗高的行业的市场准入标准、节能减排考核指标体系，严把矿产开发的审批关卡，谨慎颁发采矿许可证，完善资源循环利用产品的标识制度，将推行清洁生产、发展矿业循环经济、保护生态环境等方面的地方性法规制度化、标准化。

另一方面，要定期对矿产企业的能耗限额、能源效率标准和节能产品认证等情况展开严格的检查，对表现突出的矿产企业给予资金、名誉、政策优惠等方面的奖励，对问题严重的矿产企业依法从严查处、施以惩戒。

同时，还要建立和完善矿产资源综合利用指标体系、矿产资源管理达标认证制度及矿山环境评价指标体系，定期对矿产资源的开发利用情况进行评估调查，并监督矿产企业的资源综合利用情况，为各地矿山制定符合循环经济发展的开采方法、管理方式，健全节约矿产资源的责任制度，将节约利用矿产资源纳入矿山工作的各个环节当中。

4）加大宣传教育，提高全民的矿业循环经济意识

政府要充分利用各种传播媒介，加大对循环经济的宣传教育，树立全民的可持续消费观和资源节约观，提高人们对节约矿产资源、保护生态环境的意识。

各级相关政府部门要加大对矿业循环经济发展的财政资金支持力度，加快建立循环经济的信息网络、情报系统和技术咨询服务系统，充分利用现代化的技术手段构建循环经济的信息平台，及时推动循环经济技术在矿业的运用，为矿业循环经济的发展提供技术信息服务。

（2）企业层面

矿产企业要实现矿产资源的循环利用，就必须针对自身的实际情况制定出相应的具体对策和措施，依靠先进的科学技术和前沿理论，集约开采、循环利用矿产资源，采用新技术、新工艺、先进设备，加强对矿业循环经济发展的研究。

1）采取符合矿业循环经济的设计、规划

矿产企业要发展循环经济，就必须做好符合循环经济的设计——绿色设计，实施清洁生产，充分注意矿产资源的循环利用，这样才能使企业的经济效益与社会效益、生态环境效益有效地协调统一起来。

首先，在矿产品的工艺设计中，除了要不断提高矿石中主要成分的综合利用率之外，还要充分考虑伴生矿产物质资源的综合回收利用。其次，在产品生产线上，要采用标准的设计，尽量使一些生产装备及时地升级换代，而不用使整台机器都完全报废。同时，应不使用或尽可能少用有毒有害的生产原料，使矿产品的生产过程中不产生或尽少产生对人类生命健康和自然生态环境的危害。另外，即使在矿产品生命周期的末端，也要尽量使余料、废弃物能加以回收再利用。最后，对新型矿业园的设计和规划，要依据循环经济的原则，借助一些先进的矿产资源回收利用技术、生态环境无

害化技术以及闭环循环经济技术等现代化的高新技术，将矿区内各种矿物原料、矿产品、副产物甚至所排放的废弃物，利用其物理化学性质的联系，组成一个协调的生态产业链，以实现矿区资源的梯次循环流动与综合利用，提高矿产资源的综合利用率。

2）积极采用先进的循环经济技术

必须加强矿业循环经济技术的理论研究，积极研究开发新的工艺技术，并使其渗透到矿业的各环节工作中。不仅要对矿业循环经济进行理论研究，更要深入研究技术应用工作，将科研成果转化为现实可行的技术。矿产企业必须加快对呆矿、滞矿的处理、采选、开发和综合利用等科学技术的攻关，开展矿产资源的替代可再生资源、能源材料技术的研发，推动矿业的产业升级和技术进步，鼓励有条件的矿产企业与科研机构所进行的自主技术研发。另外，矿产企业在自主研发的同时，也要重视国外矿产资源循环利用的先进经验、高科技成果或先进器械设备的引进，不断提高科学技术在矿业的贡献。

3）加强试点矿产企业的示范工作

应该按照矿业循环经济发展的思路，建立和完善循环经济技术创新体系、法律法规体系和政策机制在矿业的应用，积极开展示范矿产企业的工作，争取矿产资源的循环利用率有较大幅度的提高。试点企业应该及时淘汰浪费矿产资源、污染环境的落后工艺技术，按照减量化、再利用、资源化的原则，调整矿业的产业结构和矿产品结构，防止高能耗产品部门的盲目发展和重复建设，将循环经济思想理念贯穿于矿产企业工作的各个环节当中。示范企业要大力推行清洁生产，争取“零排放”，使单位矿产品的能耗、物耗、水消耗和污染物排放强度尽量降低到国内外的先进水平。要及时发现、总结矿产资源节约和循环利用的经验成果和教训，并对适用性强、可行性强、对生态危害小的先进循环经济技术加以大范围的推广，促进矿业循环经济的健康发展。

（3）公众层面

循环经济是一个融合了经济技术、先进理念于社会体系中的新型经济形态。推广循环经济是一个长期的复杂的系统工程，需要各级政府、科学界、企业和广大公民的积极配合与共同努力，并需要采取一整套详细的措施循序渐进地推进乃至最终实现。首先，要鼓励大家认真学习循环经济的基本知识，了解发展矿业循环经济的重要性。其次，广大的人民群众要积极地进行绿色消费，坚持不消费矿产资源的奢侈品，并且要积极参与废弃矿产品的回收再利用活动，尽可能使社会生活中的废弃矿产品得到循环利用。公众才是矿产循环经济的最大受益群体和最终受益群体，实施矿产循环经济不仅需要政府的大力倡导和企业行业的自律生产活动，更需要社会公众的积极参与和监督。公众要自觉地以实际行动在全社会形成节约矿产资源、保护生态环境的氛围，建立起一个循环型社会。

第 9 章　生态环境风险监控技术

9.1　新疆环境监测、监管现状及存在的问题

9.1.1　环境监测现状及问题

（1）环境监测网络现状

新疆维吾尔自治区环境监测机构共计 59 个，其中新疆维吾尔自治区环境监测总站为国家二级站，15 个地州市环境监测站为国家三级站，83 个县市中只有 43 个县市设立了环境监测机构。

新疆初步形成了以新疆维吾尔自治区环境监测总站为龙头，以 15 个地州市环境监测站为骨架，43 个县（市）监测站为支点的三级环境监测网络。新疆环境监测工作全部由新疆维吾尔自治区监测总站及 15 个地州市级监测站承担完成，除奎屯市、米东区、伊宁市等少数监测站外，其他县市级监测站尚不具备任何环境监测能力。

兵团环境监测机构共计 14 个，其中兵团环境监测中心站为国家二级站，13 个师监测站为国家三级站（除建工师外，每个师一个）。14 个站中具备监测能力的为 7 个（兵团环境监测中心站、一师、五师、六师、八师、九师、十师）。

（2）生态环境监测工作现状

环境空气质量自动监测网络已覆盖新疆 19 个主要城市 38 个自动监测站点常规 3 项指标。实现 16 个城市声环境和酸雨监测，14 个城市沙尘暴环境影响监测，17 个城市 50 个县降尘监测。地表水监测覆盖范围为水资源量的 75%，饮用水水源地水质监测集中在城市，新疆共开展了 64 条河流 160 个断面（30 项指标）、31 座湖库 104 个点位（32 项指标）、19 个城市 39 个集中式饮用水水源地（30 项指标）、3 条坎儿井 9 个断面及 16 条农排渠的水质监测。开展覆盖新疆所有县域土地利用、植被指数等生态遥感监测，开展新疆四大灌区绿洲边缘区土壤盐渍化监测和两大沙漠南缘沙漠化监测，具体见表 9-1。

表 9-1　生态环境监测布点现状

空气	新疆 19 城市 38 个点，全部分布在市区	指标：常规三项 PM_{10}、SO_2、$NO_{2.5}$ 频次：自动站连续监测
水质	64 条河流 160 个断面、31 座湖库 104 个点位、19 城市 39 个饮用水水源地、3 条坎儿井 9 个断面、16 条农排渠	指标：河流 30 项、湖库 32 项、地下水源地 23 项、地表水源地 30 项、坎儿井 25 项、农排渠 19 项 频次：国控断面 1 次/月，其他断面 2～3 次/a、一般断面 2 次/a，坎儿井 3 次/a，农排渠 2 次/a
酸雨	16 个城市 30 个监测点位，其中城区 18 个，郊区 12 个	指标：降水量、降水 pH、电导率、SO_4^{2-}、NO_3^-、F^-、Cl^-、NH_4^+、Ca^{2+}、Mg^{2+}、Na^+、K^+，共计 12 项 频次：逢雨必测
沙尘暴环境影响	14 个地州市站开展	指标：PM_{10} 频次：自动站连续监测
	5～8 个地州市站开展	指标：TSP 频次：逢沙尘必测
	50 个县市开展	指标：降尘 频次：1 次/月
生态环境	遥感监测：覆盖新疆所有县域	指标：土地利用、植被指数、重要湖泊水域面积 频次：土地利用 1 次/a；植被指数 1 次/旬；湖泊水域面积 1 次/月
	土壤盐渍化监测：四大灌区绿洲边缘区	指标：Cl^-、SO_4^{2-}、HCO_3^-、CO_3^{2-}、Ca^{2+}、Mg^{2+}、K^+、Na^+、总盐、pH、有机质 频次：1 次/a

（3）环境监测存在问题

①环境监测网络覆盖程度低。空气质量监测只在城市开展，县城没有设置环境质量（空气、噪声、饮用水、酸雨）监测站点，农村站监测几乎空白。地表水监测覆盖范围仅为水资源量的 75%，除乌鲁木齐外，新疆地下水水质监测几乎为空白。

②监测点位布局不合理、代表性不足。环境质量监测点位设置偏少，不能合理覆盖整个区域，监测点位没有点位功能区分，大多数为质量趋势点，缺少相应的污染监控点、清洁对照点。

③环境监测装备能力落后，自动化水平低，监测指标偏少。新疆没有一个监测站完成标准化建设达标，实验室测试手段落后，缺乏大型精密分析仪器和连续自动分析仪器，测试项目不全；监测的频次和监测质量难以保证，监测深度、广度不能有效反映环境质量和污染物排放情况。

④监测工作成本高、仪器损耗大，故障率高。新疆环境质量和污染源监测装备水平落后，监测成本高、仪器损耗大，监测时效性差，导致监测工作质量难以提高。由于自然条件恶劣，空气自动监测仪器维护成本大，故障率高。新疆 1.3 万家污染企业和水环境监测都靠手工监测，监测周期和频率难以全面地反映实际排污情况；污染源分布距离远，无法避免采样时间的随机性和采样方法原始性带来的误差；一些需及时分析的样品

不能现场测试分析，只能固定后带回实验室分析，样品时效性差。

⑤环境预报和预警监测能力薄弱，应急监测能力低下。连续监测和预警监测能力薄弱，现有仪器设备的更新与运行费用难以得到有效保障，在线监测数据有效性不够，环境质量预报预警工作没有开展，不能有效说清区域环境质量状况、污染源排放情况及潜在的环境风险；应急监测能力极其薄弱，不具备对环境污染事故的有效应急监测能力。

⑥环境监测技术支撑体系不健全，数据管理和综合分析能力弱。适合新疆自然环境特征及满足环境管理要求的监测技术路线、监测技术规范体系、监测指标方法和评价标准尚未建立；环境质量监督管理体系不完善，环境质量目标考核体系尚未建立，监测数据质量控制能力弱。

⑦监测人员专业素质不高，人才匮乏。新疆各监测站普遍缺乏高素质技术人才，尤其缺乏熟练掌握高尖端大型测试分析仪器设备、具有丰富应急监测实践经验及较高综合分析能力水平的人才，新疆目前包括省站在内没有一家环境监测机构能够达到国家的监测能力要求，特别是缺乏能有效开展对重金属、有机污染物的监测分析的高技术人才，各监测站人员的学历及专业水平难以满足现代环境监测技术工作要求，很多大型现代化监测仪器开机率为32%，未能有效发挥作用。

⑧监测新技术新方法掌握不够，新型环境问题监测研究不够。新疆环境空气质量预报系统尚未建立，尚未开展对人体健康影响较大的O_3、$PM_{2.5}$、VOC_S在线监测，未对有机物和汞等金属颗粒物成分开展周期性监测，同时也未开展CH_4、CO_2等温室气体监测工作；沙尘影响监测设备落后，数据准确率低，故障率高。饮用水水质109项分析中有机物、有毒、有害物质分析能力薄弱。污染源监测缺乏有毒、有害、固废和危险化学物质的监测。新疆生态遥感监测解析能力薄弱，软硬件设施落后，中分辨率高时相高光谱卫星数据一直没有稳定的获取渠道，使基于该数据的应用监测工作缺乏连续性，监测的及时性和质量难以保证。

（4）新疆生产建设兵团环境监测存在的问题

①监测经费和人员严重不足，阻碍监测事业发展。由于新疆生产建设兵团监测工作起步晚、底子薄，再加上新疆生产建设兵团没有自己的财政，监测经费难以保障，监测单位人员编制少，部分监测单位靠自收自支来完成，严重限制了新疆生产建设兵团环境监测事业的发展。

②实验条件差，监测装备能力落后。新疆生产建设兵团各级环境监测站实验条件差，部分监测站用房还是租用或借用其他单位的办公场所，实验室面积远远低于相应级别监测站的建设标准，影响了监测站监测工作的开展；监测仪器设备投入少，缺乏必要的交通工具，大部分监测站开展监测工作还依靠临时租用车辆来完成，这样会影响监测工作的及时开展，不能保证监测数据的时效性。

③缺乏必要的数据传输平台。监测信息网络不健全，缺乏必要的数据传输平台，数据传输、交换时效性差。

（5）环境监测保障能力现状及存在的问题

新疆环境监测机构共计 59 个，其中新疆维吾尔自治区环境监测总站为国家二级站，15 个地州市环境监测站为国家三级站，98 个县市中只有 43 个县市设立了环境监测机构。

新疆环境监测系统管理体制是完全化“块块”管理模式，新疆维吾尔自治区环境监测总站—各地州市监测站—各县市监测站为业务指导关系，各级、各地监测部门的人、财、物分治。

①环境监测机构不健全。新疆维吾尔自治区现有环境监测网络未完全分布到每一行政区域，新疆 98 个县市区中只有 43 个三级监测站，环境监测系统标准化能力建设整体滞后，不能实现对新疆环境质量及污染源的有效监控。

②监测机构编制严重不足。大多数二级监测站的人员编制只有 10～20 人，三级站只有 5～10 人，监测人员编制距离标准化建站要求的差距很大，也与所赋予各监测站的职责和任务严重不符，难以达到“三个说得清”的要求。为完成工作，一部分监测站外聘技术人员，不仅增加了监测站的经济压力，并由于外聘人员的不稳定性也使监测工作质量受到一定影响。

③监测业务用房不足及老化。新疆目前没有一家监测机构监测业务用房达到《全国环境监测站建设标准》规定。由于缺少监测用房，很多县级监测站无法开展例行的业务工作。新疆环境监测总站实验室十分拥挤，多台大型精密分析仪器共用一室，无专门的微生物实验室，理化检测与微生物检测不能区分；缺少专门的土壤、植物样品间和前处理实验室；环境应急监测设备缺少专门的、便捷的存放管理区，严重影响新疆环境监测站的应急反应速度；新疆环境监测网络监控平台无处建设，即将到位的国家 109 项水质全分析仪器更无栖身之所。由于缺少空间致使很多应该开展的工作无法开展，严重影响新疆监测事业的发展和业务水平的提高，严重制约新疆监测事业的蓬勃发展。

④监测管理体制不完善。新疆环境监测系统是完全化“块块”管理模式，指挥调度不灵，监测资源难以共享，监测网络中不同级别监测站监测能力发展极不平衡，不同地区同级监测站监测能力差异较大。现行的环境监控体系存在监测地位不明确、监测网络体系不完善、监测职责交叉和重复建设、监测数据行政干预严重、监测点位和监测手段滞后与现代环境管理需要。

⑤监测网络管理机制不完善。新疆环境监测工作考核机制、环境质量监督机制、环境监测经费保障机制、监测业务竞争机制、创新机制和工作考核激励机制等未完全建立。

⑥监测运行经费保障机制未完善。新疆环境监测网络（空气、声、酸雨、沙尘、降尘、水质）监测工作经费没有获得稳定的当地财政扶持，仅靠国家给予少量的运行补助费支撑，远不能满足各站日常监测运行支出。县市级例行监测工作费用缺乏当地财政保障，大多数例行监测工作经费都依赖于环评和“三同时”创收进行补贴。由于现有监测仪器设备的更新与运行难以得到有效保障，运行经费缺乏导致监测仪器维护不到位，仪

器故障高，监测数据不能准确说明人为活动对环境质量的影响程度，难以适应新形势下的环境监管和环境保护事业发展的需求。

尽管在“十一五”期间，新疆环境监测网络在机构、人员数量、工作条件、机制等方面有所加强，但环境监测网络建设与环境保护工作发展及要求的差距仍在加大，环境监测能力极不适应环境保护工作的需要。“十二五”期间，新疆环境监测面临着极大的压力和挑战。

9.1.2 环境监管现状及问题

（1）环境监察工作现状

新疆地域辽阔，在 166.49 万 km^2 中约有 11 万余家污染源分布于 15 个地、州（市）、99 个县市（区、口岸），按照新疆统计的 2010 年现有环境监察人员 1 109 人计算，人均执法面积约 1 501.26 km^2，人均监管污染源约 100 户。管辖面积大，执法工具不足等问题，是目前执法不到位的主要问题。

目前，开展的主要工作有：

1）重点污染源监察

对新疆国控、区控重点污染源企业进行现场监察，重点检查是否达标排放，污染治理设施运转情况等。

2）建设项目现场监察

新疆维吾尔自治区环境监察总队按照区域管理原则，认真履行监督管理职责，对国家和新疆维吾尔自治区审批的部分建设项目进行现场监察，重点检查“三同时”执行情况、项目竣工验收情况等。

3）排污口规范化整治监察

“十一五”期间，新疆 10 773 家污染源排污口规范化整治工作已落实 60.73%。新疆 274 家污染源已安装污水、大气自动监控设备 340 余套，自动监控已使远程环境监管得以逐步实现，有效遏制了排污者污染物偷排偷放行为。

4）生态环境现场监察

新疆维吾尔自治区环境监察总队对跨区域公路、铁路、水利以及矿产开发等国家和新疆维吾尔自治区重点工程建设项目按季度开展环境现场监察，新疆生态环境执法正在有序开展。目前，新疆已有乌鲁木齐市、巴州、昌吉州、阿克苏地区、伊犁州、阿克陶县、布尔津县等被列为国家级生态环境监察试点单位，初步形成了生态环境监察执法体系。

5）限期治理项目及群众投诉项目现场监察

对限期治理项目及群众来信、来电、来访投诉的项目，进行现场监察，督促按期完成治理及限期整改。

6）征收排污费

新疆各级环境监察机构严格执行国家、新疆维吾尔自治区排污费征收相关法律法规，适时对排污费的征收进行稽查，逐步使排污收费“依法、全面、足额、及时”收缴国库，“十一五”以来，共征收排污费约 14 亿元。

（2）新疆生产建设兵团环境监察工作现状

新疆生产建设兵团基本建成兵师两级环境监察执法队伍和环境监测机构，装备了执法取证设备和常规监测设备，兵师两级的环境监察机构均已达到标准化建设要求；新疆生产建设兵团环境监测中心站和部分师环境监察监测站能力建设（仅在仪器设备方面）基本达到标准化建设的要求；新疆生产建设兵团国控污染源自动监控中心已建设完成，44 家国控重点污染源已全部安装在线监测设备，各企业监控数据已具备向兵团监控中心传输的能力，已初步形成信息化监管能力。

（3）环境监察工作存在的问题

新疆经过 20 多年改革开放，已进入加快推进新型工业化、农牧业现代化、新型城镇化、提升发展整体素质的新阶段，进入突破“瓶颈”制约、加速经济发展、跨入新疆发展快车道的新阶段。“十二五”期间，新疆独特绿洲经济特点的环境承载压力不断加大，环境污染和环境突出问题日趋严重，新疆环境监察机构要全面履行工作职责，在突出的环境问题及严峻的环境压力呈现出各个方面的问题。主要表现在执法水平和执法效率不高；环境监察工作难以做到全面、深入开展；不能适时、准确、全面掌握各类环境履法情况，及时查处和消除各类环境违法现象，有效维护环境安全和群众环境权益。

1）现场监察的频次远远达不到国家的要求

《环境监察工作制度》规定：对重点污染源及其污染防治设施的日常现场监察工作，由所在地区环境监察支队组织辖区内环境监察机构完成，每月不少于 1 次；对一般污染源及其污染治理设施的日常现场监察工作，由所在县（区）环境监察大队完成，每月不少于 1 次；对挂牌督办企业、限期治理项目、污染减排项目及其污染治理设施的日常现场监察工作，由所在地区环境监察支队组织辖区内环境监察机构完成，每月不少于 1 次；国家、自治区审批的建设项目日常环境监察工作，由所在地区环境监察支队完成，每月不少于 1 次。各地环保局审批的建设项目日常环境监察工作，由所在地环境监察机构按职责分工组织实施，每月不少于 1 次。从环境监察工作现状分析来看，新疆国控、区控重点污染源企业 302 家，新疆维吾尔自治区联合监督检查每季度抽查率仅占总数的 25%；地州市联合监督检查每季度检查率仅占总数的 50%；现场监察的频次远远没有达到国家规定的要求。不能全面掌握 100%的国控、区控重点源，60%的地级重点源、全部污水处理厂污染治理设施运行状况、污染物的排放情况、安装污染源自动监控设备情况；在对一般污染源及其污染防治设施的日常检查上，只能掌握占新疆平均 75%的排污企业情况，距离新疆维吾尔自治区环保厅和环境监察工作的要求还有很大差距，造成了不能全面准确地反映新疆排污单位年度排放污染物情况和掌握污染治理设施建设、运行情况。

2）“三同时”执行情况抽检率较低

对国家和新疆维吾尔自治区审批的建设项目，进行现场检查 “三同时”执行情况，抽检率较低，不能及时检查和反映各辖区季度建设项目的环评和“三同时”执行情况，也不能适时全面动态掌握国家和新疆维吾尔自治区审批的建设项目环评和“三同时”执行情况。

3）排污收费工作不及时全面

排污申报登记未做到按月、按季申报，排污收费大多数未做到“依法、全面、足额、及时”征收。

(4) 监察保障能力现状及存在的问题

1）环境监察机构不健全

新疆虽然都成立了环境监察支队、大队，但大部分都不是独立的法人，形成了“两块牌子一套人马”的局面。目前，新疆只有环境监察总队、伊犁州、乌鲁木齐市、昌吉州、巴州环境监察支队和奎屯环境监察大队具有独立的法人资格。新疆各级环境监察机构内设科室不统一，造成职责分工不明确、职能交叉、上下工作无法衔接，直接影响环境监察工作正常开展。目前，还有 81 个环境监察机构没有内设机构。

2）环境监察人员素质不高，人才匮乏

环境监察工作开展十几年来，人员从各个渠道逐步充实到环境监察队伍，由于缺乏系统的专业培训，仍有相当一部分环境监察人员受所学专业限制，对法律法规、生产工艺、产业政策不熟悉，不能深刻理解国家、新疆维吾尔自治区相关法律、法规和规章，对相关政策掌握不全，此外，企业采取各种手段与“对策”逃避执法，增加了执法的难度。环境监察人员的执法能力尤显不足，不能适应新形势下日益繁重的环境监察工作需要。

3）环境监察体制和机制难以适应执法工作

目前，新疆三级环境监察机构体制已经形成，环境监察机构分为省级、地州级及县市（区）三级，各级环境监察机构均为事业单位参照公务员管理，隶属于当地环保部门管理，对当地环保部门负责，各级环境执法实行业务指导管理，均属委托执法。

①体制方面：各级环境监察执法机构受当地环保部门和当地政府领导，对当地政府负责，在这种体制下，当地的环境监察机构要依法查处个别招商引资企业，行政干扰就较大。而环境监察工作职能只赋予上级环境监察机构对下级环境监察机构进行业务指导，并没有对下级环境监察机构的行政管理权、人事任免权、财政管理权等进行授权，因此上级环境监察机构无法对下级环境监察机构形成有效的监督、制约，严重地制约着环境监察能力的形成。

②机制方面：一是缺乏事前监督机制，许多环境违法问题都是缺乏事前监管造成的，

仅靠事后监管难以奏效；二是部门联动没有形成长效机制，日常执法没有形成联动机制；三是建设项目环境现场监察缺乏全过程监督管理机制，没有从项目开工介入，中间环节监管不到位，只注重了验收阶段的工作；四是缺乏有效的奖励机制，对环境监察机构工作做得好的单位，缺乏鼓励和奖励措施。

4）环境监察执法装备不足，难以满足执法需要

新疆地域辽阔，交通条件整体较差，环境现场监察点多、线长，环境监察任务重、难度大、成本高，各级环境监察人员常年处于超负荷状态，致使对排污单位的日常检查次数偏少，范围偏小，加之执法车辆数量不足，不能满足环境监察工作需要。目前，新疆仍然有 25 个县级（含 2 个口岸）环境监察机构没有配备执法车辆。

另外，新疆仍然有 13 个县级环境监察机构（乌鲁木齐市经济技术开发区、乌鲁木齐市高新技术开发区、阿拉山口口岸、塔城边境经济合作区、库车县、沙雅县、阿瓦提县、疏附县、麦盖提县、岳普湖县、伽师县、民丰县、和田县）没有配备执法取证设备，取证设备不足，严重影响环境监察执法的科学性。

5）环境监察信息化管理现状

环境监察自动化管理和信息化建设体系不健全，不能全面满足现有工作的需要。新疆各级环境监察机构只配备了 12369 环保热线受理系统 62 套，还有 53 个县市未配备，而且现有 12369 举报投诉受理系统没有完全发挥作用。近期，环保部研制下发的三套核心应用软件：重点污染源自动监控系统、重点污染源基础数据库系统（含排污费征收管理子系统）、公众监督与现场执法管理系统，目前，只有“排污费征收管理子系统”在各级环境监察机构中开始使用（县级环境监察机构于 2010 年 1 月开始使用《排污费征收管理系统》）。

6）环境监察应急装备现状

目前，新疆环境监察机构除环境监察总队配备了部分环境应急装备外，其余环境监察机构均未配置环境应急装备。

新疆经历了 20 多年的快速推进工业化的发展阶段后，目前环境风险问题已集中凸显，进入环境突发事件相对高发时期，许多老企业，特别是化工、冶炼等高污染行业，由于产业布局不合理、生产工艺落后、设备老化等因素，多数存在环境安全隐患。新疆基层环境监察机构都未配置环境应急装备，应急装备严重不足及落后，与现行环境监察工作任务不相适应，与有效处置突发性环境事件的要求也不相适应。目前，除新疆维吾尔自治区环保厅成立了环境应急响应办公室外，新疆各级环境保护部门均未设立环境应急响应机构，环境监察机构未设立独立的应急机构，且工作制度不完善，应急预案操作性不强，应急演练工作基本上没有开展，边境地区环境监察应急能力十分薄弱，并且新疆环境监察机构参与处置突发性环境事件应急能力亟需加强。

9.2 伊犁河谷生态环境风险监控技术研究

9.2.1 生态环境监测监管现状及问题

（1）环境监测能力概况

1）环境监测机构和人员

2010 年末，伊犁州有副省级监测站 1 个（伊犁州环境监测站），市级监测站 2 个（奎屯市监测站、伊宁市监测站），县级监测站 8 个（实有人员 40 人），但均未开展环境监测业务。目前县市级监测站除奎屯、伊宁市环境监测站能正常开展监测业务外，其余县级监测站都未能开展正常的监测业务，各县的监测任务主要由伊犁州环境监测站承担。

2010 年伊犁州有监测能力的环境监测站实有人员 120 人，其中技术人员 81 人，占实有人员的 68%，比“十五”末上升了 8 个百分点，技术人员中高中级人员数量比“十一五”也有明显提高。开展监测业务的 3 个监测站人员进行统计（见表 9-2）分析，“十一五”末，即 2010 年各级监测站人员编制数及实有人员数比“十五”期间均有所增加。

表 9-2 2010 年伊犁州直市级以上监测站人员情况表

序号	人员编制情况		伊犁州 环境监测站	伊宁市 环境监测站	奎屯市 环境监测站
1	机构属性		二级	三级	三级
2	编制人数/人		50	20	24
3	实有人数/人		55	43	22
4	技术人员	人数/人	41	22	18
		占有比例/%	75	51	82
5	高级职称人数/人		9	0	5
6	中级职称人数/人		18	5	4
7	初级职称人数/人		5	17	9
8	研究生以上学历人数/人		1	0	0
9	本科学历人数/人		36	21	13
10	专科学历人数/人		10	12	7
12	专科以下学历人数/人		8	10	1

2）监测设备状况

2010 年，伊犁州环境监测系统的监测业务经费达到 139.5 万元，固定资产总额为 1 303 万元，实验监测用房 2 500 m^2，行政办公用房 1 042 m^2/人。伊犁州监测系统大型监测分析设备拥有量为 21 台（见表 9-3），具有 319 个项目的监测资质。

表 9-3　2010 年伊犁州监测系统大型监测、分析设备拥有量

序号	仪器类型	仪器名称	数量	序号	仪器类型	仪器名称	数量
1	实验室仪器	原子吸收分光光度计	5	1	现场测试仪器	pH 计	5
2		气象色谱仪	4	2		电导率仪	2
3		离子色谱仪	4	3		溶解氧仪	1
4		液相色谱仪	1	4		大气采样器	26
5		气-质联机测定仪	1	5		颗粒物采样器	34
6		原子荧光光度计	3	6		噪声监测仪	10
7		分光光度计	9	7		烟尘监测仪	11
8		红外测油仪	4	8		烟气分析仪	9
9		TOC 分析仪	1	9		空气自动设备	7
10		电子天平	10	10		应急装备车	1
11		COD 速测仪	1		—	—	—

3）环境监测存在的问题

①环境监测网络覆盖程度低。空气质量监测只在伊宁市和奎屯市开展，县城没有设置环境质量（空气、噪声、饮用水、酸雨）监测站点，农村站监测几乎空白。地表水监测覆盖范围仅为水资源量的 75%，目前还未开展地下水水质监测。

②环境监测装备能力落后，监测业务用房不足。现有 9 个监测站均未完成标准化建设达标，伊犁州监测站、伊宁市监测站和奎屯市监测站作为有监测能力的监测站，实验室测试手段落后，缺乏大型精密分析仪器和连续自动分析仪器，测试项目不全；现有仪器设备老化，监测数据质量难以保证。监测机构监测业务用房严重不足。

③缺乏高素质技术人才。现有监测站人员的学历及专业水平难以满足现代环境监测技术工作要求，很多大型现代化监测仪器开机率仅为 32%，未能有效发挥作用。缺乏熟练掌握高尖端大型测试分析仪器设备、具有丰富应急监测实践经验及较高综合分析能力水平的人才。

④监测点位布局不合理、代表性不足。环境质量监测点位设置偏少，不能合理覆盖整个区域，监测点位没有点位功能区分，大多数为质量趋势点，缺少相应的污染监控点、清洁对照点。

⑤监测网络管理机制不完善。伊犁州环境监测系统是完全化“块块”管理模式，环境监测工作考核机制、环境质量监督机制、环境监测经费保障机制、监测业务竞争机制、创新机制和工作考核激励机制等未完全建立。

县级监测站专业技术人员的理论素质、业务水平普遍偏低，加之缺乏必要的监测设备和实验室条件。

（2）环境监察能力概况

伊犁州环境监察部门设有伊犁州环境监察支队，下设伊宁市环境监察大队、奎屯市

环境监察大队和各县环境监察大队。主要的工作内容是污染源监察、污染防治设施监察、建设项目“三同时”监察、限期治理项目监察、排污许可证监察、征收排污收费。

目前主要存在的问题是环境监察能力建设滞后，由于排污费征收难以足额到位，环保监察业务补助经费不足，环境监察用车及设备严重不足；与国家环境监察标准化建设目标差距较大；基层执法人员业务素质不高，人才匮乏；环境监管体系不健全，监管执法能力薄弱，环境管理效率不高。

9.2.2 风险监控体系

结合伊犁河重点产业和资源开发区域的环境监管的现状，生态环境风险监控技术存在的问题，不能为实现新疆跨越式发展下重点产业和资源开发区域环境风险防控的环境管理目标提供有力支撑，故需建立起生态环境风险监控体系。

首先进行伊犁河谷地区生态环境风险研究，确定环境风险等级。通过研究，初步确定了伊犁河谷地区生态环境风险监控体系的总体框架，其构成主要包括生态环境风险监测体系、生态环境风险监管体系和生态环境风险应急体系三部分，其组织机构如图 9-1 所示。

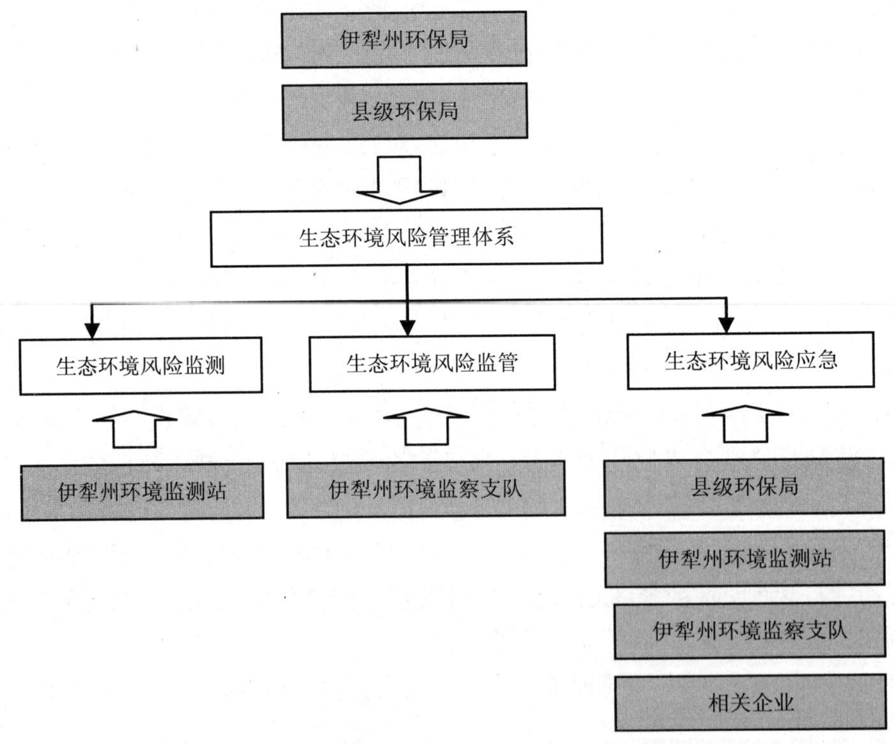

图 9-1 伊犁河谷地区生态环境风险监控体系的总体框架

为了促进区域生态环境的不断改善，保护区域的生物多样性，维持区域生态结构和功能的稳定，从而达到社会、经济和生态环境的可持续发展，对于不同级别的风险区需要具有不同的风险监控对策，通过前期的现场调查，对不同产业从生态环境风险监控布点、生态环境风险监控指标、生态环境风险监控布点、生态环境风险监控相关标准等方面制定了生态环境风险监控对策。

(1) 生态环境风险监控布点

1）煤炭开采业

①大气环境监控点：矿井通风口、锅炉烟气排放口、露天煤矿的采场、筛分厂、排土场。

②水环境监控点：矿井水排出区、露天矿疏干水汇集区、排矸场淋溶水理设施排放口、生活污水排放口。

③噪声监控点：厂界、设备噪声、露天矿爆破振动。

④固废：排矸场土壤。

⑤生态监控点：排土场、采坑、塌陷区。

2）煤化工产业

①大气环境监控点：锅炉烟气排放口。

②水环境监控点：生产废水排放口、脱硫废水处理装置排放口、污水总排口、生活污水排放口。

③噪声监控点：厂界、设备噪声。

3）煤电产业

①大气环境监控点：锅炉烟气排放口、堆煤场和灰渣场等无组织排放点、皮带传输点。

②水环境监控点：生产废水排放口、脱硫废水处理装置排放口、污水总排口、生活污水排放口、灰场周围 1 km 地下水。

③噪声监控点：厂界、设备噪声。

④固废：除尘器下灰口、除渣系统除渣口。

4）电解铝产业

①大气环境监控点：电解烟气排口、焙烧烟气排口、锅炉烟气排口、无组织排放监控点设置在单位周界外 10 m 范围内浓度最高点。

②水环境监控点：脱硫废水处理装置排放口、车间污水排放口、生产污水处理设施排放口、生活污水排放口、污水总排放口。

③噪声监控点：厂界、设备噪声。

④固废监控点：渣场周围土壤。

5）煤制气产业

①大气环境监控点：锅炉烟气排口。

②水环境监控点：生产污水处理设施排放口、生活污水排放口、污水总排放口。

③噪声监控点：厂界、设备噪声。

（2）生态环境风险监控指标

伊犁河谷地区生态环境风险监控的具体指标是在风险监控 B 级及 C 级监控指标的之下的 D 级监控指标，监控指标体系框架见图 9-1。由于伊犁河谷地区各类产业的生产工艺和生态环境风险具有差异性，不同产业的 D 级生态环境风险监控指标也不相同，详见表 9-4～表 9-8。

表 9-4　伊犁河谷地区煤炭开发 D 级环境监控指标

监管指标体系	地表水（C1）	地下水（C2）	大气（C3）	土壤（C5）	噪声及振动（C4）	生态（C5）
环境质量监控指标（B1）	水质达标率	水质达标率	SO_2	Cu	环境噪声达标率	土地利用状况
	pH	Cu	NO_2	Pb		地形状况
	Cu	Pb	CO	Cd		植被盖度
	Pb	Cd	TSP	Cr		物种丰富度
	Cd	Cr	B[*a*]P	Zn		生物多样性指数
	Cr	Zn	PM_{10}	Hg		水土流失率
	Zn	Hg	H_2S	—		土地沙化率
	Hg	F^-	降尘量	—		土地盐渍化率
污染物排放和生态破坏监控指标（B2）	废水（C6）		废气（C7）	废渣（C9）	噪声及振动（C8）	生态（C10）
	工业废水	生活污水	烟尘	工业固废排放量	施工厂界噪声达标率	土地利用变化率
	达标率	达标率	粉尘	地表剥离物排放量		地表沉陷面积
	COD	COD	SO_2	危险废物排放量		植被盖度变化率
	SS	SS	NO_2	—	垂直振动达标率	种群优势度变化率
	BOD_5	BOD_5	CO	—		物种丰富度变化率
	石油类	石油类	H_2S	—		生物多样性指数
	As	NH_3-N	—	—		水土流失增加量
	Cd	—	—	—		土地沙化变化率
	—	—	—	—		土地盐渍化变化率
环境治理与恢复监控指标（B3）	废水（C11）		废气（C12）	废渣（C14）	噪声（C13）	生态（C15）
	废水处理率		废气治理率	废渣治理率	噪声达标率	水土流失治理率
	废水处理达标率		粉尘处理率	煤矸石利用率		地表扰动区覆土绿化率
	疏干水/矿井水利用率		烟尘处理达标率	—		工业场地绿化率
	—		—	—		植被恢复系数
	—		—	—		濒危物种保护程度
	—		—	—		塌陷土地治理率
政策法规执行监控指标（B4）	相关法规执行监管指标				相关政策执行监管指标	
	法规执行率				政策执行率	
	环保措施落实率					

表 9-5　伊犁河谷地区煤电产业 D 级环境监控指标

监管指标体系	地表水（C1）	地下水（C2）	大气（C3）	土壤（C5）	噪声及振动（C4）	生态（C5）
环境质量监控指标（B1）	水质达标率	水质达标率	SO_2	Cu	环境噪声达标率	土地利用状况
	PH	Cu	NO_2	Pb		地形状况
	Cu	Pb	CO	Cd		植被盖度
	Pb	Cd	TSP	Cr		物种丰富度
	Cd	Cr	B[*a*]P	Zn		生物多样性指数
	Cr	Zn	PM_{10}	Hg		水土流失率
	Zn	Hg	H_2S	—		土地沙化率
	Hg	—	—	—		土地盐渍化率
污染物排放和生态破坏监控指标（B2）	废水（C6）		废气（C7）	废渣（C9）	噪声及振动（C8）	生态（C10）
	工业废水达标率	生活污水达标率	烟尘	工业固废排放量	厂界噪声达标率	土地利用变化率
	COD	COD	粉尘	灰渣排放量		—
	SS	SS	SO_2	—		—
	BOD_5	BOD_5	NO_2	—		—
	石油类	石油类	CO	—		—
	As	NH_3-N	H_2S	—		—
	Cd	—	—	—		—
环境治理与恢复监控指标（B3）	废水（C11）		废气（C12）	废渣（C14）	噪声（C13）	生态（C15）
	废水处理率		废气治理率	废渣治理率	厂界噪声达标率	水土流失治理率
	废水处理达标率		粉尘处理率	燃煤炉渣利用率		工业场地绿化率
	废水回用率		烟尘处理达标率	—		—
政策法规执行监控指标（B4）	相关法规执行监管指标				相关政策执行监管指标	
	法规执行率				政策执行率	
	环保措施落实率				—	

表 9-6　伊犁河谷地区区煤化工产业 D 级环境监控指标

监管指标体系	地表水（C1）	地下水（C2）	大气（C3）	土壤（C5）	噪声及振动（C4）	生态（C5）
环境质量监控指标（B1）	水质达标率	水质达标率	SO_2	Cu	环境噪声达标率	土地利用状况
	pH	Cu	NO_2	Pb		地形状况
	Cu	Pb	CO	Cd		植被盖度
	Pb	Cd	TSP	Cr		物种丰富度
	Cd	Cr	B[*a*]P	Zn		生物多样性指数
	Cr	Zn	PM_{10}	Hg		水土流失率
	Zn	Hg	H_2S	—		土地沙化率
	Hg	—	氟化物	—		土地盐渍化率
	氰化物	F^-	—	—		—
	—	氰化物	—	—		—

	废水（C6）		废气（C7）	废渣（C9）	噪声及振动（C8）	生态（C10）
污染物排放和生态破坏监控指标（B2）	工业废水达标率	生活污水达标率	烟尘	工业固废排放量	厂界噪声达标率	土地利用变化率
	pH	pH	PM_{10}	—		—
	COD	COD	SO_2	—		—
	SS	SS	NO_2	—		—
	BOD_5	BOD_5	CO	—		—
	石油类	石油类	H_2S	—		—
	挥发酚	NH_3-N	苯	—		—
	NH_3-N	—	甲苯	—		—
	苯胺类	—	二甲苯	—		—
	总氰化合物	—	酚类	—		—
	Cu		非甲烷总烃	—		—
	Pb	—	B[*a*]P	—		—
	Cd	—	格林曼黑度	—		—
	Cr	—	BSO	—		
	Zn	—	甲硫醇	—		—
	Hg	—	甲硫醚	—		—
	As	—	氨	—		—
	B[*a*]P	—	二硫化碳	—		
	Cr^{6+}	—	二甲二硫醚	—		—
	苯	—	臭气浓度	—		—
	甲苯	—	—	—		—
	乙苯	—	—	—		—
	苯酚	—	—	—		—
	TOC	—	—	—		—
	硫化物	—	—	—		—
环境治理与恢复监控指标（B3）	废水（C11）		废气（C12）	废渣（C14）	噪声（C13）	生态（C15）
	废水处理率		废气治理率	废渣治理率	厂界噪声达标率	水土流失治理率
	废水处理达标率		粉尘处理率	燃煤炉渣利用率		工业场地绿化率
	废水回用率		烟尘处理达标率	—		—
政策法规执行监控指标（B4）	相关法规执行监管指标				相关政策执行监管指标	
	法规执行率				政策执行率	
	环保措施落实率				—	

表 9-7 伊犁河谷地区区电解铝产业 D 级环境监控指标

<table>
<tr><td>监管指标体系</td><td>地表水（C1）</td><td>地下水（C2）</td><td>大气（C3）</td><td>土壤（C5）</td><td>噪声及振动（C4）</td><td>生态（C5）</td></tr>
<tr><td rowspan="8">环境质量监控指标（B1）</td><td>水质达标率</td><td>水质达标率</td><td>SO_2</td><td>Cu</td><td rowspan="8">环境噪声达标率</td><td>土地利用状况</td></tr>
<tr><td>pH</td><td>Cu</td><td>NO_2</td><td>Pb</td><td>地形状况</td></tr>
<tr><td>Cu</td><td>Pb</td><td>CO</td><td>Cd</td><td>植被盖度</td></tr>
<tr><td>Pb</td><td>Cd</td><td>TSP</td><td>Cr</td><td>物种丰富度</td></tr>
<tr><td>Cd</td><td>Cr</td><td>B[a]P</td><td>Zn</td><td>生物多样性指数</td></tr>
<tr><td>Cr</td><td>Zn</td><td>PM_{10}</td><td>Hg</td><td>水土流失率</td></tr>
<tr><td>Zn</td><td>Hg</td><td>H_2S</td><td>—</td><td>土地沙化率</td></tr>
<tr><td>Hg</td><td>F^-</td><td>氟化物</td><td>—</td><td>土地盐渍化率</td></tr>
<tr><td rowspan="11">污染物排放和生态破坏监控指标（B2）</td><td colspan="2">废水（C6）</td><td>废气（C7）</td><td>废渣（C9）</td><td>噪声及振动（C8）</td><td>生态（C10）</td></tr>
<tr><td>工业废水达标率</td><td>生活污水达标率</td><td>烟尘</td><td>脱硫石膏废排放量</td><td rowspan="10">厂界噪声达标率</td><td>土地利用变化率</td></tr>
<tr><td>pH</td><td>pH</td><td>PM_{10}</td><td>电解槽废渣排放量</td><td>—</td></tr>
<tr><td>COD</td><td>COD</td><td>SO_2</td><td>灰渣排放量</td><td>—</td></tr>
<tr><td>SS</td><td>SS</td><td>NO_2</td><td>—</td><td>—</td></tr>
<tr><td>BOD_5</td><td>BOD_5</td><td>CO</td><td>—</td><td>—</td></tr>
<tr><td>石油类</td><td>石油类</td><td>H_2S</td><td>—</td><td>—</td></tr>
<tr><td>挥发酚</td><td>NH_3-N</td><td>氟化物</td><td>—</td><td>—</td></tr>
<tr><td>NH_3-N</td><td>—</td><td>沥青烟</td><td>—</td><td>—</td></tr>
<tr><td>氟化物</td><td>—</td><td>—</td><td>—</td><td>—</td></tr>
<tr><td rowspan="4">环境治理与恢复监控指标（B3）</td><td colspan="2">废水（C11）</td><td>废气（C12）</td><td>废渣（C14）</td><td>噪声（C13）</td><td>生态（C15）</td></tr>
<tr><td colspan="2">脱盐废水处理率</td><td>废气治理率</td><td>电解槽废渣治理率</td><td rowspan="3">厂界噪声达标率</td><td>水土流失治理率</td></tr>
<tr><td colspan="2">废水处理达标率</td><td>粉尘处理率</td><td>灰渣利用率</td><td>工业场地绿化率</td></tr>
<tr><td colspan="2">脱盐废水回用率</td><td>烟尘处理达标率</td><td>脱硫石膏利用率</td><td>—</td></tr>
<tr><td rowspan="3">政策法规执行监控指标（B4）</td><td colspan="4">相关法规执行监管指标</td><td colspan="2">相关政策执行监管指标</td></tr>
<tr><td colspan="4">法规执行率</td><td colspan="2">政策执行率</td></tr>
<tr><td colspan="4">环保措施落实率</td><td colspan="2">—</td></tr>
</table>

表 9-8 伊犁河谷地区区煤制气产业 D 级环境监控指标

监管指标体系	地表水（C1）	地下水（C2）	大气（C3）	土壤（C5）	噪声及振动（C4）	生态（C5）
环境质量监控指标（B1）	水质达标率	水质达标率	SO_2	Cu	环境噪声达标率	土地利用状况
	pH	Cu	NO_2	Pb		地形状况
	Cu	Pb	CO	Cd		植被盖度
	Pb	Cd	TSP	Cr		物种丰富度
	Cd	Cr	B[*a*]P	Zn		生物多样性指数
	Cr	Zn	PM_{10}	Hg		水土流失率
	Zn	Hg	—	—		土地沙化率
	Hg	—	—	—		土地盐渍化率
污染物排放和生态破坏监控指标（B2）	废水（C6）		废气（C7）	废渣（C9）	噪声及振动（C8）	生态（C10）
	工业废水达标率	生活污水达标率	烟尘	造气废渣排放量	厂界噪声达标率	土地利用变化率
	pH	pH	PM_{10}	锅炉灰渣排放量		—
	COD	COD	SO_2	—		—
	SS	SS	NO_2	—		—
	BOD_5	BOD_5	CO	—		—
	石油类	石油类	H_2S	—		—
	挥发酚	NH_3-N	NH_3	—		—
	NH_3-N	—	B[*a*]P	—		—
	硫化物	—	酚类	—		—
	氰化物	—	氰化物	—	—	—
	焦油	—	—	—	—	—
	氨	—	—	—	—	—
	苯酚	—	—	—	—	—
	甲酸化合物	—	—	—	—	—
环境治理与恢复监控指标（B3）	废水（C11）		废气（C12）	废渣（C14）	噪声（C13）	生态（C15）
	废水处理达标率		废气治理率	造气灰渣利用率	厂界噪声达标率	水土流失治理率
	废水回用率		粉尘处理率	锅炉灰渣利用率		工业场地绿化率
	—		烟尘处理达标率	—		—
政策法规执行监控指标（B4）	相关法规执行监管指标				相关政策执行监管指标	
	法规执行率				政策执行率	
	环保措施落实率				—	

9.2.3　风险监管对策

实行环境风险分区管理，根据环境风险分区，分析各级防控区的环境特征以及存在的主要环境问题与风险，从而提出相应的管理对策。

（1）一级区监管对策

一级风险区，处于河流及两侧或上游区域，水源涵养功能重要。一级风险区生态系统敏感性极高，主要是生态环境最为脆弱和敏感，一经破坏后无法恢复，污染物排放量大的产业集中区域，是伊犁河谷地区的生态环境高风险区。

一级风险区主要环境问题及风险类型表现为水环境污染；草场退化；湿地萎缩或丧失；多数煤炭资源分布区，矿产开采引发风险可能性较高。

以新疆环境功能区划为依据，针对河流水体及两岸的河谷林、珍稀树种、自然保护区等重要生态功能区，禁止污染工业的发展，划定生态红线区，禁止人类活动的干扰，维护与重建湿地、森林、草原等具有水源涵养功能的生态系统。严格规范水源涵养区内旅游、交通、水利等开发建设，在建设中不得改变工程用地以外地表及地貌，不得破坏景观和工程占地区域外植被，不得改变汇水区水力分布、影响水质，不得影响冻土层稳定，不得开展引发地面塌陷、滑坡、泥石流等地质灾害的人为因素活动。以伊宁市为重点，加大对工业企业的环境监督力度，防治水环境污染事件发生，保障地表水尤其是饮用水水源地安全。减少人类活动对湿地的干扰，控制农田、建设用地对河流岸带湿地的侵占。禁止在冰川区进行一切开发建设活动，除必要的道路等基础设施，禁止在永久积雪区进行任何其他开发建设活动；禁止开发旅游资源；禁止非保护性天然林采伐、采挖药材、破坏野果林等野生植物及其生境、林下打草作业等。

针对煤电煤化工产业基地的分布，结合该区域的生态环境特点，在优先确保生活、农业、生态用水的基础上，合理配置工业用水的份额，并基于工业用水配额，以水定产，合理设定煤发展的规模，降低区域水资源供给失衡带来的生态环境风险。空间布局以伊犁河谷区的伊南、伊北、尼勒克和昭苏四大煤产地为重点区域，划定煤炭资源开采区、限采区和禁采区，规范煤炭企业开采活动。进一步整合周边的小煤矿，稳步建设大型煤炭基地，提升伊犁河谷区的煤炭战略地位；取缔周边非法采矿企业，加强对四大煤产区及周边的环境监管。

对高风险企业进行强制关闭或搬迁，禁止建设新的风险源。原则上严禁引入新的敏感受体。定期对高风险企业进行环境风险评估，严格建立全面的环境污染监控体系。提高设备的安全性能，对老化设备进行定期维修。必须加强对高风险源建立风险防范和监管，安全生产监督部门对高风险企业必须进行定期的安全检查。强制加大建设风险预警和应急能力的力度，提高应急决策能力。加大高敏感受体的保护屏障建设，降低高敏感受体的威胁。

严格控制工业园区的准入条件，加强环境监管。空间布局以工业园区为重点，加强园区及周边区域企业的集聚效应。

（2）二级区监管对策

二级风险区大部分处于河谷平原和低山区域，以草地和农田生态系统为主，生态系统敏感性较高。

二级风险区主要环境问题及风险类型表现为水环境污染；草场退化：湿地萎缩或丧失；多数煤炭资源分布区，矿产开采引发风险可能性较高。

伊犁河谷农业分布主要在河谷平原区，保护河谷区的基本农田，对河岸带区域的农田实行退耕还林，加强技术创新，推广节能技术和设施，节约农业灌溉用水量，保护伊犁河流域水资源量；加强农业生态公共设施建设，对农业生产废弃物和农村生活垃圾进行无害化、减量化和资源化处理，防止饮用水水源和农业面源污染。大力提倡发展生态农业、绿色农业、有机农业、循环农业，促进农业生产可持续发展。

对于草场退化管理体系全面实施草原生态保护补助奖励机制，深入开展基本草原划定工作，稳步推进退牧还草工作，实行最严格的草原保护措施。加强草原监管行政执法，严厉打击非法开垦、乱采滥挖等破坏草原的行为。以察布查尔县为重点，加强草原建设和保护，实施禁牧、休牧、轮牧等保护措施，推行以草定畜、围栏封育、划区轮牧，实现草畜平衡；以特克斯河为重点，加强河流两岸生态林建设和湿地恢复，对河流上游和源区的植被进行保护，防止人类过度砍伐和干扰。转变传统畜牧业生产方式，实行禁牧休牧，推行舍饲圈养，以草定畜，严格控制载畜量，限制或禁止过度放牧、开垦草地等行为。加强尼勒克县等区域的草场管理，制定草场的轮休放牧制度，防止草场退化和土地荒漠化。

在煤炭资源开发的发展过程中，应尽量减少占地，加强未利用地的开发利用，减少在开发利用过程中的人类扰动，减轻对区域动植物和生态系统的影响，保持区域生物多样性，加强开发过程中的生态环境保护。此外，还应加强开发区域内的绿化，制订相应的生态综合整治方案。建议在行业调研的基础上，设定伊犁地区煤化工项目煤耗、水耗、能耗、碳排放等环保控制性指标。对先进煤化工技术进行选择性引导，推进伊犁河谷煤化工产业清洁生产水平的持续改进。

以工业园区为集聚点，以点集聚和轴带集聚的工业发展模式为主，根据工业企业类型，引导其空间分布和迁移，打造各工业园区的主导产业类型和龙头企业，以此带动周边区域工业的发展。同时维护周边区域的环境保护，对小型企业进行合并，取缔违法排污企业，减少水环境污染风险。

结合城镇发展规划，合理规划城镇发展规模与布局，防止城镇的无序扩张。建立、完善生活污水处理、生活垃圾无害化处理、供排水、集中供热等城镇公共设施。

严格控制建设新的风险源，禁止引入新的敏感受体。对较高风险企业进行环境风险评估，建立全面监控体系。强化风险源的风险防范和监管，安全生产监督部门对风险企业进行定期的安全检查。加大敏感受体的保护屏障建设，降低高敏感受体的威胁。加大建设风险预警和应急能力的力度，提高应急决策。

(3) 三级区监管对策

三级风险区海拔较高，以冰雪覆盖山区为主，人类干扰较少。三级风险区主要环境问题为草场退化。

针对三级风险区，应该建立生态补偿制度，对重要生态功能区和优良草场实行保护补偿；以划区休牧轮牧、封山禁牧为主要措施，进一步细化和落实草场保护与管理制度。

全面实施草原生态保护补助奖励机制，深入开展基本草原划定工作，稳步推进退牧还草工作，实行最严格的草原保护措施。加强草原监管行政执法，严厉打击非法开垦、乱采滥挖等破坏草原的行为。加大草原毒害草和病虫鼠害的生物治理，促进生态环境进一步改善。

9.2.4　风险应急体系

(1) 建立生态环境风险应急救援体系

组建生态环境风险应急“指挥领导小组”，由政府、园区管委会，环保、安全、城建等部门领导及相关企业负责人组成。以“指挥领导小组”为核心，建立政府、企业、应急救援中心，三级联动的救援管理体系，见图 9-2。

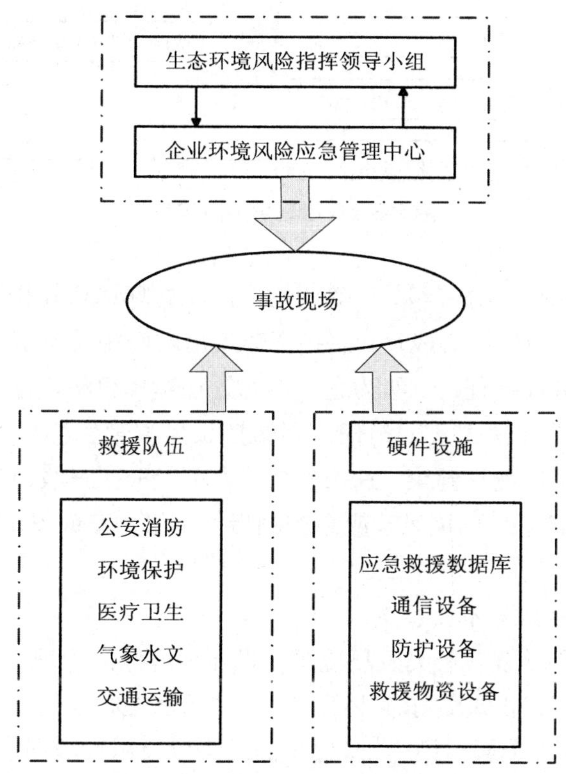

图 9-2　风险应急救援体系

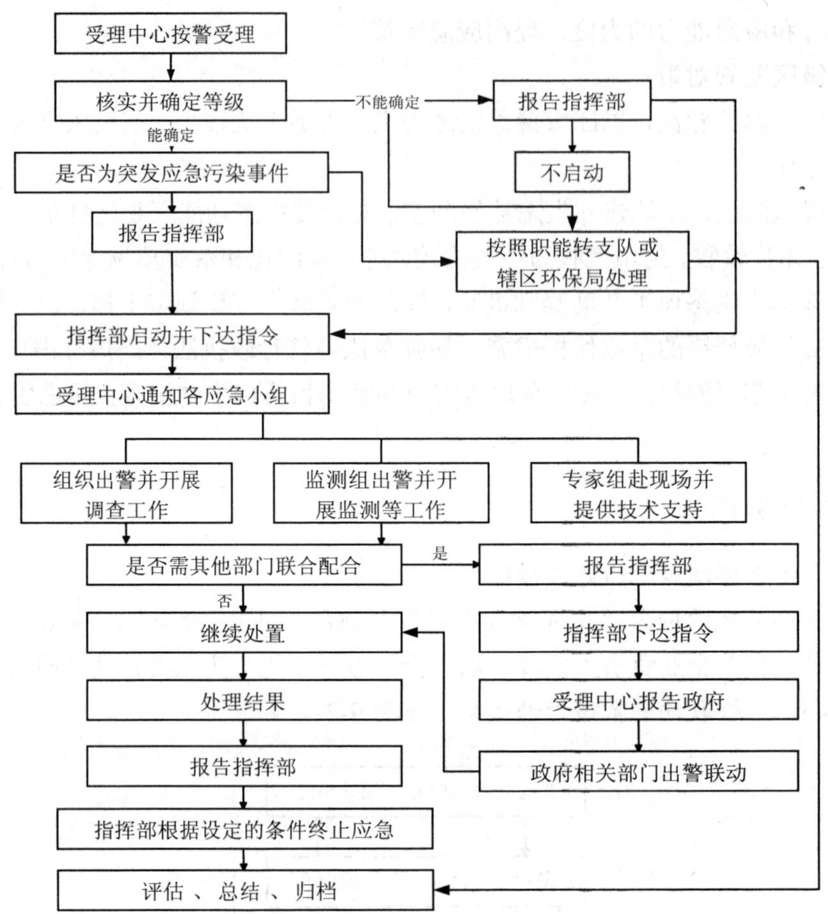

图 9-3 风险应急响应流程

环境风险应急组织机构分三级：一级为相应的生态环境风险指挥领导小组，小组包括总指挥、副总指挥和指挥中心成员。总指挥建议由政府相关负责人和所在地方政府分管安全环保的负责人共同担任；二级为企业应急管理指挥机构，各企业环境风险应急控制指挥部指挥长由各企业法人代表担任，副指挥长由主管生产和安全环保的副厂长担任，成员由各企业安全环境与健康（HSE）全体人员组成；三级为各企业车间应急管理指挥机构，即企业下属车间。环境风险应急控制指挥小组由车间安全、环境与健康（HSE）领导小组成员组成，车间主任任组长。

（2）妥善处置各类突发环境事件

环保部门要将妥善处置各类突发环境事件摆在环境应急管理工作的首要位置。在伊犁州政府的统一领导下，积极做好以下工作：一要依法履行职责。对突发环境事件，特别是涉及饮用水污染、重金属污染、危险化学品污染以及由环境问题引发的群体性事件，要第一时间报告、第一时间赶赴现场、第一时间开展监测、第一时间向社会发布信息，迅速查明原因并采取有效措施，控制事态发展，最大限度地减轻事件造成的危害。二要严格信息报送。认真执行《环境保护行政主管部门突发环境事件信息报告办法（修订稿）》，确保信息报告及时、畅通、有效，坚决杜绝迟报、漏报、瞒报、谎报现象。环境保护部将按照《突发环境事件信息报告情况通报办法》的规定，加强督促指导。三要依法开展调查和责任追究。要与监察部研究制定专门的责任追究办法，特大环境事件由环境保护部与监察部调查处理，重大环境事件由省级环保部门与监察部门调查处理，较大环境事件由市县级环保部门与监察部门调查处理。要对照环境应急全过程管理的要求，逐一调查并追究责任，切实做到“事件原因没有查清不放过，事件责任者没有严肃处理不放过，整改措施没有落实不放过”。

（3）深化重点领域、重点行业环境风险防控工作

加强环境风险监控的技术支撑，在巩固已有工作的基础上，突出抓好 4 方面工作：一要完成重点行业企业环境风险及化学品检查工作。深入分析企业环境风险检查质量核查中发现的问题并及时整改，认真开展数据分析汇总，及时完成检查报告和技术报告。二要推进饮用水环境安全保障工作。根据《集中式地表饮用水水源地环境应急管理工作指南》，组织开展饮用水水源地预警工作，在伊犁河、特克斯河、巩乃斯河和喀什河等的重点饮用水水源地建设预警设备。结合伊犁河谷地区实际，认真贯彻落实指南要求，确保饮用水水源地的水质安全。三要深化尾矿库环境应急管理工作。按照《尾矿库环境应急管理工作指南》的要求，开展示范工作。四要加强化工园区环境应急管理工作。制定《化工园区环境应急管理指南》，并选取伊南工业园区、新源工业园、尼勒克工业园重点化工园区进行试点。不同工业园区结合实际，先行先试，积极探索化工园区环境应急管理的方式方法。

（4）健全环境应急管理工作机制

一要完善内部应急管理工作机制。环评审查、审批和环保“三同时”验收时，要对环境风险防范提出明确要求；积极开展应急状态下环境标准、监测规范的研究，为应急管理提供科学可靠的支撑；日常执法监督要把应急管理作为重要内容，督促企业切实落实环境风险防范治理措施；在应对突发环境事件中，环境应急、监测、环境监察、宣教等部门要各司其职，各履其责，密切配合，形成合力。

二要完善外部应急联动机制。积极推动与交通运输、公安消防等部门建立应急协作机制，切实提高综合应对效能。进一步落实《环境保护部 国家安全生产监督管理总局关于建立应急联动工作机制的协议》和《关于建立健全环境保护和安全监管部门应急联动工作机制的通知》的相关要求，主动与安监部门开展更具实质性的联动合作。

（5）强化环境应急管理能力建设

制定环境应急管理能力建设规划，选择伊宁市作为试点地区，开展市、县级环境应急能力标准化示范建设。积极开展环境应急管理能力建设，环保部门可以积极探索不同特征区域的能力建设实施办法。

做好各项基础性工作。全面提升应急管理的信息化水平。探索建立区域应急物资信息库，督促指导风险较高的工业园区建立应急物资储备，提高区域应急响应能力。开展铬、镉、溢油、农药等应急处置技术研究，为研发高效、集成的应急处置设备奠定基础。组织开展应急培训，不断提高应急管理工作水平。

第 10 章　农牧区环境整合整治技术

10.1　农牧区生活污水处理技术

10.1.1　生活污水排放特点

（1）污水排放量

新疆大部分村庄居民主要使用旱厕，没有淋浴设施，无入户下水管网。近年来，随着新农村建设的推进和“富民安居”“定居兴牧”“中心村建设”等农村建设项目的开展，部分经济条件好的村庄的家庭也具有冲水马桶、洗衣机、淋浴间等卫生设施，入户下水管网建设完备，接近城市居民的用水习惯。

通过用水量调查，有自来水入户的农村人均用水在 60～120 L/d。通过类比调查，农村污水收集率在 0.4～0.8（本书取 0.6），人均污水排放量为 30～80 L/d。

（2）污水水质

农村居民的排水水质因经济条件、生活习惯等不同而差异较大，总体来说，农村排水具有排水量少、污染成分简单、污染物浓度较低等特点，具体见表 10-1。

表 10-1　西北地区与新疆维吾尔自治区小城镇生活污水水质参考值对比　　单位：mg/L

地区	COD	BOD_5	SS	NH_4^+-N	TP	pH
西北地区农村生活污水水质参考	100～400	50～300	100～300	3～50	1～6	6.5～8.5
新疆阿勒泰富蕴县城镇生活污水水质	177.2	55.6	192	36.5	4.19	7.44
新疆鄯善县城镇生活污水水质	323.29	119.32	97.53	40.93	3.28	7.52

10.1.2　生活污水收集处置技术模式

（1）农牧区污水收集处置技术模式

根据新疆的地形地貌特征，农牧民主要集中分布在塔里木盆地、准噶尔盆地边缘以及伊犁河谷区域的绿洲范围内，根据农牧区集中分布特点以及区域地形条件，各区域范围内因地制宜分别采用城乡统筹集中收集处置、分散型集中收集处置、一体化装置收集处置等模式进行污水收集处理。

1）城乡统筹处置

该技术是指将农户污水经排污管道收集后，统一接入邻近市政排污管网，利用城镇污水处理系统进行统一处理。该污水处理方案不需要在村庄建设新的污水处理系统。

污水管道尽量考虑自流排水，依据地形坡度铺设，坡度不小于 0.3%。当污水收集系统不能实现全程重力自流时，可在需要提升的管渠段建污水泵站。泵站的位置应尽量靠近污水处理设施。泵站集水池可利用现有坑塘，集水池坡地向集水坑的坡度不宜小于10%。

该模式适用于城镇周边、距离市政污水管网较近（一般 5 km 以内）、符合高程接入要求的村庄污水处理。

2）分散型集中收集处置

由于农村居住分散，集中住宅片区规模较小，且相隔距离较远，不适宜大规模集中收集处置，只能根据地形条件，收集一处、处理一处。该模式适用于经济条件较好、人口相对集中的村庄。尤其是“富民安居”“定居兴牧”“中心村建设”等住宅集中建设的农牧区域。

污水输送可采用管道、边沟、自然沟渠以及农田排碱渠进行输送。对于处理后的污水，可用于绿化灌溉、生态用水以及排入荒漠戈壁等非环境敏感区域，不得直接排入地表水体。

集中收集处置模式根据村庄自然特点、污水排放量、环境敏感程度等可采用改良化粪池、净化沼气池、稳定塘、人工湿地、土地处理等技术。

3）一体化装置处置

该模式主要针对环境敏感区域，污水排放规模较小的度假村、旅游景区、村民住宅等。由于环境敏感，对污水排放有一定的出水要求，而污水排放量又较少，不适宜集中处置，只能采用单户或多户分散处置。

该模式适用于土地面积有限、出水水质要求较高的水源涵养区、重点流域及其他环境敏感区域的旅游景区、度假村和排放量较少的村民住宅等。冬季温度较低区域需采取保温措施，多采用地埋式。

（2）分散性污水集中收集处置技术

新疆农业、牧业村庄主要位于绿洲内，呈点状分布，主要分布在两大盆地的冲洪积扇、冲洪积平原、河谷平原等，而新疆典型的“三山夹两盆”的地形地貌特征导致分布在两大盆地内洪积扇平原区的农牧区环境特征差异明显，因此农牧区生活污水处理技术模式的筛选按照新疆南部、新疆东部和新疆北部区域分别论述。

1）新疆南部、新疆东部区域

新疆南部和田、喀什等地区，是新疆少数民族人口聚集区，人口密度高达 620 人/km^2。

该区域农村生活污染集中且生态环境脆弱，经济发展缓慢，农业生产以林果业和棉花为主，生活水平低下，人均总收入低于 6 000 元，家庭人均纯收入低于 3 000 元，而且部分县 —— 乌什县、柯坪县、尼勒克县均为国家级贫困县，农牧民生活水平低下，故新疆南部农牧区生活污水处理模式的选择应重点考虑经济指标，确保污水处理设施的建设运行不会对当地农牧民生活造成负担，适宜采用投资和运行费用都低的环保设施。

新疆东部主要包括吐鲁番、哈密两地，人均总收入约 10 000 元，人均纯收入约 6 000 元，人均生活水平比新疆南部好，但区域隔壁荒漠面积大，降水量明显低于新疆北部、新疆南部区域，为新疆最少雨区域，而蒸发量明显比其他区域大，因此农村污水处置工艺的选择以回用和帮助恢复生态环境为主。

根据上述污水处理技术综合性能评价，新疆南部、新疆东部区域宜选择经济性能评价结果较好的生态污水处理技术，包括化粪池、净化沼气池、生物稳定塘、人工湿地等技术模式，具体见表 10-2。

表 10-2　新疆南部、新疆东部农牧区生活污水处理技术推荐模式

区域	工艺组合模式	出水标准	备注
新疆南部、新疆东部	化粪池/沼气池+稳定塘	满足《农田灌溉水质标准》（GB 5084—2005）旱作标准	适用于经济条件落后、且有废弃土地或坑塘的小规模污水处理，出水可用于区域绿化
	化粪池/沼气池+稳定塘+土地渗滤	满足《农田灌溉水质标准》（GB 5084—2005）旱作标准	适用于地下水位埋深较深、有空闲土地且环境不敏感区域，生活污水集中收集后可采用改良化粪池/厌氧生物膜法处理后排入荒漠戈壁经过地表漫流、下渗土壤渗滤等达到处理净化作用

①单一化粪池（改良化粪池）处理。该技术适用于位于戈壁荒漠边缘、地下水位较深、排水区域无地表水系且污水排放量较少的环境敏感性较弱的农村地区，处理后废水用于灌溉绿化、荒漠生态用水。由于该技术处理效果有限，建议经济基础较差的偏远村庄使用。

②净化沼气池。该技术适用于单户、相近几户、单村集中型污水处理设施的预处理或单独使用，对于有蔬菜种植、果林种植等产业的农户，利用沼气池形成适合不同产业结构的沼气利用模式。例如可以将沼气净化池设在厕所下，粪便污水由沼气净化池处理，所产生的沼气作生活燃料（产气量不大时也可以不利用），废液、沼渣作为周围环境绿化及种菜的有机肥料，消除污染。

该技术受温度影响明显，区域温度≥10℃的天数为 150 d 以上的为适宜区，如果冬季气温过低，还需采取增温设施；120 d 以下为不适宜区，不建议采用此技术。

③生物稳定塘。该工艺适用于水资源短缺、规模较小且拥有自然池塘或闲置沟渠地形的村庄。出水可用于农田灌溉、绿化、生态用水或储存于坑洼之地回用等，可单村集中或者连片集中建设。

因氧化塘兼有储水的功能，适用于居住相对集中、规模稍大的农村区域，如“富民安居”“定居兴牧”的农牧团场连队。

④生物稳定塘+土地渗滤。该模式适用于地下水位埋深较深、有空闲土地且环境不敏感区域，生活污水集中收集经稳定塘处理后排入荒漠戈壁经过地表漫流、下渗土壤渗滤等达到处理净化作用。

采用土地渗滤技术易污染土壤和地下水，根据新疆自然环境特征以及地下水埋藏、分布规律，该技术较适用于盆地边缘以及荒漠戈壁边缘的农牧区和团场连队。

2）新疆北部区域

新疆北部伊犁、阿勒泰、塔城地区等气候相对湿润，是新疆重要的粮食、糖料和畜牧产品生产基地，是发展农区畜牧业的重点地区，沿天山北坡呈带状分布的乌鲁木齐、克拉玛依一线，是新疆主要经济带，城镇居民生活水平较高，农村人均收到达到 15 000 元以上。该区域生态环境较好，环境敏感性较高，污水处理技术的选择在考虑当地经济状况的前提下，应采用污水处理效果好的技术。根据上述污水处理技术综合性能评价，综合性能评价结果较好的技术除化粪池、生物稳定塘、土地渗滤以外，结合当地自然条件，还可采有人工湿地。另外，新疆北部区域温差大，冬季平均温度均在−17℃以下，需要采用暖棚等保温措施来确保设施污水处理效果，具体见表 10-3。

生物稳定塘+人工湿地。该模式适用于降水较多、易造人工湿地、土地面积相对丰富且出水水质要求较高的农村地区，像伊犁河谷、额尔齐斯河流域等地。

表 10-3 新疆北部农牧区生活污水处理技术推荐模式

区域	工艺组合模式	出水标准	备注
新疆北部	沼气池+人工湿地	满足《城镇污水处理厂污染物排放标准》（GB 18918—2002）二级标准	适用于气候条件适宜、经济欠发达、土地面积相对丰富、管理水平不高的农牧区
	沼气池+稳定塘+人工湿地	满足《城镇污水处理厂污染物排放标准》（GB 18918—2002）一级 B 标准	适用于有闲置荒地、废弃河塘的村庄，尤其是水资源缺乏、生态环境需要改善、对氮磷去除要求不高的农牧区，如天山北坡经济带区域的乌苏、奎屯以及吉木萨尔等地
	沼气池+接触氧化池/渠+人工湿地	满足《城镇污水处理厂污染物排放标准》（GB 18918—2002）一级 A 标准	适用于有自然沟渠、土地面积丰富且对出水氮、磷要求严格区域，如伊犁河谷和额尔齐斯河河谷、水环境特征较敏感的区域
	沼气池+稳定塘+土地渗滤	满足《城镇污水处理厂污染物排放标准》（GB 18918—2002）三级标准	适用于新疆北部环准噶尔盆地边缘，地下水位埋深较深，缺乏地表径流，水资源匮乏，植被覆盖度低，农村生活污水处理与改善当地生态环境相结合，同时不会对地下水环境造成污染

新疆分散型农牧区生活污水收集处置模式具体见表 10-4。

表 10-4　分散型农牧区生活污水收集处置模式

区域	适宜技术	适用范围
新疆南部、新疆东部	单一化粪池（改良化粪池）	位于戈壁荒漠边缘、地下水位较深、排水区域无地表水系且污水排放量较少的环境敏感性较弱的农村地区，处理后废水用于灌溉绿化、荒漠生态用水。由于该技术处理效果有限，建议经济基础较差的偏远村庄使用
	净化沼气池	适用于单户、相近几户、单村集中型污水处理设施的预处理或单独使用。由于该技术受温度影响明显，区域温度≥10℃的天数为 150 d 以上的为适宜区，如果冬季气温过低，还需采取增温设施；120 d 以下为不适宜区，不建议采用此技术
	稳定塘	适用于水资源短缺、规模较小且拥有自然池塘或闲置沟渠地形的村庄。出水可用绿化、生态用水或储存于坑洼之地回用等。 因氧化塘兼有储水的功能，适用于居住相对集中、规模稍大的农村区域，如“富民安居”“定居兴牧”的农牧团场连队
	稳定塘+土地渗滤	适用于塔里木盆地边缘，地下水位埋深较深、有空闲土地且环境不敏感荒漠戈壁边缘的农牧区
新疆北部	单一化粪池（改良化粪池）	位于戈壁荒漠边缘、地下水位较深、排水区域无地表水系，且污水排放量较少的环境敏感性较弱的农村地区，处理后废水用于灌溉绿化、荒漠生态用水。由于该技术处理效果有限，建议经济基础较差的偏远村庄使用
	稳定塘	适用于水资源短缺、规模较小且拥有自然池塘或闲置沟渠地形的村庄。出水可用绿化、生态用水或储存于坑洼之地回用等
	稳定塘+人工湿地	该模式适用于降水较多、易造人工湿地、土地面积相对丰富且出水水质要求较高的农村地区，像伊犁河谷、额尔齐斯河流域等地
	稳定塘+土地渗滤	适用于环准噶尔盆地边缘，地下水位埋深较深，缺乏地表径流荒漠戈壁边缘的农村区域
地表水源区、地下水源区、风景或人文旅游区、重点流域等环境敏感区	一体化装置收集处置［通常采用序批式活性污泥法（SBR）、膜生物反应器（MBR）、周期循环活性污泥法（CASS）等工艺］	适用于土地面积有限、出水水质要求较高的水源涵养区、重点流域及其他环境敏感区域的旅游景区、度假村和排放量较少的村民住宅等。冬季温度较低区域需采取保温措施，多采用地埋式
新疆生产建设兵团处置模式	稳定塘、稳定塘+土地渗滤	适用于塔里木盆地、准噶尔盆地边缘，地下水位埋深较深、有空闲土地且环境不敏感的团场

10.1.3 生活污水处理设施运营管理

国外治理农村污水的成功，得益于完整的分散型污水政策体系、多方位的运营体系和保障得力的资金支持体系，而这些经验对我国的农村污水治理具有一定的借鉴作用。美国环保局自 2002 年以来发布了一系列关于分散式污水处理和管理的指导性文件，加强对农村污水的治理，其中美国环保局提出的 5 种管理模式为各地州提供了很好的指导框架：一是户主自觉制，适用于传统分散式系统的低环境敏感度地区，由户主负责系统的维护和保养，相关部门会定期为户主寄去保养提示及注意事项；二是保养合约制，它针对低渗透性土壤等低度到中度环境敏感地区，由具有资质的技工和户主签订保养合约，并对系统提供保养服务；三是操作准许制，适用于水源保护区等中度环境敏感地区，对户主签发限期的操作准许证，在分散处理系统尚符合要求的条件下，操作准许证可续签；四是管理实体操作和保养制，它针对特殊价值水资源保护区等高度环境敏感地区，把对系统操作的准许证签发给负责管理的实体，以保证系统得到及时的保养；五是管理实体所有权制，它针对极高环境敏感度地区，有管理实体拥有、操作并保养处理系统。

目前，国内针对农村生活污水的污染控制工作主要结合新农村建设开展。新农村建设过程中农村生活污水的运营管理模式目前都还处于摸索阶段，各省市结合本地特征，分别采用不同的建设运营管理模式，如北京地区，乡镇集中污水处理厂的运行管理责任主体包括乡镇政府、乡镇或流域水务站、开发区管委会、企业、事业单位等，而污水处理运行费主要来自排污收费、区县财政和乡镇自筹；村级公共污水处理设施的责任主体主要是村委会，污水处理运行费主要由村民集体承担；民俗旅游、餐饮点的污水处理设施的责任主体是企业经营业主。重庆市农村地区的污水处理设施的运行管理主体包括两类情况：一是由当地区县环保局下属机构成立独立法人的公司全面负责辖区内所有污水处理厂的运行，同时移交处理设施的责任主体（如重庆市江津区）；二是由当地区县环保局委托环保公司负责辖区内所有污水处理厂的运行，处理设施的责任主体依然为当地环保局（如重庆市渝北区）。

结合新疆实际情况，农村地区的环境保护工作基本处于一片空白，在农村生活污水控制方面还存在一定的缺陷，如立法不足、管理缺失、缺少资金等。下面提出 3 种适合新疆实际情况的运营管理模式。

（1）**政府管理**

对于城乡统筹一体化处置的处理设施的运行管理，由市或县级政府设立专职机构负责设施的运行管理。可通过城建、环卫部门或市场化的企业管理等负责生活污水处理设施运营管理工作。费用可由村民承担，不足部分由政府补贴。

（2）**乡镇或村委会管理**

对于采用分散收集处置模式的村庄，乡镇或村委会，可通过成立环保工作站或使用公益性岗位，安排专人负责设施的运行管理，费用可由村民承担，不足部分可申请政府补助。

（3）村民自行管理

采用一体化处置装置的村庄如果位于环境敏感区域，又没有管委会的情况下，可推选一名热心村民关注设备运行，发现问题及时与设备售后取得联系，保障设施的正常运营。费用由村民和政府共同承担。

10.2 农牧区生活垃圾处置技术

10.2.1 生活垃圾排放特点及收集处置现状

（1）垃圾组分及排放特点

垃圾组分在一定程度上反映了一个区域的生活方式及生活水平。由于新疆冬季寒冷，采暖期长，区域经济发展水平较低，农村燃气、液化气普及率较低，故生活垃圾中煤灰、渣土含量较多，而且冬季排放量大于夏季。夏季果皮含量大，故垃圾含水率高。

随着人民生活水平逐步提高，垃圾成分中除日常生活垃圾外，包装废弃物、一次性用品废弃物、废旧衣物等明显增加，尤其是废旧日用电器、电池、光盘、玩具等在生活垃圾中的比例逐年增加。

通过城市与乡镇生活垃圾组分调查对比分析：乌鲁木齐市作为新疆首府，属特大城市，其经济发展水平和居民消费水平较高，其生活垃圾组成与小城镇差异较大。垃圾组分为：有机物 40%～60%，无机物 25%～30%，含水率为 30%～40%，可回收成分 10%～25%，垃圾热值 3 500～5 000 kJ/kg。乡镇生活垃圾中：有机物 25%～30%，无机物 60%～65%，含水率 25%～30%，可回收成分 8%左右，垃圾热值 2 000～3 000 kJ/kg。

（2）垃圾收集处置现状

由于农村生活垃圾基本处于无集中收集处置状态，本书通过对城镇垃圾收集处置现状调查，吸取经验以供农村垃圾收集处置借鉴。

1）垃圾减量化和分类回收现状

目前新疆的垃圾减量化、资源化和分类回收仍处于起步阶段，虽然大部分垃圾收集都设置了垃圾分类收集设施，如分类收集桶、果皮箱等，但由于分类模糊、居民环保意识还相对薄弱、宣传管理力度不足等因素影响，垃圾在实际投放时并未完全分类。此外，由于新疆除乌鲁木齐市建有垃圾综合处理厂以外，其他各城镇均没有与分类收集设施配套的分类处理设施，即使个别地区能够实现分类收集，最终的处置手段仍然是统一填埋。

因此，现状垃圾中的回收物主要为一些可直接回收再利用的垃圾，如废纸、塑料瓶等，均由人工从源头的垃圾箱或垃圾房内捡出，分类回收率仅为 8%左右。

2）垃圾收运现状

目前城镇生活垃圾基本上采用混合收集和运输方式，垃圾收集、清运系统设施仍很落后，覆盖率较低。

现状清运设施主要有：垃圾压缩车、摆臂垃圾车、吊装式垃圾车、东风翻斗车、小四轮等。除个别县市设有垃圾压缩车外，其余城市、县城目前均采用摆臂垃圾车、吊装式垃圾车、东风翻斗车、小四轮等清运生活垃圾，许多建制镇的环卫部门甚至没有生活垃圾清运的专用车辆，而是由居民自行拉运，随意倾倒。

3）垃圾处理设施污染防治现状

城市已建成的生活垃圾卫生填埋场均为符合国家有关规范要求的无害化处理场，其设置了防渗系统、渗沥液收集系统、导气系统、监测系统等。由于新疆气候干旱，降水少，渗沥液处理除乌鲁木齐市外其他市区均采用了回喷填埋场蒸发的处理方式，通过对已运行的填埋场的调查，渗沥液产量及回喷处理效果与设计基本相符，未对周边环境造成影响。

县城目前生活垃圾处理仍然为简易填埋，简易填埋场未做任何防渗、导气等防护措施，此外现有部分垃圾集装箱和散装垃圾池容积较大（3～5 m^3），且均为敞口，在现状运力严重不足的情况下，生活垃圾难以做到日产日清，造成这些敞口垃圾收集点常常污水四溢、蚊蝇滋生、恶臭难闻，急需改善。

4）处置设施运行管理

从建成城市垃圾处理工程的城市看，垃圾处理厂大多已成为企业单位，依靠垃圾处理费收费自负盈亏，但垃圾清运单位仍是事业单位、企业管理并向居民收费，而且由于收费标准低，收费率不高，这些单位不能自负盈亏并且还要靠财政补贴。

通过测算城市生活垃圾单方处理总成本为 50～60 元，人均垃圾收费标准应为 3 元/月才能保证该项目的正常运营。目前新疆居民生活水平普遍较低，居民和企业对市政设施收费价格承受能力较差，导致城镇生活垃圾处理费收费标准相应偏低，垃圾费收缴率较低，城市在 50%左右，县城仅为 15%～30%，远不能满足城镇生活垃圾的清运和处理费用支出，因此垃圾处理开支主要靠财政补贴。

10.2.2 生活垃圾收集处置技术模式

（1）垃圾分类收集

农村生活垃圾处置的技术政策是鼓励生活垃圾分类收集，对金属、玻璃、塑料等垃圾进行回收利用；危险废物应单独收集处理处置。禁止农村垃圾随意丢弃、堆放、焚烧。

但目前，新疆除乌鲁木齐市建有垃圾综合处理厂以外，其他各城镇均没有与分类收集设施配套的分类处理设施，即使个别地区能够实现分类收集，最终的处置手段仍然是统一填埋。可直接回收再利用的垃圾主要为废纸、塑料瓶等，均由人工从源头的垃圾箱或垃圾房内捡出，回收率仅为 8%。

（2）垃圾转运

垃圾经相关管理人员收集到垃圾收集站后，通过预处理装箱、运输至城镇垃圾处理场与城镇垃圾一起处置或运至自行建设的简易填埋场进行集中处置。

垃圾收集站是距离垃圾处理场较远，是暂时储存垃圾的场所。根据新疆农村分布特点、经济现状及运营方式等情况，村级不适于建设压缩式垃圾转运站，可考虑单村转运或乡镇转运。收集站可根据具体情况建设活动式彩钢板垃圾房或与转运车相配套的集装箱等。转运集装箱规格不易过大，宜选则小规格、多数量，有利于垃圾收集。

（3）农牧区生活垃圾处置技术模式

1）纳入城镇垃圾处理系统

该模式是以建设垃圾收集、清运系统为重点，在行政村建设垃圾分类收集、清运系统，处理系统主要依托城镇现有处理处置设施，最终形成农村依托城市，不断向周边辐射的治理道路。

该模式原则上适用于处理城市周边 20～30 km、与城市间运输道路 60%以上具有县级以上公路的村庄，生活垃圾通过户分类、村收集、县或乡镇转运，纳入城镇垃圾处理系统。

垃圾分类收集以户为单位，收集、转运以村或乡镇为单位进行收集清运。垃圾处理场周边 5 km 以内的村庄垃圾直接收集转运进场，可每日 1 次。5 km 以外的村庄需建立垃圾收集站，可每日 1 次，也可 2～3 d 收集转运进场。

垃圾收集站以村为单位，且能够存储 2～3 d 产生的全部垃圾。收集站可以是活动式彩钢板垃圾房、与垃圾转运车相配套的垃圾集装箱或垃圾船等。

2）简易填埋处理

新疆由于蒸发量远大于降雨量，且绿洲多分布于山前冲洪积扇到沙漠、盆地边缘一带，这一带属地下水排泄区，环境敏感性较弱，再加上农村经济欠发达，故无力承担卫生填埋场建设费用，可考虑选取远离村民住宅的低洼地建设简易填埋场。

简易填埋原则上适用于布局分散、经济欠发达，且远离城镇 20～30 km 以上的村庄，可考虑在远离水源补给区、地下水位埋深较大的地方，建设简易填埋场，对无法回收利用的生活垃圾进行就地处理。

3）堆肥处理

考虑农村生活垃圾有机成分含量较低，不适宜垃圾单独堆肥处理，但针对建有堆肥设施的村庄或养殖小区，生活垃圾分拣后，有机成分可与禽畜粪便等联合堆肥处理。

4）兵团模式

兵团团场、连队住宅相对集中，规模较大，在自然、经济、技术等众多约束条件下，区域性综合处理将是农牧区垃圾处理发展的最优化模式，不但环境效益显著、而且使经济投入更加合理。

根据兵团农牧区的经济发展水平、职工文化素质以及团场职工居住集中程度等，建议实行卫生填埋或简易填埋。同时，在控制垃圾污染的前提下，积极推广资源回收、分类收集，源头控制，最终达到减量化、资源化、无害化的目标，这样才能实现可持续发展。

农牧区生活垃圾收集处置模式具体见表 10-5。

表 10-5 农牧区生活垃圾收集处置模式

适用模式	适宜技术	技术要点	适用范围
纳入城镇垃圾处理系统	利用城镇现有垃圾处置设施	在行政村建设垃圾分类收集、清运系统，处理系统主要依托城镇现有处理处置设施，最终形成农村依托城市，不断向周边辐射的治理道路	该模式原则上适用于具备垃圾处理处置设施的城镇周边 20 km 范围以内的农村，生活垃圾通过户分类、村收集、县或乡镇转运，纳入城镇垃圾处理系统
简易填埋	简易填埋处理	填埋处理场宜选择远离村民住宅，在村庄主导风向下风向，且应避免占用农田、林地等农业生产用地，地下水位低并有不渗水黏土层的坑地或洼地	分散型集中处理模式适用于布局分散、经济欠发达，且远离城镇 20～30 km 以外的村庄，可考虑在远离水源补给区、地下水位埋深较大的地方
堆肥处理	堆肥处理	生活垃圾分拣后，有机成分可与禽畜粪便等联合堆肥处理，其余成分可简易填埋	适用于建有禽畜粪便堆肥设施的村庄，不提倡生活垃圾单独堆肥处理
兵团处置模式	卫生填埋或简易填埋	填埋场建设要达到相应的标准要求	根据团场连队经济条件和所处的地理位置选择卫生填埋或简易填埋

10.2.3 生活垃圾收集处置运营管理模式

农村经济欠发达，农民收入较低，政府出资建设好垃圾收集、转运设施后，如果没有后续运营管理的保障措施，就会变成一次性投入。根据各地不同情况，垃圾处置设施的运营管理，有以下几种模式：

(1) 纳入城镇环卫系统统一管理

该模式适用于城乡一体化处理模式的村庄。

垃圾分类由村民各户自行完成，集中收集、转运及处置由城镇环卫系统承担，收缴部分垃圾处理费，不足部分由县政府补贴。

以日本为例，垃圾要求严格分类收集、分类处理。农民根据当地政府的规定，在每周固定的时间用标准的垃圾袋摆放在固定的地点，以便回收部门分别处理和再利用。日本对于生活垃圾处理的投资采取多元化的方式，引入市场机制，国家在政策、技术和资金方面提供很多优惠和支持，积极鼓励私人企业投入垃圾产业，从而减轻国家财政和管理的负担。

喀什地区疏附县依拉库村属于城郊乡村，垃圾清运处理由县城市管理局负责日常运营和管理，制定了垃圾清运设备的日常运行、维护、管理制度，确保项目长期正常运行。

乌鲁木齐县水溪沟镇、板房沟乡的环境连片整治村庄垃圾清运设施及处置由乌鲁木齐县环卫系统承担，费用由县财政补贴。

（2）**乡镇管理**

该模式是乡镇成立环保工作站，负责农村环境保护设施的运营管理。

村民承担一定费用或乡镇通过使用公益性岗位，调动低保户投工投劳、出租垃圾转运车辆等形式确保项目运营，不足部分由乡镇补贴。

以美国为例，生活垃圾由专门从事废弃物收集处理的公司承包运作。村委会将垃圾处理的工作承包给专门的垃圾清理公司，由清运公司负责各家各户的垃圾清运工作，每周对各家各户的垃圾清理一次，收取一定费用。这些公司多是些家庭公司，规模都很小，公司的员工多为当地的农民。尽管美国的农村比中国的农村居住的更分散，但是垃圾公司会深入到每一个角落，彻底清除村庄内的垃圾。这样既使农村生活垃圾得到了处理，同时也为村民提供了一定的就业机会。

和田地区部分村庄因地制宜将普通垃圾车改装成垃圾收集、洒水、撒农药、消防等多用途车，一车多用，降低了成本同时也保障了部分垃圾收集项目的运营费用。

和田地区每个乡镇申请 3～7 名公益性岗位和低保户人员专门承担垃圾清运工作，日常运行费用以村民个人承担为主，不足部分由乡镇补贴。

10.3　农牧区禽畜粪便资源化利用技术

10.3.1　畜禽养殖业污染排放及治理现状

（1）**畜禽养殖业污染排放现状**

根据新疆维吾尔自治区 2011 年污染源普查：2010 年新疆规模化畜禽养殖单位 COD、NH_3-N、TN、TP 排放量分别为 30.08 万 t、0.84 万 t、11.86 万 t、1.05 万 t，分别占新疆排放总量的 52.9%、20.7%、69.1%、77.2%。其中，生猪、奶牛、肉牛、蛋鸡、肉鸡的 COD 排放量分别为 2.37 万 t、14.91 万 t、11.44 万 t、0.65 万 t、0.71 万 t，占畜禽养殖排放量的 7.9%、49.6%、38.0%、2.2%、2.3%，畜禽养殖污染以奶牛和肉牛为主。污染物排放区域差异明显，昌吉、喀什、伊犁、塔城 4 个地州的畜禽养殖 COD 排放量占新疆的 68%以上，克拉玛依、吐鲁番、博州、克州、和田 5 个地州市的排放量相对较小，合计仅占新疆的 8.8%左右。

（2）**畜禽养殖污染治理现状及存在问题**

根据污染源普查数据，规模化畜禽养殖现有治理措施类型包括清粪方式（垫草垫料、干清粪、水冲粪）、粪便处理方式（堆肥后直接还田、生产有机肥、生产沼气、无处理）、尿液/污水处理方式（化粪池+灌溉、无处理）。

2010 年新疆规模化养殖场（小区）干清粪方式所占比例为 92.1%，水冲粪方式为 1.4%，垫草垫料方式为 6.5%。从现场调查情况来看，部分干清粪方式的养殖场实际是采用了干/湿结合的清粪方式，干湿分离不够彻底，并未实施真正的干清粪方式。畜禽粪便处理方式中 89.5%为农业利用，5.4%为生产有机肥，1.2%为生产沼气，仍有 3.9%的粪便没有得到处理。尿液/污水处理方式中有 73.0%为农业利用，采取工程治理方式的比例仅为 3.8%，仍有 23.2%的污水没有得到处理。

1）污染物处理率低

根据新疆规模化畜禽养殖现场调研情况，畜禽养殖污染处理效率偏低。超过 80%的养殖场未对畜禽粪便进行任何处理，在堆场自然干化后直接用于农田施肥。超过 90%的养殖场未对畜禽养殖尿液进行有效的收集和处理，大都随着收集池自然蒸发或渗入地下。仅有少数大型企业采用了畜禽粪尿产沼技术和有机肥加工技术，并有固定的粪便堆放场所，占规模化养殖场的 10%～15%。

根据《新疆污染源普查数据》（2011 年更新），2010 年规模化畜禽养殖场（小区）以及专业户的氨氮处理效率平均为 36%，COD 处理效率平均为 85%。这其中涉及农业源减排的有关污染物处理效率认定办法，其实际的处理效率应低于统计结果。

2）粪便利用途径单一

畜禽粪便利用途径中约有 90%为直接农田利用，未进行应有的无害化处理，而有机肥生产和沼气利用受到技术和资金的较大制约，投产率较低。

禽养殖废水受到运输条件的制约，综合利用存在一定的困难。有少数养殖场采用将养殖废水与农民浇灌水渠并网，在农民进行灌溉时可直接将废水接入自家灌渠内以进行综合利用，但仍存在冬季非灌期无法利用的问题。

3）环境监管滞后，适宜技术缺乏

长期以来，各级环保部门对农业环境的监督管理比较薄弱，目前新疆维吾尔自治区尚未出台针对畜禽养殖环境管理的专项文件。随着规模化畜禽养殖的不断发展壮大，现行的污染防治法规、政策已明显不能适应管理需求，畜禽养殖业的环境影响评价和“三同时”制度执行率低。

新疆气候、地理条件特殊，现有的一些畜禽养殖污染防治技术并不完全适宜，缺乏适用性技术研究，科技对畜禽养殖污染防治的支撑能力严重不足，无法满足畜禽养殖污染防治工作的需求。比如，畜禽粪尿联合产沼是大中型养殖场较为实用的废物循环利用技术，在利用沼气工程处理畜禽养殖污染过程中，由于缺少技术研究，没有考虑新疆冬季持续时间长，气候严寒的现状，因此导致部分沼气工程无法正常运行，甚至发生发酵罐、输液管道冻裂事故。

10.3.2 禽畜粪便资源化利用模式

新疆干旱少雨，蒸发量远大于降水量，水资源短缺；冬季严寒漫长，夏季高温炎热；

土地面积较大；经济发展较内地落后。这些自然环境和经济发展特点决定了新疆畜禽养殖污染治理技术有其自己的区域特性，例如，新疆干旱少雨、蒸发量大的天气比较适宜干清粪、自然干燥等技术；夏季高温炎热，有利于发酵堆肥；广阔的土地，便于消纳有机肥料；但寒冷漫长的冬季，不利于沼气发酵，设施设备需采取保温措施，增大了投资等。

总之，禽畜粪便污染防治应根据养殖种类、养殖规模、粪污收集方式、当地的自然地理环境条件以及废水排放去向等因素，合理确定畜禽养殖废弃物污染防治措施，优先考虑资源化综合利用。

目前，新疆对于畜禽养殖粪便的综合利用模式主要是有机肥利用和沼气建设。

(1) 有机肥利用

1）有机肥利用方式

①生产有机肥。采用好氧堆肥技术，用于有机肥生产。如新疆奇台县金奇种猪场、伊宁县红旗养殖场等通过对养猪过程中产生的粪便加工处理进行有机肥生产，不但实现了资源的再利用，而且增加了收入；有机肥生产企业通过购买养殖场的禽畜粪便专业生产有机肥销售，也取得了很好的经济效益。

②堆肥还田。将粪便自然堆肥后还田，这是目前专业养殖户的普遍做法。指养殖户将产生的畜禽粪便在堆放场进行自然发酵、干化后，直接用于还田的处理技术。最终的去向可以是养殖户自己的耕地或草场，也可以与附近的农民签订协议，以一定的价格供给农民作为肥料。

2）堆肥方式筛选

主要堆肥方式：自然堆肥法、太阳能塑料大棚式堆肥发酵法、长条形堆垛发酵、容器堆肥使用条件、优缺点可对不同情况下堆肥技术进行筛选。

①环境敏感性。所有堆肥技术均需考虑防渗漏措施，防止对地表水及地下水造成污染。对于距河流较近的村庄，其环境敏感，应首选容器堆肥法防止渗漏污染河流水源。

②畜禽养殖规模。对以农户散养为主，畜禽养殖规模小的村庄，可以采取自然堆肥。对畜禽养殖规模较大的有养殖小区及规模化养殖场可选取太阳能塑料大棚式堆肥发酵、长条形堆垛发酵。

具体堆肥技术筛选流程见图 10-1。

(2) 沼气建设

1）沼气建设技术

①新农村庭院沼气建设技术。该技术以农户为单元，在农户庭院内建牛羊养殖暖圈，暖圈地下建沼气池，沼气池上建生态厕所，将沼渣、沼液利用与种植业（大田、果园、蔬菜大棚）施肥相结合，带动改厨、改厕、改圈、改院，形成家庭微型生态系统。昌吉州奇台县半截沟镇腰站子村按照庭院沼气技术整村建设高标准庭院 100 套，使农户的生活用能改柴草为清洁的可再生能源，进一步提高农民的生活质量，改善居住环境，促进

乡村文明、村容整洁，加速社会主义新农村建设进程。该村集体经济综合实力连续 6 年全镇第一，已经成为全县新农村建设的样板，全州的新农村建设示范村，州级文明村、州级生态家园示范村。目前新疆已推广此技术 50 万户。沼气池容积与畜禽饲养量的关系见表 10-6，沼气池肥料生产与种植业生产的关系见表 10-7。

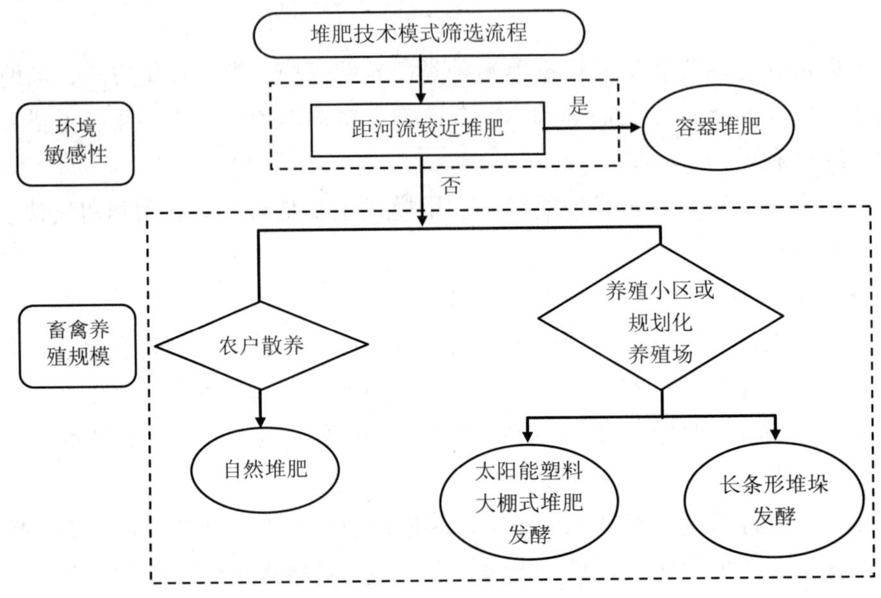

图 10-1　堆肥技术筛选

表 10-6　沼气池容积与畜禽饲养量的关系

项目	成鸡	成羊	成牛
日排粪量（鲜重）/（kg/只或头）	0.1	2	20
粪便总固体（TS）/%	30.0	31.4	17.0
粪便产气率/（m^3 kg/TS）	0.31	0.43	0.21
8 m^3 沼气池应饲养量/只（头）	222	10	3
10 m^3 沼气池应饲养量/只（头）	278	12	4
15 m^3 沼气池应饲养量/只（头）	418	20	6
20 m^3 沼气池应饲养量/只（头）	556	24	8
每只（头）畜禽占用面积（平养）/（m^3/头）	0.2	1.5	3.4

表 10-7　沼气池肥料生产与种植业生产的关系

池容/m^3	生产沼肥/（m^3/a）	匹配关系（单项、亩）		
		日光温室	果园	大田作物
8～10	15～18	0.5	3	5
15	20～25	1	4～5	8
20	30	2	8～10	10～15

②养殖小区小型沼气站集中供气技术。该技术以“一池三建”为建设单元，以养殖大户、村委会或合作社为项目建设主体，在人畜分离、实行小区集中养殖的村，以畜禽粪便污水为原料，建设小型沼气集中工程，向附近农户集中沼气。项目建设主体和供气农户之间签订具有约束性的契约协议，明确责权利关系，协商确定各参与方的投入资金、用气费用和运行管理方式，建立长效使用的约束机制。喀什市多来特巴格乡十六村、十八村各建设一座 100 m^3 小型沼气工程，村委会是建设主体，统一负责建设维护管理，为周边 90 户集中供气；阿克苏市依干其乡 16 大队沼气站集中供气工程发酵池容积 50 m^3，已为 27 户农户供气，吉木萨尔县大有乡泉水地村等小型沼气集中供气工程为设施农业基地集中供气，既可用沼气点灯做饭，又可用沼渣沼液施肥，减少农药化肥的开支，提高农产品的品质、产量、价格。目前新疆已建成此技术农村小型沼气站 168 个。

③规模化养殖场大中型沼气工程集中供气技术。此技术以规模化畜禽养殖场为基本单元，将养殖场大中型沼气工程与村镇社区、中心村、设施农业基地建设相结合，为企业和居民、种植业供应清洁燃料、绿色电力和优质肥料的多效的能肥建设技术，将使沼气工程摆脱传统供气、污染治理的概念范畴，提高沼气覆盖率、使用率、综合利用率，延长产业链条，发展循环农业，发挥气、热、电、肥等效益，目前新疆已竣工的 4 处大型沼气工程与在建的 35 处大型沼气工程全部采用集中供气技术设计，是“十二五”期间新疆实现“气化农村”总体目标的主导建设技术。

新疆生产建设兵团农十二师五一农场四连养殖场，采用厌氧消化升流式固体反应器工艺，产沼气 1 437 m^3/d（全部作为温室大棚、有机食品基地休闲区和居民生活），年产沼液 12 775 m^3，年产有机肥 4 836 t。具有良好的社会效益、间接经济效益和生态效益，可以作为新疆生产建设兵团养殖场废弃物综合利用及污染防治的示范。

④“种—养—沼”生态技术。该技术以 200～600 m^2 的日光温室为基本生产单元，在温室内部西侧、东侧或北侧建一座 20 m^2 的太阳能畜禽舍和一个 2 m^2 的厕所，畜禽舍下部为一个 6～10 m^3 的沼气池。利用塑料薄膜的透光和阻散性能及复合保温墙体结构，将日光能转化为热能，阻止热量及水分的散发，达到增温、保温的目的，使冬季日光温室内温度保持 10℃以上，此技术在新疆山区逆温带设施农业基地较为适用。以乌鲁木齐县板房沟乡，水西沟镇为中心的天山北坡逆温带设施农业基地结合农牧民生产实际，大面积推广集温室蔬菜生产、沼气池综合利用、畜禽养殖于一体的棚、圈、池相结合的生态农业，取得明显成效。目前新疆设施农业、养殖小区基地已大面积推广家庭养殖型温室沼气基地 82 个，规模达到 50 000 座，取得了显著的经济、能源和生态效益。

2）沼气技术筛选

根据不同地区的不同的气候特点为基础，严格按照新疆维吾尔自治区制定的功能布局、规划目标和建设标准符合本地新农村建设的总体规划要求，与“气化新疆”、畜牧养殖、农村环境整治规划衔接，沼气建设要与天然气入户工程规划相衔接，避免重复建设。科学把握投资结构，根据新农村的发展要求，确定户用沼气和集中供气的投资比例，宜户用则户用，宜集中供气则集中供气。制定以区域气候特点、能源供需情况、畜禽养殖规模为筛选条件的技术筛选流程。

区域气候特点：按照新疆各地气象资料，以全年≥10℃的天数为划分标准，新疆农村沼气可划分为沼气发展适宜区、次适宜区和不适宜区。新疆农牧区适用沼气区域划分见表 10-8。

表 10-8 新疆农牧区适用沼气区域划分

适宜区（重点发展地区）			次适宜区（配套增温设施）			非适宜区		
序号	县（市）	天数	序号	县（市）	天数	序号	县（市）	天数
1	乌苏	151	1	塔城	128	1	哈巴河	106
2	沙湾	154	2	裕民	128	2	吉木乃	99
3	克拉玛依	165	3	额敏	126	3	布尔津	109
4	呼图壁	154	4	扎里	120	4	福海	117
5	托克逊	189	5	霍城	140	5	阿勒泰	100
6	吐鲁番	193	6	察布查尔	139	6	富蕴	106
7	鄯善	160	7	伊宁市	136	7	青河	70
8	轮台	163	8	伊宁县	136	8	和丰	88
9	库尔勒	155	9	巩留	129	9	尼勒克	98
10	阿克苏	164	10	新源	144	10	昭苏	58
11	温宿	156	11	博乐	134	11	特克斯	104
12	新和	161	12	精河	146	12	温泉	97
13	沙雅	154	13	玛纳斯	129	13	奇台	107
14	库车	160	14	昌吉	130	14	木垒	115
15	柯坪	154	15	阜康	141	15	巴里坤	79
16	阿瓦提	151	16	吉木萨尔	140	16	伊吾	85
17	阿图什	188	17	乌鲁木齐市	148	17	乌恰	103
18	伽师	170	18	博湖	148	18	阿合奇	101
19	喀什	183	19	哈密市	134	19	塔县	38
20	疏附	183	20	和静	131	—	—	—
21	疏勒	183	21	焉耆	128	—	—	—
22	巴楚	167	22	和硕	121	—	—	—
23	岳普湖	167	23	尉犁	141	—	—	—
24	英吉沙	178	24	若羌	141	—	—	—
25	麦盖提	163	25	且末	135	—	—	—
26	莎车	175	26	乌什	132	—	—	—
27	叶城	186	27	拜城	131	—	—	—

适宜区（重点发展地区）			次适宜区（配套增温设施）			非适宜区		
序号	县（市）	天数	序号	县（市）	天数	序号	县（市）	天数
28	泽普	178	28	阿克陶	147	—	—	—
29	皮山	178	29	奎屯	138	—	—	—
30	策勒	181	—	—	—	—	—	—
31	墨玉	169	—	—	—	—	—	—
32	和田县	197	—	—	—	—	—	—
33	和田市	197	—	—	—	—	—	—
34	洛浦	156	—	—	—	—	—	—
35	民丰	170	—	—	—	—	—	—
36	于田	165	—	—	—	—	—	—

注：区域温度≥10℃的天数为 150 d 以上的为适宜区，120～150 d 为较适宜区，120 d 以下为不适宜区。

目前，新疆实施天然气富民工程，城镇近郊和天然气主管网经过的乡村要逐步实现天然气入户，已安装或将要安装天然气的乡村，考虑能源需求，农户散养小规模畜禽粪便处理方式建议以堆肥为主，不再新建户用沼气。

畜禽养殖规模：在适宜区，且未通入天然气的农户散养小规模畜禽粪便处理方式可选用户用沼气。适宜区及次适宜区内，牲畜存栏量为 500～10 000 头的村庄，建议新建中小型沼气工程；牲畜存栏量≥10 000 头的村庄，建议新建大型沼气工程。

具体沼气技术筛选流程见图 10-2。

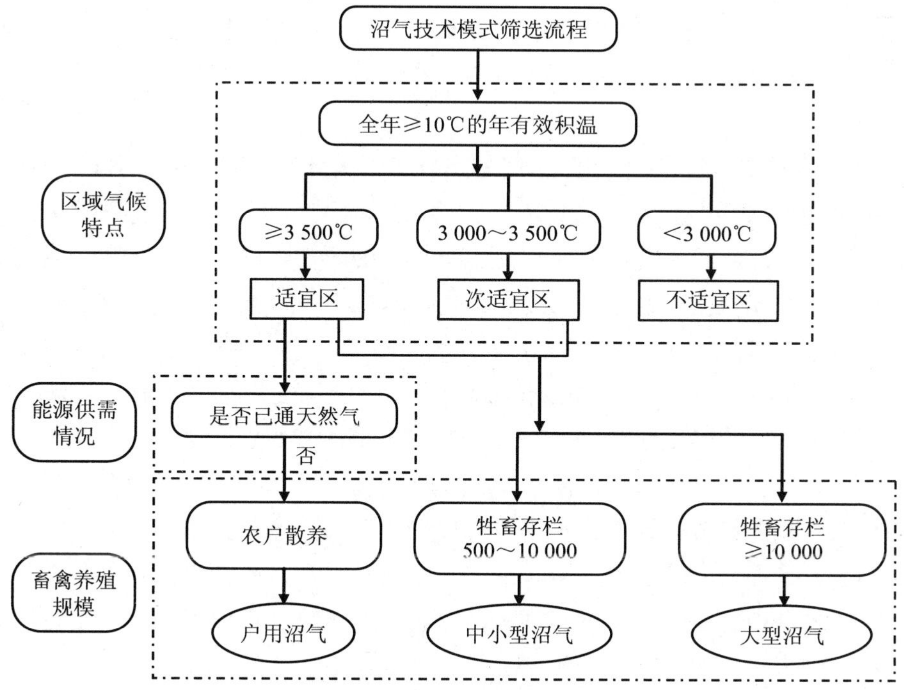

图 10-2　沼气技术筛选流程

(3) 新疆生产建设兵团禽畜粪便资源化利用模式

根据新疆生产建设兵团农牧业生产经营方式以及所处地理位置的环境状况，对于禽畜粪便资源化利用模式主要有：堆肥还田，其适用于散户和专业养殖户。大中型沼气工程，适用于规模化畜禽养殖场，进行能肥建设，具体见表 10-9。

表 10-9 农牧区畜禽粪便综合利用模式

适用模式	适宜技术	适用范围
堆肥	自然堆肥	专业养殖户
	生产有机肥	规模化养殖场或有机肥生产企业
沼气	户用沼气	适用于沼气建设适宜区（区域温度≥10℃的天数为 150 d 以上的为适宜区）
	小型沼气站	
	大中型沼气站	
	“种—养—沼”生态技术	适用于山区逆温带设施农业基地
新疆生产建设兵团模式	自然堆肥	专业养殖户
	有机肥厂或大中型沼气站	规模化养殖场或养殖小区

10.3.3 畜禽粪便收集处置管理模式

畜禽养殖环境污染问题是发达国家和发展中国家共同关心的问题。世界上许多发达国家和地区制定了相关的法律、法规或规定以遏制畜产公害事件的发生。如有关法律、法规规定了一个生产点的最高允许养畜头数；粪便和污水的贮存、处理和利用设施的建立；污水的排放去向；粪肥施入耕地的条件等，同时还制定了相应的处罚条例。通过法律制约（一般体现在水质保护、恶臭防治和废弃物处理几个方面）和严格的监管，会很快产生效果。

2001 年 5 月和 12 月，国家环保总局分别发布了《畜禽养殖污染防治管理办法》《畜禽养殖业污染物排放标准》和《畜禽养殖业污染防治技术规范》。对畜禽养殖的选址、污染防治、污染物排放、环境管理分别提出了相应的要求，逐步形成了我国畜禽养殖环境管理的技术和法律依据。在此基础上，2009 年、2010 年环保部又相继发布了《畜禽养殖业污染治理工程技术规范》和《畜禽养殖业污染防治技术政策》，对新时期畜禽养殖污染防治和环境管理提出了新的要求。此外，2014 年《畜禽养殖污染防治条例》出台，成为我国首个畜禽养殖污染防治的专项法律，将对畜禽养殖的污染预防、综合利用与治理、激励措施和法律责任提出明确的要求，基本可以满足当前畜禽养殖污染防治的需要。

一直以来，畜禽养殖业属农业和畜牧部门管理范畴，环保部门对畜禽养殖污染防治重视程度不够，管理力度较弱，环境管理能力不足。尽管目前国家出台了很多关于畜禽养殖污染防治的法律、法规、标准、规范，但农业、畜牧和环保部门之间管理职责不明确，缺乏相应的指导、沟通和协调机制，管理体制不顺，且基于认识、政策、资金、技术等多方面原因，我国的畜禽养殖业环境管理仍处于初级阶段。

（1）**县级沼气物业服务站管理模式**

此模式主要由县级农村能源主管部门牵头建立，负责对辖区内乡（镇）沼气物管站进行业务指导和监督管理，推动村级服务网点的服务水平，对沼气物资实行统一供应和调配为沼气用户提供业务指导、配件销售、维修管护、信息反馈等综合服务。目前，新疆 83 个项目县都已建立县级物业服务站。这种服务模式可以借助与政府的关系，确保经济收益；政府也可以通过政策对沼气行业实行宏观调控。今后发展方向是政府逐步退出管理，代之以市场化管理，逐步建管护分离，在拓展业务的同时，逐步向专业化发展，最终成为沼气物业管理企业实体。

（2）**乡（镇）农业服务中心管理模式**

此模式主要由乡镇农业服务中心在编工作人员兼任，负责项目乡镇沼气服务工作，以村级服务网点为平台，服务广大沼气户。物管员必须持有国家颁发职业资格证书。办公室由乡镇配备，财务上由乡镇统一管理，业务上由县级能源办管理，这种模式是新疆主导服务模式。此服务模式发展时间较长，相对比较成熟，适应性强，效果较好。目前新疆已建成乡村沼气服务站 1 037 个，服务面覆盖 60%的沼气用户。

（3）**企业托管模式**

此模式由沼气物业服务公司通过村级连锁服务网点为农户提供建池施工、产品安装、进料出料、故障排除、更换配件等服务。服务公司一般与沼气用户签订服务合同，并获取相应的服务报酬。新疆奇台县新疆福音农业生物质能有限公司奇台分公司按照“公司+农户”管理服务模式，负责县域 15 个乡镇 300 个村组 3 190 个沼气用户的物业化服务，配备抽渣车 7 辆，技术服务车 1 辆，购置了齐备的检测及维修设备、灶具、零配件、办公设备等，专业服务人员 12 名并联合当地农民成立了奇台县福音生态农业经济专业合作社，以合作社的模式，专业提供沼气物业化服务并研究开发沼肥综合利用。阿尔泰地区哈巴河县新农沼气商贸有限责任公司主要负责全县 9 个乡村服务网点 4 390 户沼气用户物业服务，配备 2 辆抽渣车和 1 辆技术服务车，由于物业服务公司采用企业化经营、市场化运作、专业化管理，完全摆脱了对政府的依赖和行政干预，符合市场经济的发展要求，是一种值得大力推广的物业化管理服务模式。

（4）**农村沼气协会管理模式**

此模式是由沼气用户、沼气技术员、沼气建设带头人等自愿组成，以自我管理、自我服务、自我发展为宗旨的民间社会团体。塔城地区沙湾县大泉乡银山沼气协会下设 15 个村级服务站，配备 2 台大型换料服务车及小型抽渣设备，每年服务农户达 2 000 户以上，伊犁州、巴州的项目村也在推行农村沼气协会管理服务模式。从实践来看，这种模式的优势在于协会会员主要由沼气用户组成，因此管理更民主，服务更到位，农户的自觉自愿度更高。今后发展趋势是在拓展业务的同时，引导其由单纯服务型向经营型转变，鼓励其成为具有企业（公司）法人资格的沼气物业管理企业，以此进一步培育一批农村企业。

(5) 村民自行管理模式

此种模式多由乡（镇）、村获得沼气工资格证并且经营农资的农民经纪人、村主任或致富带头人担任，有较好的群众基础，网点办公室设在乡、村繁华街巷农资经销店或便民商超内，店内配备基本检测设备、维修设备及灶具，能够解决常规性的使用、维修问题，财务上独立核算，业务上受乡镇及县级能源部门主管。此模式在新疆北部地区各乡镇、村分布较广，形式灵活，今后发展方向是在扩大服务范围的同时，逐步过渡为沼气专业协会、合作社，并通过政策、资金的支持，最终成为沼气物业管理法人实体。

第 11 章　典型绿洲生态系统保护

11.1　阿克苏地区概况

新疆干旱区绿洲生态环境存在的主要问题及其持续恶化的现状，反映了新疆绿洲生态系统安全状况不容乐观。绿洲农业作为干旱区人民生存和生产的核心，绿洲的安全与稳定直接关系到绿洲经济、社会的持续发展。通过现场调研与综合分析发现，阿克苏地区境内生态系统较为完整，具有绿洲存在与发展所必需的山地生态系统、绿洲生态系统和荒漠生态系统，同时基本具有新疆绿洲所有的特点，而且新疆绿洲可能存在的生态环境问题在阿克苏地区都有集中体现。因此，以阿克苏地区绿洲作为典型区，研究新疆跨越式发展形势下绿洲生态系统安全，具有很强的代表性。从新疆生态功能区划看，阿克苏地区各县处于Ⅲ天山山地干旱草原—针叶林生态区 — Ⅲ3 天山南坡干草原侵蚀控制生态亚区；Ⅳ塔里木盆地暖温带极干旱沙漠、戈壁及绿洲农业生态区 — Ⅳ1 塔里木盆地西部和北部荒漠、绿洲农业生态亚区和Ⅳ3 塔里木盆地中部塔克拉玛干流动沙漠敏感生态亚区。

相对来说，阿克苏地区的水系较为发达且分布复杂，为了简化问题并能保证充分说明新疆绿洲生态系统安全的状况与特征，本研究拟以县级行政区作为研究区（包括县境内的兵团单位）。在综合考虑阿克苏地区各县的情况，尤其是各县生态系统特征与现状的基础上，最终确定以温宿县（含新疆维吾尔自治区内的农一师五团、六团）与阿瓦提县（含新疆维吾尔自治区内的农一师二团、三团、十六团）作为典型区进行绿洲生态系统安全评估与分析。

（1）自然地理与地形地貌

阿克苏地区位于新疆维吾尔自治区西南部，天山南麓、塔里木盆地北缘。地理坐标为东经 78°03′～84°07′，北纬 39°30′～42°41′。总面积 13.25 万 km^2，占新疆总面积的 8%。东接巴音郭楞蒙古自治州，西北同吉尔吉斯斯坦共和国、哈萨克斯坦共和国交界，南隔塔克拉玛干沙漠与和田地区相邻，西南连接喀什地区和克孜勒苏柯尔克孜自治州，北以天山为分水岭同伊犁哈萨克自治州相连。

阿克苏地区海拔平均海拔高度 1 114.8 m，地势北高南低，由西北向东南倾斜。区域内有高山、沙漠、河流、盆地等，地形复杂。北部为天山山区，主要有托木尔峰（海拔

7 435.3 m)、汉腾格里峰（海拔 6 995 m）等数十座山和山峰，中部山前为山麓砾质扇形地，洪积或冲积平原区，戈壁、绿洲相间。东部有拜城盆地，西部有乌什谷地，南部为塔克拉玛干沙漠。

（2）**社会经济概况**

阿克苏地区总人口 238.97 万人（2011 年），人口密度 18.19 人/km^2。有维吾尔族、汉族、回族、柯尔克孜族等 36 个民族，其中少数民族约占总人口的 75%。现辖 1 个县级市、8 个县，即：阿克苏市、温宿县、库车县、沙雅县、新和县、拜城县、乌什县、阿瓦提县、柯坪县。共有 5 个街道、31 个镇、52 个乡、48 个国营农林牧场，1 137 个行政村。新疆生产建设兵团阿拉尔市、农一师及其所属 16 个团场分布在该地区境内。阿克苏地区是一个农牧结合、以农为主的地区，依托优越的自然条件和大规模的开发建设，农牧业生产较发达，已成为国家重要的棉花生产基地和新疆维吾尔自治区的大农业生产基地，种植业形成了以粮、棉、瓜果为中心的多元化格局，是新疆主要的灌溉绿洲农业区。畜牧业主要品种以山羊、绵羊、牛为主，林果业发展也初具规模。工业基本形成了建材、塑料、化工、纺织、机械、食品、能源、农副产品加工门类齐全、初具规模的工业体系。

2011 年阿克苏地区完成全口径生产总值 789.13 亿元（含农一师和石油及天然气开采等），其中地方生产总值 374.47 亿元，农一师生产总值 131.67 亿元，油、气开采区生产总值 282.98 亿元。其中第一产业生产总值 161.36 亿元（含农一师，下同），第二产业 167.09 亿元（不含石油），第三产业 176.69 亿元，第一、第二、第三产业产值分别占国内生产总值的 31.88%、33.01%、34.91%。

（3）**主要的生态环境问题**

阿克苏地区地处塔克拉玛干沙漠边缘，以干旱为主体，生态环境脆弱，由于自然和人为因素，其生态环境问题更日趋突出。主要有植被退化、土地沙化、土壤盐渍化、环境恶化等。

1）土地沙化与荒漠化程度加剧

土地沙化与荒漠化是阿克苏地区绿洲生存与发展所面临的首要威胁因素，这也是造成该地区生态环境恶化的最直接因素。由于阿克苏河、和田河、叶尔羌河等河流中上游地区用水量的增加以及众多人工水库对水资源的拦截，下游特别是河流域末端水源减少，甚至造成和田河、塔里木河下游断流，大量湿地丧失，同时使流水作用过程减弱，地下水位降低，植被枯死，天然绿洲荒漠化或沙化加剧。因水资源缺乏和次生盐渍化弃耕也使人工绿洲沙漠化面积不断扩展。人工樵采胡杨、红柳等天然植被降低了天然绿洲植被覆盖度，导致了风沙活跃、沙漠化加剧。油气井的大规模开发也将引起地表植被不断被破坏，使区域气候更为干旱，大风、沙尘暴日出现频次增多，风沙灾害程度有增无减。如阿克苏－阿瓦提荒漠绿洲的荒漠化土地面积变化显著，2000 年较 1990 年面积扩大了 2.42 万 hm^2，增加 17.5%。据初步估算，1990—2000 年仅阿瓦提县南面的绿洲边缘土地沙化面积至少增加 0.33 万 hm^2，而且这些现象在各绿洲边缘地带均有发生。

2）土壤次生盐渍化严重

绿洲内部的盐渍化问题是威胁绿洲安全和阻碍绿洲农业生产持续发展的重要因素。水资源利用不当，引起地下水位上升，是造成绿洲土壤次生盐渍化的根本原因。在地势低洼、排水不畅区域盲目开垦的耕地，由于技术、资金、管理等方面原因，灌溉工程差，加之排水渠体系不健全，致使土壤次生盐渍化加重，部分田地被迫弃耕。此外，土地利用不合理也是引起次生盐渍化的重要原因，由于大面积开垦，土地不平整，使灌溉不均匀，造成低处积水、高处积盐，形成盐斑，土地逐渐盐渍化；土地只用不养，施肥不足，苜蓿、豆类等养地作物比例很小，种植结构单一，不能合理轮作倒茬等，这也是引起次生盐渍化的因素。如阿瓦提县，大部分耕地都种植单一作物 —— 棉花，棉花属于耗水耗地力作物，长期耕作对绿洲土壤理化性质改良存在一定副作用。土壤盐渍化导致了土壤肥力减退、土地退化、生产力降低，成为绿洲灌区的主要危害之一，同时也加剧了绿洲荒漠化。

由于水资源和土地利用的不合理，塔里木盆地绿洲近 50%的土壤都存在中度或重度盐渍化现象，在天山南麓山前平原区的冲洪积扇缘、大河三角洲的中下部，地势低平、地下水埋深浅、灌溉水质矿化度高、排水不顺畅而且多分布中度盐渍化耕地；在冲洪积扇缘、大河三角洲的下部，如阿克苏河、渭干河冲积平原区的重度盐渍化耕地较多，分别达到 1.90 hm^2、5.60 hm^2。据资料显示，塔里木盆地每年因土壤盐渍化原因弃耕面积已达上万公顷，阿克苏地区阿瓦提县、沙雅县尤为显著，沙雅县每年因盐碱危害造成失收面积达 0.266 7 万 hm^2，最高年份失收面积达 0.8 万 hm^2，占播种面积的 29%。阿克苏—阿瓦提荒漠绿洲 1990—2000 年土壤盐渍化的问题不断加剧，在绿洲内部、绿洲—荒漠过渡带都有大面积盐碱地的分布。盐碱地的数目和面积增加显著，从 1990 年占景观比例 4.35%增加到 2000 年的 6.20%，这严重威胁到绿洲的安全与稳定；2000 年盐碱化面积是 1990 年的 142.4%，增加了 5.87 万 hm^2。

3）天然绿洲生态系统萎缩，植被退化，生物多样性受损

天然绿洲生态系统主要包括河谷低地草甸、荒漠河岸林、河谷灌丛、天然湖泊和湿地，一般位于人工绿洲与荒漠之间，是人工绿洲的天然生态屏障，也是人类扩大绿洲的主要区域。天然绿洲生态系统在维持生物多样性以及抵抗风沙、盐碱和干旱能力方面明显优于人工绿洲生态系统。天然植被主要是依赖地下水或洪水灌溉而维持生长发育的中生、中旱生的非地带性植被。由于绿洲的唯水性和脆弱性，近年来，农业生产过程中高强度的人为干扰和破坏，致使绿洲生态系统不断退化，严重威胁着绿洲生态系统的水土生态安全。

随着人口的继续增加，土地压力增大，人工改造扩大绿洲趋势加剧，绿洲内部的防护林面积增加，而天然绿洲和绿洲外围的荒漠过渡带萎缩，荒漠林和荒漠草场面积减少，绿洲外围天然屏障的生态效益降低，生态环境恶化。绿洲－荒漠过渡带呈现明显的自然水域和湿地缩小、自然林地面积缩小、自然草地面积缩小和野生动物由于栖息地缩小而

减少的现象。如河流下游断流，沼泽湿地减少，阿克苏—阿瓦提荒漠绿洲 1990—2000 年水域面积从 8.45 万 hm^2 减少到 8.23 hm^2，减少了 0.22 万 hm^2；湿地面积也急剧下降，1990 年湿地面积为 4.86 万 hm^2，2000 年面积减少到 2.54 hm^2，面积减少接近 1/2，这必然加重了干旱区荒漠绿洲生态系统的脆弱性；阿克苏地区的塔北、塔南灌区地处塔克拉玛干沙漠边缘，人为开荒、过度放牧等活动使荒漠生态系统遭到破坏，荒漠植被退化，塔里木盆地胡杨林面积减少，且林相衰败，大多生长不良，柽柳灌木林破坏严重；天然草地被开垦，大面积平原草场因缺水而干枯，草本植物几乎枯死。据资料显示，阿克苏—阿瓦提荒漠绿洲垦荒农田面积则由 1990 年的 26.72 万 hm^2 增加到 2000 年的 36.70 万 hm^2，增加了 15.1%，增加面积为 9.98 万 hm^2；而草场面积从 1990 年的 60.26 万 hm^2 减少到 2000 年的 49.81 万 hm^2，减少 17.3%；林地面积也减少了 5.93 万 hm^2，减少 29.2%，如此大的面积减少，必然对农牧业产生巨大的影响，必然使区域生物多样性减小，更加重了干旱区荒漠绿洲生态系统的脆弱性。野生动物濒临绝迹，赛加羚羊和野马迁出境外，生活在林灌草丛中的塔里木虎已灭绝，马鹿除人工饲养的以外，自然界已很少见到。

4）水资源浪费严重，水质污染程度加重

阿克苏地区耗水量有明显的逐年增加的趋势，虽然有因来水量增大、区间下渗与蒸发等自然损失水量增大的原因，但主要原因是区域经济社会快速发展，特别是 20 世纪末以来，大量开荒扩大耕地面积增加了灌溉用水量；由于水利工程建设的投入不足，原有水利工程年久失修、工程老化损坏，同时用水管理粗放，致使水资源合理配置和高效利用无法实现，造成水资源浪费严重，目前，阿克苏地区灌溉水利用率尚不足 0.42。另外，随着流域内工业生产和城市建设的迅速发展，工业和城市生活用水量也在逐年增加，这又加剧了流域水资源供需矛盾的进一步激化。无视水资源承载能力而过度增加经济发展用水、生产用水抢占生态用水、上游用水抢占下游用水的情况依然存在，甚至相当严重，这势必加重了生态环境的压力。

绿洲灌区内河流水质咸化已成为阿克苏地区不可忽视的问题之一。干旱区河流在径流形成的山区水质良好，矿化度低，略偏碱性，水化学类型以 HCO_3-Ca 型为主，年际变化主要受河流水量大小的影响，变化很小。但是在河流出山口以后，沿程发生较大变化，河水矿化度普遍升高，碱性逐渐增强。其主要原因是当河流进入平原绿洲耕地灌区以后气温逐渐升高，蒸发量增大，河水中盐分浓缩；同时在地表水与地下水转化过程中，枯水季节主要由地下水补给河道，地下水溶入各种化学物质；另外，平原中下部植被越来越稀疏，土壤逐渐过渡为灰漠土或盐土，大量盐分带进河道。随着平原绿洲耕地灌溉面积的不断扩大与引水量的增加，特别是受灌区排水与回归水增加的影响，河水矿化度发生明显变化，平原中下部河水矿化度不断升高，其中灌溉季节矿化度呈现大幅度升高的趋势。据实测资料，托什干河上游桨恰尔站的矿化度为 0.24 g/L，中游沙里桂兰克站的矿化度为 0.27 g/L，下游依麻木站的矿化度为 0.35 g/L；库马力克河中游协合拉站的矿化度为 0.25 g/L，阿克苏河西大桥站的矿化度为 0.30 g/L，下游多浪渠的矿化度为 0.33 g/L，下游拦河闸站的矿化度为 0.51 g/L，塔里木河阿拉尔站的矿化度为 1.78 g/L。由于受水量季节性变化和不同时期各种水量补给比重不同的影响，流域内的天然水质有明显的季节性变化规律，即矿化度、总硬度在汛期时较小，而枯水期时较大。

由于流域内灌溉面积扩大，灌溉引水量增多，灌区排水量也相应增加，阿克苏河中下游地下水位高于河水位，地下水补给河水，使河水矿化度升高，据实测资料，在阿克苏河上游，矿化度为 0.25 g/L（协合拉），中游 0.299 g/L（西大桥），下游 0.508 g/L（拦河闸），呈逐渐上升的趋势。至塔里木河一带，在每年 4—6 月，塔里木河基本上成为灌区排水道，塔里木河河水矿化度高达 6～10 g/L，另外喀什噶尔河现在基本上已成为排水渠，这种状况的发展，对沿河生态植被的生长也产生了不利的影响。在地表水矿化度升高的同时，地下水矿化度也随之升高，这对灌溉和生态用水极为不利。另外，根据《地下水质量标准》（GB/T 14848—93），阿克苏河流域内地下水氟化物、硫酸盐含量普遍超标，严重威胁着该区人民的身体健康，制约着农业的发展。氟化物含量高使该区地氟病发病率极高，临床表现为氟斑牙，据防疫部门统计，该患病率可达 44.56%；硫酸盐含量在阿克苏河中上游地区＜0.25 mg/L，向南至阿克苏河下游地区升至 0.40～0.50 mg/L，在三河湖冲积平原地区高达 3.79 g/L。

5）农田土壤污染加重

阿克苏河流域以农业生产为主，随着绿洲耕地面积的不断扩大，每年使用的农药和化肥也在增多，且流域绿洲耕地农药和化肥量的施用水平均高于新疆平均水平。施用农药、化肥对防治病虫害、提高产量有着积极作用，但长期大量使用会对土壤环境造成极大危害，并且通过地表径流和灌溉回归作用带入河流，对水体产生污染。与此同时，流域内的主要水库，如上游水库、胜利水库、多浪水库等都在平原区河流的下游，如果上游绿洲耕地灌溉区长期大量使用化肥及农药，将会使水库产生一定程度的富营养化，影响渔业等生产。阿克苏地区 2004 年末耕地 33.63 万 hm^2，其中中低产田约占 46%。大量施用化肥，忽视增施有机肥，造成土壤恶化，地下水污染。另外，新疆南部棉花作物均采用膜下种植，地膜使用量的剧增，也是现代农业的主要污染物之一。

6）工业发展势头强劲，工业污染呈增加态势

近年来，尤其是自中央提出新疆跨越式发展的蓝图以来，阿克苏地区工业发展势头强劲，2010 年工业生产总值就占了国内生产总值的 56%，为地方经济实现跨越式发展做出巨大贡献。尽管目前还没有长期的统计数据说明工业污染已对地区生态环境造成危害的程度，但是，阿克苏地区工业污染呈现出的显著增加的态势不容乐观。据 2009 年统计资料显示，阿克苏地区综合能源消费量占 91%以上的行业为石油加工、炼焦加工业、电力、热力的生产和供应业、化学原料及化学制品制造业、石油和天然气开采业。阿克苏地区年废水产生量 1 885.5 万 t，废水排放量 1 539.59 万 t。废水中主要污染物 COD 产生量 2.32 万 t，排放量 1.41 万 t，氨氮产生量 1.88 万 t，排放量 370.57 t。阿克苏地区工

业重点行业废水污染物排放量累积占废水污染物排放量80%以上的行业有5个，依次是农副食品加工业、化学原料及化学制品制造业、化学纤维制造业、石油和天然气开采业、饮料制造业。阿克苏地区全年工业污染源废气排放总量495.11亿Nm^3，废气中有害物质总量7.12万t，主要有害物质是SO_2、NO_x、烟尘、工业粉尘及氟化物等。工业废气污染物排放量占全地区工业废气污染物排放量90%以上的行业有4个，主要是以煤化工、电力、热力为主的生产和供应业，石油加工、炼焦及核燃料加工业，非金属矿物制品业，农业服务业。阿克苏地区工业固体废物总产生量为115.43万t，综合利用量为57.8万t，处置量为29.5万t，贮存量为5.7万t，倾倒丢弃量22.45万t，总的综合利用率为50.07%。阿克苏地区工业固体废物产生量占80%以上的行业分别是有色金属矿采选业、煤炭开采和洗选业、电力、热力的生产和供应业、黑色金属矿采选业、非金属矿物制品业、石油加工、炼焦及核燃料加工业。工业固废中，产生量较大的分别尾矿、煤矸石、粉煤灰、炉渣、污泥。

据分析，阿克苏地区“两高一资”低水平模式的企业占有一定的比重，大中型企业的数量在工业产业结构中明显偏少，集约化程度低，生产工艺简单，设备落后的小型企业在整个工业产业分布中偏大。低水平模式企业存在废水排放量大，废水污染治理水平处于低下水平，污染减排难度大等问题。万元GDP能耗达到1.89 t标准煤，万元GDP废气排放量为19.5 kg，废水中主要污染物COD，万元GDP排放量3.88 kg，这都远远高于全国平均水平，因此制约了地区经济的快速发展。其次，阿克苏地区工业污染源企业“三同时”制度执行率不高，因“重经济轻环保”思想作祟，污染治理设施技术水平偏低，难以满足污染治理的需要；环保投入偏少，年建设项目环保投入约8.0亿元，仅占建设项目总投资的10%左右；从辖区环境管理角度来看，为引进外资、对外商投资项目简化甚至取消“三同时”管理制度的现象仍有存在。另外，阿克苏地区工业污染源分布不均衡，不同区域呈现不同的产业结构状态，环境管理力量偏弱，工业污染源环境监督管理难度大。

7）经济发展与绿洲生态安全协调的问题

绿洲生态系统的自组织能力差，对社会经济系统的依附性很强，因而表现出明显的脆弱性。在新疆干旱荒漠区，绿洲化与荒漠化过程始终存在，绿洲化过程本身是一个逆荒漠化过程的行为，因此，在外围环境上，绿洲的生态与生产过程必然受到荒漠化威胁。要使绿洲生态系统可持续发展，就是要在维持绿洲及绿洲外围稳定、保证绿洲内水土生态安全的前提下，使绿洲内各种生态的、经济的、社会的过程可以维持再生产，这才能有效地促进绿洲社会－经济－生态和谐地发展。资源禀赋是绿洲社会－经济－生态系统发展的物质基础，水资源与土地资源利用的合理性决定了绿洲可持续发展程度。而绿洲生态建设与经济发展的矛盾在于经济过程对生态完整性的破坏，从而生态系统失稳，导致生态环境对经济发展的制约。

在新疆南部范围内，阿克苏绿洲、库车绿洲的社会经济发展水平是比较高的，工业发展相对较发达，人均国民生产总值较高，农业发展水平较高，农业机械化程度高，其中阿克苏河的水资源较好，供给较稳定。但流域内大量的垦荒造田，农业耕作管理措施不尽合理，对资源环境的干扰和破坏程度较高，加之对资源环境尽善的投入较低、资源没有实现循环式的集约化利用，对环境造成的压力要远大于其对环境保护、生态建设投入，整个流域资源禀赋和资源利用强度不高，对生态环境的保护建设能力不强。随着人口增长、经济的迅猛发展、城市化和工业化进程的不断推进，水资源矛盾日益加剧，高消耗及掠夺式的耗费资源及非持续发展模式，生态环境不断恶化，这些导致阿克苏绿洲社会经济发展水平与资源环境的协调性低，阻碍了绿洲可持续发展，威胁着绿洲生态安全。

11.2　生态系统安全评价

11.2.1　生态安全评估指标体系构建

（1）评估指标选取原则

绿洲是干旱区特有的生态系统，它是由来自系统外部的水源相联系的，通过水的时空分布的控制形成的、具有自动调节和自组织功能的整体。新疆绝大多数的绿洲系统为绿洲农田－城镇系统和绿洲低平地草地结合的复合系统，其生态安全必然也涉及自然、经济和社会等多方面。基于生态安全评价的系统性、复杂性及其内涵的广泛性，考虑绿洲生态系统安全评价指标体系必须具备解释动能、评价功能及预测和预报功能，并具有高度的综合性和可评价性，指标的选取和量化应遵循以下原则：

①科学性原则。指标能全面合理地反映人为干扰生态系统完整性的主要特征，各指标的选取要有科学依据，定义正确，目的明确，测定方法规范、计算方法科学，通过指数的方式量化，直接体现绿洲生态系统的完整性、量度绿洲生态安全主要目标实现程度。

②整体性原则。指标体系要做到总体目标一致，结构合理，层次分明，使评价目标和评价指标有机地联系起来。本研究以绿洲生态安全为总目标，为了从各个不同的角度反映出总目标的主要特征和状况，下设分目标层；针对每个分目标层，确定评价因子，再进行结构和功能指标的筛选，让各指标形成一个层次分明的整体。

③独立性原则。指标的选取要有其独立性，对于互相间有因果联系的指标，选取主要因子，抓住根源，从最基础的数据上反映问题，避免出现冗余重叠计算和评估。

④完整性原则。指标的选择应该具有完整性，能完全反映出森林生态系统完整性的所有特征。不仅要避免基础数据的冗余计算，还应该避免基础数据的遗漏。

⑤可评价性原则。指标具有可测性和可比性，在数据方面易于收集，数据准确可靠，计算方面易于掌握，信息方面易于提取，能反映各生态系统在完整性上的差异，整体评价可操作性强。

⑥因地制宜原则。指标的确定须具有代表性，根据新疆绿洲生态环境的基本特征和研究尺度选取指标，避免产生没有评价意义的指标。

（2）**指标体系的层次结构设计**

绿洲生态安全评价指标体系包括目标层、准则层和指标层 3 个层次。目标层即最终要获得的区域生态安全综合指数；准则层包括水资源、社会经济发展与生态环境 3 个对绿洲生态安全起制约作用的子系统，每个子系统通过若干个指标来反映；指标层是生态安全的评价因素，也是具体的评价内容，通过各个指标的具体数值（非数值的指标可通过打分将其量化）直接反映出各个要素的安全状况。每个子系统中各要素、指标相互联系；各子系统之间相互独立又相互联系，共同构成生态安全评价指标体系，如表 11-1 所示。

表 11-1 绿洲生态系统安全评价指标体系

目标层	准则层	指标层（评价因素）		单位	指标性质
A 绿洲生态系统安全	B_1 水资源子系统	C_1	地表径流模数	万 m^3/（km^2·a）	+
		C_2	地下水补给模数	万 m^3/（km^2·a）	+
		C_3	人均水资源量	m^3/人	+
		C_4	地表水矿化度	g/L	−
		C_5	水资源开发利用强度	%	−
		C_6	水资源利用率	%	−
	B_2 社会经济子系统	C_7	人口密度	人/km^2	−
		C_8	人口自然增长率	‰	−
		C_9	灌溉水利用系数	%	+
		C_{10}	工业万元产值用水量	m^3/万元	−
		C_{11}	第一产业占 GDP 比重	%	−
		C_{12}	第三产业占 GDP 比重	%	+
		C_{13}	放牧强度	头/hm^2	−
	B_3 生态环境子系统	C_{14}	天然林草覆盖度	%	+
		C_{15}	水源涵养功能指数	%	+
		C_{16}	耕地指数	%	−
		C_{17}	土地沙化指数	%	−
		C_{18}	土地盐渍化指数	%	−
		C_{19}	污染负荷指数	%	−
		C_{20}	污水处理率	%	+
		C_{21}	生态环境用水率	%	+
		C_{22}	水土流失治理率	%	+

（3）**指标说明**

1）水资源子系统

①地表径流模数[万 m^3/（km^2·a）]。地表径流模数＝径流量/土地面积，是反映区域

内地表水资源量的一个衡量指标。

②地下水补给模数[万 m^3/（$km^2 \cdot a$）]。地下水补给模数＝地下水补给量/土地面积，是衡量地下水资源丰欠的指标，其大小直接影响到区域地下水资源的丰富程度及其可更新恢复能力。

③人均水资源量（m^3/人）。人均水资源量＝水资源总量/人口总数，即研究区域内人均占有水资源量，可综合反映区域发展的水资源条件，是直观判断缺水程度的指标。

④地表水矿化度（g/L）。反映区域地表水水质状况的指标，矿化度越小，说明区域地表水可利用性越大。

⑤水资源开发利用强度（%）。水资源开发利用强度＝水资源年供水量/地表水总量，用于评价区域水资源的开发程度与利用状况。

⑥水资源利用率（%）。水资源利用率＝需水量/可供水资源量。

2）社会经济子系统

①人口密度（人/km^2）。单位面积土地上居住的人口数，是表示某一地区范围内人口疏密程度的指标，可反映人口增长、迁徙给生态系统带来的压力。

②人口自然增长率（‰）。指一定时期内人口自然增加数（出生人数减死亡人数）与该时期内平均人数之比，通常以年为单位计算。数据来源于研究区所在地区（州）或县统计年鉴。

③灌溉水利用系数（%）。是指一次灌水期间被农作物利用的净水量与水源渠首处总引水量的比值。主要反映区域灌溉工程质量、灌溉技术水平和灌溉用水管理的一项综合指标。

④工业万元产值用水量（m^3/万元）。工业万元产值用水量＝工业用水量/工业总产值，反映工业综合用水效率、节水程度和产业结构状况。

⑤第一产业占 GDP 比重（%）。第一产业占 GDP 比重＝农业生产总值/国内生产总值，反映区域产业结构与农业生产水平的指标。

⑥第三产业占 GDP 比重（%）。第三产业 GDP 的比重＝除第一、二产业以外的其他行业的总产值/国内生产总值，反映区域社会发展的指标。

⑦放牧强度（头/hm^2）。放牧强度＝牲畜头数/草地面积，即单位草地面积在一定时间内放牧家畜的头数，也可采用单位草地面积上的载畜量表示，反映区域畜牧业发展状况。

3）生态环境子系统

①天然林草覆盖度（%）。天然林草面积占研究区土地总面积的比例。

②水源涵养功能指数。表征县域内生态系统水源涵养功能的综合指标。通过林地、草地及水域湿地综合加权获得。参考新疆环境保护厅、财政厅下发的《自治区 2012 年国家重点生态功能区县域生态环境质量考核工作实施方案》（新环监发〔2012〕43 号），计算公式为：

水源涵养指数=A×（0.45×（0.1×河流面积+0.3×湖库面积+0.6×沼泽面积）+0.35×（0.6×有林地面积+0.25×灌木林地面积+0.15×其他林地面积）+0.20×（0.6×高盖度草地面积+ 0.3×中盖度草地面积+0.1×低盖度草地面积））/县域面积，A 为归一化系数，$A=100/A_{最大值}$，$A_{最大值}$指某指数归一化处理前的最大值。

③耕地指数（%）。研究区内耕地占土地总面积的比例。

④土地沙化指数（%）。研究区内沙化土地面积占土地总面积的比例。

土地沙化指数=（0.05×轻度沙化面积+0.25×中度沙化面积+0.7×重度沙化面积）/区域面积。

⑤土地盐渍化指数（%）：研究区内盐渍化土地占土地总面积的比例。

土地盐渍化指数=（0.05×轻度盐渍化面积+0.25×中度盐渍化面积+0.7×重度盐渍化面积）/区域面积。

⑥污染负荷指数。

污染负荷指数=（0.4×SO_2排放量+0.2×固废排放量）/区域面积+0.4×COD 排放量/区域降雨量。

⑦污水处理率（%）。主要是指城镇生活污水处理量占污水排放总量的比重。数据来源于统计年鉴。

⑧生态环境用水率（%）。生态环境用水量占水资源总利用量的比例。

⑨水土流失治理率（%）。研究区范围某时段内，水土流失治理面积占原水土流失面积的比率。

（4）权重的确定

本研究采用主观和客观相结合的方法来确定权重。采用变异系数法确定各子系统中不同评价指标的权重；采用层次分析法确定各子系统的权重。

1）指标权重计算

①数据标准化处理。本研究以不同年份的各指标作为一个样本，取 $m=4$，分别为 1999 年、2004 年、2010 年和 2011 年的指标值系列。n 为指标个数，对于水资源子系统，$n=6$；对于社会经济子系统，$n=7$；对于生态环境子系统，$n=9$。每个样本的评价指标值用向量表示，记作 $X_i=(x_{i1}, x_{i2}, \cdots, x_{in})$，$i=1, 2, \cdots, m$，从而得到原始的评价矩阵 $X=(x_{ij})_{m\times n}$，即式（11-1）：

$$X=\begin{pmatrix} x_{11} & x_{12} & \cdots & x_{1n} \\ x_{21} & x_{22} & \cdots & x_{2n} \\ \vdots & \vdots & \vdots & \vdots \\ x_{m1} & x_{m2} & \cdots & x_{mn} \end{pmatrix} \tag{11-1}$$

为正确反映不同性质指标的综合作用，同时考虑到指标量纲不同或数量级差异，使不同单位或量级的指标能进行比较和加权，需要对数据作标准化处理，使得标准化后的每个指标值在[0，1]之间取值，方便控制综合指标的取值范围。根据指标对绿洲生态系统安全作用的性质不同，将指标分为正向指标和负向指标。对于正向指标，即其值越大越好的指标，可采用式（11-2）进行标准化处理：

$$x_{ij}^{*}=\frac{x_{ij}-x_{ij\min}}{x_{ij\max}-x_{ij\min}}\quad(i=1,\ 2,\ \cdots,\ m;\ j=1,\ 2,\ \cdots,\ n)\tag{11-2}$$

对于负向指标，即其值越小越好的指标，采用式（11-3）进行标准化处理：

$$x_{ij}^{*}=\frac{x_{ij\max}-x_{ij}}{x_{ij\max}-x_{ij\min}}\quad(i=1,\ 2,\ \cdots,\ m;\ j=1,\ 2,\ \cdots,\ n)\tag{11-3}$$

式中：x_{ij}^{*} —— 第 i 个样本的第 j 个指标的标准化后的值；

x_{ij} —— 指标原始数据；

$x_{ij\max}$ 和 $x_{ij\min}$ —— 第 i 个样本中原始指标值中的最大值与最小值。

评估指标体系 3 个子系统中不同年份各指标值标准化后，分别可得到 3 个 $m\times n$（m 行 n 列）的矩阵 $X=(x_{ij}^{*})_{m\times n}$。

②变异指数法计算指标权重。为尽量避免主观赋权法的人为因素，本研究对指标层各因素权重的确定采用客观赋权法中的变异系数法。变异系数法可直接根据各个指标间的相互关系和的各指标的原始信息经过一定数学处理后获得权数。

针对上一小节数据标准化处理后得到的矩阵 $X=(x_{ij}^{*})_{m\times n}$，分别求出不同指标评价值的平均值 $\bar{u}_j$ 和标准差 σ_j：

$$\bar{u}_j=\frac{1}{m}\sum_{i=1}^{m}u_{ij}\quad(j=1,\ 2,\ \cdots,\ n)\tag{11-4}$$

$$\sigma_j=\sqrt{\frac{1}{m-1}\sum_{i=1}^{m}\left(u_{ij}-\bar{u}_{ij}\right)^2}\quad(j=1,\ 2,\ \cdots,\ n)\tag{11-5}$$

求出不同指标对应的变异系数：

$$E_j=\frac{\sigma_j}{\bar{u}_j}\quad(j=1,\ 2,\ \cdots,\ n)\tag{11-6}$$

对 E_j 做归一化处理，确定第 j 项评价指标的权重。

$$\omega_j=\frac{E_j}{\sum_{j=1}^{N}E_j}\quad(j=1,\ 2,\ \cdots,\ n)\tag{11-7}$$

采用变异系数法对 3 个子系统的指标层分别进行指标权重的计算后，先确定各子系统中评价因素对其安全性的影响程度强弱，明确各子系统中的主导因素。然后再应用层次分析法对准则层（即 3 个子系统）进行权重的计算。

2）子系统权重计算

本研究以温宿县和阿瓦提县为案例区进行绿洲生态系统安全的综合评估，其目的是将评估结果进行分级，得出绿洲生态系统安全等级。在建立指标体系总体框架后，考虑到指标权重确定的复杂性和研究的必要性，本研究采用层次分析法（Analytical Hierarchy Process，AHP）分析绿洲生态系统安全评价指标体系并赋予指标权重，计算绿洲生态系统安全综合指数，构建绿洲生态安全分级标准，在此基础上，评价研究区生态安全状态。

层次分析法是一种定性与定量分析相结合的评估决策方法。层次分析法首先要对问题所包含的要素及其相互关系加以分析，再根据问题所涉及的因素和所要达到的目标将问题分解成多层元素，并形成多层结构。对每一层次可按某一给定准则，对该元素进行逐对比较，根据两个元素对准则的重要性按标度定量化形成判断矩阵。判断矩阵标度值及其含义见表 11-2。通过计算该矩阵的最大特征根和它的正规化特征向量，得出该层元素对于该准则的权重。为了得到某层元素对于总目标的组合权重，用上一层次中每一个元素作为下层元素的判断准则，得出下层元素对于上层元素的权重，最后用上一层元素的组合权重加权平均，得出下层各元素的组合权重，最下层元素的组合权重就反映出最下层所列方案对于总体目标的重要程度。其最终结果能客观地反映多因素的共同作用。

建立阶梯层次结构模型：参照绿洲生态系统安全评价指标体系（见表 11-2），建立目标层 A—准则层 B 之间的层次结构，如图 11-1 所示。

表 11-2　判断矩阵标度值及其含义

标度	含义
1	两个因素相比，具有同样重要性
3	两个因素相比，前者比后者稍微重要
5	两个因素相比，前者比后者明显重要
7	两个因素相比，前者比后者强烈重要
9	两个因素相比，前者比后者极端重要
2，4，6，8	表示上述两相邻判断的中间值
倒数	若因素 i 与 j 的重要性之比为 a_{ij}，那么因素 j 与因素 i 重要性之比为 $a_{ji}=1/a_{ij}$

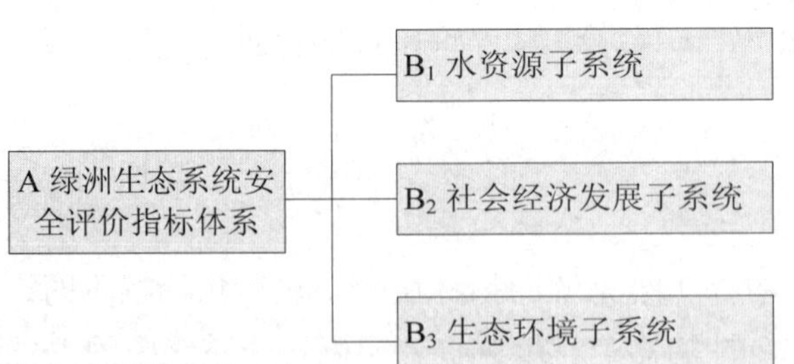

图 11-1　绿洲生态系统安全评估体系层次结构示意图

构造判断矩阵：层次分析法的信息基础是数据资料和人们依据资料和一定的比较原则所得到的判断。在每一层次，可按上一层次的对应要求，对该层次元素进行逐对比较，依照规定的标度定量化后写成矩阵形式，即构成判断矩阵。

设要比较 n 个因素 $X=(X_1, X_2, \cdots, X_n)$ 对准则层 B 的影响，确定它们在 B 中所占的比重，每次取两个因素 X_i 和 X_j，以 a_{ij} 表示 X_i 和 X_j 对 B 的影响之比，得到两两比较判断矩阵：

$$A=\left(a_{ij}\right)_{n\times n}$$

其中，$a_{ij}>0$，$a_{ij}=1/a_{ji}$（$i\neq j$）；$A_{ij}=1$（$i, j=1, 2, \cdots, n$）。使上式成立的矩阵为正负反矩阵。判断矩阵元素 a_{ij} 的值反映了人们对各因素的相对重要性的认识，一般为 1～9 及其倒数，其标度方法见表 11-2。

层次因素重要性权重（层次单排序）：所谓层次元素重要性权重，是指根据判断矩阵计算对于上一层次某元素而言本层次与之有联系的元素的重要性次序的权值，是对层次所有元素对上一层次而言的重要性进行排序的基础。层次分析法则具有定性和定量相结合的优点，能客观地反映元素的重要性大小。利用层次分析法确定层次单排序，其实质是计算判断矩阵的最大特征根和相应的特征向量。本研究选用和积法计算，其步骤如下：

将判断矩阵每一列正规化：

$$\overline{b_{ij}}=b_{ij}\Big/\sum_{j=1}^{n}b_{ij}\quad (i, j=1, 2, \cdots, n) \tag{11-8}$$

将每一列正规化的判断矩阵按行相加得到向量：

$$\overline{W_i}=\sum_{j=1}^{n}\overline{b_{ij}}\quad (i, j=1, 2, \cdots, n) \tag{11-9}$$

对向量 $\overline{W}=[\overline{W}_1,\overline{W}_2,\cdots,\overline{W}_n]^T$ 做正规化处理：

$$W=\overline{W_i}\Big/\sum_{j=1}^{n}\overline{W}_j\quad (i, j=1, 2, \cdots, n) \tag{11-10}$$

依次得到列向量 $W=[W_1,W_2,\cdots,W_n]^T$，即为所求特征向量。

计算判断矩阵的最大特征根：

$$\lambda_{\max}=\sum_{k=1}^{n}\left(AW\right)_i\Big/nW_i\quad (i, j=1, 2, \cdots, n) \tag{11-11}$$

式中的 $(AW)_i$ 同样表示 AW 第 i 元素。

层次总排序及一次性检验：由 B 层次因素权重值，对其进行层次排序。对判断矩阵进行一致性检验，需计算一致性指标和平均随机性指标。当随机一致性比率 CR＜0.10 时，认为层次分析排序的结果有满意的一致性，即权重系数的分配是合理的。否则要调整判断矩阵的元素值，重新分配权重系数。

11.2.2 基于模糊综合评判模型的生态安全评价

(1) 综合评判模型的思路

给定 2 个有限论域：评判因素集合 $U=\{u_1, u_2, \cdots, u_m\}$，评语集合 $V=\{v_1, v_2, \cdots, v_n\}$；$U$ 为所有评价因素组成的集合；V 为所有的评语等级组成的集合。首先对评判因素 u_i 进行单因素评价，确定其对评价等级 v_j 的隶属度 r_{ij}，则 m 个评判因素的评判决策矩阵为：

$$R=\begin{bmatrix} R_1 \\ R_2 \\ \vdots \\ R_m \end{bmatrix}=\begin{bmatrix} r_{11} & r_{12} & \cdots & r_{1n} \\ r_{21} & r_{22} & \cdots & r_{2n} \\ \vdots & \vdots & \cdots & \vdots \\ r_{m1} & r_{m2} & \cdots & r_{mn} \end{bmatrix} \tag{11-12}$$

式中，r_{ij} —— 评价因素 u_i 对于评语 v_j 的隶属函数；

R —— U 到 V 上的一个模糊关系。

如果对各评价因素的权数分配为：$A=\{a_1, a_2, \cdots, a_m\}$（$A$ 是论域 U 上的一个模糊子集，且 $0\leqslant a_i\leqslant 1$，$\sum_{i=1}^{m} a_i = 1$），则应用模糊变换的合成运算，可以得到论域 V 上的一个模糊子集，即综合评判结果：

$$B=A \bullet R=[b_1, b_2, \cdots, b_n] \tag{11-13}$$

根据各评判因素对绿洲生态安全影响程度的大小，对该影响程度赋予权重，得权重矩阵 $A=\{a_1, a_2, \cdots, a_m\}$，代表了各个因素对综合评判重要性的权系数。模糊变换 $A\bullet R$ 退化为普通矩阵计算，即

$$b_i = \min\left\{1, \sum_{i=1}^{n} a_i r_{ij}\right\} \tag{11-14}$$

最后根据 V_1、V_2、V_3 分级指标的评分值 a_1，a_2，a_3，即可求绿洲生态系统安全的综合评判值。

(2) 评价因素分级

评价标准设定的合理与否将直接影响评价结果的准确性。在查阅大量相关文献的基础上，结合新疆南部绿洲的实际情况，运用专家咨询的方法，将各评价因素对绿洲生态系统安全的影响程度分为 3 个等级，每个因素各等级的数量指标见表 11-3。

表 11-3 绿洲生态系统安全评价因素分级指标

指标层（评价因素）		单位	V_1	V_2	V_3
C_1	地表径流模数	万 m^3/（$km^2 \cdot a$）	<40	40～80	>80
C_2	地下水补给模数	万 m^3/（$km^2 \cdot a$）	<10	10～30	>30
C_3	人均水资源量	m^3/人	<2500	2500～4500	>4500
C_4	地表水矿化度	g/L	>2	2～0.5	<0.5
C_5	水资源开发利用强度	%	>70	70～30	<30
C_6	水资源利用率	%	>75	75～50	<50
C_7	人口密度	人/km^2	>30	30～20	<20
C_8	人口自然增长率	‰	>16	16～3	<3
C_9	灌溉水利用系数	%	<0.45	0.45～0.6	>0.6
C_{10}	工业万元产值用水量	m^3/万元	>100	100～20	<20
C_{11}	第一产业占 GDP 比重	%	>60	60～30	<30
C_{12}	第三产业占 GDP 比重	%	<30	30～60	>60
C_{13}	放牧强度	头/hm^2	>5	2～5	<2
C_{14}	天然林草覆盖度	%	<15	15～60	>60
C_{15}	水源涵养功能指数	%	<3	3～10	>10
C_{16}	耕地指数	%	>10	10～3	<3
C_{17}	土地沙化指数	%	>35	35～10	<10
C_{18}	土地盐渍化指数	%	>60	60～20	<20
C_{19}	污染负荷指数	%	>10	10～4	<4
C_{20}	污水处理率	%	<50	50～80	>80
C_{21}	生态环境用水率	%	<2	2～5	>5
C_{22}	水土流失治理率	%	<30	30～70	>70
评分值			0.05	0.5	0.95

（3）评判矩阵的推求计算

评判因素集合 $U=\{u_1, u_2, \cdots, u_m\}$对应着评语集合 $V=\{v_1, v_2, \cdots, v_n\}$，而评判矩阵 R 中 r_{ij} 即为评价因素 u_i 对应等级 v_j 的隶属函数，其值可根据各评判因素的实际数值对照各因素的分级指标（见表 11-3）分析推求。为了消除各等级之间数值相差不大、而评价等级相差一级的跳跃现象，使隶属函数在各级之间平滑过渡，将其进行模糊处理，对于 V_2 级即中间区间，令其落在区间中点的隶属度为 1，两侧边缘点的隶属度为 0.5，中间向两侧按线性递减处理。对于 V_1 和 V_3 两侧区间，则令距临界值越远属两侧区间隶属度越大，在临界值上则属两侧等级的隶属度各为 0.5。由此构造各评价等级隶属函数的计算式。现令各评价因素的 V_1 级和 V_2 等级的临界值为 k_1，V_2 级和 V_3 级的临界值为 k_3，V_2 等级区间中点值为 k_2，$k_2=(k_1+k_3)/2$。各评价因素对于各等级的隶属度计算公式分别如下：

$$\mu_{w1}(u_i)=\begin{cases}0.5\times\left(1+\dfrac{u_i-k_1}{u_i-k_2}\right) & u_i<k_1\\ 0.5\times\left(1-\dfrac{k_1-u_i}{k_1-k_2}\right) & k_1\leqslant u_i<k_2\\ 0 & u_i\geqslant k_2\end{cases} \tag{11-15}$$

$$\mu_{w2}(u_i)=\begin{cases}0.5\times\left(1-\dfrac{u_i-k_1}{u_i-k_2}\right) & u_i<k_1\\ 0.5\times\left(1+\dfrac{k_1-u_i}{k_1-k_2}\right) & k_1\leqslant u_i<k_2\\ 0.5\times\left(1+\dfrac{u_i-k_3}{k_2-k_3}\right) & k_2\leqslant u_i<k_3\\ 0.5\times\left(1-\dfrac{k_3-u_i}{k_2-u_i}\right) & u_i\geqslant k_3\end{cases} \tag{11-16}$$

$$\mu_{w3}(u_i)=\begin{cases}0 & u_i<k_2\\ 0.5\times\left(1-\dfrac{u_i-k_3}{k_2-k_3}\right) & k_2\leqslant u_i<k_3\\ 0.5\times\left(1+\dfrac{k_3-u_i}{k_2-u_i}\right) & u_i\geqslant k_3\end{cases} \tag{11-17}$$

对于正向指标，采用式（11-15）～式（11-17）计算；对于负向指标，各等级相对隶属度函数的计算公式只需将以上公式右端 u_i 区间号“≤”改为“≥”，将“＜”改为“＞”后采用同样计算即可。

(4）综合评分与结果分析

1）综合评分

为了更好地反映各因素的各等级在绿洲生态安全中所起的作用，对 V_1、V_2、V_3 3 个等级进行 0～1 的评分：a_1=0.05，a_2=0.5，a_3=0.95，这样以便定量反映各等级因素对绿洲生态安全的影响程度，数值越高表示生态系统安全度越高。综合评定时，按上述 a_j 的值以及 B 矩阵中各等级隶属度 b_j 值，根据式（11-18）计算：

$$a=\frac{\sum_{j=1}^{3}b_j^k a_j}{\sum_{j=1}^{3}b_j^k} \tag{11-18}$$

式中，a—— 基于综合评判结果矩阵 B 的绿洲生态安全的综合评分值。

为了突出占优势等级的作用，利用各等级隶属度 b_j 的 k 次幂为权重加权平均来推求。根据新疆南部绿洲情况，本研究 k 取为 1。

2）评价结果分析

根据指标体系目标层综合评分值 a 的大小，参考文献[25]在其范围内将绿洲生态系统安全划分为 5 个等级，分别对应很安全、安全、潜在不安全、不安全和极不安全，各等级划分标准见表 11-4。

表 11-4 绿洲生态系统安全评价等级划分标准

等级	生态安全综合评分值 a	状态	特征描述
I	1.0～0.9	很安全	生态系统功能基本完整，生态环境基本未受干扰破坏，生态系统结构完整，功能性强，系统恢复再生能力强，生态问题不显著，生态灾害少
II	0.9～0.8	安全	生态系统服务功能较为完善，生态环境较少受到破坏，生态系统结构完整，功能尚好，一般干扰下可恢复，生态问题不显著，生态灾害小
III	0.8～0.6	潜在不安全	生态系统服务功能已有退化，生态环境受到一定破坏，生态系统结构有变化，尚可维持基本功能，受干扰后易恶化，生态问题显现，生态灾害时有发生
IV	0.6～0.4	不安全	生态系统服务功能严重退化，生态环境受到较大破坏，生态系统结构破坏较大，功能退化，受干扰后恢复困难，生态问题较大，生态灾害较多
V	0.4～0.0	极不安全	生态服务功能几近崩溃，生态过程很难逆转，生态环境破坏严重，生态系统结构不全，功能丧失，生态恢复与重建困难，生态灾害频发

11.2.3 评估结果

（1）评估指标体系反映了绿洲生态系统的特点

从典型绿洲生态系统安全评估指标体系的综合指标权重来看，水资源子系统所占权重在 0.49 以上，其次为生态环境子系统，权重约为 0.33 以上，最后是社会经济子系统，权重约为 0.17。可见，水资源尤其是地表水资源对保障绿洲生态安全起着决定性的作用，同时也体现了绿洲生态安全对水资源极大的依赖性；相反地，人类对水资源的开发利用强度是威胁绿洲生态安全的主要因素。生态环境子系统各指标及其权重则体现出山地生态系统、荒漠生态系统和绿洲生态系统相互支持、相互制约的作用对整个绿洲生态安全的重要性；而人类活动及所实施的一些保护措施对生态安全的影响也极为显著。尽管社会经济子系统所占权重最小，但是人类活动、经济发展对绿洲生态安全的影响绝不能忽视。因此，本研究所构建的绿洲生态安全评估指标体系可反映出阿克苏地区绿洲生态系统的基本特点。

(2) 评估结果反映了绿洲生态安全的现状与问题

从评估结果来看，近 12 年中，阿克苏地区绿洲基本处于不安全状态，生态环境到现在仍在遭受破坏并且其尚未得到修复或改善，加上绿洲生态系统极其脆弱，人类活动的干扰极易加剧生态环境的恶化，因此生态环境问题依然严重。通过对阿克苏地区典型绿洲生态安全的评估分析可以看出，从资源环境特点、自然条件到生态系统特征及其胁迫因素，阿克苏地区温宿县与阿瓦提县绿洲都集中地反映出新疆尤其是新疆南部塔里木盆地绿洲的特点以及生态环境的现状和存在的问题，研究分析结果可以大致代表新疆南部地区绿洲生态系统的整体特点。

(3) 影响干旱区绿洲生态安全的主要因素分析

在对温宿县和阿瓦提县进行绿洲生态安全评估时可以看出，各项指标因素中，水资源（尤其是地表径流量和水资源利用率）和耕地指数对应其相应隶属度变化最大，说明这两个因素是导致近 12 年绿洲生态安全度下降的主导因素。随着人口的过快增长，给原本已经脆弱的生态环境又带来巨大压力，加上区域（流域）开发的不协调等原因，这些都明显加剧了水资源的消耗和土地荒漠化的进程；为了满足快速增长人口的生活需求，大面积的开荒造田，导致了一系列生态环境问题；与此同时，水资源的开发利用又缺乏宏观调控，流域内缺乏统一规划，导致大量水源被截留，下游河道断流，湖泊萎缩干涸，随之而来的是荒漠植被缺水枯死，沙漠化土地面积扩大。另外，超载过牧导致草原退化，过度樵采、挖药等不合理的人类活动屡禁不止，造成绿洲荒漠化迅速扩展、荒漠区生物资源遭受破坏、生物多样性减少。绿洲内部生产经营粗放，水利设施不健全，管理水平低，土地不平整，重灌轻排、重用轻养，造成地下水位不断上升，土壤盐分积累，导致耕地次生盐渍化、沼泽化严重，耕地贫瘠化，生产力降低。

虽然近几年两县采取了一些治理措施，使生态环境得到一定改善，但是绿洲生态系统极其脆弱，人类活动的干扰极易加剧生态环境的恶化，生态环境问题表现仍然突出。在较差状况的生态环境有所改善的同时，较好状况的生态环境也有退化，生态环境仍然在遭受破坏。因此，必须及时采取相应的对策或措施对生态环境加以修复和改善，否则绿洲生态系统仍将呈现恶化态势，威胁绿洲的生存与发展。

在当前新疆跨越式发展新战略实施的大形势下，只有保障区域生态系统安全，才能实现区域经济的跨越式发展、资源开发可持续发展以及生态环境与社会经济协调发展。为此，在阿克苏地区典型绿洲生态系统安全的评估结果的基础上，针对绿洲生态环境存在的问题、绿洲生态系统的不安全因素以及绿洲生态安全的威胁因素，本研究提出绿洲生态系统模式及绿洲生态安全保障体系的对策和措施。

11.3 典型绿洲生态系统的保护模式

以绿洲为中心的干旱区绿洲生态系统，是一个与山地生态系统和荒漠生态系统无法割裂的耦合生态系统。基于生态系统完整性理论，结合干旱区绿洲生态安全问题与绿洲生态系统保护需求，干旱区绿洲生态系统保护模式包括以下主要内容：水源涵养林保护、天然草地保护、水资源保护、土壤盐渍化防治、土地荒漠化与沙化防治以及人工绿洲发展模式调控等。

11.3.1 水源涵养林

（1）山区天然林的保护与培育

新疆山区森林具有涵养水源、调节径流、水土保持、滞洪蓄洪、改善和净化水质、调节气候、保护野生动物的功能等生态服务功能，对维护绿洲的生态安全起着不可替代的作用。因而，保护培育好山区天然森林，加强山区森林植被的保育和经营管理是十分重要的。

（2）平原天然林的恢复与保护

平原区天然林主要是荒漠胡杨林、河谷次生林。对平原天然林保护和恢复的措施主要是，依靠自然恢复力，对荒漠胡杨林、河谷次生林、荒漠灌木林实行全面封育保护、恢复自然植被。可视保护区内具体情况对具有封育条件的胡杨林实行全封、轮封、半封相结合的封禁保护。实践经验证明，封育过的胡杨次生衰退林能够实现复壮更新；胡杨林封育后幼树成林快，封禁 5 年，幼林密度每公顷可达 15 万株以上，平均高 1 m 以上，总植被盖度增加，生物量提高；同时，采取封育措施，可将人畜破坏和干扰减少到最低限度，有利于胡杨的“休养生息”和自然恢复，并可产生显著的生态、经济和社会效益。

（3）平原绿洲人工造林

新疆的平原人工绿洲是由自然绿洲改造或在荒漠中人工建立而来。平原人工林在人工绿洲生态系统（主要是绿洲农业生态系统、城镇生态系统）中发挥着防风固沙、调节小气候、改善人居环境、调整农村产业结构、增加农民收入、提高生活质量的重要作用。从新疆目前林业发展和森林资源现状以及新疆经济社会发展对林业的要求和实施新疆跨越式发展战略所需资源环境支撑的要求分析，平原人工绿洲森林保护与发展应采取以下措施：为丰富绿洲林木树种，增加生物多样性，从其他地区引入新的树种。但对异域特色动植物引种，要充分考虑原产地的生态条件以及生物、环境之间的互补制约关系，特别要注意天敌的制约，引进新物种时应同时适量引进天敌，营造相似原地的生境，还要进行跟踪研究，避免造成生物入侵，带来新的生态问题。同时，要加强对新疆本土生物种质资源的保护，建立新疆林木种质资源库，保护好新疆珍贵的、稀有的种质资源，为新疆林业可持续发展奠定坚实的资源基础。

（4）**强化林政管理**

健全森林法制，加强林业管理。资源与林政管理是有效保护森林资源的重要手段，要加大森林资源和林政管理力度，进一步健全和完善各项制度建设，建立健全林业管理机构，加强林政执法队伍建设，设立执法机构或与地方公安机关密切配合，严格执行国家和地方有关的《森林法》《森林法实施条例》《环境保护法》《自然保护区管理条例》等法律法规，加大执法力度，制止非法采伐、狩猎、开垦，维护林区安全，使资源管理工作有法可循。林政部门与林业公安派出所联合行动，开展各项森林治安专项活动，采取分散布点看护，重点蹲坑守候的形式，严格检查，严密堵截，集中重点打击滥砍盗伐林木的违法犯罪活动，严厉惩罚乱砍滥伐、毁林开荒、毁坏植被的行为。

在林场资源管护方面要建立健全管护责任制，把森林资源保护纳入目标管理，乡镇主管领导为主要责任人。在现有的基础上增加管理站和管护点，增设保护管理人员，实行专业护林员和义务护林员相结合并制定管护措施，把保护管理的各项任务分解到岗，落实到人，分段或分片承包管护。指派专门执法人员对采伐地点、木材市场、木材经营加工点等处加强监管，整顿流通秩序。禁止乱砍滥伐，尤其是对天然林一律严禁采伐；坚决遏制胡杨林生态旅游区的牲畜散养。加强对珍贵野生动物、珍稀野生植物、名木古树的保护工作。建立健全“三防”管理体系，完善防治措施，加强野外火源管理，严格用火审批制度，形成完善的森林防火联防体系，加强防火队伍建设，与地方形成统一的森防预警联防和扑救网络。加强森林病虫害防治工作，强化植物检疫。对在监管中涉嫌滥用职权、玩忽职守、徇私舞弊的执法人员，由司法部门依法追究刑事责任。

（5）**林业政策改革**

为实现可持续的森林经营、管理生态进程，必须制定适宜于阿克苏地区的林业政策，建立良好的保护森林生态系统机制。林业效益多向性的特点也决定了森林环境建设必须有相应的扶持体系，通过政策和立法，在财政、税收、信贷等方面采取扶持政策，增加对林业的投入。

建立健全国家生态林补偿机制和森林生态效益补偿制度。发挥生态效益为目的的生态林的营造、管护和更新的工作，国家将生态林建设的资金列入中央财政预算，确保发展、保护生态林的资金来源。面向全社会（农村、农民除外）征收森林生态效益补偿费，将征收的资金用于生态林业建设。同时，建立生态林业建设资金与国家、自治区可支配收入增长率挂钩的机制，进一步完善林业政策支持体系，确保林业建设规模。

（6）**实施科技兴林**

我国林业科学技术水平不高，营林方面技术力量尤其薄弱，不适应振兴林业的要求。提高林业科学技术水平，用现代化林业科学技术促进林业发展是当务之急。

加强水源涵养林（山区森林）的科学研究，如森林生物多样性、森林经营管理模式、生态造林技术、森林天然更新措施等。

加强胡杨林的科学研究，为制定合理保护措施提供依据。对胡杨林的生物学、生态学、林学、保护学及其历史变迁作系统的调查研究，如研究胡杨的衰退规律，以及恢复、改造、发展的技术措施；研究胡杨林病虫害的发生规律和防治技术及方法，遏制病虫害的蔓延等；积极创新，实施能源替代，改变保护区燃料结构，实现电、气代柴，减少群众对胡杨木材的消耗；制定旅游开发过程中生态破坏的补偿办法，异地恢复受损胡杨林，加快人工胡杨的培育。

11.3.2　天然草地

（1）草地资源保护措施

建立保护区。将天然草场牧区划分为核心区和缓冲区，在核心区建立草原自然保护区，实施休牧育草。

建立基本草场保护制度。流域内各级人民政府草原行政主管部门要编制基本草原保护规划。把人工草地、改良草地、重要放牧场、刈割草地以及草地自然保护区等划为基本草地，实行严格的保护，任何单位和个人不得擅自征用、占用或改变其用途。要制定相应的基本草地保护办法或条例，合理划定基本草地的范围，严格实施草地的保护和监督管理。

实行草畜平衡制度。以村、乡为单位，根据区域草原的牧草生产能力，核定载畜量，以草定畜，严格控制草场放牧强度，逐步解决草原超载过牧问题，实现草畜动态平衡。调整草地利用结构及布局，改变传统的放牧习惯，变自由放牧为舍饲或半舍饲，不允许农区牲畜占用天然草地；调整畜群结构，合理配置放牧家畜的种类和年龄组成，采取小畜换大畜、土种换良种等措施，减少绵羊存栏，增加牛存栏。在提高草地利用率的同时减轻草场压力，给予天然草场休养生息的时间和空间，让天然草场进行自然恢复与更新。

推行划区轮牧、休牧和禁牧制度。流域上游地区以冬春草场为重点，大力推行划区轮牧和季节性休牧；重点结合草原自然保护区建设和草原生态建设，对自然保护区的核心区、缓冲区以及草原沙化、退化严重地区实行围栏禁牧；流域下游地区实行草山、草坡管护责任制，积极发展舍饲圈养。

（2）退化草场恢复与重建措施

实施退牧、休牧、减牧，使超量无序放牧导致的退化草地得以修复。针对不同草地类型和不同草地退化程度，采取不同的改良措施，如对中度退化草场实行一定时期的禁牧封育，促进牧草资源休养生息；对重度退化草场要加大连片治理力度；对潜在退化区要加强草场监测，及时调整人类活动方式和强度。对于生态环境恶化十分严重和十分脆弱的荒漠草原和风沙缘地的沙化草地实行永久性退牧，改生产性草场为生态性草场；对于流域上游河谷区退化严重的春秋草场和夏草场推行休牧制，休牧 1～3 年，使退化植被自我更新修复；对于超载过牧而导致退化的草场，通过减少牲畜数量，减轻放牧压力，促使草地恢复生机。

(3) 发展生态畜牧业和草产业

首先，使牧民定居，为草地畜牧业由粗放经营型向半集约化经营、由传统的四季转场游牧向暖季放牧利用、冷季舍饲+放牧的生产方式的转变提供条件和保障，同时要有相应措施提高定居牧民的经济收入。其次，在草地禁牧、休牧、轮牧区，要逐步改变依赖天然草地放牧的生产方式，大力推行舍饲圈养方式，积极建设高产人工草地和饲草饲料基地，增加饲草饲料产量。按照因地制宜，发挥比较优势的原则，调整和优化草地畜牧业区域布局，逐步形成牧区繁育，农区和半农半牧区育肥的生产格局；控制载畜数量，加强天然草地和牲畜品种改良，提高牲畜的出栏率和商品率。

为了实现牧业可持续发展，必须要大力发展生态畜牧业。为此要做好以下几点：一是重视畜牧兽药科技在牧业生产中的应用，利用动物遗传育种技术、繁殖技术、配合饲料生产技术、禽畜环境控制技术、当年羔羊育肥技术和动物疫病防治技术提高生产效率和效益。二是在牧业发展过程中，在关注经济效益的同时也要关注社会效益和生态效益。通过有效的牧业生态规划，将牧业生产的常规技术和生态技术有效的结合，充分发挥牧草、饲料、农作物和家畜的作用，将饲草饲料生产、家畜饲养管理、家畜繁殖培育、牧场废弃物无害化处理、动物疫病防治和牧产品流通等环节进行联结，促进生态畜牧业生态经济系统的协调发展。三是生态牧业生产的产品是绿色牧产品，通过为牲畜提供青草、干草或青贮玉米等直接从土地上获得的饲草料以减少含有激素类生长促进剂和抗生素人工饲料的大量使用；通过采取有效的措施预防免疫，提高牲畜的健康水平来降低兽药的使用；通过采取抗风险能力强的健康养殖模式以减少应激等方法的利用，提高牧产品质量，为市场提供消费者所需的无农药兽药残留、无激素和添加剂残留的绿色牧产品。

(4) 法律行政管理保障措施

在加强《草原法》《环境保护法》《土地法》等有关草原保护、草畜平衡的法律政策宣传的基础上，进一步加强阿克苏地区的有关草地保护的立法工作，制定完善草畜平衡的相关法律法规。建立健全行之有效的草地管理体系，完善草地保护的专门法规。

依法加强草原监督管理工作，做好草原法律法规宣传和草原执法工作。建立健全有效的监督管理机制，完善草原监督管理手段；草原监督管理部门要加强自身队伍建设，提高人员素质和执法水平。运用法律手段调整草地资源的权益分配，依法管理草原，使生产者对草原的权、责、利统一起来，调动广大农牧民的积极性，依法进行草地资源保护，促进草地资源的合理利用，发挥草地最佳的综合效益。坚决查处乱开滥垦草地、滥挖药材、非法征占用草原的违法案件，严厉打击各种破坏草地的违法行为。

对草地生态环境的保护与建设进行全面规划，建立健全各级政府和领导干部草地生态保护和建设的目标责任制；完善并落实草场承包责任制，草场承包到户，长期使用，使草原的用、管、建与责、权、利相结合，这一措施的主要内容是根据牧户人口规定一定的牲畜饲养量，按牧户的实际饲养量征收草地建设费，超过饲养量的部分加收建设费和草地保护费，超额越多，征收越多，使牧民从超额饲养方面得不到好处，其目的是限制牲畜饲养量，提高出栏率，加速畜群周转，增加畜产品的商品生产，最终将牲畜总饲养量控制到与草地正常生产能力相适应的水平。

（5）建立政策与科技支撑体系

加强以牧民定居点、牲畜暖棚、围栏草地、人工饲草饲料生产基地为主的草原基础设施建设，实施人畜饮水、草原灌溉等草原水利设施建设，提高畜牧业生产的基础条件。进一步加大各级政府对草地生态保护与建设方面的投资，建立健全草地生态补偿机制，建立休牧育草基金、草地建设基金，组织实施草地保护、草原水利、防治沙化工程。

在草地退化严重的地区，采取整体搬迁、零散搬迁、异地安置的移民办法，解决人口增长的问题，做到人退草进；在禁牧期间不再返回从事畜牧业生产，制定补贴政策，政府为其提供安置补助和生活补助，实现草原永久性禁牧、恢复草原生态环境的目的。对草场退化不太严重，经短期封育和治理能恢复的地区，采取阶段性禁牧，禁牧时间 5～10 年。政府以租赁其草场的形式，对这些牧民提供 5～10 年生活补助，实现阶段性禁牧草场的目的。

建立草地生态保护补助奖励机制，即草原使用人或受益人在合法利用草原资源过程中，对草原资源的所有权人或为草地生态环境保护付出代价者支付相应的费用，如对牧民实行草原禁牧补助、牧草良种补贴、草畜平衡奖励、牧民生产资料综合补贴等政策措施，其目的是支持与鼓励草原地区更多承担保护草地生态环境责任。

11.3.3　水资源

（1）水源保护对策

与新疆内陆河流域特点相同，地处新疆南部阿克苏地区境内的各河流水资源也是主要形成于山区冰雪融水和降水，因此保护山区的冰川资源和水源涵养林、草至关重要。冰川资源对河川径流具有重要的调节作用，可以使河水的年际变化较为稳定，同时也决定了地下水补给的稳定性。采取措施防止冰川消融加速，可利用冰川区上空有利于凝结降水的云雾条件，进行人工降雪，以增加冰川积累量；夏季则在冰川区施放烟幕等，阻挡和减少太阳辐射，抑制冰川强烈消融，控制和调节融水量，避免浪费。山区水源涵养林草调节水文循环的作用和功能已经有大量的研究所证实，因此，必须加强山区水源涵养林的建设和天然草场的保护，从而达到保护河流径流和地下水资源的目的。

（2）流域水资源优化配置对策

在干旱内陆区水资源保护与生态环境建设的区域配置和区域划分是以流域为地理单元、生态环境特征为基础的，必须充分考虑流域生态系统。因此，本研究从流域生态系统分布特点的角度出发，结合绿洲生态环境状况来分析水资源的保护对策。

人工调配河川径流、开垦土地、发展人工绿洲会引起天然绿洲的强烈变化。据研究，内陆干旱区河流上游和中游每增加 1 m^3 用水量，下游的地下水就要减少 0.3 m^3；上游大量引水，使下泄水量大量减少，尤其是在非汛期，河道里大部分是农田排水和回归水，水质严重矿化；盆地上游的水源调控水库、中部灌区的农田水利体系会促使水资源垂直方向转化加强、蒸散发量增大，使下游绿洲地带天然径流量减小，导致绿洲地带更加依赖地下水维系生态环境。因此，必须对流域水资源进行统一规划，以总量控制为核心，做到整个流域水资源开发与保护统一规划、源流与干流统一规划、上游与下游统一规划、地表水与地下水统一规划、各行业用水与生态用水统一规划、地方与兵团统一规划，合理配置水资源。

阿克苏河流域地下水有一定开采潜力。为合理开发利用地下水资源，进一步规范阿克苏地区地下水开采秩序，在综合分析区域水文地质条件、地下水开采状况、水位动态及环境地质的基础上，制作地下水采区分布图。做好阿克苏地区近期、远期水资源规划，对整个地区水资源的开发利用现状、水资源配置、供水工程实施方案做出科学翔实的规划和论证。根据实际情况，合理开采地下水资源并与地表水进行联合调度运用。

启动节水型社会建设工作，对阿克苏地区水资源进行了调查统计，组织专家编制《阿克苏地区节水型社会建设规划》。通过开展流域内水资源综合规划，合理安排生活、生产和生态用水，使其互相衔接和协调；运用法律、行政、经济、科技等手段，发展节水型农业、节水型工业，建设节水型城市和节水型社会，从而进一步挖掘供水潜力，合理配置水资源，加强水资源管理，提高水的利用效率，缓解水资源短缺矛盾。

农业水利方面，继续推广应用以小畦灌、微灌、喷灌、管灌和覆膜灌等为主的高效节水灌溉工程技术，加大地表水灌区节水改造和工程管理力度，加强田间配套工程建设，优化渠系工程布局，实施渠道防渗配套工程；积极配合农艺节水技术措施，积极引进推广节水抗旱农作物品种，推广旱作农业种植模式和工艺，采用耕作保墒、覆盖保墒、水肥耦合、化学制剂保水以及节水作物品种筛选技术等；相应地配套节水管理技术措施，制定节水灌溉制度，探求合理的灌水定额，运用土壤墒情监测与灌溉预报技术并进行灌区量配水，对农业用水进行实时监控，采用现代化灌溉管理技术。此外，可考虑将污水和微咸水净化后用于农业灌溉，达到节水的目的。

(3) 水环境保护与管理对策

流域水资源是区域生态环境变化的主导因素。流域水资源保护包括水量保护与水质保护，二者是不可分割的整体。水环境保护的目的就是防止水环境进一步恶化，逐步恢复河湖的生态环境，集中生活饮用水水源地水质达到国家规定的标准，力争所有地表水水功能区水质全面达标，地下水超采和污染得到遏制，实现水资源和水生态系统的良性循环。

1）以水域限制排污总量为依据，加大点源污染防治力度

在新疆跨越式发展战略指引下，新疆南部工业发展势头强劲，污染源控制更是流域水资源与水环境保护的基础与重点。点源污染防治主要是对工矿企业废污水、城镇生活污水排放进行防治。其具体对策是：应抓紧编制流域水资源保护规划，实行排污许可和污染物总量控制制度，制定严格的点源废水和污染物排放指标，执行水功能区排放总量

控制和污染物削减指标管理。加强城市及工业园区的污水处理厂和污水收集管网建设，实施清污分流，提高设施利用效率，提高污水处理率与回用率，实现污水资源化。进一步加强监测站网建设和管理，深入开展污染物监测和监督检查，严格监控污染物排放总量，提高废污水达标排放率。推行清洁生产，实现工业污染源的全过程控制，综合采用法律、经济、管理和技术等多种手段减少废污水排放，尤其是加强重点河段以及饮用水水源保护区的水污染防治与环境保护力度。依法推进入河排污口和水功能区的规范管理，深入开展入河排污口核查，严格约束入河排污口设置审批。

加强工业污染控制。在工矿企业污水防治中，对于废污水排放不达标的企业，应强制其建设并坚持使用废污水处理设施对废污水进行处理，使其实现稳定达标排放，逐步实现清洁生产；关停重污染和不能达标排放的企业。对于已经实现达标排放但污染物排放总量较高、超出水域限制排污总量、导致水功能区水质无法达标的企业，应以水功能区水质达标为目标，强制其淘汰现有落后生产工艺和设备，推行使用原材料利用效率高、污染物排放量少的清洁生产工艺和设备，鼓励水再生利用，加强污水的资源化利用，实现节能、降耗、减污、增效。应强化新建项目的环境影响评价、水资源论证和取水许可制度，严格执行国家产业政策，禁止转移或引进高耗水、高耗能、高污染项目，鼓励发展低污染、无污染、节水和资源综合利用的项目。

对城镇生活污水的防治，应加快建设和完善城镇污水处理设施及配套管网，提高污水收集能力和处理能力。应厉行节约用水，加强生活用水管理，大力推广节水型器具。尽量使生活用水循环利用，优化资源，在节约用水量的同时也减少了污水排放量，减少污染。

2）加强面源污染防治，防止水体污染

面源污染主要来自工矿企业产生的工业垃圾和城镇生活垃圾、农业生产中大量施用的化肥和农药、畜禽和水产养殖产生的排泄物、农村人口生活污水和垃圾以及水土流失等。因此，我们应加大面源污染防治力度，消除面源污染。其具体对策是：

参考《地面水环境质量标准》《生活用水标准》和《农业灌溉用水标准》等，结合实际，从严制定生活用水标准和废水的排放标准。采取严格的检测手段，使所排放的水量水质必须达到排放标准，不达标者严禁排放。加快工矿企业垃圾和城镇生活垃圾集中处理设施建设，禁止将工业固体废物、危险废物和城镇生活垃圾转移到农村。发展节水生态农业，科学施用化肥和农药禁用高毒和高残留农药，控制地膜使用，减少化肥、农药、地膜污染；推广生态农业示范区和绿色食品、有机食品基地建设。发展生态养殖业，加强畜禽和水产养殖污染控制，开展畜禽和水产养殖污染综合防治示范，推广畜禽和水产养殖粪便综合利用和处理技术；应严格按照《畜禽养殖污染防治管理办法》进行实施，规范管理，有效防治畜禽养殖污染，保护生态环境。结合建设社会主义新农村，指导乡镇编制农村环境综合整治规划，推进农村社区环境基础设施建设，改水、改厨、改厕，建立生活垃圾收集处理系统。加强水土保持，防治水土流失。

3）确保生态用水，促进水资源和水生态系统的良性循环

阿克苏地区存在生态环境问题，如土壤次生盐渍化、土地沙化、水土流失、湿地面积减少、河道下游干涸断流、地下水超采、水环境容量减少等，归根结底都是水资源贫乏造成的，因此必须将流域生态环境的保护目标纳入流域规划，确保流域尤其是流域下游的生态用水，保障河流生态基流，保证水资源和水生态系统的良性循环。

4）实行农田排水与河水分流

由于农田排水携带着大量盐分，进入到河道必然会引起污染。要加强控制向流域河道排水排盐，实现农业高矿化度排水与河道径流的分离，实施咸淡水分流，限制高矿化度水排入河道。加强沿岸各排污单位的水环境保护意识，对排放的污水进行处理，减少污水排放量和污染物含量。在流域内科学规划排水系统，建立完善农田排水体系，严格控制灌区排水指标，杜绝超标水质对河流水体的污染，严格控制或减少高矿化度水排入河道，建立全流域的农田排水管理系统和水质安全保障体系。

阿克苏地区绿洲灌区与荒漠相接，可通过工程措施实施咸淡水分流、排水与洪水分流，将农田排水引入戈壁和沙漠等荒漠区域，作为沙漠生态用水，用于灌溉一些耐盐植物，增加植被覆盖度，使沙漠得到绿化，这也有利于河流水环境保护和绿洲稳定。实践证明一些耐盐和耐干旱的植物如红柳、胡杨、盐节木、黑刺和花花柴在高矿化度农田排水的灌溉下能很好的生长。考虑到经济问题，可以在汛期，河水流量大、矿化度较低时，向河中适当排放农田排水。

5）加快生态水利工程建设

为保障“四源一干”流域水文过程完整性，应加大投资力度，加快水土保持与生态水利工程建设，恢复生态植被。做好各河流沿岸整治，可通过实施护堤林带、滩地乔木带、河岸灌木穿带、净水植物带等植物措施和闸坝工程措施，进行河道生态治理，从而解决河道水土流失、水质污染、土壤沙化等生态环境问题。河道生态治理主要包括城市河道景观生态区建设、河滩地种植结构调整区建设、湿地生态区建设等。在有条件的河道地段建设人工生态湿地工程，可充分利用河道天然净化功能，辅以人工措施，改善地表水水质，使地表河水在流入渗漏河段前水质得到进一步改善。

6）加强地下水水质的保护

以供水水源地为重点，划定水源地保护区，建立健全水源地的保护机制。加强垃圾填埋地的防渗，并通过暗沟或渗井把渗漏液收集起来进行处理，以防止对地下水的污染。对产生废水较多的工业企业，应对废水进行处理，做到达标排放，然后采取各种防渗措施，防止废水入渗补给地下水，减少对地下水环境的污染。农业面源污染同时也会对地下水造成污染，对于化肥和农药的污染，要加强对化肥质量的监管，禁用劣质化肥，增施有机肥，推广科学施肥技术，要逐步采用高效、低毒、低残留农药代替长效性农药；对于污水灌溉的污染，要研究污水是否符合灌溉要求，在灌溉之前，必须对污水进行处理，使得有毒、有害的成分降低到符合农田灌溉用水标准；对于在地面或土坑储存或堆

放家畜污水或家畜粪便的，要设置防渗层，还可以进行发酵处理，降低污染能力。

如果地下水一旦污染，应及时寻找并切断污染源，保持受污染的区域不再扩展，并采取措施，尽力恢复其水质。一般可采取以下治理措施：补排措施，即对已经污染的地下水采用人工补给的强烈抽水方法，使污染的地下水得到稀释和净化，或改变地下水径流条件，加速水的交替循环以达到改善水质的目的；堵截措施是采用防渗墙或防渗帷幕、造泡沫屏障技术等将污染体堵截在一定范围之内，以防止进一步扩散；水处理措施，对于污染后的地下水，也可以采用物理、化学和生物法进行处理，以降低污染物浓度和危害性。

7）提高水环境监测能力

水环境监测是为水资源管理与保护提供信息支撑必不可少的工作手段。针对目前新疆南部大部分地区水环境监测能力与水资源管理与保护要求不相适应的现状，应加快水环境监测设施、设备、仪器和人才队伍的建设，优化水环境监测站网，提高监测能力，为水资源管理与保护决策提供足够、可靠的信息。

首先，建立健全流域地表水监测、预警与预报系统，做好地表水来水量与水质的监测工作，对城镇供水水源地、各污染源、入河排污口、排渠入河口、水功能区及每项污染物进行全面监测。建立水资源管理信息系统，对全流域取水、用水、水位进行实时监控，实现水资源的统筹协调和科学和利用。

其次，建立完善地下水监测网络体系，适时监测地下水的水位、水量、水质和污染状况以及地面沉降等情况，加强地下水动态调查评价和过量开采与污染的监测，逐步健全地下水资源评价、地下水动态监测的地质调查，积累地下水污染区域、地下水人工补给、地下水环境背景值等水文地质调查资料，提高地下水资源保护的科技与管理水平。

同时，要研究和应用应急监测、自动监测等技术，建立水资源保护信息系统。在逐步完善常规水质监测基础上，大力提高水环境监测系统的机动能力、快速反应能力，增强对突发性水污染事故的预警、预报和防范能力。

（4）水资源管理保障措施

1）加强水资源保护管理体制建设

要解决好新疆南部水资源保护问题的一项重大措施就是健全以流域为单元的水资源保护管理体系，制定统一政策，实施流域统一管理。加强以流域为单元的水资源保护机构建设，并赋予其行政监督和管理职能，负责本流域水资源保护的组织协调、规划计划与监督管理，在流域决策体制下，对全流域的水污染进行宏观调控与治理。

2）制定和完善水资源保护政策法规体系

在国家已颁布的《环境保护法》《水法》《水污染防治法》《水土保持法》《河道管理条例》《取水许可制度实施办法》《水资源保护管理条例》《饮用水水源保护污染防治管理规定》等法律法规的基础上，进一步健全水法规体系，制定并完善《流域水资源管理条例》，以法律形式明确水行政主管部门在水资源保护工作中的地位、责任和权利，依法治水；确定以流域污染物排放总量控制为核心，实行地方各级政府行政首长分工负责、流域水资源保护机构监督的水资源保护机制。以部门规章形式制定入河排污监督管理、省界水体水质监督管理和水源地保护等水资源保护管理办法。针对塔里木河流域，制定的有《塔里木河流域水资源管理条例》。确保各项相关法律法规的贯彻执行，保证限制排污总量控制制度、建设项目环境影响评价、水资源论证和取水许可制度、入河排污口设置许可制度的实施。严查不法排污现象，依法规范各类污染源的排污行为。

3）实施最严格的水资源管理制度

作为流域水资源保护机构，负责组织编制流域水资源保护规划，组织水功能区划分，加快工业园区水资源配置规划和供水工程规划的编制工作，审定水域纳污能力，制定污染物排放总量控制方案和流域水污染防治规划，确定水体水质管理标准，对流域内污染物排放总量控制实行监督，确保水资源保护目标的实现。

明确作为塔里木流域的源流之一的阿克苏地区各河流的水体功能和水质保护目标，是水资源保护与管理的重要依据。根据水功能区划成果，制定《塔里木河流域水功能区管理规定》，明确其中阿克苏地区境内的各水功能区、各水源保护区的范围、管理办法、执法主体、职责分工，明确归口由管理局全面管理，环保、林业、农业等部门协助。制定《流域水资源管理办法》，明确在流域内所有单位、机构和公民都要在取水、用水、退水等一切涉水活动中，执行水资源管理的有关规定以及水功能区污染物控制总量；明确由水行政主管部门统一实施取水许可制度，主管节约用水，负责统一收缴水资源费，监督水污染治理，制订水资源保护规划。按照水功能区的管理规定和水资源管理办法，水务部门根据水资源及水环境承载能力科学审批取水许可证，以此控制生产单位的取用水量和退水。对水功能区实施水质目标监督，用水质指标考核和衡量水功能是否降低或被破坏以及保护措施是否有效。

制定全流域用水总量控制、用水效率控制、水功能区纳污控制三条红线指标，并分解下达到各地州县（市），研究制定具有较强操作性的最严格水资源管理责任考核办法，尽快启动水资源监控体系建设。严格执行新疆《规划水资源论证报告书的编制及审查规定》，全面推开各类规划水资源论证工作，从源头上落实最严格的水资源管理。划定和公布地下水超采区，明确禁采区和限采区的范围，加强节水管理和水资源保护。

4）建立合理的分水方案和调水机制

实行“四源一干”流域水资源统一管理，就应根据“四源一干”多年平均流量和生态、经济发展的需要，确立流域水量分配方案及年度调度预案，建立健全总量控制、定额管理的强制性指标体系，强化流域水量统一调度，建立健全水调规章制度，建立初始水权秩序，确保用水的公平性。严格控制塔里木河源流区和干流上中游地区的农业、工业、生活等用水定额，实施严格的取水许可和用水定额管理。

5）建立水资源保护市场调节机制

把经济生产用水引入市场调节机制，通过水资源的有偿使用，提高其空间配置的经济高效性。鼓励在政府监管下进行“水权”转让，利用经济杠杆激励水资源的节约利用，更大程度地发挥水资源的效益，在保障生存的前提下，引导水资源向高效产业、高效区域流动，从而实现产业结构的优化调整。利用市场化、商品化机制调节水价。使用者要合理地缴纳水资源费，包括供水投入的成本费、排放污水治理的成本费等。水价要分类管理，分类计算，使用户对水资源的利用承担合理的经济责任。

6）建立流域生态补偿机制

按照“谁开发谁保护、谁破坏谁治理、谁受益谁补偿”的原则，制定塔里木河流域生态补偿条例，加快建立流域生态补偿机制。国家在对塔里木盆地进行油气、矿产、土地资源开发的同时，不仅使新疆脆弱的生态环境持续严重退化，而且对我国西北地区甚至东部人类的生存环境与社会经济可持续发展也构成严重威胁，所以，国家应对我国西北地区生态环境保护和生态建设方面给予更多支持。对于塔里木河流域，源流和上游区耕地的过度开发会挤占下游的生态用水，因此源流和上游区受益方应该对下游区利益受损方做出经济补偿。考虑双方利益得失，制定流域生态补偿标准。为使生态补偿机制易于操作与实现，应全面分析影响生态补偿价格的各种因素，尽快完善资源环境评价体系，实施生态补偿机制。由于工业和城市用水增加而占用了农业用水，应把按工业和城市生活用水收来的水费，返还给农业，用来降低农用水水费或调节水工程设施。

7）推行生态水权制度建设

建立水权制度和水权市场，是国家回购生态水权，补充生态用水的举措。就塔里木河流域的实际情况而言，水权交易转让主要是农业水权向工业水权转让。要尽快落实生态水权，明确生态水权的具体要求，要在初始水权的划分中就对生态水权予以考虑。水行政主管部门要加大侵害生态水权的惩罚力度。目前塔里木河域尚缺乏科学合理的初始水权，用水方面存在较多不合理现象，因此，必须加快流域水权制度的建立，以实现流域生态与生产用水的合理配置。

8）加强流域管理和水资源保护能力的建设

加大水资源保护的投资力度，是加强水资源保护能力建设、增强管理水资源综合能力的重要保障。为此，各级政府应增加资金投入，加强水资源保护机构的能力建设，在逐步完善常规水质监测的基础上，加大流域水功能区监测范围、频次，提高流域水质监测水平，增强水资源保护信息化建设，提高水质监测和评价效率，为水资源保护管理提供优质服务和技术支撑。加强水政监察和水资源管理与保护队伍建设，强化监督管理，进一步做好对从事水资源保护工作的管理和技术人员的岗位培训，提高水资源保护队伍的整体素质。

9）开展水资源保护领域的科学研究

大力推进水资源保护科学技术的进步，力争在产水、调水和用水的各个环节上提高应用技术和管理技术的科技含量，促进流域水资源保护和可持续利用。加大投入，积极开展流域水资源保护的科学研究，如流域水污染防治对策、废污水分流及资源化技术、流域面源污染控制技术、流域水土保持生态综合治理技术、流域农业节水优化技术方案、流域高效林业经济技术等。加强流域尤其是重点区域水文、水资源和生态环境监测和科学研究，为修改和完善流域水资源规划和水量分配方案提供科学依据。

11.3.4 土壤盐渍化

新疆绿洲灌区土壤次生盐渍化发生的原因很多，但主要原因是灌溉系统防渗率低、灌溉方式落后、排水设施不完善。水既是土壤积盐的主要因素，也是土壤脱盐的动力，因此，合理调控土壤中水盐平衡是盐渍土防治与改良的关键。在治理措施上，根据阿克苏地区生态地质环境条件，必须采取水利工程措施先行、有机结合农业技术措施、生物化学技术措施及水盐养分的监测预报和管理进行综合治理，才能收到较好的改良效果。

（1）水利工程措施

1）完善灌排体系，降低地下水位

盐渍土多分布于排水不畅的低平地区，根据阿克苏地区各流域的特点，建立灌水渠道和排水渠道网络，采取明沟排水、暗管排水、暗沟排水方式，在明渠排水、灌渠防渗、定额灌溉改良措施作用不明显的情况下，可采取井灌井排方式。灌区排水工程应完整配套，符合防盐排盐的排水标准；在低洼易涝地区还应满足除涝排水要求，必要时还应修建截流或截渗沟，防止地面径流和地下水的汇入，减少灌区内地下水的补给来源。

大力发展渠道防渗节水措施，减少灌溉水的渗漏损失，防止由于地表水补给地下水而造成的地下水位上升。明沟排水结合防渗渠道灌溉，能够将土壤冲淋出来的盐分排除灌区，降低地下水位，加速脱盐速度，巩固脱盐效果。同时加大井灌井排的地下水资源的开发利用工作，通过开采地下水降低地下水位，防止引起土壤盐渍化。

2）改变落后灌溉方式，发展田间高效节水灌溉方式

大力发展以沟灌、滴灌、低压管灌等为主要措施的田间节水措施，既能提高灌水效率，确保灌水均匀，节约灌溉用水，又能保证农作物的定时、定量合理的灌溉，减少田间渗漏损失，防止地下水位上升造成土壤盐渍化。例如，可在地下水位较低的上游灌区，可先不修建排水设施，通过降低灌溉定额，采用高效节水的灌溉方式来减少灌溉水入渗，维持地下水位在临界埋深之下；在地下水位较高的中下游灌区，应采用滴灌、喷灌、膜灌、沟灌和小畦灌等节水灌溉方式，降低灌溉定额，减少地表水的入渗，降低地下水位；对于离湿地较近的灌区，采用喷灌或者膜灌技术减少灌溉水的入渗，控制地面蒸发；在细土平原区可通过采取竖井排灌和排渠相结合的治理方案减少无效蒸发量，合理控制地下水位，防止土壤盐渍化。积极开展微咸水农业灌溉的研究，制定微咸水灌溉制度，充分合理地利用微咸水资源。

3）排水洗盐

目前，新疆绿洲灌区大面积改良土壤盐渍化的方式主要还是排水洗盐，是用水灌溉盐碱土壤，把盐分淋洗到底土层，或用水携带把盐分排出，淡化和脱去土壤中的盐分。

但是，“洗盐”用水量大，排水系统建设投资大，需要用长期的收益积累来补偿；另外，排水造成灌区下游土地次生盐渍化，影响了生态系统良性循环。

（2）**农业技术措施**

通过农业技术措施可以减少土壤蒸发，防止返盐，降低盐渍化程度，提高作物产量。农业技术还可使土壤中现有盐分重新分配，表层含盐量降到作物耐盐度以下，达到合理利用盐渍化耕地的目的。对于轻、中度碱化土壤来说，可以采用农业和生物措施，如深耕、增施有机肥、种植翻压绿肥等，结合水利措施改良碱化土壤。

平整土地。若地形高低起伏，灌水定额就会加大，灌溉时低处积水，形成无益渗漏；高处蒸发强度大，盐分向高处集中，形成盐斑。因此做好土地平整工作，降低灌水定额，可保证灌溉质量和提高盐碱地的改良效果。

深耕翻地。深耕可以破坏盐碱化土壤的结壳和碱化层，使土壤疏松，增加土壤的蓄水性和透水性，防止土壤水分的蒸发，减少盐分的上升。灌溉后适时松土可以减少地面蒸发，既保持了土壤水分，同时也能有效地抑制土壤返盐。此外客土、掺沙也是改良盐碱地的办法，既能改善土壤板结，增加土壤透气性和透水性，还有压盐的作用。

调整耕作制度，密植套种，草田轮作。在地面上经常保持作物植被，不仅可以改变小气候环境，有效地减少地面蒸发，增加土壤有机质和速效养分，而且还可以提高土壤的持水量和透水性，抑制表土返盐。棉花套种绿肥对盐碱土的改良效果明显，应大力推广。

（3）**生物化学技术措施**

1）增施农家肥和有机肥，种植和翻压绿肥

在盐渍化耕地上增施有机肥或种植绿肥牧草、秸秆还田等都是改土培肥的有效途径，其不仅能改善耕层土壤结构，有效调节土壤水气热状况，增加土壤有机质，提高土壤肥力，有利于盐碱土壤的改良，而且还能有效减少地面蒸发，减轻地表积盐。

2）植树造林，人工种草，种植耐盐作物

植树造林对排出地下水有很好的效果，应在沟渠、道路旁种抗旱、耐盐、耐贫瘠的树种，如新疆杨、榆树、红柳、沙枣等，林带宽度 6～8 m，可增加林网覆盖率。

为促进盐渍化草原和草甸的植被恢复，应该在全面实行草原封育禁牧的基础上，采取浅翻轻耙、播种乡土草种、排除积水、降低地下水位。对中重度盐渍化土地，可播种星星草、碱矛属植物、野大麦、羊草、披剪草等耐盐碱草本植物，对轻度盐渍化土地可采取播种紫花苜蓿、草木樨等饲草植物建立人工牧草地的方式，迅速提高土地的生产能力；同时可以利用戈壁荒滩地种植碱茅草发展畜牧业，提高农民收入。

3）沼气肥改良盐碱土

对盐碱土施用沼肥，可提高土壤肥力，减轻土壤容重，降低土壤的紧实度。这样可以增加土壤孔隙度，对土壤结构和水分物理性质的改善效果也很明显，改良效果比较明显。

4）添加土壤改良剂

根据土壤性质，可在盐渍地施用石膏、无水钾镁矾和沸石等化学改良剂；土壤的化学改良虽然见效快，但容易引入新的离子造成二次污染，且资金投入和技术要求都很高，对大面积的土地修复实施起来比较困难。绝大部分轻、中度盐碱化土壤，可以在一定灌溉排水条件的基础上，用农业生物措施改良；而盐碱化程度很高的土壤，可考虑配合施用化学改良剂。一般在盐渍化较严重的地区以添加生物质改良剂为宜。生物改良剂，如农肥、作物秸秆、干草及植物残余物如树皮、枯枝落叶和腐块、锯屑、糠醛渣等，是有效的改良盐碱地的有机质。另外，还有接种微生物改良，但技术难度高，其实际应用很难推广。

(4) 监测与管理配套措施

1）制定盐碱地治理战略规划

制定全局与地方、大河流域与局部、近期与远景盐碱地治理战略规划，合理开发利用土地资源及盐土资源，严格控制垦荒规模；灌区土壤盐渍化改良治理的主要目标在灌区下游和新垦区；以大河流域为单元，统一规划，建立完善统一水利工程与排水和排盐体系，促进上游与下游，地方与兵团等各行政单位互相配合，以便处理好农区绿洲与边缘生态环境之间的关系，最终以达到有效治理盐渍化的目的。也可按流域或县市开展节水、地下水开发利用、土壤盐渍化防治三位一体的综合规划。

2）合理利用调配水资源

土壤盐渍化的发展变化是人类对水文过程调配的结果。合理利用水资源会使生产、生态良性发展，而不科学的水资源利用方式会引起地下水水位和水文过程的变化，最终导致土壤的盐渍化。因此土壤盐渍化的防治应研究确定合理的灌溉排水比例，防止地下水水位的上升引起的土壤盐渍化问题和灌溉排水不当引起的土壤积盐的增加。新疆绿洲水资源配置应贯彻以水定地、以供定需的方法；地表水、地下水联合运用；同时对水资源的调配要保证生态用水的比例，不能为了农业生产而抢夺生态用水。积极开展研究并逐步建立节水、治盐、地下水三位一体的资源高效利用技术与模式。

利用排水系统减轻土壤盐渍化危害的最终结果是土壤盐分的转移，要注意盐分转移引起的土壤盐渍化的问题。

3）建立健全水盐动态监测与预警系统

为了及时准确地掌握绿洲灌区土壤水盐和土壤养分动态变化情况、盐渍化土壤的分布和演变规律，必须加强土壤水盐动态监控和土壤养分监测，以便发现问题，及时提出防治措施，防止土壤盐渍化进一步加剧。为此，应实施区域水盐动态信息数字化、决策治理自动化技术工程；进行区域水盐运动、土壤次生盐渍化各因素自动化监测；以流域灌区为单元建立长期的水盐动态监测体系以及“3S”的技术长期测报预警系统；定期观测地下水位与地下水水盐的动态变化，适时调控，为土壤盐渍化治理提供依据。

11.3.5　土地荒漠化与沙化

土地沙化的防治包括 3 个方面的内容：防、治、用。要根治土地沙化，首先是预防。即通过控制人口增长，改变粗放、落后的生产经营方式等消除土地沙化的人为因素。其次是治理，即通过植树种草和机械、化学等综合措施，防止和消除土地沙化带来的危害，改造沙化土地，恢复和提高其利用价值。最后是利用，指的是在治理基础上的综合开发和利用。防、治、用 3 个方面构成一个有机整体，紧密联系，不可分割。

（1）防沙治沙生态体系建设

1）实施退耕还林还草工程

对孤立于沙漠边缘或受到风沙严重侵蚀的农田应坚决退耕，促使自然植被恢复。对流域盲目开荒、毁林种棉，又无防护林等设施的农田也应立即实施退耕还林还草，因地制宜，宜林则林，宜草则草，实行综合治理，恢复植被，抑制沙漠化土地扩展。

2）建设完整的防护林体系

为保护绿洲的生态安全，对有灌溉保证的农田应建设和完善防风固沙林和农田防护林；沿绿洲一荒漠过渡带营造乔、灌、草相结合，带、网、片相结合的宽度在 50～100 m 的多带、窄带复合型防风固沙林带，局部流沙危害严重地段需设置草方格固沙，完善农田防护林带，以防沙漠进一步吞噬绿洲。在阿克苏南部沿绿洲边缘建立可能与风向垂直的防护阻沙主干林带，种树以耐盐碱抗旱的沙枣、胡杨为主；在绿洲沙地沙丘区，采取无水栽培技术种植人工固沙林，主要选择耐旱的梭梭、红柳等灌木树种，在立地条件较好、有水源地带可建设一定数量的乔木林；绿洲内以农田为中心，建立“窄林带、小网格”形式的农田防护林，树种一般以高大乔木的新疆杨、钻天杨为主。在农耕区营造农田防护林网应该采取 500 m×500 m 的网格为主；在个别风沙危害严重的农耕区需营造 300 m×300 m 的农防林网格。

（2）沙产业体系建设

沙漠化治理是新疆生态治理的难点，但可以说沙漠也孕育着沙区产业的巨大资源优势，开发利用荒漠化地区丰富的矿产、光热、风能、土地等自然资源，努力将这一资源优势变为经济优势，使之成为新兴沙产业和新的经济增长点。沙产业是利用沙漠、戈壁的土地资源和光热资源，通过植物光合作用固定转化太阳能，利用生物进行高效益的综合生产的体系，是在沙区培育“多采光、少用水、新技术、高效益”的知识密集型产业、农业型产业和阳光农业，具有巨大的潜力。

参照国际国内沙产业开发的经验和教训，结合阿克苏荒漠区与沙区土地与光热资源的特点，打造包括特色林果业、草业及畜牧养殖业和生态旅游业 3 大产业类型的阿克苏地区沙产业。

1）建立区域特色沙产业模式 —— 特色林果业

依托阿克苏地区资源与区位优势，建立红枣、薄皮核桃、红富士苹果、香梨等特包果品产业带；建立名特优果品园，同时配套完善四大服务体系：果品采后商品化处理体系、市场营销体系、干果加工体系以及生产资料保障体系。

2）建立区域特色沙产业模式 —— 草业及畜牧养殖业

充分利用、挖掘工程建设形成的草业及中草药资源，结合地方草业资源和养殖业优势，进行饲草生产、加工，饲料林营建，中草药种植，发展畜牧养殖业。根据区域特色，全力打造阿克苏地区饲草生产加工基地、饲料林建设基地、畜牧养殖基地以及中草药种植基地。

3）建立区域特色沙产业模式 —— 生态旅游业

充分利用塔里木盆地独特的沙漠旅游资源，适度发展沙漠生态旅游业。以沙漠生态、沙漠文化为主题，形成精品线路旅游景区。开发沙漠车赛、沙疗、大漠观日出、沙漠跳伞、沙漠滑翔、沙漠滑板、沙漠野餐、民俗风情游等旅游项目，以完善的设施和优质的配套服务吸引中外游客来沙漠地区观光、旅游、休闲、娱乐、探险，把区域丰厚的沙漠历史文化资源变成巨大的发展优势。

4）加快太阳能、风能、生物能源等替代性能源的开发利用

塔里木盆地沙漠区具有丰富的光能和风能资源，因此，可以大力发展太阳能和风能，积极引进资金建设太阳能和风能发电站。还可以积极发展太阳灶、光电照明、太阳能电池、太阳能热水器、太阳能空调等，解决群众生产、生活对燃料和能源的需要，缓解对生态环境的压力。

（3）防沙治沙保障体系建设

1）沙化土地监测预警体系建设

为了科学、全面、准确地掌握阿克苏地区沙化土地的发生、发展及逆转原因，科学评价和进一步指导阿克苏地区防沙治沙工作，通过统一规划和布局，构建覆盖全地区的沙化土地监测预警体系。建设内容包括 2 个部分：沙化土地监测网络体系建设和沙化土地监测预警信息系统建设。监测的主要内容包括沙化土地空间分布、土地沙化程度、沙化土地动态变化、风沙灾害动态、沙区主要植被状况、生态服务功能、水资源及土壤墒情变化等。

沙化土地监测网络体系建设：可采用遥感影像、GPS 现场定位和调查各因子的方法，对沙区土地进行宏观监测；针对土地沙化或荒漠化严重地区，或工程治理成效显著地区进行的重点或专项监测，其目的在于进一步分析土地荒漠化和沙化的原因，评价防沙治沙成效，为区域性生态建设规划和防沙治沙规划的制订、决策提供依据；在典型地区布设样地，通过长期、系统的定位观测，研究沙化发生、演变机理以及土壤、植被、气候、社会经济等因子与土地沙化的相互关系。

沙化土地监测预警信息系统建设：利用“3S”技术，构建阿克苏地区沙化土地监测预警信息系统，包括 3 个子系统：信息管理子系统、沙化土地监测子系统、土地沙化预警子系统。

2）运行保障机制

建立以国家投入为主，积极吸引社会资金的投融资机制。防沙治沙工程建设纳入国家基本建设项目计划，立项投资；地方财政要按一定比例进行配套；同时充分调动社会力量投资的积极性。对工程建设中的产业开发项目，采用国家贴息贷款方式，鼓励多渠道筹集资金。对群众的投工、投劳行为要给予报酬。

建立以法人运作的项目施工和管理体制。为了适应市场经济需要，保证工程建设的质量和投资效益，所有防沙治沙项目实行招投标制审批，合同制管理，公司制承包，股份制经营，滚动式发展的管理机制。由项目法人进行施工建设和后期维护，防沙治沙工程建设管理部门负责工程建设的监测、检查和验收。工程建设中的产业开发项目，由防沙治沙主管部门会同银行审批，采用借贷方式，自主经营，自负盈亏，独立核算。

建立生态效益补偿机制。为了补偿生态公益经营者付出的投入，弥补工程建设经费不足，合理调节生态公益经营者与社会受益者之间的利益关系，增强全社会的防沙治沙意识和责仟感，建立生态效益补偿机制。一是向防沙治沙管理生态效益的受益单位和个人，按收入的一定比例征收生态效益补偿金；二是使用治理好的沙化土地的单位和个人必须缴纳补偿金；三是破坏生态者不仅要支付罚款和负责恢复生态，还要缴纳补偿金。而对沙漠植被会造成严重破坏和环境污染的油气资源勘探开发项目，按“谁污染谁治理，谁破坏谁付费”原则，石油部门应向当地主管部门交纳生态破坏和环境污染补偿费。

3）配套政策

在国家现行《防沙治沙法》基础上，进一步完善防沙治沙政策体系，可结合阿克苏地区土地沙化特征，出台《地区防沙治沙法实施细则》等相关法律法规，细化相关政策，使其更合理和更具可操作性。可考虑配套税收优惠扶持政策、信贷和资金扶持政策、产权明晰政策以及荣誉政策等，以鼓励社会力量积极参与投入防沙治沙工程项目。

（4）水利与农业配套措施

区域水资源是制约和影响新疆绿洲的生存、发展以及所有生态环境问题的主导因素，为了防治绿洲土地沙化的生态问题，还必须从水土资源方面考虑对策。

建立健全水资源管理机构和生态平衡体系，搞好流域规划，实行统一管理，合理调配水资源余缺。在分配地表水时，要充分兼顾上游、中游、下游，兼顾山前平原、细土平原和盆地腹部 3 个方面，既要考虑工农牧业用水和城市供水的需要，又要给河流下游充分留足生态用水量，实行生态环境人工调控，保持生态平衡。

统筹规划，综合治理，因地制宜，分类指导。防沙治沙要实行统一规划，综合治理，实行林业措施、农牧业措施和水利措施有机结合。在水土流失、土地沙化严重地区，实行小型水利水保工程等建设为重点的小流域综合治理，并开展水源和节水灌溉工程建设。山区构筑水土保持“生态修复、生态治理、生态保护”三道防线，建设生态清洁小流域，保土减沙，保护水源。对干枯河道和水库周边，通过采取加强水政执法、封河（库）育草、建设灌草植被为主的过滤带等措施，减少人为干扰，增加植被覆盖，减少扬沙和水土流失。

坚持利用、保护、改造三统一原则，以水定地，进行土地利用总体规划，合理利用土地资源，坚决制止和杜绝毁林毁草开荒的行为。农业上要发展节水农业、生态农业、精准农业，通过农田保护性耕作，治沙造田，改造中低产田，建设稳产高产的基本农田；推行节水灌溉、精量播种、培肥地力、作物轮作、带状种植、草灌间种、农林间作等配套技术，减少农业耕作区沙尘污染。

制订并实施荒漠化或沙化治理规划。根据土地利用、土壤类型及荒漠化程度的不同，将阿克苏地区分为不同区域，如划分为沙漠化草原农田区、盐渍化草原农田区、农耕区、工业污染次生盐渍化区等，针对各区不同情况综合采取植树造林、人工种草、草原封育、保护和恢复湿地、林草复合经营等措施，保护现有植被、恢复原有植被、建设人工植物群落，提高林草覆盖度，进而有效遏制土地荒漠化进程，加速地带性植被草甸草原的恢复，提高土地的生产能力。

11.3.6　人工绿洲

由于自然环境的恶化和人类高强度活动的干扰，人工绿洲农业生态系统可持续发展面临的问题已非常突出。绿洲生态系统的调控原则就是对绿洲生态与生产过程的协调，对绿洲系统功能和结构的优化，协调绿洲的整性体与高功能性。调控途径就是确定绿洲产业经济方向，调整农业种植结构，通过节水实现合理、高效利用水资源，协调农、林、牧之间的关系，完善防护林体系，实现绿洲农业生态系统的经济高效和环境友好。就绿洲生态系统的稳定性而言，实质上是以加强水利基础设施建设，提高流域水资源利用率，增强绿洲抗御干旱、风沙、盐碱能力，完善绿洲水土生态安全、生物生态安全和防护生态安全等生态安全保障体系建设为主要内容的绿洲生态系统可持续管理。

为此，结合温宿县与阿瓦提县绿洲生态安全、人工绿洲生态系统特点及绿洲可持续发展存在的主要问题，提出绿洲水资源－生态环境－经济社会可持续发展调控对策。

(1) 合理确定人工绿洲适度规模

干旱区的人工绿洲完全靠径流性水资源支撑，是非地带性的；荒漠完全靠降水性水资源支撑，是地带性的；中间的天然绿洲，介于地带性和非地带性之间，同时享受降水和径流支撑，但径流支撑不完全，只是人工绿洲用剩下的径流和退水，保障程度低。人工绿洲与天然绿洲用水存在着明显的竞争性。由于区域水资源总量是有限的，人工绿洲扩大面积，就要从自然界夺取所需的水量，那么天然绿洲占有的水量就少了，天然绿洲就要缩小面积，缩小的部分向荒漠退化。研究表明，每扩大 1 个面积的人工绿洲，就会有 2～3 个单位面积天然绿洲消亡，或变成荒漠—绿洲交错过渡带，同时整个荒漠绿洲交错带也要萎缩，变得质量更差、更接近荒漠。因此，在严重干旱的新疆南部绿洲，不提倡大范围扩大农田灌溉面积，而应当根据当地的水资源承载能力，合理确定人工绿洲面积，根据水土资源的状况，合理确定绿洲适度规模，避免现有的人工绿洲进一步扩大；

依靠科技提高土地的有效利用；并对灌溉面积要实施总量控制，促进有限水土资源的更有效利用，达到人与自然的和谐共处。

（2）**合理开发利用土地资源**

加快中低产田改造和土地整理，提高土地利用率，是绿洲土地资源持续利用的有效途径之一。阿克苏地区的绿洲分布着较大面积的中低产耕地、中低产林地和低质的荒漠草地。绿洲农业土地资源利用应该从以中低产改造和开垦宜农荒地相结合转移到以中低产改造为主、尽量少开或不开荒，把提高农业综合生产能力与生态环境保护结合起来。通过耕地整理与渠系、道路、林网、村庄的配套建设，促进经济增长方式的转变，提高耕地的质量和增加耕地面积，实现田成方、路成行、林成网、渠相连、旱能浇、涝能排，农田标准化、生产专业化、操作机械化和农艺规范化的农业可持续发展。

合理开发土地资源。绿洲土地资源开发应在统一规划的基础上，未利用土地资源应以水定地开发为农用地或生态建设用地，开发前一定要做好水土平衡的可行性研究；加大对水土保持、植树造林和生物多样性的投入；对目前以生态保护为主的绿洲边缘地带限制开发。对“宜农荒地”开发必须具有生态环境论证报告以及水资源保障方面的研究报告；对生态功能保护地，绝对不能轻易开发，应维持荒地景观状态或种植林草。对于荒地的农业开发，严格执行新疆维吾尔自治区“关于重申加强土地资源开源项目执行环境影响评价制度的意见”，执行环境影响报告书制度，执行“防治生态破坏及其他公害的设施与主体工程同时设计、施工及投产使用”的规定。对土地开发的设计要由环境保护部门进行环境影响评价，对环境管理审批权限按明确规定执行。

加强土地后备资源管理法律化建设。在遵守国家《土地管理法》《水土保持法》《水法》《草原法》《森林法》《环境保护法》等相关法律及土地利用总体规划的前提下，应加强新疆南部地区开垦土地的管理细则或规范。第一，从管理体制上，明确管理主体，统一管理，统一规划，整合目前各职能部门只依据各自行业的法律法规和政策、参与开垦管理等不相互协调的低效运行机制；第二，明确土地权属，增强依法用地意识，纠正乡、镇、村领导随意处置本行政辖区范围内的土地，甚至国有土地的做法以及擅自签订开垦合同等行为；第三，无论是农业综合开发，还是以生态建设为目的的土地开发，无开垦规划或开垦规划未经科学论证的不许开垦，而生态脆弱区应严禁开垦，没有水资源可行性研究和生态环境影响的研究报告也应禁止开垦，严格执行新疆维吾尔自治区土地资源开源项目的有关规定和管理审批权限；第四，建立开垦主体审查制度，对非农公司和社会团体缺乏农业生产经验，严格制止掠夺式经营行为；第五，加强用地的监管力度，利用先进技术手段及时掌握土地变化动态，建立土地预警系统。

（3）**优化调整农业产业结构**

1）加快绿洲农业产业化

绿洲农业产业化应以市场为导向，发挥资源优势为重点，发展生态农业和特色农业为核心，提高林果业和畜牧业比重为切入点，调整产业结构为突破口，实现土地资源的优化配置和绿洲农业持续发展。新疆南部生态环境脆弱，农业结构调整应该把生态环境建设和发展林果业、畜牧业和草业作为重中之重，加大农业投入力度，合理布局产业结构，高质量、高档次、适度规模发展具有市场竞争力的瓜果等农产品。注重低产劣质果园改造，重视引进先进技术、发展果品深加工、储藏、保鲜，延长产业链，逐步推进绿洲农业产业化经营，突出品牌效益，走贸易创汇型农业的道路；大力发展农区畜牧业和城郊畜牧业，以农养牧，以畜促农，农区与牧区相结合，优势资源互补，一方面直接提供畜产品，增加经济效益；另一方面为农业提供有机肥料，促进农业向生态农业深层次发展。

2）调整农业种植结构

调整种植业作物面积，减少棉花种植面积。在确保粮食安全的基础上，适当增加经济作物、特色林果和饲料作物种植面积，土地利用结构由粮棉二元结构向粮、经、草、林多元复合农业生产结构转变：发展红枣、核桃、杏、苹果等特色林果业，建成优质瓜果生产基地；发展人工种植甘草、罗布麻、枸杞等中药材，并建立一定规模的人工生产基地；增加饲料、饲草面积；在稳定农业发展的同时，加快发展畜牧业、林业、草业，为产业化经营提供多样化的农产品。

（4）发展节水农业

对于新疆南部干旱缺水的地区，结合水土开发利用的实际情况，工程手段增水的困难较大且时间长、费用大，只有从节水节流上下功夫，大力发展节水灌溉技术，才是经济有效的措施。通过渠道防渗来减少渗漏，提高水的利用率；通过膜上灌、管道灌、喷灌和微灌技术的应用推广，达到田间节水的目的。把节约下来的水资源用到增加灌溉面积、改良草地以及扩大林地面积，提高绿洲整体效益，防止土地退化上。同时，采用地下水对经济林及防护林进行滴灌，进一步开发利用地下水资源。此外，抓住影响提高农业用水利用率和效益的关键环节，采用综合节水措施，发展节水农业与生态农业，兼顾经济效益、社会效益和生态效益。

制定优惠政策，鼓励节水。坚持以节流为重点、把节水建设放在优先位置，调整现行的投资政策，把建设投资的重点向农业节水建设倾斜，并优先安排节水项目，提高节水建设的投入；鼓励多方投资，并制定相应配套的政策，按照“谁投资、谁受益”的原则，建立和完善节水建设优惠鼓励政策，同时抑制不合理利用水资源。如每年从水费中列支用于高效节水灌溉的贷款补息，以促进节水灌溉的发展。对采用喷灌、滴灌等先进节水灌溉技术发展温室种植、特色果业的可实行免征特产税，节水灌溉项目优先立项、节水效益好的条田优先配水，调节水建设的利益关系，推行上下游之间、区域与农户之间、农业用水与非农业用水之间的利益补偿政策。

（5）加大生态用水比例

水资源是保障干旱区绿洲生态系统安全、促进绿洲经济社会发展的重要物质基础和关键胁迫因素。随着人口的增加、人类活动的加剧、社会经济的发展、城镇化的推进、农业、畜牧业及特色林果业的发展，流域经济耗水明显增加，水资源的过度无序开发和低效利用，大量掠夺了生态用水，用于生态保护的水量逐年减少，水质不断恶化，导致下游生态环境日趋恶化。因此，对于经济耗水逐步增加的阿克苏地区的绿洲，要从维持区域生态需要的角度合理配置水资源，在水量和水质两个方面满足维护生态的需要。要考虑严格控制经济用水总量，通过工业节水还水给生态。此外，在灌区内部要厉行节约用水，采用节水灌溉技术，提高灌溉水利用系数，以便把更多的水输送到下游以维护荒漠生态，加大下泄到人工绿洲下游的生态水量，使流域下游的天然植被得以保护，达到恢复流域外围天然植被的目的。

第一，对于生态环境脆弱地区，要保证保护和恢复自然植被及生态环境所需的水；第二，为了区域生态环境稳定，河流上游要合理利用水土资源，要保证河流下游生态环境所需要的生态水量；第三，保证水源涵养林、新封育的林草植被、防风固沙林、绿洲农田防护林、人工草场建设所需的生态用水；第四，必须具有生态功能的不定期大水漫灌所需的生态用水，干旱地区大水漫灌可使土壤耕作层的盐分含量降低，须保证这部分洗盐、压盐的生态用水。第五，湖泊（水库）生态用水。农田排水中携带了大量的盐分，使得一些湖泊出现了盐化问题，必要时也应保证湖泊的生态用水。

（6）控制人口增长

人类活动对绿洲稳定性的影响十分显著，尤其是不合理的人为活动是影响绿洲稳定性的直接动因。为了逐步改善绿洲生态环境使绿洲趋于稳定，与大自然和谐共处，应控制人口增长，增加教育投资，提高人口素质，减轻资源环境压力，在当地生态系统承载能力允许的范围和前提下，大力发展经济，切实改善当地居民的生活条件，提高生活水平和生活质量，以此不断增强环保意识，保护生态环境，实现经济可持续发展，从而达到绿洲的稳定与生态安全。

（7）加强矿区与工业园区环境保护

近几年，包括阿克苏地区在内的塔里木盆地，石油、煤、天然气等矿产资源的大力开发，工业园区的加速建设，破坏植被和土壤，加速土地沙漠化，给区域生态环境带来了前所未有的压力和不利影响，也逐渐成为当地绿洲生态系统不安全的主要因素。为此，在促进区域经济跨越式发展的同时，要注重资源开发与生态环境的可持续发展，加大矿区和工业园区环保投入，加强环境管理，对矿区实施土地复垦和生态重建。

第 12 章　新疆跨越式风险防控对策与建议

近年来，新疆确立了“环保优先、生态立区”理念，坚持走“资源开发可持续、生态环境可持续”发展道路，在经济社会快速发展的同时，生态环境也得到了有效保护。为保障新疆跨越式健康、可持续发展，确保 2020 年与全国同步实现建成小康社会的目标，有效防范跨越式发展过程中潜在的各类生态环境风险，建议采取以下措施。

12.1　调整和优化产业布局与产业结构

12.1.1　加快实施主体功能区战略，构建高效、协调、可持续的国土空间开发格局

根据区域内资源禀赋和空间开发状况等，分别以水资源、土地资源和水环境、大气环境为对象，开展新疆区域资源环境承载力研究，明确不同区域资源环境承载力的现状与问题。在明确区域资源环境承载力基础上，按照优化开发、重点开发、限制开发和禁止开发四类主体功能区分类，划定不同区域的主体功能及宏观产业布局，确定其鼓励、限制、调整和淘汰发展的产业结构和空间布局。

12.1.2　发布和实施新疆生态环境功能区划，构建新疆环境保护的新格局

根据新疆区域环境保护发展战略，全面实施差异化的环境管理政策，对不同主体功能区实行不同的污染排放总量控制和环境标准。结合主体功能区战略实施，尽快发布和实施新疆生态环境功能区划，将新疆辖区划分为水源涵养、水土保持、绿洲服务、防沙固沙、地表水源和地下水源六类生态环境功能区，明确不同地区的“生态红线”和生态环境敏感目标，为地区经济发展、资源开发、产业布局和结构调整、建设项目环境准入提供依据。完善水、大气、土壤、声等单要素环境功能区划体系，推动建立分类指导、分区管理的环境空间管理新格局。

12.1.3　加强战略和规划环评，促进国土空间格局和重点产业布局优化

在跨越式发展过程中，注重依法加强对重点流域、区域开发和行业发展规划开展环

境影响评价，强化落后产能淘汰、资源综合利用和污染物排放总量刚性约束，促进国土空间整体开发格局、重点产业布局和城镇化空间布局的优化，推动产业结构调整。健全规划环境影响评价和建设项目环境影响评价的联动机制，在规划（战略）环评完成前，相关区域项目环评不予受理；在审查环节，发挥环评的准入作用，详细论证项目是否符合规划环评的总体要求。

12.1.4 强化工业园区建设的宏观指导，建立“大小结合，相得益彰”的分布格局

针对各市州盲目发展工业园区的现象，建议新疆维吾尔自治区政府进一步加强各市州工业园区建设的宏观指导，从新疆角度出发，在资源特点相似、产业结构趋同的区域，选择配套条件较好、交通运输方便、水土资源丰富的地方，建立自治区级工业园区或引导各市州共同建立大型工业园区；在资源环境承载能力较差、自然生态环境较为脆弱的地方，鼓励各市州发展小型工业园区或限制其发展工业园区。同时，要打破行政区划限制，根据各市州在园区建设和发展过程中的贡献大小制定合理的利益分配标准。

12.2 加强重点领域生态环境风险防控

12.2.1 实施清洁生产和发展循环经济，从源头加强重点行业污染防治

石化、煤电、煤化工等行业是“十二五”新疆维吾尔自治区确定的战略性重点行业，其生产过程中对环境污染和自然生态破坏风险极大。因此，加快推行清洁生产，强化对石化、煤电、煤化工等重点行业强制性清洁生产审核及评估验收。按照“减量化、再利用、资源化”的要求，规划、建设和改造各类产业园区，实现土地集约利用、废物交换利用、能量梯级利用、废水循环利用和污染物集中处理。

12.2.2 总结和推广资源节约、环境友好型模式，转变重点资源开发利用方式

受区域经济开发水平影响，新疆水资源、土地资源、矿产资源等开发利用方式仍较为粗放，高能耗、高排放、高污染的资源开发利用方式不可持续。围绕新疆煤炭、石油、天然气等重点战略资源，加强重点资源开发利用方式的科学研究，在区域层面上，科学确定区域水资源、土地资源等区域承载力，明确区域发展定位和限制条件；在微观层面上，系统总结和推广国内外有关水资源、土地资源和煤炭、石油、天然气等矿产资源开发利用技术和模式，加速转变当前粗放的资源开发利用方式，推进新疆资源节约型、环境友好型社会构建。

12.2.3 以工业重点开发区和城乡结合部为重点，强化重点地区风险防控

在加速推进新疆新型工业化、农牧业现代化、新型城镇化进程中，“四大石化基地”和“四大煤田”等工业重点开发区、城市与农牧结合区域等地区将是实现跨越式发展的重要增长极，同时也存在诸多重大环境安全隐患。以排放重金属、危险废物、持久性有机污染物和生产使用危险化学品的企业为重点，全面调查重点地区环境风险源和环境敏感点，严格环境监管，落实环境管理制度。巩固和推进农村环境连片整治工作，加强农牧区环境基础设施建设，将环境监测、环境执法、环境宣传向农村地区延伸，强化农牧区环境监管，统筹城乡环境公共服务水平，全面改善农牧区生产生活环境。

12.3 提升生态环境风险防控应对能力

12.3.1 加强环境保护能力建设，提高生态环境监管水平

结合新疆实际情况，以重要环境风险源和环境敏感区涉及区县为重点，开展县级环境监测和环境监察达标化建设，优化空气、水质、噪声、辐射、沙尘暴和生态环境监测站点布局，完善重点污染源在线监测系统，在有条件的地方探索乡镇环境监管能力建设，全面加强环境保护能力建设。同时，落实好《全国环保系统援疆“十二五”规划》，重点加强县级环境监测和环境监察的仪器、设备、交通工具、业务用房等建设。

12.3.2 健全生态环境风险制度体系，完善生态环境风险管理措施

完善地方人民政府环境保护目标责任制，将有效防范和妥善应对重大突发环境事件作为地方人民政府的重要任务。完善以预防为主的环境风险管理制度，落实企业主体责任，建立企业突发环境事件报告和应急处理制度。推行环境污染责任保险制度，将环境污染责任追究和赔偿工作纳入法制化轨道。

12.3.3 制订完善生态环境突发事件应急预案，提升生态环境应急救援能力

成立生态环境突发事件应急领导小组，统筹和协调应急救援相关事宜。推进生态环境信息化建设，加强新疆生态环境风险预测和预警研究。制订完善生态环境突发时间应急预案，建立区、市、县三级联动响应应急监测体系。强化环境应急救援能力建设，开展环境应急演练，提高环境风险应对能力。

12.4　积极引导公众参与生态环境风险防控

12.4.1　加大环保宣传教育力度，提高公众环境风险防范意识

组织开展多层次、多形式的生态环境风险防范知识宣传教育，不断提高公众环境风险防范意识，特别是提高领导干部和企业法人的环境风险防范意识。通过拍摄电视专题片、开设网络专题讨论区等形式，在 6·5 环境日宣传有关核与辐射、重金属、化学品、危险废物等有关危害和环境风险防范知识。通过培育壮大环保志愿者队伍，引导和支持公众及社会组织有序参与环保活动。

12.4.2　加大环境信息公开力度，广泛接收公众的监督

制定和完善重大环境信息披露制度，广泛听取公众对涉及自身环境权益的发展规划和建设项目的意见，逐步将城镇和农村环境质量、饮用水水源地水质、涉及有毒有害物质排放企业等的环境信息向公众公开，尊重公众的环境知情权、参与权和监督权，维护公众的环境权益。建立健全环境保护举报制度，畅通环境信访、12369 环保热线、网络邮箱等信访投诉渠道，鼓励实行有奖举报。

参考文献

[1] 陈丽晖，李红，何大明. 国际河流开发和管理趋势. 云南地理环境研究，2001，13（1）：20-27.

[2] 崔彬，李赋屏，王琴，等. 矿业循环经济模式. 资源与产业，2005，7（6）：42-44.

[3] 邓铭江，李湘权，龙爱华. 支撑新疆经济社会跨越式发展的水资源供需结构调控分析. 干旱区地理，2011，34（3）.

[4] 邓铭江. 新疆地下水资源开发利用现状及潜力分析. 干旱区地理，2009，32（5）：647-654.

[5] 董新光，邓铭江. 新疆地下水资源. 乌鲁木齐：新疆科学出版社，2005.

[6] 方妍. 国外跨流域调水工程及其生态环境影响. 人民长江，2005，36（10）：9-10.

[7] 冯彦，何大明. 国际河流的水权及其有效利用和保护研究. 水科学进展，2003，14（1）：124-128.

[8] 高辉清. 效率与代际公平：循环经济的经济学分析与政策选择. 杭州：浙江大学出版社，2008.

[9] 韩桂兰. 新疆水资源开发利用与生态环境问题研究. 新疆财经学院学报，2004（2）：47-49.

[10] 郝少英. 论国际河流上游国家的开发利用权. 资源科学，2011，33（1）：106-111.

[11] 贾生元，戴艳文. 国际河流可持续利用思考. 环境与开发，2000，15（2）：39-41.

[12] 贾生元. 关于国际河流生态环境安全的思考. 安全与环境学报，2005，5（2）：17-20.

[13] 姜宏汝. 福建省矿业循环经济发展研究. 中国地质大学（北京），2010.

[14] 李赋屏. 广西矿业循环经济发展模式研究. 中国地质大学（北京），2005.

[15] 刘纪远，张增祥，庄大方，等. 20 世纪 90 年代中国土地利用变化的遥感时空信息研究. 北京：科学出版社，2005：568.

[16] 刘彦随. 土地利用优化配置中系列模型的应用——以乐清市为例. 地理科学进展，1999，8（1）：26-31.

[17] 娄凤飞. 新疆水资源开发利用中的生态环境问题及对策研究. 新疆师范大学，2011.

[18] 欧阳金琼. 新疆水资源供需矛盾及对策分析. 经济论坛，2008，24：40-42.

[19] 钱亦兵，樊自立，雷家强，等. 近 50 年新疆水土开发及引发的生态环境问题. 干旱区资源与环境，2006，20（3）：58-63.

[20] 钱正英，沈国舫，潘家铮. 西北地区水资源配置生态环境建设和可持续发展战略研究（综合卷）. 北京：科学出版社，2004.

[21] 曲格平. 生态环境问题已经成为国家安全的热门话题. 环境保护，2002a，（5）：3-5.

[22] 曲格平. 影响中国生态安全的若干问题. 环境保护，2002b，（7）：3-6.

[23] 王金贵，肖秀芹，武立辉，等. 调水工程的生态环境效应. 水利科技与经济，2008，14（1）：59-61.

[24] 王强，包安明，易秋香. 基于绿洲的新疆主体功能区划可利用水资源指标探讨. 资源科学，2012，34（4）：613-619.

[25] 王世江. 新疆干旱区水资源可持续利用配置研究. 水利经济，2006，24（2）：4-6.

[26] 魏后凯. 西部开发战略：以资源换资金、换技术. 经济与管理研究，2000（2）：3-6.

[27] 肖笃宁，陈文波，郭福良. 论生态安全的基本概念与研究内容. 应用生态学报，2002，13（3）：354-358.

[28] 新疆水利厅水政水资源处. 厘清思路，开拓进取，积极推进最严格的水资源管理制度的实施. 2010年新疆水利工作会议文件之四，2011.

[29] 新疆水文水资源局等. 新疆地下水超采区划定报告. 2008.

[30] 新疆维吾尔自治区国土资源局. 新疆维吾尔自治区矿产资源勘查开发“十二五”规划. 2010.

[31] 新疆维吾尔自治区国土资源局. 新疆维吾尔自治区矿产资源总体规划（2008—2015 年）. 2010.

[32] 新疆环境保护厅. 新疆维吾尔自治区环境保护“十二五”规划.

[33] 熊晶. 国际河流管理和内河流域管理比较研究. 长江流域资源与环境，2005，14（2）：262-266.

[34] 徐海量，陈亚宁，雷加强. 塔里木河下游生态输水对沙漠化逆转的影响. 中国沙漠，2004，24（2）：173-176.

[35] 姚敬劬. 矿业纳入循环经济的几种模式. 中国矿业，2004，13（6）：25-28.

[36] 姚秋红，袁戈丽. 新疆生态环境问题及保护对策. 新疆教育学院学报，2007，23（2）：137-140.

[37] 伊犁州环境保护局. 伊犁哈萨克自治州直环境质量报告书（2006—2010）.

[38] 伊犁州环境保护局. 伊犁州直生态建设与环境保护“十二五”规划.

[39] 遇华仁，梁钰. 基于循环经济的矿产资源开发模式. 资源经济，2006（2）：17-18.

[40] 张立民. 合理配置水资源并实现，新疆优势资源转换问题的研究. 天津大学，2008.

[41] 张宁. 中亚国家的水资源合作. 俄罗斯中亚东欧市场，2005（10）：29-35.

[42] 张新华，谷树忠，王兴杰. 新疆矿产资源开发效应及其对利益相关者的影响. 资源科学，2011，33（3）：441-450.

[43] 中国国土资源报. 低碳排放：土地利用调控新课题. http：//www. zggtzyjy. org. cn/html/guihualiyong/200912/28-698. html.

[44] 左铁镛. 关于循环经济的思考. 资源节约与保护，2006（1）：10-14.